Astrid Schreyögg

Coaching für die neu ernannte Führungskraft

Coaching und Supervision

Herausgegeben von
Astrid Schreyögg

In der Reihe „Coaching und Supervision" erscheinen Publikationen, die Innovationen dieser beiden Formate befördern. So soll zum einen die Beratungspraxis angeregt werden, bisherige Handlungsmuster zu verfeinern und zu erweitern. Zum anderen soll die Konzeptentwicklung beider Beratungsformen unterstützt und damit ihre weitergehende sozialwissenschaftliche Fundierung und Beforschung stimuliert werden. Dabei sind psychologische Ansätze im Sinne von „Psychological Counseling" mit Konzepten aus Soziologie und Betriebswirtschaftslehre zu verbinden. Schließlich werden unterschiedliche Arbeitsfelder aufgegriffen, um Prozesse aus Unternehmen, Behörden und sozialen Dienstleistungsunternehmen zu beleuchten.

Astrid Schreyögg

Coaching für die neu ernannte Führungskraft

2. Auflage

Bibliografische Information der Deutschen Nationalbibliothek
Die Deutsche Nationalbibliothek verzeichnet diese Publikation in der Deutschen Nationalbibliografie; detaillierte bibliografische Daten sind im Internet über <http://dnb.d-nb.de> abrufbar.

2. Auflage 2010

Lektorat: Kea S. Brahms

VS Verlag für Sozialwissenschaften ist Teil der Fachverlagsgruppe Springer Science+Business Media.
www.vs-verlag.de

Umschlaggestaltung: KünkelLopka Medienentwicklung, Heidelberg
Druck und buchbinderische Verarbeitung: Ten Brink, Meppel
Gedruckt auf säurefreiem und chlorfrei gebleichtem Papier
Printed in the Netherlands

ISBN 978-3-531-17346-7

Inhalt

Vorwort

Mit diesem Buch startet die neue Reihe „Coaching und Supervision“ im VS Verlag für Sozialwissenschaften. Als Herausgeberin der Reihe lege ich dieses Buch „Coaching der neu ernannten Führungskraft“ zu einem der relevantesten Coaching-Themen als erstes in dieser Reihe vor.

Die Übernahme einer neuen Führungsposition ist für jeden eine besondere Herausforderung, die sie oder er gut meistern möchte. Das Neue ist meistens voller Abenteuer und Spannungen: Wie kann es gelingen, gut in Schwung zu kommen? Wie kann es gelingen, mit allen Beteiligten, den Mitarbeitern, den Vorgesetzten und den Kollegen eine gute Kooperation anzubahnen? Wie kann es gelingen, das Fachliche mit dem Menschlichen in Einklang zu bringen, aber auch das Berufliche mit dem Privaten? Das sind Fragen über Fragen, die sich jeder neuen Führungskraft stellen. Wenn sie ihre neue Position besonders bewusst und kompetent ausgestalten möchte oder wenn sie sicher gehen will, dass „nichts anbrennt“, wenn sie also nicht das Risiko des Scheiterns eingehen möchte, vertraut sie sich am besten einem Coach an.

Viele Firmen bieten heute schon von sich aus nach einem Karrieresprung Coaching an, damit die neue Aufgabe gut bewältigt wird und nichts schief geht. Ein Versagen auf der neuen Position ist nämlich teuer. Für die Organisation ist es mit hohen materiellen Kosten und für den Positionsinhaber auch noch mit hohen menschlichen Kosten verbunden.

Dieses Buch soll nun beim Coachen der neu ernannten Führungskraft helfen. Es ist in den ersten beiden Teilen ein *Wissensbuch.* Zuerst erläutere ich die fürs Coaching grundlegenden sozialwissenschaftlichen Konstrukte, daran anschließend werden unterschiedliche Parameter, die eine neue Führungsposition aufweisen kann, systematisiert und ausgeleuchtet. Im dritten Teil ist es aber ein *Ratgeberbuch,* das einem Lehrplan ähnlich alle die Themen, die für eine neue Führungskraft in den ersten Monaten relevant sind, ausführlich entfaltet. Alle Teile des Buches enthalten zahlreiche Fallbeispiele zur Veranschaulichung der konzeptionellen Passagen. Der Ratgeber-Teil enthält außerdem etliche To-Do-Listen, methodische Empfehlungen und Fragenkataloge zur Unterstützung des Coachs.

Das Buch wendet sich an organisationsinterne und -externe Coaches aus Firmen, Behörden und sozialen Dienstleistungssystemen, die neue Führungskräfte in den ersten Monaten unterstützen wollen. Das Buch eignet sich außerdem für die Lehre und Forschung von Coaching, da hier viele Phänomene thematisiert werden, die noch weitergehend systematisiert und empirisch beforscht werden könnten. Zielgruppen sind vor allem Wirtschaftspsychologen und -pädagogen, aber auch andere sozialwissenschaftlich vorgebildete Personengruppen wie Soziologen, Betriebs- und Volkswirte, Pädagogen, Sozialarbeiter usw. Das Buch wendet sich auch an Führungskräfte in Organisationen unterschiedlichen Typs, da es vielfältiges Orientierungswissen als Expertise enthält, um neue Mitarbeiter aus nachgeordneten Hierarchie-Ebenen noch bewusster und noch gezielter für ihre ersten Führungsaufgaben zu unterstützen.

Bedanken möchte ich mich zunächst bei Herrn Dr. Reinald Klockenbusch, dem Programmleiter beim VS Verlag für Sozialwissenschaften in Wiesbaden, dass er Publikationen mit den Themen „Coaching und Supervision“ eine neue Heimat gegeben hat. Danken möchte ich meinem langjährigen Kollegen, Dr. Christoph Schmidt-Lellek, der dieses Buch wieder mit seiner bewährten Sorgfalt gesichtet und lektoriert hat. Danken möchte ich auch Dr. Thorsten Gorbauch, der an der Fertigstellung dieses Buches besonderen Anteil genommen hat, weil ihn das Thema als Führungskraft und als Coach ebenfalls in vielfältiger Weise beschäftigt hat. Durch ihn erhielt ich eine ganze Reihe wichtiger Anregungen. Mein besonderer Dank gilt aber all jenen Klientinnen und Klienten, die sich mir im Verlauf der letzten beiden Jahrzehnte anvertraut haben. Sie dienten mir auch überwiegend als Modelle für die vielen Beispiele in diesem Buch. Damit sie aber anonym bleiben können, habe ich nicht nur ihren Namen geändert, sondern auch die gesamte Beratungssituation umgeschrieben. Etliche von ihnen suchten mich prophylaktisch auf, weil sie ihre neue Position möglichst gut und möglichst reibungslos ausfüllen wollten. Viele andere stellten aber Komplikationen vor, die noch nach Jahren als „konfliktäre Altlasten“ aus einer ganz offensichtlich nicht optimal bewältigten Anfangssituation resultierten. Aus ihren Fragestellungen habe ich besonders viel für dieses Buch gelernt.

Astrid Schreyögg, Berlin, im Februar 2008

Einführung

Coaching hat sich als individuelle Maßnahme der Personalentwicklung in vielen Firmen, Behörden und sozialen Dienstleistungssystemen schon seit einigen Jahren gut etabliert. Dabei bleibt allerdings seine thematische Ausrichtung bis heute vergleichsweise allgemein. Das heißt, es sind zwar zahlreiche Bücher erschienen, die sich mit der methodischen Fundierung von Coaching beschäftigen. Inhaltliche Orientierungen finden sich aber noch vergleichsweise selten. So befassen sich bisher nur wenige Autoren mit speziellen Coaching-Anlässen, etwa mit dem Coaching vor dem Ruhestand oder mit dem Coaching von Führungskräften, die nach einer Arbeitspause in ihre Firma zurückkehren usw. Vergleichbare Coaching-Anlässe werden zwar gelegentlich in Aufsätzen behandelt, selten aber in breiter angelegten Publikationen.

Dieses Buch ist nun einem Anlass gewidmet, der im Arbeitsleben einer jeden Führungskraft mindestens einmal, meistens aber mehrmals eine Rolle spielt: die Situation in einer neuen Führungsposition. Der Positionswechsel stellt ein Schlüsselerlebnis in ihrer Karriere dar. Er ist immer ein krisenhaftes Ereignis, das einen Ausgangspunkt für Erfolg oder Misserfolg im weiteren beruflichen Werdegang darstellt. Aus diesem Grund lohnt sich Coaching ganz besonders zu diesem Ereignis, damit die Führungskraft möglichst rasch in ihrer neuen Position an Glaubwürdigkeit und Reputation gewinnt und die Gefahren eines Misserfolgs sicher umschiffen kann.

Für eine effektive Hilfestellung benötigt der Coach aber ein passendes Orientierungswissen. Dieses soll ihm eine innere Landkarte bieten, auf deren Hintergrund er die unterschiedlichen Chancen und Risiken ermitteln kann, mit denen neu ernannte Führungskräfte potenziell konfrontiert sind. Damit nicht genug, effektives Coaching sollte auch ein Instrumentarium bereitstellen, das die Führungskraft auf die ihr neu begegnenden Anforderungen einstimmt und vorbereitet. Für all dieses soll das vorliegende Buch eine Basis bieten.

Das Buch gliedert sich in drei Teile, die jeweils unterschiedliche Wissensbestandteile auffächern. Der erste Teil umfasst die sozialwissenschaftlichen Grundlagen unseres Themas. Der zweite enthält vielfältige Situationsbeschreibungen mit ihren jeweiligen Einflussfaktoren. Und im dritten Teil findet sich ein ganz konkretes Programm, das ähnlich einem Curriculum dem Coach die relevantesten Themen und Methoden an die Hand gibt für ein Coaching von Führungskräften in den ersten 100 Tagen – und danach.

Der erste Teil enthält also die sozialwissenschaftlichen Grundlagen. Das heißt, es wird zunächst erläutert, welches Verständnis von Coaching, Führung und Organisation im globalisierten Rahmen dem Buch unterlegt ist. *Coaching* wird hier als Managementberatung verstanden, als individuelle Maßnahme der Personalentwicklung, bei der auch „Freud und Leid im Beruf" der einzelnen Führungskraft thematisiert werden. Neben den fürs Coaching relevanten Themen werden seine Ziele, Rollen und Settings erläutert. Das ist für unseren Zusammenhang von erheblicher Bedeutung, weil neu ernannte Führungskräfte heute teils von organisationsinternen, teils von organisationsexternen Coaches unterstützt werden. Und das wiederum findet einerseits im Einzel-, andererseits im Kleingruppensetting statt. Daran anschließend beschreibe ich Anforderungen an den Coach, aber auch an sein Konzept. Hier stelle ich ein Handlungsmodell vor, das in sich konsistent ist und Auftraggebern wie Klienten bündig expliziert werden kann. Danach beschreibe ich kurz die für das Coaching relevanten Methoden, professionelle Gesprächsführung, den Einsatz erlebnis- und handlungsorientierter Verfahren sowie den Einsatz verschiedener Medien. Zum Abschluss werden Anlässe von Coaching benannt, unter denen die Übernahme einer neuen Führungsposition als ein besonders bedeutsamer Anlass gewertet wird.

Das zweite Kapitel befasst sich mit *Führung* als mehrperspektivischem Ereignis, denn das Führungsthema bildet in jedem Coaching einen vieldeutigen thematischen Untergrund. Nach einer Darstellung von Konzepten, die personale Aspekte akzentuieren, werden Ansätze vorgestellt, die Führung als Interaktionsphänomen verstehen. Und unter diesen akzentuiere ich *Führung als Einflussprozess* und *Führung als Identitätsphänomen*. Diese beiden Zugänge sind nämlich für die neu ernannte Führungskraft von besonderer Bedeutung: Jeder neuen Chefin und jedem neuen Chef muss daran gelegen sein, dass sich seine Mitarbeiter bald von ihr oder ihm beeinflussen, das heißt führen lassen. Und es muss ihr oder ihm daran gelegen sein, dass sie ihre Selbstdefinition, also ihre Identität als Führungskraft in der neuen Situation möglichst bald findet.

Daran anschließend steht die *Organisation* im Fokus, weil die Situation der Führungskraft hier immer auf dem Hintergrund eines organisatorischen Systems gesehen werden muss. Nach begrifflichen Auseinandersetzungen werden verschiedene Typologien von Organisationen herausgestellt, wobei eine, die sich an Organisationszielen ausrichtet, präferiert wird. Das ist dann eine Differenzierung in Unternehmen, Behörden und soziale Dienstleistungssysteme. Danach stelle ich die relevantesten formalen und emergenten, d.h. nicht-formalen Organisationsphänomene vor. Die formalen werden primär unter dem Gesichtspunkt der Integration dargestellt, auf welche Weise sie nämlich den Zusammenhalt des organisatorischen Systems garantieren. Dabei kommen auch Matrix-, Projekt- und Hybridorganisationen zur Sprache. Bei den emergenten Phänomenen werden Konzepte zu informellen Strukturen, Organisationskulturen, Ansätze zur Mikropolitik und zu organisatorischen Entwicklungsprozessen angesprochen. Für eine neue Führungskraft bildet ja die Organisation den relevanten Rahmen für alle ihre Aktivitäten, sodass der Coach auch zu einer eingehenden Analyse des organisatorischen Systems befähigt sein muss.

Im vierten Kapitel geht es um das *Internationale* in und um Organisationen, denn sie sind heute die Orte, an denen sich die Themen der Globalisierung mit ihrer Internationalisierung bündeln und verdichten. In diesem Kapitel geht es um Kulturdimensionen, Kulturstandards, die Relation von National- und Organisationskulturen und schließlich um die Gestaltung von Interkulturalität. Denn das ist heute eine bedeutende Aufgabe von Führungskräften, auf die auch die neue Führungskraft im Coaching vorzubereiten ist.

Globale Phänomene wollen aber nicht nur effektiv, sondern auch ethisch angemessen bewältigt werden. Aus diesem Grund präsentiere ich in einem Exkurs einen modernen Ansatz von *Unternehmensethik*. Dabei geht es zunächst um eine knappe Auseinandersetzung mit unserem Wirtschaftssystem, sodann werden die Aufgaben einer „integren Unternehmensführung“ dargestellt. Dabei wird nicht nur die Einhaltung ethischer Standards gegenüber einzelnen Personen diskutiert, sondern auch die Etablierung entsprechender Normen innerhalb der Organisation sowie gegenüber der organisatorischen Umwelt.

Im zweiten Teil des Buches, „Chancen und Risiken der neu ernannten Führungskraft in unterschiedlichen Situationen“, geht es nun in medias res. Jetzt beschreibe ich anhand von zahlreichen Beispielen in insgesamt sieben Kapiteln die unterschiedlichen Einflüsse, denen Führungskräfte potenziell ausgesetzt sind. Und diese bestimmen ihre Chancen und Risiken in der neuen Position hochgradig mit. Im 6. Kapitel geht es um die *Rekrutierungsart*. Je nachdem, ob eine Führungskraft innerhalb der Organisation, in der sie schon länger tätig war, aufsteigt, womöglich im Sinne eines „Kaminaufstiegs“ in der gleichen Abteilung, oder ob sie als „Seiteneinsteiger“ ganz fremd in einer Firma, Behörde oder Einrichtung engagiert wurde, ergeben sich für sie äußerst unterschiedliche Anforderungen, Konfliktpotenziale, aber auch Chancen. Ihr Standing bestimmt sich außerdem nach dem *Vorgänger* (7. Kapitel): Wenn sie einem eher gemütlichen Pensionär, einem extrem autoritären Menschen oder einer Führungskraft nachfolgt, die charismatische Konstellationen etabliert hat, findet sie je unterschiedliche Bedingungen vor, die sie bewältigen muss. Und die Nachfolge auf einen plötzlich Verstorbenen birgt auch wieder besondere Anforderungen, denn was der Nachfolger auch tut, so richtig kann er den Ansprüchen der Geführten nie genügen.

Ein bedeutsamer Faktor ist auch der *spezifische innerorganisatorische Auftrag* der neuen Führungskraft (8. Kapitel): Je nachdem, ob sie für ein Start-Up, eine Sanierung, eine Restrukturierung engagiert wurde oder ob sie ein erfolgreiches System fortführen und zu weiterem Erfolg beitragen soll, ist sie mit sehr unterschiedlichen Anforderungen konfrontiert. Diese bergen auch ganz unterschiedliche Chancen und Risiken. Der Leser wird wahrscheinlich erstaunt sein, wenn er erfährt, dass die Fortführung eines erfolgreichen Systems ganz besonders hohe Risiken für die neue Chefin oder den neuen Chef bereithält.

Im 9. Kapitel werden Einflüsse durch *formale Konstituenten* der Organisation thematisiert. Hierzu werde ich zeigen, dass je nach der Hierarchie-Ebene, für die eine neue Führungskraft engagiert wurde, sie unterschiedliche Chancen und Risiken hat. Ich werde aber auch zeigen, dass sich eine *gewählte* Führungskraft mit anderen Bedingungen arrangieren muss als eine, die von übergeordneten Instanzen eingesetzt wurde. Und ich werde zeigen, dass ein ehrenamtlicher Vorgesetzter mit angestellten Mitarbeitern andere Vorgänge zu bewältigen hat als ein formal designierter mit ehrenamtlichen Helfern. Alles dies sind Situationen, die nur schwach formalisiert sind und deshalb andere Anforderungen bergen als solche in einem klaren formalen Rahmen.

Selbstverständlich spielt aber auch der *Organisationstyp* eine wichtige Rolle (10. Kapitel): Je nachdem, ob eine Führungskraft in einem sozialen Dienstleistungssystem, in einer Behörde oder in einem Unternehmen ihre neue Position antritt, wird sie mit unterschiedlichen Normen und Standards, dementsprechend auch mit unterschiedlichen Anforderungen konfrontiert. Diese beinhalten auch wieder unterschiedliche Chancen und Risiken. Da *Nachfolge in Familienunternehmen* eine besondere Rolle spielt, werde ich in einem Exkurs *die Situation der neuen Führungskraft in Familienunternehmen* gesondert behandeln. Hier wird zu zeigen sein, dass wegen der Koppelung von Familie und Unternehmen und damit von emotionalen und rationalen Ansprüchen ganz besondere Chancen und Risiken eine Rolle spielen.

Daran anschließend geht es um *Einflüsse durch Frau-Mann-Konstellationen* (11. Kapitel): Die Situation einer neuen weiblichen versus einer neuen männlichen Führungskraft in Frauenmilieus unterscheidet sich nämlich gravierend von der Situation eben dieser Führungskräfte in Männermilieus. Geschlechtsgemischte Kontexte erfordern dann wieder etwas andere Haltungen. So ergeben sich auch hier unterschiedliche Chancen und Risiken. Abschließend werden in diesem Teil noch *Einflüsse durch den internationalen Rahmen* verhandelt, d.h. die Situation einer neuen Führungskraft in einem fremden Land, aber auch die Situation von Führungskräften in multikulturellen Organisationen im eigenen Land (12. Kapitel). Auch diese Situationen werden mit ihren jeweiligen Ansprüchen anhand von Beispielen verdeutlicht.

Im dritten Teil präsentiere ich dann *ein Programm für das Coaching neu ernannter Führungskräfte in den ersten 100 Tagen – und danach.* Dabei handelt es sich um Handreichungen für den Coach, die ähnlich einem Curriculum aufgebaut sind und eine ganze Reihe von methodischen Anregungen, To-Do- und Check-Listen, Übungen sowie weiteres Fallmaterial enthalten. Im ersten Abschnitt (13. Kapitel) erläutere ich die Ziele sowie die lernorganisatorischen und methodischen Empfehlungen des Programms. Leitziele sind, dass die neue Führungskraft den Positionswechsel möglichst optimal bewältigt, dass sie vor Misserfolg zu bewahren ist, dass aber auch die Organisation, in der sich der neue Arbeitsplatz befindet, von dem Coaching in ideeller wie monetärer Hinsicht profitiert. Als lernorganisatorische Empfehlungen werden der zeitliche Rahmen des Coachings, d.h. seine Dauer und seine Frequenz diskutiert sowie die Vor- und Nachteile von Einzel- und Gruppensettings. Methodisch empfehle ich eine Form der Prozessbegleitung, bei der vom Coach sequenzenweise thematische Anregungen aus dem Curriculum gegeben werden, bei der aber auch Rollentrainings und imaginative Arbeitsformen Anwendung finden.

Sodann umreiße ich vier Themenkreise, die für eine neue Führungskraft der Reihe nach von Belang sind. Im ersten Themenkreis liegt der Fokus auf dem *Abschied nehmen von der alten Position*, aber auch auf der *Entwicklung eines Lernprogramms für die neue Position* (14. Kapitel). Dieser erste Schritt findet idealerweise kurz vor Antritt der neuen Arbeitsstelle statt und hilft der Führungskraft, sich umfassend auf das Neue einzustellen. Daran anschließend erarbeiten Coach und Klient idealerweise ein Lernprogramm für die neue Position, denn jetzt wird vieles zunächst befremdlich sein, das es in seiner Bedeutung zu erfassen gilt. Der zweite Themenkreis befasst sich noch detaillierter mit der *Entwicklung einer optimalen Strategie* für genau die Aufgabe, die übernommen wurde. Für die *Planung früher Erfolge* sind jetzt Gespräche mit Mitarbeitern, Kollegen und Vorgesetzten fällig, die möglichst gut vorbereitet werden sollten (15. Kapitel). Sodann geht es um *Sichtung und Aufbau der richtigen Organisationsarchitektur und des richtigen Teams* (16. Kapitel). Hier wird die Führungskraft angeleitet, auch in Fällen, in denen sie keinen organisatorischen Umbau veranlassen kann, ihren Kontext möglichst genau in Augenschein zu nehmen. Im letzten Kapitel geht es um den *Aufbau eines passenden Netzwerks und die Entwicklung von Work-Life-Balance* in der Berufs- und Privatwelt.

Wenn alle diese Themen im Coaching bearbeitet sind, ist die Führungskraft für ihre neue Position gut gerüstet. Selbstverständlich wird aber der Coach auch viele Fragestellungen außerhalb des beschriebenen curricularen Rahmens behandeln. Denn es bleibt sicher noch Etliches zu besprechen, was hier nicht thematisiert wurde. Im Übrigen versteht sich das vorgelegte Programm eher als Anregung für „die gefällige Nutzung".

Teil I

Coaching, Führung und die Organisation im internationalen Kontext

Beim Coaching von neu ernannten Führungskräften beschäftigt man sich auf vielfältige Weise mit Führungskonstellationen. Und diese finden wir prinzipiell in organisatorischen Systemen. Organisationen sind aber keine einsamen Monaden, sie befinden sich in einem erweiterten Kontext, der heute auf dem Hintergrund der Globalisierung durch ein hohes Maß an Internationalisierung charakterisiert ist. Für neue Führungskräfte hat auch dies große Bedeutung. Deshalb soll im ersten Teil des Buches zunächst im Sinne von Basics erläutert werden, was unter *Coaching*, was unter *Führung* und was unter *Organisation* in einem *internationalen Kontext* zu verstehen ist. Und da heute viele Phänomene im internationalen Rahmen ethische Fragestellungen berühren, werden im Rahmen eines Exkurses moderne Anforderungen an die *Unternehmensethik* dargestellt.

1. Kapitel

Coaching als Managementberatung

Coaching hat im letzten Jahrzehnt einen unvergleichlichen „Siegeszug" angetreten (*Böning* 2002; *Böning & Fritschle* 2005, *Neumann & Schneider* 2005). Es wird heute in vielen Unternehmen, Behörden und sozialen Dienstleistungssystemen praktiziert. Trotzdem gibt es immer noch Unsicherheiten, was unter Coaching zu verstehen ist, welche Funktionen und Zielgruppen, welche Themen und welche Ziele mit Coaching angegangen werden können. Und es besteht Unsicherheit, welche Methoden für Coaching passend sind. Deshalb sollen diese Fragen hier zunächst in wesentlichen Zügen umrissen werden.

1.1 Begriff, Entwicklung, Funktionen und Zielgruppen

Der *Begriff* „Coaching" ist schon länger aus dem Sport geläufig. Dort erfreut er sich seit mindestens zwei Jahrzehnten großer Beliebtheit. Das Wort entstammt Begriffen wie „Kutsche" oder „Kutscher". Dabei geht es um einen „kuscheligen" Ort, an dem ein Mensch alle seine Gefühle, Fragen oder Sorgen ausbreiten kann. Der Sport-Coach, als bekannteste Variante, erhält bei Spitzensportlern wie etwa Tennisstars, die durch ihre Lebensumstände oft stark vereinsamt sind und trotz vielfältiger mentaler Belastungen Höchstleistungen erbringen wollen, die Bedeutung eines intimen Solidarpartners für alle fachlichen und emotionalen Anliegen. Die basale Aufgabe von Coaching besteht in diesen Milieus in der Vorbereitung des Sportlers auf extreme Leistungssituationen.

Seit Beginn der 1980er Jahre taucht der Begriff in der modernen Managementliteratur als „Coaching fürs Business" auf. Hier hat er sich, wie *Uwe Böning* (2002) zeigt, über verschiedene Stadien zu seiner heutigen Form *entwickelt*: Seine Anwendung in der Wirtschaft ist amerikanischen Ursprungs. Hier stand er zunächst für eine mitarbeiterorientierte Führungshaltung, die dort anscheinend zuvor noch wenig praktiziert wurde. In den darauf folgenden Jahren erhielt sie zunehmend die Bedeutung von organisationsinterner Karriereförderung. Hochpositionierte Manager förderten Erfolg versprechende Nachwuchstalente. Diese Variante wird heute im Allgemeinen als „Mentoring" (*Kimmle* 2004) bezeichnet. „Was in den USA auf mittleren Hierarchieebenen begann, verwandelte sich im Verlauf des Imports nach Deutschland in zweifacher Hinsicht" (*Böning* 2002: 27): Coaching zielte hier primär aufs Topmanagement, und es wandelte sich bereits zu Beginn der 1990er Jahre zu einer Beratungsform durch externe Berater. Zentrale Themen waren die Wahrnehmungs-, Verhaltens- und Kommunikationsmuster von Führungskräften. Diese Pionierphase in Deutschland hatte aber nun, wie *Uwe Böning* vermutet, Rückwirkungen auf die USA. Dort wurde Coaching ab dieser Zeit gleichfalls zunehmend als Beratungsform praktiziert (vgl. *Berglas* 2002; *Feldman & Lankau* 2005). Im Verlauf der 1990er Jahre avancierte Coaching zu einem festen Bestandteil systematischer Personalentwicklung für Führungskräfte. Dabei differenzierte man es im Hinblick auf die Rollen der Coaches wie auch im Hinblick auf die äußere Anordnung zunehmend aus. Derzeit erleben wir ein Stadium des „Populismus", in dem immer mehr Menschen Coach werden wollen und auch die unterschiedlichsten Aktivitäten als „Coaching" bezeichnet werden.

Tatsächlich fällt bei Durchsicht einschlägiger Publikationen immer noch eine gewisse Uneinheitlichkeit in der Begriffsverwendung auf (*Rauen* 1999). Von manchen Autoren wird Coaching wie eine Wunderdroge angepriesen: Es kann angeblich Führungskräfte von Alkoholismus und Depression befreien. Andere scheinen den Begriff lediglich als modische Worthülse zu bemühen, indem sie unterschiedlichste Arten von hausinterner und -externer Weiterbildung, Nachbeschulung und selbst konventionellste Seminaraktivitäten mit dem Begriff „Coaching" belegen. Wieder andere propagieren immer noch „Vorgesetzten-Coaching" als ideale Beratungsform für unterstellte Mitarbeiter. Hier steht Coaching lediglich als Synonym für einen besonders sorgfältigen Führungsstil, der Nähe zu psychotherapeutischen Interaktionsformen aufweist (z.B. *Dehner* 2004). Diese Begriffsverwendung beinhaltet allerdings einen Widerspruch, denn in der Beziehung zwischen Vorgesetzten und Mitarbeitern gibt es keine vollständige Freiheit im Hinblick auf die Wahl des Beraters, der Themen usw., durch die Beratung im eigentlichen Sinn charakterisiert ist (*König & Volmer* 1993). Im Übrigen würde ein Vorgesetzter, der laufend seine unterstellten Mitarbeiter zu „coachen" versucht, sich wie eine Glucke benehmen, die ihre Jungen nicht aus ihrer Obhut entlassen kann. Coaching hätte hier geradezu kontraproduktive Effekte, nämlich die Verhinderung des Selbstmanagements von Mitarbeitern.

In der US-Amerikanischen Literatur wird begrifflich noch zwischen „Executive-Coaching" und „Life-Coaching" unterschieden. Dabei ist der erste Begriff reserviert für die Beratung von Führungskräften im Hinblick auf ihre Managementaufgaben, während Life-Coaching nicht nur den beruflichen Bereich umfasst, sondern auch die sonstigen Lebensvollzüge von Führungskräften. Dann dient das Coaching der Entwicklung von Fach- und Führungskräften in ihrem gesamten Lebenskontext (vgl. *Buer & Schmidt-Lellek* 2008).

Welche Bedeutung des Wortes „Coaching" ist nun in der Managementliteratur wirklich sinnvoll? Im Gegensatz zu allen sonstigen Begriffsverwendungen lässt sich von einer Innovation sprechen, wenn Coaching als professionelle Form der Managementberatung verstanden wird. Dabei verhandeln Führungskräfte „unter vier Augen" (*Looss* 2002) oder in einer Kleingruppe (z.B. *Wallner* 2004) alle für sie aktuell relevanten Fragestellungen mit einem Berater, hier eben als „Coach" benannt. Daraus ergeben sich auch die *Funktionen* von Coaching:

(1) Coaching stellt zunächst eine *innovative Maßnahme der Personalentwicklung* dar. Im Gegensatz zu bisher üblichen Trainings- oder Seminaraktivitäten können Führungskräfte hier alle für sie aktuell relevanten Fragestellungen ganz gezielt mit einem professionellen Gesprächspartner verhandeln. Coaching dient dann einer Verbesserung der Funktionsfähigkeit von Führungskräften mit der Hoffnung auf eine Optimierung in der Organisation. Diese Funktion entspricht dem amerikanischen „Executive-Coaching"

(2) Außerdem dient Coaching als *Dialogform über Freud und Leid im Beruf.* Hier erhalten alle beruflichen Krisenerscheinungen und Konflikterfahrungen, aber auch alle Bedürfnisse nach beruflicher Fortentwicklung den ihnen gebührenden Raum. Dabei dient Coaching einerseits zur Bewältigung von Krisen und Konflikten. Andererseits dient es zur generellen Fortentwicklung von Einzelnen – in unserem Zusammenhang zur Unterstützung von neu ernannten Führungskräften. Es ist aber auch für ganze Kollektive nützlich. In diesem Verständnis fungiert Coaching eigentlich auch als Maßnahme der *„Personenentwicklung"*. Denn in vielen Fällen können Führungskräfte erst dann wieder ihre Aufgaben optimal wahrnehmen, wenn sie sich als Mensch angesprochen und entsprechend unterstützt fühlen. So erweist sich beispielsweise das Thema „Work-Life-Balance" für Führungskräfte zunehmend als bedeutsam, weil viele von ihnen keinen ausreichenden Ausgleich mehr zu ihren „Hochleistungsprogrammen" haben (*Cassens* 2003; *Rost* 2004 u.a.). Diese zweite Funktion von Coaching nähert sich dann dem amerikanischen Begriff „Life-Coaching" an. Vielfach sind, wie im nachfolgenden Beispiel gezeigt, beide Funktionen von Coaching relevant.

Fallbeispiel: Die Funktionen von Coaching

Eine hochrangige Führungskraft, hier Günther Ebert genannt, fragte um Coaching an, weil er sich „von oben, von unten und von der Seite", wie er meinte, bedrängt fühlte. Vor allem seit sich der Vorstandsvorsitzende sehr kritisch über ihn geäußert hatte, konnte Günther Ebert zunehmend schlechter schlafen. Er war ein 50jähriger Wirtschaftsinformatiker, der über breite und auch sehr erfolgreiche Führungserfahrungen in unterschiedlichen Firmen der metallverarbeitenden Industrie verfügte. Die Position bei der jetzigen Firma hatte er vor zwei Jahren zum einen wegen seiner Partnerin angenommen, die in der Region als Ärztin tätig war, zum anderen wegen des ausgesprochen „üppigen" Gehalts. Aktuell hatte Günther Ebert in einem Großunternehmen ein neues Intranetsystem durchzusetzen. Seine Abteilung war erst kurz vor seinem Eintritt in die Firma aus der Zusammenlegung von zwei anderen Abteilungen entstanden. Der Leiter einer Abteilung, Fritz Wolank, hatte sich gleichfalls auf seine Stelle beworben, kam aber wegen seiner geringeren Vorbildung nicht in Frage. Entgegen der sonst im Unternehmen üblichen Besetzungsstrategie war nun auf ausdrücklichen Wunsch des Vorstandsvorsitzenden Günther Ebert als Chef der Internetabteilung von außen engagiert worden. Bei der Firma, die weltweit operierte, handelte es sich um ein Familienunternehmen. Dementsprechend wies sie besonders in der Zentrale, in der auch Günther Ebert tätig war, Kulturmuster eines Familienunternehmens auf. Das bedeutete, viele der Mitarbeiter – auch in den höheren Rängen – waren schon Jahrzehnte lang im Unternehmen tätig. Dadurch hatten sie vielfältige Verbindungen untereinander, die sie in Vereinen und Clubs pflegten, sodass sie sich auch privat häufiger trafen (*Wimmer et al.* 2005; *v. Schlippe et al.* 2008).

Günther Ebert hatte sich im Verlauf seines ersten Jahres in der Firma vor allem um fachliche Belange gekümmert. Die bisherige Software-Situation gestaltete sich wie ein Flickenteppich. Einige Bereiche nutzten SAP-Systeme, und andere hatten sich unterschiedliche und teilweise auch völlig inkompatible Systeme besorgt. So war er ständig damit beschäftigt, im gesamten Haus für neue und nun endlich kompatible Lösungen zu werben. Dadurch erregte er allerdings bei Kollegen auf gleicher Hierarchieebene zum Teil erheblichen Widerstand. Diesen „verkleideten" sie meistens in Argumente wie: „Wir haben überhaupt keine Zeit, uns um so etwas zu kümmern." Auch in seiner eigenen Abteilung regte sich Widerstand gegen seine Innovationen, die er allerdings bei den regelmäßigen Teamsitzungen jeweils fachlich zu entkräften suchte. Dabei fühlte er sich oft ziemlich genervt, weshalb er seine Mitarbeiter manchmal „vielleicht zu barsch" anging.

So langsam entwickelte sich in seiner Abteilung hinter seinem Rücken eine regelrechte Verschwörung. Einer seiner Abteilungsleiter, Eduard Frank, der, wie er erst später feststellte, ein enger Vertrauter von Fritz Wolank, seinem ursprünglichen Konkurrenten, war, meldete sich eines Tages zu einem ausführlichen Gespräch beim Personalchef der Firma an. An einer nachfolgenden Sitzung nahmen dann allerdings nicht nur Eduard Frank, sondern auch Fritz Wolank und zwei andere Abteilungsleiter teil. Sie beschwerten sich dabei ausführlich über den Führungsstil von Günther Ebert. Er führe bei weitem zu barsch, zu wenig mitarbeiterorientiert, in keiner Weise „passend zum Stil des Hauses“ usw. Als sich nach einigen Tagen auch noch der Gesamtbetriebsrat beim Personalchef über Günther Ebert beschwerte, weil er bei Etablierung der neuen Software um seine Mitsprachemöglichkeiten fürchtete, schaltete der Personalchef den Vorstandsvorsitzenden ein. „Hier muss etwas geschehen“, meinte dieser, bestellte Günther Ebert ein und gab ihm deutlich zu verstehen, dass er den Eindruck habe, dass er sowohl auf gleicher Ebene wie auch bei seinen unterstellten Mitarbeitern „zu wenig Kredit“ habe. Und er gab ihm die Empfehlung, sich von der Personalentwicklungsabteilung für einen „angemessenen Führungsstil“ unterstützen zu lassen. Nach diesem Treffen suchte Günther Ebert tatsächlich die PE-Abteilung auf, die ihm einen Coach vermittelte.

Im Coaching rekonstruierten wir in einem ersten Schritt die aktuelle Situation. Dabei stellte sich heraus, dass es Günther Ebert in Konfrontation mit seiner schwierigen fachlichen Aufgabe versäumt hatte, die sozialen Besonderheiten dieses Auftrags und die spezifischen Bedingungen in seiner Abteilung zu beachten und sich in seinem Handeln auf diese einzustellen. Genau genommen hatte er von der Firmenleitung einen Auftrag „institutionalisierter Konfliktstimulation“ (*Schreyögg* 2002) übernommen. Das heißt, den Auftrag, die Software des gesamten Hauses zu vereinheitlichen, konnte er nur dann wahrnehmen, wenn er an den bisherigen diesbezüglichen Praktiken seiner Kollegen und deren Mitarbeitern „herummäkelte“, um den Gebrauch einer „besseren Alternative“ einzuleiten. Diese an sich notwendige Kritik machte ihn aber bei seinen Kollegen und deren Mitarbeitern regelmäßig zu einer ungeliebten Figur. Und auch seine eigenen Mitarbeiter, die jahrelang mit anderen Systemen gearbeitet hatten, waren von seinen Initiativen keineswegs begeistert. Dieser Unmut „braute sich hinter seinem Rücken zusammen“, denn in der Firma bestand ein unausgesprochenes Verbot von offener Konfliktaustragung. Vor allem sein Konkurrent, Fritz Wolank, nutzte diesen allgemeinen, zunächst sich nur unterschwellig entwickelnden Unmut, um gegen ihn zu koalieren.

Im Coaching ging es nun in einem ersten Schritt darum, die gesamte Situation, in der sich Günther Ebert in dem Unternehmen befand, möglichst facettenreich zu verstehen. Zentrales Thema der Diagnose war, dass er es vollkommen versäumt hatte, sich eine „sozio-emotionale Hausmacht“ in seiner eigenen Abteilung, aber auch im gesamten Haus aufzubauen. Sodann präzisierten wir verschiedene „Baustellen“, deren Bewältigung er sich in den nächsten Wochen widmen wollte. Diese brachte er in eine Rangreihe nach ihrer Dringlichkeit:

Zunächst ging es ihm um die Verbesserung der Beziehung zu seinen Mitarbeitern. Zu diesem Zweck wollte er vermehrte Teamsitzungen ansetzen, in denen er mit ihnen intensiver über ihre Belange sprechen wollte. Fast noch wichtiger erschienen jetzt aber Einzelgespräche. So bereiteten wir vor allem Gespräche mit Eduard Frank und Fritz Wolank vor. Mit Eduard Frank wollte er zwar nicht noch einmal seine Beschwerden beim Personalchef „durchkauen“, er wollte ihm aber zu verstehen geben, dass er sich in Zukunft etwas ausführlicher für seine Projekte und für seine Anliegen interessieren werde. Für die Begegnung mit Fritz Wolank wurde er etwas ausführlicher vorbereitet. Diesen Mitarbeiter, den er fachlich ausgesprochen schätzte, weshalb er auch glaubte, auf ihn nicht verzichten zu können, wollte er entgegen seinen bisherigen Handlungsstrategien jetzt näher an sich heranlassen, indem er ihm besonders schwierige Sonderprojekte als Aufgabe anbot. Durch diese Maßnahmen entspannte sich im Verlauf von zwei Monaten tatsächlich die Situation in seiner Abteilung. Als nächste „Baustelle“ galt es, den Betriebsrat zu „befrieden“. Diesen lud er in seine Abteilung ein, um ihm alle relevanten Aktivitäten, die er mit seinen Mitarbeitern für die nächste Zeit geplant hatte, in groben Zügen darzustellen. Was fast noch wichtiger war, er lud ihn ein, sich bei allen Zweifeln, Befürchtungen, Beschwerden jeweils sofort mit ihm in Verbindung zu setzen.

Als eine ganz „monströse Baustelle“ erschien ihm aber nun die Aufgabe, bei seinen Kollegen auf gleicher Ebene für seine Software-Innovationen zu werben. „Das ist ein Ding ohne Ende“, stöhnte er. An diesem Punkt blieb ihm, wie er meinte, nichts anderes übrig, als diese verstärkt über den Vorstandsvorsitzenden zu Veränderungen der Internetpraktiken zu bewegen. Diesen wollte er bitten, noch einmal eine diesbezügliche Konferenz einzuberufen, auf der er allen eindringlich empfahl, seinen Innovationen zu folgen. Gleichlaufend damit wollte er aber mit jedem dieser „sperrigen“ Kollegen Einzelgespräche führen, um sie über positive Erfahrungen im Kontakt mit ihm zu mehr Bereitwilligkeit in der Zusammenarbeit zu bewegen. Auch diese Gespräche bereiteten wir ausführlich vor, denn hier ging es ja darum, die Balance zu halten zwischen der Kritik am Bestehenden und der Offerte von neuen Ansätzen.

Eine „besonders schwierige Bausstelle“ war seiner Meinung nach der Kontakt zum Vorstandsvorsitzenden. Jetzt stellte sich nämlich heraus, dass er dazu neigte, Vorgesetzten gegenüber anzunehmen, dass sie seine „hervorragende Qualifikation“ doch von sich aus sehen müssten. Aufgrund seiner Herkunft aus dem Handwerksmilieu („da geht es immer nur um die ehrliche Arbeit“) entging es ihm aber, dass er sich auch „nach oben hin“ kennen lernen lassen musste, um ausreichend Akzeptanz zu bekommen. Um diese Beziehung zu verflüssigen, übten wir besonders ausführlich. Vor diesen Interaktionen hatte er immer wieder die Befürchtung, dass er sich „unangemessen anschleimen“ müsse. Wir erarbeiteten solche Sequenzen solange, bis er eine für sich selbst akzeptable Form der Begegnung gefunden zu haben glaubte. Am Ende gelang es ihm auch tatsächlich, gegenüber dem Vorstandsvorsitzenden unbefangener zu agieren, was auch diese Beziehung entspannte.

Gleichlaufend mit den bisher beschriebenen „Baustellen“ befassten wir uns auch regelmäßig mit seinem persönlichen Wohlbefinden. Im Verlauf unserer Arbeit stellte sich nämlich heraus, dass er nicht nur an Schlafstörungen litt, sondern auch immer wieder massive Kopfschmerzen hatte. Seine Partnerin, die ja Ärztin war, hatte ihm zwar schon allerlei Ratschläge erteilt, seine Beschwerden besserten sich aber erst wirklich, als er ein regelmäßiges Lauftraining aufnahm, zunehmend zu Hause mit seiner Partnerin „wieder wie früher“ vierhändig Klavier spielte und die Probleme an seinem Arbeitsplatz immer mehr in den Griff bekam.

Im Sinne von *Personalentwicklung* fand Günther Ebert ein neues Verhältnis zu Führungsphänomenen, indem er neben seinen genuin fachlichen Aufgaben immer auch die sozialen Beziehungen zu seinen Mitarbeitern sowie ihre Beziehungen untereinander in den Blick nahm. Außerdem begann er zu verstehen, welche besonderen interaktiven Qualifikationen mit seinen spezifischen fachlichen Aufgaben einhergehen müssten. Und er lernte, seine Beziehung zu seinem Vorgesetzten neu zu „justieren“. Die Aufgabe als *Dialogform über Freud und Leid im Beruf* erfüllte Coaching hier insofern, als der Klient eine subjektive Verbesserung seiner ursprünglich als bedrängend erlebten Situation erfuhr. Im Sinne von „Work-Life-Balance“ aktivierte er sich in seiner Freizeit nicht nur körperlich, sondern auch im Hinblick auf seine musikalischen Hobbys. Er konnte wieder besser schlafen, seine Selbstzweifel wurden geringer, und seine Skepsis gegenüber Mitarbeitern, Kollegen und Vorgesetzten legte sich.

Die *Zielgruppe* von Coaching umfasst wie in unserem Beispiel Menschen, die in Betrieben, Verwaltungssystemen oder in sozialen Dienstleistungseinrichtungen mit Managementaufgaben betraut sind. Dabei dient es Führungskräften auf allen Hierarchiestufen, also Vorarbeitern ebenso wie Topmanagern. In der betriebswirtschaftlichen Literatur werden *Managementaufgaben* von *Sachaufgaben* differenziert. Bei Sachaufgaben handelt es sich um Aktivitäten, die der üblichen Zielerreichung einer Organisation dienen. In Kliniken würde man beispielsweise die Aktivitäten von Pflegekräften als Sachaufgaben definieren, Koordinationsaktivitäten von Stationsleitern und -leiterinnen dagegen als Managementaufgaben. Dabei ist allerdings zu beachten, dass viele Menschen in Führungspositionen durchaus auch Sachaufgaben zu erledigen haben. Das Verhältnis von Sach- zu Managementaufgaben bestimmt sich im Allgemeinen nach der Hierarchiestufe, auf der eine Position angesiedelt ist. Dabei gilt als Faustregel: je höher der Status einer Managementposition in einer Organisation ist, desto weniger Sachaufgaben sind mit ihr verbunden, und umgekehrt lässt sich behaupten, dass sie desto mehr Managementaufgaben beinhaltet (*Steinmann & Schreyögg, G.* 2005). So hat etwa eine Stationsleiterin neben ihren Steuerungsfunktionen noch eine Vielzahl von „Sachaufgaben" an den Patienten zu erledigen, was bei einer Pflegedirektorin kaum mehr vorstellbar ist. Deren Arbeitszeit ist ausschließlich mit Managementaufgaben angefüllt. Patienten sieht sie nur noch von weitem. Die Beratung der Sachfunktionen, also die Arbeit an und mit den Patienten, würde man übrigens als „Supervision" bezeichnen, die Beratung der Managementfunktionen dagegen als „Coaching". Dementsprechend gibt es bei der Pflegedirektorin mehr zu coachen als bei der Stationsleitung, obschon sich Supervision und Coaching oft überschneiden.

In der einschlägigen Literatur (*Schreyögg, G. & Koch* 2007 u.a.) werden traditionell fünf Managementfunktionen beschrieben: die Planung, die Organisation, die Personalfunktion, die Führung und die Kontrolle:

(1) Bei der *Planung* handelt es sich um Reflexionen, was erreicht werden soll und wie es am sinnvollsten zu erreichen ist. Hier geht es um die Entwicklung von Zielvorstellungen, um ihre Selektion und die Festlegung von Zielen mit den entsprechenden Handlungsrichtlinien, Verfahrensweisen usw. Planung ist allerdings kein einmaliger Akt, sondern eine Aufgabe, die laufend zu leisten ist, um Organisationen flexibel und „lernfähig" zu halten. Während man unter „strategischer Planung" die grundsätzliche Zielorientierung einer Organisation versteht, bezeichnet „operative Planung" die konkrete Umsetzung der Ziele. Insbesondere die strategische Planung ist die Basis für alle weiteren Managementfunktionen, denn sie ist die Grundlage der „Organisationsarchitektur".

(2) Während Planung noch zu großen Teilen in gedanklicher Arbeit besteht, wird mit der *Organisation* bzw. mit dem Organisieren die Umsetzung von Zielen im jeweiligen konkreten sozialen System angestrebt. Hierbei gilt es, eine angemessen arbeitsteilige und eventuell noch hierarchische Struktur zu entwickeln, die im Allgemeinen als „organisiertes System" bezeichnet wird. Sie ist idealerweise so gestaltet, dass sie die Planung zu realisieren vermag. Mit der organisatorischen Struktur als weiterem zentralen Bestandteil der „Organisationsarchitektur" sind wiederum viele Abläufe in der Organisation verbunden.

(3) Die *Personalfunktionen* von Managern dienen dazu, die organisatorische Struktur, die ja immer aus realen Menschen besteht, angemessen auszugestalten. In diesen Bereich gehören Aktivitäten, die Führungskräfte ergreifen müssen, um einen qualifizierten und engagierten Personalbestand zu sichern. Hierher gehören nämlich die Gewinnung, der Aufbau und die Erhaltung des Personals.
(4) Dieses „Personal" müssen Manager nun führen. Unter *Führung* versteht man je angemessene Formen der Beeinflussung, damit die unterstellten Mitarbeiter im Sinne des Organisationsziels handeln. Bei „Führen und führen lassen" (*Neuberger* 2002) handelt es sich um komplexe Interaktionsprozesse, die durch eine Vielzahl von Variablen bestimmt sind.
(5) Inwieweit durch Planung, Organisieren, Personaleinsatz und Führung die Organisationsziele tatsächlich erreicht wurden oder ob vielleicht neue strategische Planungen entwickelt werden sollten, ob anders geführt werden muss usw., ist vom Manager zu kontrollieren. Bei der *Kontrolle* geht es also um einen Vergleich von Ist- und Soll-Daten.

Unter all diesen Managementfunktionen stellt „Führung" diejenige dar, die im Coaching am häufigsten thematisiert wird. Selbst in Strategieberatungsprozessen, wie sie etwa die Mitarbeiter von *Kienbaum* durchführen, entsteht immer wieder die Notwendigkeit, Führungskräfte zu unterstützen, das Geplante umzusetzen. Und dabei sind in der Regel Führungsthemen relevant, wie nämlich Mitarbeiter so zu beeinflussen sind, dass diese die Ziele der Organisation „wirklich" realisieren. Das ist besonders für neu ernannte Führungskräfte von elementarer Bedeutung. Aus diesem Grund befasse ich mich im nachfolgenden Kapitel noch eingehend mit der Managementfunktion „Führung".

Nun ist der Arbeitsalltag von Managern keineswegs so klar geplant, wie sich frühe Managementtheoretiker noch gedacht haben. Ihr Alltag ist sogar ausgesprochen zerstückelt in viele kleine Kommunikationsakte und Handlungsmuster. *Mintzberg* legte 1975 erstmals eine Studie vor, in der er anhand von Tagebüchern, die Manager selbst geschrieben hatten, und anhand von Aufzeichnungen teilnehmender Beobachter zeigen konnte, dass Manageraktivitäten sich wahrscheinlich besser durch „*Managementrollen*" fassen lassen. Dabei unterschied er drei Rollenbündel mit ihren jeweiligen Rollen:

(1) Interpersonale Rollen wie Repräsentant, Vorgesetzter, Vernetzer,
(2) informationale Rollen wie Radarschirm, Sender, Sprecher,
(3) Entscheidungsrollen wie Innovator, Störungsregler, Ressourcenzuteiler, Verhandler.

Zur Realisierung dieser Managementfunktionen und -rollen benötigen Führungskräfte spezifische Kompetenzen. Folgende „*Schlüsselkompetenzen des Managements*" (vgl. *Steinmann & Schreyögg, G.* 2005) sind zu beachten, die ebenfalls im Coaching oft Thema werden (*Lenbet* 2004):

- *Technische Qualifikationen*, d.h. faktisches Wissen und faktische Fertigkeiten, wie z.B. eine Personalbedarfsplanung zu erstellen ist,
- *konzeptionelle Kompetenzen*, die es der Führungskraft erlauben, in größeren Zusammenhängen zu denken, einzelne Phänomene und einzelne Entscheidungen auf der Folie des organisatorischen Gesamtsystems und seiner relevanten Umwelt zu begreifen,
- *soziale Kompetenzen,* die jeder Mensch mit Steuerungsfunktionen benötigt, damit er mit anderen effektiv und konstruktiv zusammenarbeiten kann.

Die beschriebenen Funktionen, Rollen und Kompetenzen gelten in der Literatur als feldübergreifend. Das heißt, sie sind für Führungskräfte in Unternehmen, Verwaltungssystemen und sozialen Dienstleistungseinrichtungen relevant. In den letzten Jahren hat es sich allerdings durchgesetzt, dass Führungskräfte aus der öffentlichen Verwaltung unter dem Stichwort „New Public Management" (vgl. *Schedler & Proeller* 2000 u.a.) modifizierte Formen des Managements entwickeln. Auch im Milieu der sozialen Dienstleistungen werden unter dem Begriff „Sozialmanagement" (*Hasenfeld* 1992) und spezieller noch im Gesundheitsbereich im Sinne von „Management im Gesundheitswesen" feldspezifische Managementkonzepte kreiert (*Busse et al.*2006).

Neben der Zielgruppe „Führungskräfte" nehmen heute auch viele *freiberuflich Tätige* wie Rechtsanwälte, Ärzte oder Unternehmensberater Coaching in Anspruch. Sie haben nämlich in ihrer Berufssituation auch Managementfunktionen, -rollen und -kompetenzen zu realisieren. Ja, es lässt sich sogar behaupten, dass diese Gruppierung ein besonders hohes Maß an „Selbstmanagement" mobilisieren muss, um beruflich zu „überleben". Auch diese Personengruppe hat laufend zu planen, für eine gute Organisation zu sorgen, bei Bedarf Personal zu engagieren, zu führen und dann ihren geschäftlichen Fortgang zu kontrollieren.

1.2 Themen, Ziele, Rollen und Settings

Thematisch ist Coaching auf sämtliche Steuerungsfunktionen von Führungskräften und Freiberuflern mit den entsprechenden Kompetenzen gerichtet. Es unterstützt also bei der Planung, bei der Entwicklung angemessener Organisationsstrukturen usw. Schwerpunkte sind im Coaching allerdings meistens die Personal- und die Führungsfunktion sowie die dafür besonders relevanten Rollen und sozialen Kompetenzen. Die von den Klienten faktisch vorgetragenen Anliegen bewegen sich auf allen Ebenen sozialwissenschaftlicher Paradigmatik. Das heißt, sie zentrieren sich teils auf folgende Themenbereiche:

- *individuelle* Themen, wie etwa eine bessere Work-Life-Balance oder die Karriereplanung,
- *interaktive* Themen, wie etwa die Beziehung zu einem Mitarbeiter oder zu Vorgesetzten,
- *systembezogene* Fragestellungen, die eine organisatorische Einheit, ein gesamtes organisatorisches System oder gar seine Umwelt betreffen.

Je nach dem Milieu, aus dem die Coaching-Klienten kommen, lassen sich unterschiedliche thematische Akzente feststellen. Führungskräfte aus Betrieben, in denen technische oder betriebswirtschaftliche Grundberufe dominieren, thematisieren oft Fragestellungen mit einem individuellen oder interaktiven Gehalt. Bei Sozialmanager/innen, also bei Personen, die soziale Dienstleistungssysteme leiten, stehen im Coaching vielfach Themen im Vordergrund, die den organisatorischen Kontext und dessen Umfeld betreffen. Im Prinzip lässt sich behaupten, dass Coaching-Klienten meistens genau das zu verhandeln suchen, was in ihrem jeweiligen Grundberuf zunächst nicht thematisiert wurde, was sie aber als Führungskraft in ihrem Gebiet dringend benötigen.

Bei Freiberuflern lassen sich die Themenpräferenzen weniger leicht typisieren, da sie ja je nach Grundberuf und Tätigkeitsfeld starke Variationen aufweisen. Als Feld- und Berufsgruppenübergreifende Themen lassen sich eher solche benennen, die mit der Dauer des Status als Freiberufler in Beziehung stehen: In den ersten Jahren sind Freiberufler meistens mit der Organisation ihrer Arbeit beschäftigt, im weiteren Verlauf mit ihrer sozialen Verankerung und in späteren Stadien mit Fragen, wie sie ihre berufliche Fortentwicklung planen möchten.

Das grundlegende *Ziel* von Coaching besteht in der Förderung beruflicher Selbstgestaltungspotenziale, also des Selbstmanagements von Führungskräften und Freiberuflern. In diesem Punkt ähnelt das Management-Coaching dem im Sport. Hier wie dort spielen Höchstleistungen eine Rolle, auf die der Coach seine Klienten vorbereiten soll. Wie im Sport verfolgt das Coaching von Managern immer Ziele von *Effizienzerhöhung*. Das heißt, Führungskräfte sollen unterstützt werden, alle ihre Aufgaben möglichst zielgerecht und mit möglichst sparsamem Ressourcenaufwand wahrzunehmen. Dabei beabsichtigt Coaching eine Förderung aller Managementkompetenzen.

Außerdem zielt Coaching idealerweise auf eine *Humanisierung*. Führungskräfte sollten nämlich unterstützt werden, die von ihnen geleitete Organisation oder Abteilung möglichst menschengerecht auszugestalten. Wie ich in einem nachfolgenden Diskurs (Kap. 5) noch zeigen werde, kann auf diesem Wege Coaching auch einen Beitrag zur konstruktiven Fortentwicklung von Organisationen bzw. zur Unternehmensethik (*Kumar et al.* 1999; *Maak & Ulrich* 2007) leisten.

Bei den *Rollen* des Coachs und bei den *Settings* finden wir heute eine zunehmende Variationsbreite: Als Coaches kommen entweder freiberufliche Berater oder Mitarbeiter aus Personal- bzw. Personalentwicklungsabteilungen in Frage, die sich auf Coaching spezialisiert haben. Die im deutschsprachigen Raum ursprünglich propagierte Rolle des freiberuflichen Coachs wird bis heute von hochrangigen Führungskräften bevorzugt, denn sie legen meistens gesteigerten Wert auf eine maximale Intimität in der Beratung (*Rauen* 1999; *Böning & Fritschle* 2005). Außerdem käme es bei der Inanspruchnahme von organisationsinternen Coaches zu Rolleninterferenzen. Denn hausinterne Personalentwickler nehmen ja als Inhaber von Stabsstellen niemals eine vergleichbar hohe Position in Unternehmen ein, die Topleuten adäquat wäre. Diese Gruppe von Coaches erfreut sich aber wachsender Beliebtheit bei Managern auf mittleren und unteren Führungsebenen. Sie helfen in Industriebetrieben und Behörden (*Wallner* 2004; *Westerwelle* 2004) bei der Etablierung neuer Organisations- und Führungskonzepte, oder sie beraten Manager auf mittleren hierarchischen Ebenen bei der Übernahme neuer Funktionen oder auch bei Fusionen.

Einen Vorteil des organisationsinternen Coachings stellt sicher die zumeist hohe Feldkompetenz der Berater dar. Sie sind nicht nur mit den jeweiligen Formalien eines Systems, mit dessen Strukturen oder Funktionen vertraut. Sie sind auch „Kulturkenner", denn sie durchschauen das Symbolsystem einer Organisation sowie ihre Normen und Standards mit den entsprechenden Basisannahmen (*Schein* 1995). Ein Nachteil dieser Gruppierung besteht allerdings häufig in der damit automatisch erworbenen „Betriebsblindheit". Das heißt, manche organisatorischen Phänomene können sie gar nicht mehr aus exzentrischer Position erfassen und damit auch kritisch reflektieren. Durch kritische Analysen würden organisationsinterne Berater allerdings ohnedies leicht in Loyalitätskonflikte gegenüber ihrem Arbeitgebersystem geraten, sodass in diesem Punkt eine gewisse Zurückhaltung für sie empfehlenswert ist.

Bei der Etablierung und Fortentwicklung von organisationsinternen Coachingabteilungen müssen vor allem Imagekomponenten sorgsam bedacht werden. Im ungünstigsten Fall werden die Coaches als „Nachhilfelehrer" für diejenigen begriffen, „die noch nicht kapiert haben, wie man es macht". Aus diesem Grund empfiehlt es sich, Coaching in der Einführungsphase als Angebot für regelmäßig auftretende organisatorische Geschehnisse anzubieten, wie wir es hier beispielsweise vertreten, nämlich für die Einführung von neu ernannten Führungskräften. Erst im weiteren Verlauf sollte es als Unterstützung bei Krisen und Konflikten aller Art offeriert werden. So ist es auch wenig empfehlenswert, Coaching erstmalig bei Restrukturierungen eines Systems anzubieten. Der in solchen Situationen regelmäßig auftretende Änderungswiderstand („*resistance to change*"), der für die Organisationsmitglieder mit vielfältigen Krisen- und Konflikterfahrungen einhergeht, befördert sonst eher aversive Assoziationen im Hinblick auf Coaching.

In den letzten Jahren lässt sich auch eine zunehmende Variationsbreite bei den *Settings*, d.h. den äußeren Anordnungen von Coaching beobachten. Während in früheren Jahren das Einzelcoaching dominierte (*Looss* 2002), finden derzeit viele Coachingaktivitäten im Gruppensetting statt. Bei diesem werden meistens hierarchie- und funktionsgleiche Führungskräfte von fünf bis sieben Personen zusammengefasst (*Grün & Dorando* 1993; *Berger & Wilhelm* 2003; *Wallner* 2004; *Schichterich* 2004 u.a.).

Die neueste Variante ist sicher das Teamcoaching, bei dem ein ganzer Führungskader Coaching erhält. Dieses Setting beobachten wir nicht nur in Betrieben, sondern zunehmend auch in Kliniken mit Pflegedirektorinnen und Pflegedienstleitern oder mit Pflegedienst- und Stationsleitungen. Hier wie in anderen Milieus erhält es oft einen zentralen Stellenwert bei der Neugestaltung von Organisationen. Coaching mutiert dann zum „Organisations-Coaching" (*DBVC* 2007: 32 ff.). Damit tritt es heute oft an die Stelle von traditionellen Formen der „Organisationsentwicklung" (*Trebesch* 2000). Bei hochrangigen Führungsteams hat es anfangs oft die Funktion von Strategieberatung (*Wolff* 2005), bei nachfolgenden gezielten Wandlungsprozessen dient es zur Begleitung des Veränderungsmanagements. Solche Funktionen hat es beispielsweise auch beim Fusionsmanagement.

1.3. Anforderungen an den Coach und sein Konzept

Die Anforderungen lassen sich zwei Kategorien zuordnen: Anforderungen an die Person des Coachs und Anforderungen an seine konzeptionelle Kompetenz. An die *Person* des Coachs werden im Allgemeinen hohe Anforderungen gestellt (ausformuliert z.B. von einschlägigen Verbänden wie dem „Deutschen Bundesverband Coaching", DBVC, oder seinem österreichischen Pendant, dem „Österreichischen Coaching Dachverband", ACC). Sie lassen sich nach personenspezifischen und fachlichen Qualifikationen unterscheiden:

(1) Als Persönlichkeit sollte ein Coach über breite Lebens- und Berufserfahrungen verfügen sowie über eine ansprechende persönliche Ausstrahlung. Und er sollte einen angemessenen Interaktionsstil praktizieren. Im Hinblick auf sein Geschlecht lässt sich postulieren, dass beispielsweise weibliche Führungskräfte in männlichen Milieus gerne einen weiblichen Solidarpartner als Coach bemühen, dass sie aber umgekehrt in solchen Situationen vielfach auch einen männlichen Coach bevorzugen. Von ihm erwarten sie nämlich eher, mit ihrer Rolle als weibliche Führungskraft unter Männern angemessen konfrontiert zu werden. Daran wird schon deutlich, dass menschliche Merkmale eines Coachs eher subjektiv und deshalb sehr unterschiedlich zu bewerten sind.
(2) Über die fachlichen Qualifikationen lässt sich dagegen leichter Konsens herstellen: Da die Fragestellungen von Führungskräften oft eine hohe Komplexität aufweisen, sollte der Coach über intellektuelle Flexibilität und über ein breites sozialwissenschaftliches Wissen verfügen. Außerdem braucht er ideologische Offenheit und eine dem Klienten entsprechende Feldkompetenz. Es ist allerdings nicht unbedingt erforderlich, oft auch gar nicht möglich, dass Berater über Intimkenntnisse von der jeweiligen Arbeitssituation ihrer Klienten verfügen. Sie sollten sich aber im Verlauf der gemeinsamen Arbeit zumindest einen vertieften Eindruck von deren Arbeitsfeld erwerben. Eine grundlegende Anforderung wäre allerdings, dass sich der Coach für die Arbeitssituation seines Klienten interessiert. Dieses Interesse kann übrigens in Fällen, in denen der Coach maximal feldkompetent ist, also vielleicht schon ähnliche Funktionen wie sein Klient bekleidet hat, eher gering entwickelt sein. Vielleicht fühlt sich der Berater dann sogar schon verschlissen von diesem Milieu, das ihm nun in Person des Coaching-Klienten erneut begegnet (vgl. *DBVC* 2007: 36 ff.).

Von zentraler Bedeutung ist aber das *Konzept des Coachs.* Wenn Coaching nicht im aktuellen Dunst von modischen Worthülsen versacken soll, bedarf es fachlich kompetenter Berater, die ihre Arbeit auf ein ausformuliertes Coachingkonzept gründen. Dieses dient ihnen dann als „mind map" für alle diagnostischen und methodischen Fragen (*Schreyögg* 2002, 2003). Da die Fragestellungen von Führungskräften in diagnostischer wie methodischer Hinsicht fast unübersehbar vielgestaltig sind, muss ein Coachingkonzept eine große Theorie- wie Methodenbreite aufweisen. Für die spezifische Konzeptentwicklung lässt sich Anleihe nehmen bei Anwendungsmodellen, die für andere Bereiche angewandter Sozialwissenschaft mit ähnlich breiter Thematik kreiert wurden. Wir finden sie in der Psychotherapie (*Petzold* 2003), in der Pädagogik (*Herzog* 1984) und in der Supervision (vgl. *Schreyögg* 2004).

Als basale Prämisse entsprechender Modellkonstruktionen ƒ
wendungsfälle insgesamt eine unendliche Vielfalt aufweisen, die ...
rie- und methodenpluralen Modellkonstruktionen abzudecken ist. Psycho...
pie, Pädagogik oder Beratung, die sich dann aber wahllos jeder verfügbaren Theorie und jeder verfügbaren Methode bedienen, münden leicht in einen unreflektierten Eklektizismus. Es entstehen kontraproduktive Effekte, und bei den Klienten wird Konfusion erzeugt. Zur Vermeidung solcher Phänomene empfehlen einschlägige Autoren die Kreation von Handlungsmodellen, bei denen Theorien und Methoden auf begründete Weise in eine *integrative Wissensstruktur* eingepasst werden:

(1) Die Basis einer solchen Wissensstruktur bildet regelmäßig ein *Metamodell*, das die erkenntnistheoretischen und anthropologischen Prämissen enthält. Es dient als Maßstab für alle diagnostischen und methodischen Elemente des Ansatzes. Das heißt, die jeweils verwendeten Theorien zur Strukturierung von Praxisereignissen und die Methoden zu ihrer Bearbeitung werden nicht nach rein pragmatischen Gesichtspunkten ausgewählt, sondern sie müssen jeweils auch Anschluss an die Prämissen des Metamodells aufweisen. In diesem Sinne schlage ich fürs Coaching eine Modellkonstruktion vor, die ebenfalls bei *erkenntnistheoretischen* und *anthropologischen* Setzungen ihren Ausgang nimmt. Wie sich der einschlägigen Literatur entnehmen lässt, bieten phänomenologische Ansätze derzeit die umfassendsten Prämissen, die den unterschiedlichen Ebenen von Mensch-Sein gerecht werden. So gründet sich auch das hier unterlegte Beratungskonzept, das ich an anderer Stelle ausführlich dargestellt habe (vgl. *Schreyögg* 2003, 2004 a), auf entsprechende Positionen.
(2) Eine dem Metamodell nachgeordnete Ebene umfasst *Theorien*, die fürs Coaching besonders bedeutsame diagnostische Positionen enthalten. Dies sind interaktionistische Konzepte sowie vor allem solche aus der Managementlehre und der Organisationstheorie, die auch systemische Phänomene zu erhellen vermögen. Hier sind allerdings jeweils die Ansätze zu präferieren, die den Prämissen des Metamodells möglichst nahtlos entsprechen.
(3) Die dritte Ebene eines ausformulierten Coachingkonzepts besteht in *grundlegenden methodischen Anweisungen*. Sie beinhalten Aussagen, welche Ziele mit dem Modell verfolgt, welche spezifischen Wirkungen ihm zugeschrieben und wie Praxisereignisse rekonstruiert werden. Darüber hinaus sind Anweisungen enthalten, welchen Interaktionsstil der Coach praktizieren sollte, und schließlich, wie unterschiedliche Settings in welcher Weise vom Coach zu handhaben sind. Auch diese Ebene des Coachingkonzepts muss an den Prämissen des Metamodells orientiert sein.

(4) Die basale Ebene des Konzepts stellt die *Praxeologie* dar, die auch wieder Bezüge zum Metamodell aufweisen muss. Wie bei allen Beratungsformen gründet sich auch die Praxeologie des Coachings auf Formen professioneller Gesprächsführung. Wenn es allerdings um problemorientierte Fragestellungen mit prärationalen Gehalten geht, empfiehlt sich eine Integration erlebnisorientierter, psychotherapienaher Methodik etwa aus der Gestalttherapie. Manchmal geht es auch darum, Ressourcen der Klienten zu mobilisieren, dann müssen eben ressourcenorientierte Ansätze verwendet werden. Und in Fällen, die ein vorbereitendes Üben erfordern, lässt sich auf handlungsorientierte Arbeitsformen zurückgreifen, wie es die psychodramatische Methodik ermöglicht. In vielen anderen Coachingsituationen ist es unumgänglich, zur Veranschaulichung von komplexen Ist-Situationen oder von komplexen Prozessen mit Medien zu arbeiten. Dann werden entsprechende Phänomene gemalt oder durch bunte Magnetplättchen oder Bausteine veranschaulicht.

1.4 Coaching-Methoden

Wie anhand des Coachingkonzepts soeben angesprochen, werden einzelne methodische Maßnahmen im Sinne von „Coaching-Tools" (vgl. *Rauen* 2004, 2007) hier nicht etwa wahllos angewandt, sondern sie stehen in einem konzeptionellen Gesamtzusammenhang. Dabei sind vor allem zwei Fragen relevant:

- Wie kann der Coach als Dialogpartner Anschluss finden an die vom Coaching-Klienten erlebten beruflichen Situationen, d.h. wie können diese *rekonstruiert* werden?
- Welche *Wirkungen* sollen im Coaching erzeugt werden?

Rekonstruktionen finden in diesem Ansatz als „szenische Rekonstruktionen" statt. Dabei wird der Klient gebeten, sich mit möglichst allen seinen Sinnen noch einmal die erlebte Praxissituation zu vergegenwärtigen. Diese Rekonstruktionen werden vom Coach jeweils so geleitet, dass auch er das fragliche Ereignis miterleben kann. Aus diesem „Miterleben" in Verbindung mit seinen theoriegeleiteten Diagnosen schöpft der Coach dann alle seine Interventionen.

Eine qualifizierte Rekonstruktionsarbeit im Coaching beschränkt sich aber nicht auf ein „einfaches Nacherleben". Der Coach wird den Klienten vielmehr unterstützen, seine bisherigen Perspektiven zu verändern. Das heißt, der Coach wird versuchen, beim Klienten Sichtweisen zu animieren, die weit über sein bislang entwickeltes Problemverständnis hinausgehen. Durch solche „multiperspektivischen Rekonstruktionen“ werden beim Klienten auch besondere Wirkungen erzeugt. Er kann jetzt nämlich seine bisherigen Deutungsmuster der fraglichen Situation idealerweise umstrukturieren und erweitern.

Neben der Korrektur von *Deutungsmustern* wird in diesem Ansatz auch die Veränderung von *Handlungsmustern* angestrebt. Viele Führungskräfte praktizieren beispielsweise ein völlig dysfunktionales Verhalten gegenüber ihren Mitarbeitern. Anstatt sie für ihre Leistungen zu ermuntern, mäkeln sie laufend an ihnen herum. Auch hier gilt es, nicht nur Umstrukturierungen, sondern auch neue Handlungsstrategien zu entwickeln. So hat in diesem Ansatz das „Probehandeln“ mit imaginierten Interaktionspartnern eine besondere Bedeutung. Führungskräfte können dann „im Schonraum Coaching“ mit neuen Handlungsformen experimentieren (vgl. *Schreyögg* 2003: 173 f.). Als einzelne methodische Maßnahmen sind drei Gruppen zu unterscheiden:

- professionelle Formen der *Gesprächsführung,*
- methodische Elemente von *erlebnis- und handlungsorientierten Psychotherapieverfahren,*
- methodische *Anleihen aus dem „Kinderzimmer“.*

(1) Die methodische Basis im Coaching ist das Gespräch, genauer gesagt, professionelle Formen der *Gesprächsführung.* Wie etwa *Schein* (2003) schon in den 70er Jahren mit seiner „Prozessberatung“ propagierte, handelt es sich dabei idealerweise um eine Form der Gesprächsführung, die der humanistischen Psychologie im Sinne von *Rogers*, *Bühler, May* usw. nahe steht. Zentral sind hier das „Zuhören“ in seinen passiven und aktiven Varianten, das Feedback-Geben sowie das gezielte Fragen nach weiteren Informationen, aber auch nach Bewertungen oder Meinungen (vgl. *Schreyögg* 2003: 223 f.). Durch solche Formen der Gesprächsführung wird im Coaching in aller Regel die Fragestellung des Klienten überhaupt erst präzisiert.

(2) Methodische Maßnahmen aus erlebnis- und handlungsorientierten Psychotherapieverfahren wie der Gestalttherapie und dem Psychodrama ermöglichen im weiteren Verlauf und ergänzend zur „einfachen“ Gesprächsführung nicht nur eine generelle Erweiterung des Informationsflusses, sie eröffnen auch die Möglichkeit, prärationale Phänomene zu thematisieren. Darüber hinaus dienen sie dem Selbstausdruck von Klienten. Wenn etwa eine Führungskraft animiert werden kann, im Coaching einen „schwierigen“ Mitarbeiter in Gestik und Mimik darzustellen, gewinnt der Coach nicht nur mehr Informationen im Hinblick auf eine aktuelle Interaktionssequenz, es zeigt ihm wahrscheinlich

auch eine neue Facette des Klienten. Außerdem wird dieser dadurch veranlasst, seine Expressionsmöglichkeiten zu erweitern. Bei solchen Methodenapplikationen ist allerdings entscheidend, dass der Coach therapierelevante Phänomene nicht vertieft, sondern immer die spezifischen Funktionen von Coaching im Auge behält (a.a.O.: 257 f.).

(3) Im Coaching erweist sich oft auch der Einsatz von Medien als sinnvoll. Die meisten Leute können sich die Verwendung technischer Medien wie Audio- oder Videogeräte zur Korrektur von Handlungsmustern vorstellen. Wenn sie sorgsam eingesetzt werden, dienen sie als gute Feedback-Instrumente. Eine andere Gruppe von Medien stellen aber „Materialmedien" dar (a.a.O.: 286 f.). Hierbei handelt es sich um Gegenstände, die wie etwa ein Flipchart im Coaching zur Veranschaulichung von komplexen organisatorischen Situationen dienen oder die wie z.B. gemalte Bilder in der Kreativitätstherapie (*Franzke* 1977) auch im Coaching zur Übermittlung prärationaler Phänomene eingesetzt werden können. Sie setzen allerdings mehr oder weniger deutlich die Bereitschaft zu einem spielerischen Umgang mit aktuellen Themen voraus, sodass viele von ihnen als „Anleihen aus dem Kinderzimmer" auch die Bereitschaft zur Regression voraussetzen. In vielen Fällen sind sie ausgesprochen nützlich. So lassen sich Bausteine zur Veranschaulichung von formalen und informellen Strukturmustern oder Collagen zur Rollenanalyse nutzen.

1.5 Anlässe von Coaching

Wer nimmt wann Coaching in Anspruch? In den letzten Jahren lässt sich eine zunehmende Breite von Anlässen beobachten. Man differenziert im Allgemeinen:

- ressourcenorientierte Anlässe, wie z.B. der Karriere- und Rollenberatung,
- krisenhafte Anlässe akuter oder schleichender Art.

Als „schleichende Krisen" werden Jobstress, Burnout oder berufliche Deformationen (*Fengler* 1992) bezeichnet. Diese entwickeln sich langfristig, und sie werden vom Einzelnen meistens erst dann als Krise wahrgenommen, wenn noch ein zusätzliches, aktuell krisenhaftes Ereignis „das Fass zum Überlaufen" bringt. Neben individuellen Krisen werden allerdings auch kollektive thematisiert. Sie können durch Fusionen, durch Marktveränderungen, durch Modifikationen von Finanzierungsstrategien seitens der Finanzgeber bzw. Leistungsträger oder sogar durch politische Entwicklungen wie den Transformationsprozess von der Plan- zur Marktwirtschaft verursacht sein. Durch kollektive Krisen sind dann ganze Abteilungen, ganze Firmen oder ganze Verwaltungssysteme in Mitleidenschaft gezogen. Die Organisationsmitglieder – und natürlich auch die Führungskräfte – erleben im Verlauf solcher Krisen manifeste soziale Konflikte (*Schreyögg* 2002).

Für unseren Zusammenhang ist nun bedeutsam, dass sich auch viele neu ernannte Führungskräfte in ausgesprochen krisenhaften Situationen befinden. Wie die Jobstress-Forschung zeigt (*Perrewe* 1991), stellt der Eintritt in einen neuen Arbeitsplatz, egal auf welcher Hierarchieebene, immer ein krisenhaftes Ereignis dar. Die betreffende Person kennt zum einen noch nicht alle fachlichen Anforderungen, sie kennt zum anderen auch nicht die offenen und heimlichen Spielregeln, die mit der neuen Position verbunden sind. All dies verschärft sich, wenn sie zum ersten Mal eine Führungsposition zu übernehmen hat. Und es erweist sich als besonders prekär, wenn sie dies in einem ihr noch fremden System tut. Dann muss sie neben ihren fachlichen Aufgaben alle Rollenerwartungen, die spezifische Organisationskultur, die Mikropolitik usw. kennen lernen – und sie hat dann vor allem noch keine soziale Basis, mit deren Hilfe sie sich „beheimaten" (*Edding* 2005) könnte.

Viele Führungskräfte nehmen ihre neue Position, die oft eine hohe fachliche Anforderung mit sich bringt, mit viel Enthusiasmus auf. Deshalb entgeht ihnen, wie obiges Beispiel zeigt, allzu leicht, was sich hinter ihrem Rücken alles zusammenbraut. Was dann als schleichende Krise etwa im Sinne einer allgemeinen Unlust oder mit Kopfschmerzen beginnt, erhält durch ein äußeres soziales Ereignis oft erst ausreichende Prägnanz mit der entsprechenden Motivation, einen Coach aufzusuchen. Umgekehrt lässt sich bei vielen Coaching-Klienten, die wegen eines akuten Konflikts ins Coaching eintreten, feststellen, dass sich die aktuelle Krise eigentlich schon lange angebahnt hat und dass sie in einer unzureichend bewältigten Anfangssituation ihren Ursprung hat. Zur Vermeidung solcher Phänomene wird Coaching in manchen Milieus schon als prophylaktische Maßnahme angewandt. So lässt sich feststellen, dass es bei neuen Führungskräften einerseits zur „Konfliktvorbeugung" und andererseits zur „Konfliktbewältigung" dient.

2. Kapitel

Führung als mehrperspektivisches Ereignis

Derzeit findet sich keine Publikation über Führung, die nicht mit einer Diagnose über die „Krise in der Führungsforschung" beginnt: Sie befinde sich in einer Sackgasse, habe sich in einen „Konzeptdschungel" hineinmanövriert, ihre Ergebnisse seien trivial und deshalb wenig ergiebig (*Miner* 1982; *Schettgen* 1991, u.a.). Zur theoretischen Unsicherheit gesellen sich ideologische Bedenken. Denn gerade Führungsphänomene unterliegen prinzipiell Bewertungen, die allzu schnell ins Unreflektierte abdriften (*Neuberger* 2002). Trotz solcher eher deprimierender Perspektiven will ich hier einige grundlegende Überlegungen zum Phänomen Führung darstellen, die für unseren Zusammenhang – die neu ernannte Führungskraft – von Bedeutung sind.

Wie bereits angesprochen, wird Führung in neueren Managementkonzepten neben Planung, Organisation, Personaleinsatz und Kontrolle als eine Managementfunktion betrachtet (*Staehle* 1999; *Schreyögg, G. & Koch* 2007). Dadurch erfährt Führung neben den anderen Managementfunktionen einen Bedeutungsgewinn als gleichrangig. Sie erleidet aber auf diese Weise auch einen Bedeutungsverlust; denn nun lässt sich argumentieren, man könnte statt der Führung auch auf andere Steuerungsmechanismen zurückgreifen. Tatsächlich werden heute in vielen Organisationen zur Entlastung der Führungsfunktion ausgefeilte Programme und Pläne etabliert, nach denen die Mitarbeiter dann vergleichsweise schematisiert selbstständig arbeiten sollen. Hier will ich mich aber nicht mit den Kompensaten von Führung befassen, sondern mit Führung im eigentlichen Sinn. Dabei handelt es sich nämlich um „Verhaltenslenkung von Angesicht zu Angesicht" (*Türk* 1984: 63). Und solche Handlungssequenzen sind bis heute in jeder Organisation in der einen oder anderen Weise relevant.

Unter systemtheoretischen Gesichtspunkten besteht zwischen Organisation und Umwelt ein Komplexitätsgefälle. Das heißt, Organisationen reduzieren im Gegensatz zur Umgebung ihre Komplexität durch formale Regelungen, die, wie im folgenden Abschnitt gezeigt wird, im Prinzip auch den Rahmen für die Realisierung der Führungsfunktion bilden. Anders gesagt, Führung ist auch ein

„Lückenbüßer", der das von der Organisationsfunktion offen gelassene Steuerungsvakuum füllt (*Türk* 1981). Führung bringt im Grundsatz das soziale System, also die Organisation, und das individuelle Handeln in einen Gleichklang. Mit solchen Überlegungen wird unterstellt, dass es sich bei Führung um ein multiparadigmatisches Phänomen handelt, dass nämlich *einzelne Personen* fortlaufend miteinander *interagieren* und dass sie außerdem mit dem *System*, in dem sie Verantwortung übernehmen, in Beziehung stehen.

Dementsprechend müssen wir Führung als personales, als interaktives und als systemisches Phänomen fassen. Da ich im nachfolgenden Kapitel zum Thema „Organisation" den Systembezug von Führung ausführlich erläutern werde, beschränke ich mich hier auf personale und interaktive Aspekte von Führung.

2.1 Personale Aspekte von Führung

Die meisten Menschen verbinden mit Führung eine personale Erscheinung. Dementsprechend war man in der traditionellen Führungsforschung zunächst ausschließlich an einer „Great-Man-Ideologie" orientiert. Das heißt, man suchte Führerschaft jeweils durch personale Merkmale zu erklären. Dies geschah allerdings in unterschiedlichen Stadien der Entwicklung des Forschungsgegenstandes „Führung" auf je unterschiedliche Weise:

- Bis etwa 1950 galten bestimmte *Eigenschaften* von Führungskräften als maßgeblich.
- Im Verlauf der 1960er Jahre untersuchte man ganze Komplexe von Handlungsmustern als *Führungsstile.*
- In den 1970er Jahren akzentuierte man zunehmend die *Situation*, in der nun der eine oder andere Führungsstil zur Anwendung kam bzw. kommen sollte.

2.1.1 Der Eigenschaftsansatz

Dem Eigenschaftsansatz lag die Idee zugrunde, dass Menschen durch bestimmte Persönlichkeitsmerkmale zur Führung prädestiniert seien. Deshalb erstellte man zuerst intuitiv, später empirisch Eigenschaftskataloge, die zwischen Führern und Geführten differenzierten. Diese Kataloge enthielten Merkmale wie Entschlusskraft, Männlichkeit, breites Wissen oder Überzeugungskraft. In nachfolgenden Untersuchungen ließen sich aber selten die Ergebnisse früherer Studien belegen. *Mann* (1959) etwa unterzog sämtliche verfügbare Studien zwischen 1900 und

1957 einer erneuten Sichtung und fand insgesamt 500 verschiedene Eigenschaften, von denen in den einzelnen Untersuchungen jeweils nur vier oder fünf auftauchten. Bestimmte Eigenschaften erschienen in manchen Studien in den Kategorien der Führer, in anderen bei den Geführten. *Stogdil* (1974) stellte anhand einer weiteren Nachuntersuchung die These auf, dass die gefundenen Führungseigenschaften wohl eher mit der Gruppensituation variieren.

Ursachen für das Scheitern des Eigenschaftsansatzes liegen zum einen in der mangelnden Berücksichtigung der „*Führungsgenese*". Das heißt, wie kam die Führungskraft überhaupt zu ihrer Position, durch Berufung, Erbschaft oder wie sonst? Stieg sie im System auf, oder wurde sie von außen rekrutiert? Im Übrigen besteht natürlich bei jedem derartigen Versuch das Problem, dass Eigenschaften niemals einen generellen Charakter haben, sondern immer aus einem Zusammenspiel von Person und Situation resultieren. Und noch viel weniger lässt sich bei Eigenschaften Universalität behaupten. Denn unterschiedliche historische Epochen stellen auch äußerst unterschiedliche Ansprüche an Führungskräfte. *Neuberger* (2002: 237) bemerkt allerdings, dass das Scheitern des Eigenschaftsansatzes nun nicht bedeutet, dass Persönlichkeitsmerkmale für Führungsprozesse überhaupt irrelevant seien. Sie müssen aber jeweils zur Situation und zum Kontext in Beziehung gesetzt werden. Mit solchen Aspekten werde ich mich im Folgenden noch genauer auseinandersetzen.

Für die heute oft übliche Managementdiagnostik heißt das aber auch, dass aus Persönlichkeitstests allein noch keine bündigen Aussagen für die Eignung einer Führungskraft für eine bestimmte Position zu entnehmen sind. Auch für solche Zwecke sollten immer die personalen Muster zur Situation und zum Kontext in Beziehung gesetzt werden (*Bäcker & Lentge* 2004).

Eine gewisse Renaissance erlebt der Eigenschaftsansatz durch die neuerdings in diesem Zusammenhang bemühte Attributionstheorie (*Calder* 1977). Hier geht es allerdings um Zuschreibungsphänomene seitens der Geführten. Dabei spielen implizite Deutungsmuster und Alltagstheorien eine zentrale Rolle. Im Kern wird Folgendes beschrieben: Aufgrund irgendwelcher hervorstechender Ereignisse, besonders in Krisen, schreiben die Geführten der Führungskraft besondere Eigenschaften zu. Wenn sich beispielsweise die Organisation nach einer Krise als erfolgreich erweist, phantasieren sie den Vorgesetzten als besonders „qualifizierten Manager"; wenn die Organisation ins Schlingern gerät, apostrophieren sie ihn als „Flasche" bzw. als wenig qualifiziert. *Meindl & Ehrlich* (1987) sprechen im ersten Fall, wenn man der Führungskraft den Erfolg einer gesamten Organisation „andichtet", sogar von einer „Führungsromanze". Wie ich im Folgenden noch darstellen werde, beschrieb *Max Weber* (2005) solche Phänomene schon 1921 unter dem Begriff „Charisma". Aufgrund bestimmter Ereignisse unterstellen die Geführten dem Führer „außeralltägliche"

Eigenschaften und Fähigkeiten (vgl. *Steyrer* 1995). Und dementsprechend leisten sie ihm dann Gefolgschaft.

2.1.2 Führungsstile

Im Verlauf der 1940er Jahre entstanden in den USA unter dem Eindruck des europäischen Faschismus neue Führungskonzepte. In ihnen wird angenommen, dass sich Führungskräfte zu unterschiedlichen Zeiten und in unterschiedlichen Situationen in einer bestimmten Weise verhalten. Hier geht es also nicht um Eigenschaften, sondern um Verhaltensweisen, die Führungskräfte den Geführten gegenüber aktualisieren. Diese Ansätze wurden in der Folgezeit ausgesprochen populär. So hat sich fast jede Führungskraft irgendwann einmal mit ihnen befasst. Aus diesem Grund seien sie hier auch kurz besprochen und in unseren konzeptionellen Rahmen gestellt.

(1) Demokratisch versus autokratisch

Lewin, Lippit & White (1939) gelten als Väter der Führungsstildebatte. Sie konzipierten quasi vom „Reißbrett" aus ein Bündel von Verhaltensweisen als „demokratischen", „autokratischen" oder „laissez faire" Führungsstil. Ein „autokratischer" Führungsstil ist dadurch charakterisiert, dass der Führer den Geführten ihre Aufgaben zuweist, dass er ihnen auch die Aufgabenerfüllung vorschreibt, dass er auf soziale Distanz zu den Geführten bedacht ist und den Unterstellten keine persönliche Wertschätzung entgegenbringt. Ein „demokratischer" Führungsstil ist demgegenüber dadurch definiert, dass es die Führungskraft den Mitgliedern einer Arbeitsgruppe selbst überlässt, wie sie ihre Arbeit unter sich aufteilen, dass sie versucht, Aufgaben und Ziele durch Diskussionen in der Gruppe zu klären, dass sie die Distanz zur Gruppe nicht vertieft, den Mitgliedern hohe persönliche Wertschätzung entgegenbringt und dass sie bemüht ist, an den Aktivitäten der Gruppe teilzuhaben. Ein Laissez-faire-Stil ist durch maximale Gleichgültigkeit des Führers definiert. Hier besteht eigentlich ein Führungsvakuum. Die Stile wurden von den Autoren jeweils nach ihrem Ausprägungsgrad auf einer Skala von 1 bis 7 angeordnet.

In klassischen Laborexperimenten trainierten dann diese frühen Autoren freiwillige Gruppenleiter entsprechend den drei Führungsstilen. Die Gruppenleiter leiteten danach jugendliche Freizeitgruppen in einem bestimmten Stil. Die Autoren konnten zeigen, dass demokratisches Verhalten durchgängig zu positiveren Einstellungen der Gruppenmitglieder gegenüber dem Führer und auch untereinander führte als autoritäres Verhalten. Es ließ sich auch eine höhere

Beständigkeit, Qualität und Originalität in der Arbeit nachweisen, hier bei der Anfertigung von Masken. In der autoritär geführten Gruppe ergab sich allerdings eine höhere Quantität der Leistung, dafür aber eine insgesamt unfreundlichere Atmosphäre. Die negativsten Effekte zeigten sich unter Laissez-faire-Führung. Hier ergaben sich die geringste Leistung und das ungünstigste Sozialklima. Das ist übrigens auch die alltägliche Erfahrung vieler Menschen in hierarchiearmen oder hierarchiefreien Organisationen (*Peters* 1993).

(2) Aufgabenorientiert versus personenorientiert

Ein ähnlich bekanntes Stilmerkmal, aufgabenorientiert versus personenorientiert, wurde von *Likert* (1961) und seiner Schule entwickelt. Es ist ebenfalls als Kontinuum zwischen Extrempolen gedacht. Aufgabenorientierte Führer richten ihr Augenmerk primär auf den geforderten Leistungsprozess und die erbrachte Leistungsmenge. Die Geführten erscheinen hier eher als Werkzeuge zur Erbringung eines bestimmten Outputs. Demgegenüber basiert ein personenorientierter Führungsstil auf der Überzeugung, dass optimale Leistung nur durch Interesse an dem jeweiligen Menschen entstehen kann. Dieser Stilkomponente wurde im Rahmen der Human-Resource-Bewegung besonderes Augenmerk zuteil.

(3) Zweidimensionale Führungsstile

Gegen Ende der 1970er Jahre wurden zunehmend komplexere Führungstilkonzepte entworfen, die meistens zwei Dimensionen enthielten. Von diesen erlangte bis heute das „Managerial Grid“ von *Blake & Mouton* (1978) den größten Bekanntheitsgrad. Hierbei handelt es sich um einen Ansatz zur Führungsdiagnose, bei dem zwei Dimensionen von Führungshandeln variiert werden. Die eine, „*consideration*“, gibt das Ausmaß wieder, in dem die Führungskraft menschliche Wärme und Respekt zum Ausdruck bringt; die andere, „*initiating structure*“, bezeichnet Aktivitäten von Führern im Hinblick auf die Effektivierung des Leistungsprozesses. Der ideale Führungsstil ist nach Meinung der Autoren einer, bei dem sich hohe Mitarbeiterorientierung mit hoher Leistungsorientierung paart. Trotz seiner zeitweise hohen Popularität lässt sich gegen dieses Modell einwenden, dass es eher illusionäre Vorstellungen von Führerschaft bedient. Wie nämlich frühe Arbeiten des Gruppentheoretikers *Bales* (1950) belegen, ergeben sich in der Realität fast immer Polarisierungen dieser Stile. Danach ist Führung entweder sozial oder fachlich orientiert. So ergaben sich bislang auch keine empirischen Befunde, die belegen könnten, dass ein Führungsstil, der beide Aspekte, Mitarbeiter- *und* Leistungsorientierung, gleichermaßen ausgeprägt abdeckt, besonders effektiv ist.

2.1.3 Situationstheorien der Führung

Im weiteren Verlauf der Führungsstildebatte wurde immer häufiger diskutiert, dass Führungsprozesse viel zu komplex sind, als dass sie sich mit einer einfachen Input-Output-Relation erfassen ließen, wie es Führungsstilkonzepte letztlich suggerieren. In der Folgezeit wurde in vielen Untersuchungen nachgewiesen, dass Führungserfolg von vielfältigen Faktoren abhängt. Das heißt, jetzt kamen zunehmend situative Faktoren in den Blick, wie z.B. die Art der Aufgabe, der Zeitdruck zur Aufgabenerfüllung, Fähigkeiten und Erwartungen der Geführten, die Hierarchieebene, die Positionsmacht des Führers usw. Von diesen Ansätzen sollen zwei hier kurz vorgestellt werden.

(1) Moderator-Ansätze

Moderator-Ansätze sind Konzepte, bei denen die *Situation* als exogene Größe betrachtet wird, die moderierend zwischen Führungsstil und Führungserfolg tritt. Am bekanntesten ist hierzu das von *Fiedler* (1967, 1979) entworfene „Kontingenzmodell". Als Basishypothese dieses Autors gilt, dass das Zusammenspiel von Führungsstil und „situationaler Günstigkeit" die Effektivität einer Arbeitsgruppe bestimmt. Dabei unterscheidet er einen aufgaben- und einen personenbezogenen Führungsstil. Zur Operationalisierung des Stils verwendet er eine spezifische Skala. Dafür wird eine Führungskraft aufgefordert, an alle ihre bisherigen Mitarbeiter zu denken und die Person, mit der sie bislang am schlechtesten zusammenarbeiten konnte, anhand von 16 Adjektivpaaren zu beschreiben. Eine relativ wohlwollende Beurteilung dieses Mitarbeiters wird als Indikator für einen personenorientierten Führungsstil verwendet, eine durchgehend negative Beurteilung als Indikator für einen aufgabenbezogenen Führungsstil.

Neben dem Führungsstil klassifiziert *Fiedler* Situationen. Dabei wird erhoben, wie günstig eine Situation ist. Als „situationale Günstigkeit" fasst der Autor die Möglichkeit, in der Führer Einfluss auf eine Arbeitsgruppe nehmen können. Das sieht er durch drei Variablen bestimmt:

- durch die Positionsmacht des Führers,
- durch die Aufgabenstruktur,
- durch die Beziehung zwischen Führer und den Geführten.

Fiedler glaubt anhand zahlreicher empirischer Untersuchungen nachgewiesen zu haben, dass sich Führer in sehr eindeutigen Situationen mit geringer Komplexität stark auf die aktuell gestellte Aufgabe zentrieren können. In Situationen, in denen viel Unklarheit besteht, muss der Führer demgegenüber stärker strukturierend führen. In Situationen mittlerer Komplexität sollte aber der Führer durch eine personenorientierte Haltung die Unsicherheit der Mitarbeiter mildern.

Dieses zur Zeit seines Erscheinens viel beachtete Modell ist aber in der Folgezeit aus unterschiedlicher Perspektive stark kritisiert worden: Als zentrales Problem tat sich immer wieder die Frage auf, aus welchem Grund die Situationstypen mit den spezifischen Führungsstilen kongruent sein sollten. Andere Kritiker fanden in Nachuntersuchungen keinerlei Evidenz, und wieder andere warfen *Fiedler* vor, dass sein gesamtes Modell einer konsistenten Logik entbehre (vgl. *Steinmann & Schreyögg*, G. 2005).

(2) Der situationsanalytische Ansatz: Das Vroom-Yetton-Modell

Im Ansatz von *Vroom & Yetton* (1973) steht die Frage im Vordergrund, in welchen Situationen ein partizipativer Führungsstil erfolgreich versus erfolglos ist. Führungsstile werden hier auf einer 5-stufigen Skala von sehr autokratisch bis sehr demokratisch angeordnet. Sie gelten als Optionen, die je nach Situation eingesetzt werden sollen. Zur Klassifizierung von Situationen verwenden die Autoren sieben Situationsmerkmale, die aus der Partizipationsforschung abgeleitet sind. Das sind im Einzelnen:

(1) Qualitätsanforderungen,
(2) Informationsstand des Vorgesetzten,
(3) Strukturiertheit des Problems,
(4) Handlungsspielraum der Mitarbeiter,
(5) Einstellung der Mitarbeiter zu autoritärer Führung,
(6) Akzeptanz der Organisationsziele durch die Mitarbeiter,
(7) Gruppenkonformität.

Die Führungskraft soll dann jeweils die Situation analysieren und einen dazu passenden Führungsstil wählen.

Ohne hier auf weitere Details des Modells einzugehen, wird schon bis hierher deutlich, dass es sich aufgrund seines Komplexitätsniveaus in der Praxis wenig bewährt hat; denn kaum eine Führungskraft ist ja in der Lage, eine Situation entsprechend den genannten Kriterien zu analysieren. Es scheint auch eher unwahrscheinlich, dass Führungskräfte ihren Führungsstil so beliebig, wunschgerecht modifizieren können. Im Übrigen sind hier wie beim Modell von *Fiedler* ethische Bedenken angebracht: Das heißt, es ist kaum zu vertreten, dass Führungskräfte aus Gründen von Effektivität den Geführten gegenüber ganz bewusst einen rigoros autoritären Führungsstil praktizieren sollten.

Insgesamt lässt sich sagen, dass eine Führungsforschung, die auf individuelle Merkmale rekurriert, selbst wenn sie situative Faktoren einbezieht, der sozialen Komplexität von Führung nicht gerecht wird. Die Geführten bleiben perspektivisch prinzipiell eine beliebig manipulierbare Instanz, die von der Person des Führers je nach dessen Person und/oder nach der Situation einmal „freundlich" und das nächste Mal „unfreundlich" zu bestimmten Zielen manipuliert werden kann.

2.2 Führung als Interaktionsphänomen

Das Scheitern der Eigenschaftsansätze und die wenig befriedigenden Ergebnisse bei den Führungsstil- und Situationstheorien haben das Augenmerk vieler Autoren wieder auf Grundsatzfragen der Führung gelenkt. Was bedeutet überhaupt Führung? Und wie realisiert sich Führung in verschiedenen Kontexten? Hier bot sich ein genereller Paradigmenwechsel an: Führung sollte nicht mehr so stark als Ausdruck personaler Faktoren gesehen werden, sondern eher als Interaktionsphänomen. Und so ist die aktuelle Debatte von genau dieser Paradigmatik bestimmt (*Neuberger* 2002). Sie zentriert sich vorrangig um zwei Zugänge:

(1) Führung als Einflussprozess (*Steinmann & Schreyögg, G.* 2005),
(2) Führung als Identitätsphänomen (*Koch & Lührmann* 2001; *Lührmann* 2004, 2006; *Steinmann & Schreyögg, G.* 2005).

Für das Coaching neu ernannter Führungskräfte kommt diesen Ansätzen als Hintergrund-Konzepten für eine entsprechende Praxeologie besondere Bedeutung zu. Sie vermögen nämlich in prägnanter Weise zu erhellen, wie und warum Coaching in neuen Führungspositionen so besonders wichtig ist.

2.2.1 Führung als Einflussprozess

Mit der Neukonzeptionalisierung von Führung als Interaktionsphänomen gingen auch neue Definitionen einher. Seit Mitte der 1980er Jahre wurde Führung zunehmend als „Einfluss nehmen" (*Steimann & Schreyögg, G.* 2005), „Führen und Geführt werden" (*Neuberger* 1995) oder „Führen und Führen lassen" (*Neuberger* 2002) definiert. Dabei lassen sich auch wieder verschiedene Zugänge differenzieren, die jeweils unterschiedliche und für uns auch unterschiedlich bedeutsame Akzente gesetzt haben.

(1) Führung als intendierter Einflussversuch

In diesem Ansatz, der von dem Sozialpsychologen *Irle* (1980: 521 ff.) entworfen wurde, erscheint Führung als intendierter sozialer Einflussversuch. Er nimmt zunächst Bezug auf *Lewin* (1963), der Verhalten als eine Funktion von der Person, genauer von deren Persönlichkeitsmerkmalen, und der Umwelt fasste, also V=F(P, U). Aus der Vielfalt aller Umweltfaktoren sind im Fall von Führung besonders die sozialen Faktoren relevant. Außerdem soll mit dem Verhalten (= Führungsverhalten) immer irgendetwas bezweckt werden. Deshalb wird es als „intendiert" begriffen. Da aber nicht jedes intendierte Führungsverhalten etwas zu bewirken vermag, also auch erfolgreich ist, spricht *Irle* bei Führung vorsichtshalber von einem „intendierten sozialen Einflussversuch". Seiner Meinung nach müssen bei Führung noch drei Bedingungen erfüllt sein:

(1) Die Führungskraft muss über ein gewisses *Sanktionspotenzial* verfügen, was etwa in hierarchischen Organisationen vertraglich gegeben ist. Mitarbeiter, die sich vom Vorgesetzten nicht entsprechend beeinflussen lassen, müssen mit Sanktionen rechnen.
(2) Der Einflussversuch muss *zielgerichtet* sein.
(3) Er muss in einer direkten sozialen Beziehung stattfinden. Einflussversuche von Medien oder durch Personen, die in keinem direkten Kontakt zum Geführten stehen, fallen bei *Irle* also nicht unter den Begriff „Führung".

Irle will allerdings auch dann von „Führung" sprechen, wenn der Einflussversuch misslingt. Obwohl es sich ja bei Führung um eine asymmetrische Beziehung handelt, beschreibt der Begriff doch einen gegenseitigen Einflussprozess. Das heißt, auch die Geführten verfügen in unterschiedlichem Maße über Einflussmöglichkeiten. Dies gilt nicht nur für Fälle, in denen sie der Führungskraft Widerstand leisten, sondern auch für konstruktive Prozesse. So thematisiert etwa *Wunderer* (1999) als „Führung von unten" Einflussprozesse, wo Unterstellte ihren Chef in einem positiven Sinn zu beeinflussen suchen. Nach *Irle* konstituiert sich Führung durch vier grundlegende Variablen:

(1) *Persönlichkeit der Führungskraft*, d.h. ihre Bedürfnisse, Einstellungen und Erfahrungen,
(2) *Persönlichkeit der Geführten,* d.h. deren Bedürfnisse, Einstellungen, Erfahrungen,
(3) *Merkmale des sozialen Systems*, in dem der Einflussversuch unternommen wird, also dessen Macht-, Rollen- und Statusstruktur, der Kohäsionsgrad usw.,

(4) *Situation,* in der beeinflusst wird. Dazu gehört das jeweilige Ziel der Gruppe, die Art der Aufgabe, die äußeren Bedingungen wie Räume usw.

(2) Das Einfluss-Prozess-Modell

Während der Ansatz von *Irle* noch etwas abstrakt erscheint, lassen sich aus dem Einfluss-Prozess-Modell von *Steinmann & Schreyögg, G.* (2005) bereits konkretere Empfehlungen ableiten. Gerade für die neu ernannte Führungskraft ist ja von besonderer Bedeutung, unter welchen Bedingungen Führung erfolgreich ist. Ob Führung gelingt, hängt in einem interaktiven Verständnis keineswegs nur von der Führungskraft ab, sondern in ebenso starkem Maße von den Geführten. Oberflächlich betrachtet, gelingt Führung natürlich am ehesten dann, wenn die Ziele von Führer und Geführten übereinstimmen. In organisatorischen Kontexten lässt sich aber keineswegs immer von dieser idealen Voraussetzung ausgehen. Und je weniger die Ziele der Führungskraft mit den Zielen der Geführten übereinstimmen, desto mehr Einflusspotenziale muss sie mobilisieren, um erfolgreich beeinflussen zu können

Bei diesen Einflusspotenzialen handelt es sich genau genommen um Machtmittel, die Führungskräfte zur Durchsetzung ihrer Ziele einsetzen müssen. Und „Macht" wird hier im Anschluss an *Weber* (2005: 38) als Maßnahme begriffen, durch die Personen auch gegen den Willen der zu Beeinflussenden ihre Ziele durchzusetzen suchen. Unter Bezugnahme auf ein nun schon klassisches Konzept von *French & Raven* (1959) nennen *Steinmann & Schreyögg, G.* (2005) fünf Machtpotenziale:

(1) *Macht durch Legitimation:* Wie ich im folgenden Kapitel noch ausführlicher zeigen will, gründet sich jede Organisation auf eine formale Struktur, meistens hierarchischer Art. Sie garantiert der Führungskraft als Agent des Systems ein Recht, seine unterstellten Mitarbeiter im Sinne eben dieses Systems zu beeinflussen. Diese Art der Macht gründet sich auf eine anonymisierte Ordnung, die von den Geführten durch ihren Eintritt als Mitarbeiter der Organisation vertraglich vereinbart ist. Das bedeutet vereinfacht gesagt, die Führungskraft ist qua organisatorischer Struktur befugt, die Geführten zu beeinflussen, und die Geführten sind dementsprechend gehalten, sich beeinflussen zu lassen. Dieses auch als „Legitimationsmacht" (*Steinmann & Schreyögg, G.* 2005: 689) bezeichnete Machtpotenzial gründet sich also nicht auf Personen, sondern es steht, wie *Max Weber* (2005) schon 1921 in seinem Bürokratiemodell beschrieben hat, auf einer formal-rechtlichen Basis. Wie aber jeder sofort einwenden wird, finden wir gerade in formalen Systemen immer wieder Situationen, in denen die Geführten den Anwei-

sungen der Führungskraft zuwiderhandeln, wo sie sogar organisierten Widerstand gegen die Intentionen von „oben" leisten. Das heißt, diese Machtquelle reicht zur Durchsetzung eines gewünschten Einflusses häufig nicht aus. Gerade neu ernannte Führungskräfte, insbesondere wenn sie sehr jung oder ausgesprochen systemfremd sind, können keineswegs damit rechnen, dass sich die Geführten sofort von ihnen beeinflussen lassen. Vielfach leisten die Mitarbeiter auch eher passiven oder indirekten Widerstand. Da Führungsphänomene grundsätzlich einen interaktiven Charakter haben, handelt es sich bei Legitimationsmacht lediglich um eine formale Voraussetzung als Basis zur Durchsetzung von Führungsintentionen. In den konkreten Situationen muss sie meistens durch weitere Machtpotenziale ergänzt werden.

(2) *Macht durch Belohnung:* Eine traditionelle Machtstrategie stellen „Belohnungen" dar. Sie lassen sich in materielle und immaterielle unterscheiden. In manchen Firmen finden wir ein ganzes Arsenal von Preisen, Prämien oder Höhergruppierungen. Als Machtgrundlage sind sie aber nur dann wirkungsvoll, wenn sie der Geführte auch als belohnend begreift. So werden in vielen Unternehmen Fortbildungen, manchmal auch Coachings, als Belohnung für besondere Leistungen angeboten. Wenn die Mitarbeiter jedoch kein Interesse an solchen Maßnahmen haben, kommen sie als Belohnung nicht in Betracht. Manchmal bewirken Belohnungen sogar das Gegenteil. So wird das überschwängliche Lob einer neuen Führungskraft gegenüber einem alt gedienten Mitarbeiter von diesem vielleicht sogar als Anmaßung betrachtet. Das bedeutet, die Führungskraft muss jeweils genau sondieren, was für die Geführten überhaupt attraktiv ist. Das bestimmt sich nach der Kultur eines Systems, nach der Branche und nicht zuletzt auch nach der Beziehung zwischen Führungskraft und Mitarbeiter. In Organisationen, die keine materiellen Belohnungen zu vergeben haben, was beispielsweise für die meisten Behörden oder sozialen Dienstleistungssysteme gilt, erhalten dann immaterielle Formen eine zentrale Bedeutung. So stellt etwa die Belobigung eines Mitarbeiters durch den Vorgesetzten anlässlich einer Betriebsfeier hier oft ein ganz besonderes Ereignis dar.

(3) *Macht durch Bestrafung:* Psychologisch unterscheidet man zwei Arten von Bestrafung: den Entzug von Belohnungen und aversive Reizungen (*Reinecker* 1996: 97). In betrieblichen Milieus wäre das erste die Verweigerung einer versprochenen Gehaltserhöhung, Beförderung oder irgendeiner anderen Gratifikation, während das zweite eine Strafversetzung, eine Abmahnung oder eine Kündigung wäre. Verhaltensregulierend wirkt hier allerdings meistens schon die Antizipation einer Bestrafung. Das heißt umgekehrt, in Situationen, in denen die Führungskraft bislang ausschließlich als freundlich oder als wenig strukturierend wahrgenommen wurde, wo also ein

„Führungsvakuum" besteht, erwarten die Geführten dementsprechend auch nie negative Konsequenzen ihres Verhaltens. Wie bei der Belohnung lassen sich auch bei der Bestrafung materielle und immaterielle Formen unterscheiden. So gilt etwa längerfristige Nichtbeachtung im Sinne von Nicht-Angesprochen-Werden im beruflichen Kontext sogar als Mobbing-Handlung (*Leymann* 1996). Immaterielle Bestrafungen im Sinne von mehr oder weniger subtilen Kränkungen begegnen uns vor allem in Organisationen, in denen wie etwa in Beamtenmilieus kaum manifeste Sanktionsmöglichkeiten zur Verfügung stehen und wo die Mitarbeiter prinzipiell auf der Basis langfristiger Verträge arbeiten, sodass sie auch den direkten Attacken kaum entkommen können (*Meschkutat et al.* 2004).

(4) *Macht durch Wissen und Fähigkeiten:* Bei diesem Machtmittel handelt es sich um „Expertenmacht". Dann wird der Führungskraft seitens der Geführten ein Wissens- oder Könnensvorsprung unterstellt. Sie erklären sich dann zur Gefolgschaft bereit, weil sie ihren Vorgesetzten als besonderen Experten akzeptieren, schätzen oder bewundern. Es sei allerdings noch einmal daran erinnert, dass es keineswegs von Bedeutung ist, ob die Führungskraft über einen tatsächlichen Wissensvorsprung verfügt, wesentlich ist lediglich, dass ihr dieser von den Geführten attribuiert wird. Dieses Machtmittel spielt traditionell in technischen oder medizinischen Milieus eine herausragende Rolle. Der „geniale" Ingenieur oder der „begnadete" Operateur erleiden allerdings in den letzten Jahren einen gewissen Prestigeverlust, weil heute für eine Spitzenposition Managementkompetenzen zusätzlich erforderlich sind. Das wird zunehmend auch von den Geführten so gesehen. De facto erscheint heute für die meisten Mitarbeiter derjenige als Matador, dem ein doppeltes Expertentum unterstellt werden kann: als Spezialist seines Faches und als Manager.

(5) *Macht durch Persönlichkeitswirkung:* Dieses Machtmittel wurde in den letzten Jahren besonders umfassend thematisiert. Da sich aus der traditionellen Führungsforschung bislang nur wenig bündige Empfehlungen ableiten ließen, wurde zunächst im angloamerikanischen Raum das Charisma-Konzept von *Max Weber* aus seinem „Dornröschenschlaf" wieder erweckt (*Steyrer* 1995). *Weber* (2005: 1979 ff.) hatte schon 1921 in seinem Werk „Wirtschaft und Gesellschaft" neben der Bürokratie und der traditionellen Herrschaft die „charismatische Herrschaft" als einen bedeutenden Herrschaftstypus beschrieben. Dabei handelt es sich um eine Konstellation, bei der die Geführten dem Führer eine außergewöhnliche Ausstrahlung oder eine insgesamt außergewöhnliche Persönlichkeit unterstellen. Dies gilt ihnen dann als Basis, um dem Führer Gefolgschaft zu leisten. Was aber *Weber* ursprünglich nur Sekten oder politischen Bewegungen attestierte, wurde neu-

erdings auch in formalen Systemen, also in Organisationen gefunden. Genauer gesagt, auch in derartigen Systemen findet man Interaktionsphänomene, wo Mitarbeiter „an den Lippen ihres Meisters hängen" und deshalb alle seine Intentionen zu realisieren suchen (*Steyrer* 1995). Noch häufiger wurde allerdings im Zusammenhang mit betrieblichen Führungsphänomenen „transformationale Führung" beschrieben (*Burns* 1978). Damit ist eine Konstellation bezeichnet, bei der es weniger um die Persönlichkeit einer Führungskraft geht als um ihre außergewöhnlichen Ideen und ihre Fähigkeit, diese an die Mitarbeiter kommunikativ zu übermitteln. Derartige Erscheinungen finden wir etwa bei Pionierorganisationen, wo die Geführten einem „genialen Erfinder" Gefolgschaft leisten, weil sie von seinen Ideen begeistert sind – die er vorher verstand, an sie zu „transformieren".

Neben diesen fünf Machtpotenzialen wird auch immer mal wieder auf ein sechstes hingewiesen, die „Informationsmacht" (*Raven & Kruglinsky* 1970). Hierbei handelt es sich um die Möglichkeit von Führungskräften zu bestimmten, meistens schwer zugänglichen Informationen Zugang zu finden und deshalb von den Geführten besonders akzeptiert zu werden.

Abschließend lässt sich zu diesem Ansatz sagen, dass er sich im Coaching ganz ausgezeichnet nicht nur als diagnostisches, sondern auch als prognostisches Instrument verwenden lässt. Das heißt, aus ihm sind Aussagen abzuleiten, als wie machtvoll eine Führungskraft von den Geführten begriffen wird, und es lassen sich Empfehlungen ableiten, welche Beeinflussungspotenziale eine Führungskraft noch mobilisieren sollte, um als Führer, von dem man sich auch tatsächlich beeinflussen lässt, akzeptiert zu werden.

- In einem ersten Schritt ist immer zu prüfen, in welchem Ausmaß die Führungskraft mit Legitimationsmacht ausgestattet ist. So verfügt eine gewählte Führungskraft prinzipiell über eine schwächere Legitimation als eine, die von vorgesetzten Instanzen formal eingesetzt wurde. Auch in einem Kontext von Ehrenamtlichen wie bei der Kirche verfügt sie etwa als Pfarrer über keine formalen Machtbefugnisse gegenüber den Ehrenamtlichen. Das muss sie dann durch Strategien immaterieller Verstärkung im Sinne von Lob, Anerkennung usw. kompensieren. Oder sie setzt auf Macht durch Persönlichkeitswirkung, indem sie etwa die Beziehungen zu den Geführten verdichtet. Dabei sollte sie aber ermutigt werden, sich menschlich nicht völlig zu verausgaben.
- Sodann ist zu untersuchen, welche faktischen Belohnungs- und Bestrafungsstrategien der Führungskraft qua Position überhaupt zur Verfügung stehen. Bei unkündbaren Angestellten und Beamten verfügt sie kaum über

faktische Potenziale dieser Art. Sie kann hier meistens auch nur immaterielle Belohnungs- und Bestrafungspotenziale einsetzen. Sie sollte dann allerdings angeleitet werden, diese reflektiert einzusetzen.
- Gerade in Anfangssituationen spielt aber in vielen Kontexten Expertentum eine herausragende Rolle. Dem sollte die Führungskraft Rechnung tragen, indem sie den Geführten gegenüber ihr Fachwissen in angemessener Weise zum Ausdruck bringt.

(3) Das Leader-Member-Exchange- (LMX-) Modell

In diesem Modell wird mit Bezug auf rollentheoretische Überlegungen das interaktive Geschehen zwischen Führer und unterstellten Mitarbeitern als Aushandlungsprozess begriffen (*Graen* 1976; *Graen & Uhl-Bien* 1995). Aus dieser Sicht sind Führer und Geführter jeweils in ein dyadisches System von Role-Making eingebunden. Das heißt, in Kommunikationsprozessen formulieren die jeweiligen Rollenpartner ihre Erwartungen an den jeweiligen anderen und an die eigene Rolle. Dieses Modell eignet sich auch ganz ausgezeichnet dazu, die Anfangssituation neu ernannter Führungskräfte plastisch zu beschreiben.

Eine einzelne Rollenepisode ist als klassisches Sender-Empfänger-Modell konzipiert. In diesem kommuniziert die Führungskraft zunächst ihre Definition von der Geführten-Rolle. Der Geführte empfängt die Botschaft in seinem jeweiligen Kontext und stellt sich in seinem Handeln darauf ein. Der Vorgesetzte registriert das Verhalten und prüft es an Hand seiner Erwartungen. Wenn eine Diskrepanz besteht, müssen die Rollenerwartungen erneut gesendet werden. Gleichlaufend mit diesem Prozess sendet auch der Mitarbeiter seine Rollenerwartungen, die er an die Führungskraft hat. Dieses Rollenhandeln beschreiben die Autoren als einen dreistufigen Prozess (*Graen & Scandura* 1997: 180):

1. Phase: Der Aushandlungsprozess startet mit einem Stadium (*role taking*), in dem beide Parteien ihre Erwartungen an den anderen senden. Sie beziehen sich dabei allerdings primär auf die formalen Erwartungen der Organisation. Dadurch stecken sie den Rahmen ab für den weiteren Aushandlungsprozess. Dieses Stadium lässt sich auch als initialer organisatorischer Sozialisationsprozess bezeichnen, in dem sich beide als formale Rollenträger „beschnuppern“.

2. Phase: Jetzt beginnen die Partner ihre Rollen spezifischer auszugestalten (*role making*). Führungskräfte beginnen jetzt häufig auszutarieren, ob der Mitarbeiter bereit ist, sich über das formal geforderte Maß hinaus zu engagieren, und auch die Geführten prüfen, wie weit das Entgegenkommen der Führungskraft bei entsprechenden Leistungen geht. Nach Meinung einschlägiger Autoren spielt sich die Ausgestaltung der Rollen auf vier Ebenen ein:

(1) *Leistung*: Der Geführte erbringt die geforderte Leistung oder übersteigt die Erwartungen. Dementsprechend stellt sich die Führungskraft auf ihn ein und eröffnet ihm einen mehr oder weniger großen Handlungsspielraum.
(2) *Beziehung*: Gleichlaufend mit dem arbeitsbezogenen Aushandlungsprozess entwickelt sich zwischen Führer und Geführtem auch eine sozio-emotionale Beziehung. Sie kann variieren zwischen den Polen starker Sympathie oder Abneigung. Das werden die Interaktionspartner im organisatorischen Kontext auch in unterschiedlicher Weise zum Ausdruck bringen.
(3) *Loyalität*: Zwischen den Beteiligten kommt es auch zu einem unterschiedlichen Loyalitätsniveau. Sehr loyal wäre eine Beziehung, wenn sich Vorgesetzter und unterstellter Mitarbeiter Dritten gegenüber jeweils deutlich unterstützen.
(4) *Professioneller Respekt*: Im Verlauf von Aushandlungsprozessen kommt es auch zu gegenseitigen Bewertungen der Reputation. Das heißt, Führer und Geführte begegnen sich entweder mit professionellem Respekt oder sie missachten den professionellen Stand des jeweiligen anderen.

3. Phase: Nach einiger Zeit der Zusammenarbeit werden sich die Rollen routinisieren. Das heißt, jeder der Interaktionspartner weiß, was er vom anderen zu halten hat, und stellt sich darauf ein. Im Idealfall signalisieren beide Rollenpartner, dass sie mit der Rollendefinition durch den anderen einverstanden sind.

Erwartungsgemäß ergaben zahlreiche empirische Untersuchungen Ergebnisse, wonach eine positive Beziehung zwischen Vorgesetztem und unterstelltem Mitarbeiter eine bessere Leistung, mehr Pflichtbewusstsein und Altruismus ergab (*Erdogan & Liden* 2002: 78 ff.). Für unseren Zusammenhang, die neue Führungskraft, ergibt diese Forschungsrichtung Hinweise, wie die Interaktionsprozesse zwischen Vorgesetzten und Mitarbeitern vom ersten Kennenlernen an in realistischer Weise zu denken sind. Das heißt, die Führungskraft kann nicht erwarten, dass sie in ihre Position sofort nahtlos, ohne alle Reibungsverluste hinein springen kann. Sie muss sich vielmehr darauf einstellen, dass sie erst im Verlauf von mehr oder weniger langwierigen Aushandlungsprozessen mit den Geführten ihre Führungsrolle so auszugestalten vermag, dass diese für sie selbst, ihre Position und ihre Mitarbeiter „passt“.

2.2.2 Führung als Identitätsphänomen

Aus allem Bisherigen wurde schon deutlich, dass Führung immer prozessual zu denken ist, dass es sich um einen sozialen Prozess handelt, der unterschiedliche Schichten von Mensch-Sein erfasst. Man wird weder als Führungskraft geboren, noch kann man das „richtige" Führungsverhalten beliebig planmäßig produzieren. „Becoming a leader" ist letztlich ein ganzheitlicher Prozess auf bewusster wie unbewusster Ebene, der von etlichen Autoren neuerdings als Identitätsphänomen beschrieben wird (*Gardner & Avolio* 1998; *Hogg & Terry* 2000). Als „Identität" wird im Anschluss an *Eric Erikson* (1950) das gefestigte Selbstverständnis eines Individuums begriffen, so wie es seine relevanten Charakteristika, Erfahrungen und Erwartungen sieht, erklärt und zueinander in Beziehung setzt. Gerade Identität wurde aber in den letzten Jahrzehnten in einer sehr differenzierten Weise neu interpretiert. Wir finden

(1) eine klassisch psychoanalytische Sicht im Anschluss an *Erikson*,
(2) eine interaktionistische, die an *Krappmann* anschließt,
(3) Neuinterpretationen auf dem Hintergrund der Postmoderne (*Eickelpasch & Rademacher* 2004; *Keupp* 1997 u.a.).

(1) *Erikson* hatte auf der Basis von kulturanthropologischen und biographischen Studien in den 1950er Jahren Zusammenhänge zwischen Kindheitserfahrungen, Natur- und Kultureinflüssen sowie der Ausbildung der Persönlichkeit postuliert. Unter Bezug auf *Freud* und andere Psychoanalytiker konzipierte er ein Modell, in dem er die Entwicklung des Kindes zum Erwachsenen beschrieb. Er unterschied zunächst im Sinne des klassischen Entwicklungsmodells der Psychoanalyse drei Körperzonen: oral, anal, genital, sowie fünf Modi der Auseinandersetzung mit dem zentralen Liebesobjekt: inkorporierend in aktiver und passiver Weise, zurückhaltend, ausscheidend und eindringend. Im Gegensatz zum *Freud'*schen Entwicklungsmodell, das nur drei Phasen umfasst, beschreibt *Erikson* insgesamt acht Entwicklungsstadien, in denen jeweils alle Modi zu finden sind, einige aber sequenzenweise dominieren. So überwiegt etwa in der oralen Phase die Inkorporation, im analen Stadium das Zurückhalten und Ausscheiden usw. Im Gegensatz zu anderen Analytikern leitete *Erikson* auch aus weiteren Lebensstadien Entwicklungsimpulse ab. So beschrieb er in der vierten Phase ein Stadium des Fleißes und der Arbeit, in der bei Versagenssituationen oft schon Minderwertigkeitsgefühle entwickelt werden. In einem fünften Stadium, das durch intensive Sozialkontakte charakterisiert sei, entwickle der Mensch schon erste Formen von überdauernder Identität. Es sei ein Stadium zwischen Kindheit und Adoleszenz mit einer entsprechenden „Adoleszenzkrise". Die eigentliche

Identitätsfindung ordnete *Erikson* besonders dieser Adoleszenzphase zu. Im sechsten Stadium entwickle der Mensch die Fähigkeit zur Hingabe und zur Intimität, im siebten Stadium erreiche der Mensch ein Stadium, in dem er nicht nur gegenüber den eigenen Kindern, sondern auch allgemeiner gegenüber der jüngeren Generation Verantwortung übernehme, und im achten Stadium schließlich könne der Mensch die Ernte all seiner bisherigen Entwicklungen einfahren (*Toman* 1968). Entsprechend der psychoanalytischen Tradition wird Identitätsentwicklung hier als innerpsychisches Ordnungsprinzip verstanden. Sie vollzieht sich als ein Prozess der Krisenbewältigung zwischen anarchischen Triebimpulsen einerseits und kulturnotwendiger Repression andererseits. Das Ergebnis ist im Idealfall eine widerspruchsfreie Entität, die ab einem bestimmten Zeitpunkt gegen weitere soziale Einflüsse abgeschirmt werden muss.

Gegen das Modell von *Erikson* wurde zunehmend polemisiert, dass der von ihm postulierte Phasenverlauf in Gegenwartsgesellschaften kaum mehr vorzufinden sei; Identitätsentwicklung sei heute vielmehr durch Brüche und Verwerfungen charakterisiert (*Eickelpasch & Rademacher* 2004). Und feministische Autorinnen wie etwa *Carol Gilligan* (1983) griffen den universalistischen Anspruch von *Erikson* an. Die von ihm postulierte Entwicklung sei nur für den männlichen Menschen maßgeblich, nicht dagegen für Frauen.

(2) Seit Ende der 1960er Jahre wurde Identitätsentwicklung zunehmend als interaktives Phänomen interpretiert. Besonders *Lothar Krappmann* (1969) betonte: „Jedes Individuum entwirft seine eigene Identität, indem es auf Erwartungen der anderen, das heißt, der Menschen in engeren und weiteren Bezugskreisen antwortet. (…) Identität entsteht also an den Schnittstellen von persönlichen Entwürfen und sozialen Zuschreibungen“ (*Krappmann* 1997: 67). Solche Vorstellungen resultierten aus dem „symbolischen Interaktionismus“, der sich auf *George Herbert Mead* (1934) beruft. *Mead* postulierte, dass sich jeder Mensch nur mit den Augen seiner Interaktionspartner erfassen kann. Wer bin ich? Das erfahre ich nur aus den Reaktionen der anderen. Im Verlauf der Sozialisation lernen Kinder, später Jugendliche, diese Reaktionen der anderen auf ihr Handeln innerlich vorwegzunehmen und sich so langsam auf die Ansprüche ihrer Umgebung einzustellen. So finden sie langsam Anschluss an die von allen anderen Menschen geteilten Sinnwelten. Diese kollektiven Sinnwelten erschließen sich zuerst über die primären Bezugspersonen im Elternhaus, später innerhalb der Peergroup und schließlich im allgemeinen Rahmen gesellschaftlicher Kooperation. *Krappmann* betont allerdings, dass seine Vorstellungen und die von *Erikson* durchaus kompatibel seien, denn hier wie dort bilden krisenhafte Erfahrungen den eigentlichen Motor der Identitätsentwicklung. Auch symbolische Interaktionisten betonen, dass Kinder und vor allem Jugendliche niemals nur einfach

die Rollen und sonstigen Muster von ihren Eltern übernehmen, sondern dass sie erst über komplexe Prozesse der Identifikation, die mit Unstimmigkeiten, Widersprüchen und Unklarheiten verbunden sind, zu einer „balancierenden Identität" gelangen (*Krappmann* 1969).

(3) Die aktuellen Identitätskonzepte setzen an der soziologischen Gegenwartsanalyse an, auf deren Hintergrund sie dann auch verständlich werden. Besonders *Ulrich Beck (*1986) hat mit seinem Buch „Risikogesellschaft" umfassend zum Verständnis der Relation zwischen Individuum und Gesellschaft in der Postmoderne beigetragen. Unter dem Begriff „Individualisierung" beschreibt er wesentliche Faktoren, die zu dieser Entwicklung beigetragen haben.

Seit den 1970er Jahren hatte sich ein neuerlicher Industrialisierungsschub ergeben. Durch die damit verbundenen Arbeitsbedingungen entstand eine zunehmende Bildungsabhängigkeit, die mit einer hohen Mobilität und einer hohen Konkurrenz auf dem Arbeitsmarkt einherging. Dies wiederum führte dazu, dass der Einzelne aus seinen traditionellen Einbindungen in Familie, Nachbarschaft, Schicht, Geschlechterrolle, Religion usw. herausgelöst wurde. Wo bereits der Übergang von der Stände- zur Industriegesellschaft von einem Prozess der Enttraditionalisierung gekennzeichnet war, bei dem sinnstiftende Traditionen und Weltbilder zerfielen, ergaben sich durch diesen neuerlichen Industrialisierungsschub noch weitergehende Lösungen aus gesellschaftlichen Bindungen. *Beck* spricht von einer zunehmenden Freisetzung des Menschen aus überkommenen Formen des Sexual- und Familienlebens, der Gestaltung von Ehen usw.

Mit der Lockerung von Traditionen ging auch eine funktionale Differenzierung der Gesellschaft einher. Früher war der Einzelne als ganzer Mensch Teil einer Sozialordnung. Er war Hausvater, Handwerksmeister usw. In modernen Gesellschaften, die in zahlreiche Teilsysteme untergliedert sind, erleben sich Menschen in schnellem Wechsel in ihrer jeweiligen Rolle als „permanente Wanderer zwischen den Funktionswelten" (*Eickelpasch & Rademacher* 2004: 17) als Autofahrer, Steuerzahler, Patient, Konsument, Wähler usw. So erfährt sich der moderne Mensch als zersplittert in vielfältige Funktionsbezüge. Die Entwicklung der personalen Identität, die in früheren Gesellschaften weitgehend sozial und kulturell vorgeprägt war, wird jetzt zur Eigenleistung des Individuums. Ich-Autonomie und Selbstbestimmung wurden zu zentral wichtigen Tugenden. Menschen bewegen sich heute auch mehr als früher in unterschiedlichsten Kontexten, für die sie entsprechend den jeweiligen Interaktionspartnern auch unterschiedliche Teilidentitäten entwickeln müssen. Mit *Keupp* (1997) spricht man deshalb von „Patchwork-Identität" oder mit *Gross* (1985) von „Bastel-Identität".

Heute muss aber auch jede Berufs- oder Funktionsgruppe eine ihr eigene Identität entwickeln. Diese resultiert aus den tagtäglichen Interaktionen mit den beruflichen Interaktionspartnern in ihren jeweiligen Positionen und Funktionen. Die jeweilige Führungskraft lässt sich dann als Mittelpunkt eines sozialen Netzwerks begreifen, von dem aus sie interagiert und von dem aus sie immer spezifischer ihre Identität herausbildet. Das gestaltet sich für Führungskräfte heute schwieriger als früher. Denn wie im nachfolgenden Kapitel noch gezeigt wird, ist heute auch das unmittelbare Umfeld, nämlich die Organisation, nicht mehr klar traditionell, also bürokratisch strukturiert, sondern wir finden vielfältige neuartige Strukturmuster, innerhalb derer sich eine Führungskraft immer wieder neu orientieren muss.

Man sollte hier allerdings immer zwei unterschiedliche Grundformen von Identität unterscheiden: Auf der einen Seite entwickelt jeder Mensch eine basale, zeitlich überdauernde Identität, auf der anderen Seite eine positionsbedingte, die gerade heute in Anbetracht der Vielgestaltigkeit der Arbeitswelt höchst variabel sein muss. Dabei sollte allerdings das Selbstbild einer Führungskraft möglichst kompatibel sein mit dem Fremdbild, das andere von ihr haben. Die Identitätsentwicklung einer Führungskraft ist aber immer an einen Aushandlungsprozess mit den Menschen ihrer Umgebung gebunden. In diesem Sinn erhalten die tagtäglichen Interaktionen zwischen Führungskräften und ihren Mitarbeitern, Vorgesetzten und Kollegen eine zentrale Bedeutung für die Entwicklung ihrer Führungsidentität.

Im Begriff der *Identitätsarbeit* ist ohnedies impliziert, dass es sich um eine aktive Steuerungsleistung, also um Identitätsmanagement handelt (*Strauss & Höfer* 1997: 292). Den Ausgangspunkt jeder Identitätsentwicklung bilden zwar die in der primären Sozialisation in Interaktion mit Eltern und Geschwistern erworbenen Deutungs- und Handlungsmuster (*Krappmann* 1997). Sie werden auch über die Jugendphase hinaus beibehalten. Identität entwickelt sich aber laufend weiter, sie ist nach neuerer Auffassung nicht auf die Kinder- und Jugendzeit beschränkt. So zeigen neuere Studien, dass die eigene Identität als Führungskraft immer wieder neu an unterschiedliche Anforderungen mit unterschiedlichen Interaktionspartnern angepasst wird und sich mit diesen Interaktionspartnern zum Teil sogar völlig neu herausbildet (*Gardner & Avolio* 1987).

Die für die Identitätsentwicklung einer Führungskraft maßgeblichen Interaktionspartner sind zunächst die Mitarbeiter. Je mehr Spielraum ihnen die Organisation garantiert, desto umfassender können sie mit der Führungskraft in Interaktion treten, und desto umfassender wird auch das Selbstverständnis der Führungskraft durch sie geprägt. Im Zuge dieser Interaktionsprozesse entwickeln dann die Mitarbeiter korrespondierende Identitäten, mit denen sie die Führungskraft in ihrem Sosein bestätigen – oder eben nicht. Neben den Mitarbeitern steht die Führungskraft auch mit Vorgesetzten und Kollegen auf gleicher hierarchischer Ebene in Interaktion. Auch diese bilden im Zuge der Interaktionen entsprechende Identitäten aus, und auch sie beantworten die jeweilige Führungskraft mehr oder weniger deutlich in ihrem Selbstverständnis.

Die „Identitätsarbeit" (*Keupp & Höfer* 1997) von Führungskräften gestaltet sich allerdings keineswegs immer unproblematisch, im Gegenteil, hier lassen sich mindestens drei Spannungsfelder unterscheiden (*Schreyögg, G &, Lührmann* 2006):

- Spannung zwischen Stabilität und Flexibilität,
- Spannung zwischen Konformität und Individualität,
- Spannung zwischen Einheitlichkeit und Verschiedenheit.

Die Führungskraft muss einerseits verschiedene biographisch gebildete Identitätsaspekte integrieren, damit sie für sich selbst und für andere als konsistente Persönlichkeit in Erscheinung treten kann. Sie hat sich andererseits jeweils auf unterschiedliche situative Ansprüche einzustellen und dementsprechend spezifische Teilidentitäten auszubilden.

Führungskräfte sind heute auf Seiten der Mitarbeiter meistens einem starken gruppalen Konformitätsdruck ausgesetzt. Diese wollen nämlich umfassend an Entscheidungen partizipieren, gut motiviert werden und möglichst auf Augenhöhe mit der Führungskraft kommunizieren. Diese Art der Konformität wird auch von den meisten Führungskonzepten empfohlen. Als Agent der Geschäftsleitung soll die Führungskraft aber die Geführten – eventuell sogar gegen deren Widerstand – zu einer optimalen Arbeitsleistung bewegen. Und das wiederum kann sie nur als ein Individuum, das sich aus dem Kollektiv bzw. aus dem Teamzusammenhang zu lösen vermag.

„Identitätsarbeit" steht aber auch laufend im Spannungsfeld zwischen Einheitlichkeit und Verschiedenheit. Die Führungskraft muss in unterschiedlichen Situationen unterschiedlich handeln, gleichzeitig muss sie aber alle ihre Handlungsstrategien doch zu einer Ganzheit bündeln.

Für eine neu ernannte Führungskraft sind diese Spannungsfelder kaum zu erfassen, geschweige denn zu handhaben. Die meisten von ihnen werden im Stress der ersten Monate versuchen, die Komplexität zu reduzieren und einseitige Lösungen favorisieren. Coaching dient dann auch dazu, sie vor solcher Engführung zu bewahren.

3. Kapitel

Die Organisation als kontextueller Hintergrund

Eine neue Führungskraft verschafft sich zusammen mit ihrem Coach idealerweise schon vor Eintritt ins neue System oder zumindest kurz nach ihrem Arbeitsanfang einen ersten Eindruck von ihrem zukünftigen Wirkungskreis. Und schon dieser erste Blick sollte systematisiert erfolgen. In diesem Kapitel werden Anregungen gegeben, welche Aspekte Coach und Führungskraft im Hinblick auf den organisatorischen Kontext untersuchen sollten.

Nach einer Erläuterung unterschiedlicher Begrifflichkeiten von „Organisation" und einigen Typisierungsversuchen organisatorischer Systeme beschäftige ich mich mit formalen und nicht-formalen, also emergenten Phänomenen von Organisationen. Abschließend befasse ich mich mit internationalen Phänomenen in Organisationen. Alles das ist jeweils in seiner Bedeutung für den Führungsprozess neu ernannter Führungskräfte von Interesse.

3.1 Der Begriff „Organisation"

Im Alltagsverständnis spricht man vielfach davon, dass die „Organisation" etwa „der Fußballweltmeisterschaft in Deutschland gut funktioniert" habe. Gleichzeitig wenden heute viele Menschen den Organisationsbegriff auf ganze soziale Systeme an wie auf Kirchen, Unternehmen, Schulen usw. Im ersten Fall handelt es sich um eine instrumentelle Verwendung des Begriffs, d.h. er soll besagen, wie etwas strukturiert wird, gut oder schlecht. Im zweiten bezeichnet der Begriff ein institutionalisiertes Sozialsystem als Ganzes.

Auch in der Literatur differenziert man einen instrumentellen von einem institutionellen Organisationsbegriff. In der traditionellen deutschen Betriebswirtschaftlehre beispielsweise wurde der Organisationsbegriff vielfach *instrumentell* verwendet, also mit einer Vollzugsaufgabe gleichgesetzt. So betont *Gutenberg* (1983: 235): „Während Planung den Entwurf einer Ordnung bedeutet, nach der sich der gesamtbetriebliche Prozess vollziehen soll, stellt Organisation den

Vollzug dar, die Realisierung dieser Ordnung." So werden bei diesem Autor auch alle Regelungen, die der Planumsetzung dienen, unter dem Begriff der Organisation subsumiert.

Während der instrumentelle Organisationsbegriff im Sinne von „Organisieren" prozessbezogen ist, also eine Herstellungspraxis bezeichnet, lenkt der *institutionelle* Organisationsbegriff den Blick auf das Gesamtsystem. Veranschaulicht an einem Beispiel, handelt es sich bei einer Warteschlange von 50 Personen vor einem Arbeitsamt nicht um eine Organisation, wohl aber bei den 50 Mitarbeitern innerhalb dieses Amtes. Prägnanteste Unterschiede sind hier, dass die Personen der Warteschlange im Gegensatz zu den Mitarbeitern kein gemeinsames Ziel verfolgen, ihre Aufgabe nicht gemeinsam nach bestimmten Absprachen erledigen und schließlich keinerlei Beständigkeit aufweisen. Unter institutionellen Gesichtspunkten sind Organisationen also durch drei wesentliche Merkmale charakterisiert (*March & Simon* 1958; *Mayntz* 1963):

(1) Organisationen sind auf *spezifische Zwecke* ausgerichtet. Diese müssen allerdings keineswegs mit den persönlichen Zielen der Organisationsmitglieder übereinstimmen.
(2) Organisationen bestehen aus mehreren Menschen, deren Aufgaben nach rationalen Gesichtspunkten und bestimmten Regeln verteilt sind. Die Einhaltung der Regeln wird qua Kontrakt abgesichert. Daraus ergibt sich eine *formale Organisationsstruktur.*
(3) Außerdem weisen Organisationen beständige *Grenzen* auf, die zwischen einer organisatorischen Innen- und Außenwelt unterscheiden lassen. Im Innenraum sind die Organisationsmitglieder tätig, die sich entsprechend den Kontrakten der formalen Organisationsstruktur zu verhalten haben.

Aus diesen knappen Merkmalsbeschreibungen wird schon deutlich, dass es der institutionelle Organisationsbegriff anders als der instrumentelle erlaubt, die Organisation als Gesamt zu betrachten mit ihren formalen und mit ihren nichtformalen Systemphänomenen. Aus diesem Grund wird im Weiteren der Begriff vorrangig in diesem Sinne verwendet.

3.2 Typen von Organisationen

Bei der Typisierung von Organisationen hat man sich oft an relevanten Lebensbereichen wie Wirtschaft, Politik, Religion, Erziehung, Kultur usw. orientiert. Organisationen lassen sich aber auch nach anderen analytischen Merkmalen ordnen, etwa danach, inwieweit die Mitgliedschaft freiwillig ist oder nicht. Sie lassen sich auch ordnen nach strukturellen Merkmalen, nach ihrem mehr demokratischen oder mehr autokratischen Aufbau usw. Jedes Merkmal stellt eine Dimension in einem viel dimensionierten Koordinatensystem dar, wodurch Typologien schnell eine hohe Komplexität erhalten (*Mayntz* 1963). Eine bekannte Typologie stammt von *Talcott Parsons* (1960). Er hat Organisationen nach ihrer gesellschaftlichen Funktion unterschieden in wirtschaftliche, politische, sozial-integrative und kulturelle. Ein anderer, sehr prominenter Versuch der Typenbildung stammt von *Amitai Etzioni* (1961). Er unterscheidet Organisationen nach der Art der Kontrolle, der Mitglieder auf den untersten Stufen der Hierarchie unterworfen sind. Er kommt dabei zu drei Organisationstypen:

(1) Organisationen, in denen Zwang das vorherrschende Kontrollmittel ist (z.B. Gefängnis),
(2) „utilitaristische" Organisationen, in denen monetäre Anreize dominieren (z.B. Betriebe),
(3) „normative" Organisationen, in denen die moralische Einstellung der Mitglieder zentral ist (z.B. Kirchen, Gewerkschaften).

Eine neuere, betriebswirtschaftlich orientierte Typologie hat *Henry Mintzberg* (1992) entworfen. Er geht von der Annahme aus, dass es eine relativ kleine Zahl strukturierender Bausteine gibt, aufgrund derer ein Großteil der bestehenden Organisationen klassifizierbar ist. Diese Grundbausteine bestehen seiner Meinung nach im Wesentlichen aus Funktions- bzw. Hierarchiebereichen:

(1) Ein Grundbaustein ist der *operative Kern* einer Organisation, der mit der Transformation von Input in Output sowie allen damit unmittelbar in Beziehung stehenden Vorgängen befasst ist, wie z.B. Einkauf, Verkauf oder Wartung. Typische Mitarbeiter sind Facharbeiter, Monteure, Kraftfahrer usw.
(2) Die *strategische Spitze* ist mit der Gestaltung der Innen- und Außenbeziehungen befasst sowie mit der strategischen Planung, Investitionsentscheidungen usw. Typische Mitarbeiter sind Geschäftsführer, Verbandsmitglieder usw.
(3) Das *mittlere Linienmanagement*, dessen Hauptaufgabe in der Abstimmung zwischen Topmanagement und dem operativen Kern besteht, ist mit der Durchsetzung von Entscheidungen des Topmanagements, mit Koordination und Kontrolle der Arbeiten im operativen Kern befasst. Typische Mitarbeiter sind mittlere und untere Manager mit Personalverantwortung, also Werkmeister, Betriebsleiter, Marketingleiter usw.

(4) Die *Technostruktur* ist damit beschäftigt, die Arbeit der bisher beschriebenen Bereiche effektiv zu gestalten, wie z.B. durch Standardisierung, Programmierung, Weiterbildung. Typische Mitarbeiter sind Refa-Ingenieure, Programmierer, Personalentwickler usw.
(5) Die *unterstützende Einheit* ist direkt mit dem Transformationsprozess befasst. Sie unterstützt alle anderen Bereiche, indem sie bestimmte Dienste zur Verfügung stellt, wie z.B. Rechtsberatung, Öffentlichkeitsarbeit, Grundlagenforschung, aber auch die Kantine und die Kalkulation. Typische Mitarbeiter sind Juristen, Steuerberater, Werbefachleute, Wissenschaftler usw.
(6) Und schließlich hat jede Organisation noch einen Teil, den *Mintzberg* mit „*Ideologie*" bezeichnet. Dieser Teil umfasst Traditionen und Überzeugungen einer Organisation, die sie von anderen Organisationen unterscheidet. Dies deckt sich im Prinzip mit dem, was ich im Weiteren unter „Organisationskultur" beschreiben werde.

Je nachdem, welcher der sechs Bereiche in einer Gesamtorganisation dominiert, bilden sich bestimmte Konfigurationen von Variablen heraus. Daraus ergeben sich nach Meinung von *Mintzberg* folgende Organisationstypen:

(1) Die *unternehmerische Organisation* ist typisch für Kleinunternehmen, wie z.B. Handwerksbetriebe mit einem oder zwei Eigentümern. Hier dominiert die strategische Spitze, da alle Entscheidungen auf den Unternehmer konzentriert sind. Es finden sich einfache, überwiegend informelle Strukturen in dynamischen Umwelten.
(2) Die *Maschinen-Organisation* ist typisch für Großbetriebe mit Massenproduktion, wie z.B. Automobilwerke. Dominierend ist hier eine Techno-Struktur mit charakteristischen Merkmalen: zentralisierte Bürokratie, hoch standardisierte Aufgabenstruktur, ausgeprägte Hierarchie in einfachen und stabilen Umwelten. Die Planung erfolgt aufgrund formaler Verfahren.
(3) Die *diversifizierte Organisation* ist typisch für Unternehmen, die auf mehreren Feldern und Märkten international operieren, wie z.B. die Elektro- und Konsumgüterindustrie. Es dominiert das mittlere Linienmanagement auf Geschäftsbereichsebene. Charakteristische Merkmale sind: marktorientierte Divisionen, die nur lose unter dem Dach einer Zentralverwaltung gekoppelt sind, sowie autonome Geschäftsführung der Divisionen. Die Zentrale leitet das Portfolio der Geschäftsbereiche, die Divisionen entwickeln ihre individuelle Strategie.
(4) Die *Organisation der Professionals* ist typisch für große Dienstleistungsunternehmen, wie z.B. Universitäten, Krankenhäuser, Museen. Hier dominiert der operative Kern. Charakteristische Merkmale sind bürokratische, aber

dezentralisierte Strukturen, eine hohe Abhängigkeit von der Ausbildung der Mitglieder, weitestgehende Standardisierung differenzierter Fertigkeiten; komplexe, aber stabile Umwelten, viele Strategien, die stark fragmentiert sind.

(5) Die *innovative Organisation* ist typisch für kleine bis mittlere Servicebetriebe wie Softwarehäuser, Werbeagenturen, Unternehmensberatungen. Hier dominiert die unterstützende Einheit. Charakteristische Merkmale sind fließende, organische und teilweise dezentralisierte Strukturen, Experten, die in multidisziplinären Teams eingesetzt werden, komplexe und dynamische Umwelten. Die Strategieformulierung geschieht in erster Linie durch Lernen.

(6) Die *missionarische Organisation* ist typisch für soziale Systeme mit stark ausgeprägter Kultur. Dort überlagert die Ideologie eine konventionelle Konfiguration. Charakteristische Merkmale sind das Vorhandensein eines reichhaltigen Systems an Werten und Überzeugungen, spezifische, klar fokussierte und inspirierende Missionen. Die Koordination steht auf der Basis von sozialen Normen.

Neben solchen generellen Typologien finden wir aber auch spezielle, etwa im Bereich der Familienbetriebe. Dort wird beispielsweise nach dem Ausmaß des Einflusses der Familie auf das Unternehmen (z.B. *Wimmer et al.* 2005; *Simon* 2005; siehe auch den Exkurs „Nachfolge in Familienbetrieben", Kap. 10.4) differenziert oder nach der Anzahl der Generationen, in der ein Familienunternehmen existiert (*Simon et al.* 2005). Andere, spezielle Typologien finden sich im Bereich der Human Services. Hier lässt sich etwa unterscheiden nach der Klientel, auf die sich die Dienste richten (*Schreyögg* 2004 a), oder nach dem Ausmaß, in dem das Umfeld institutionalisiert ist (vgl. *Hasenfeld* 1992).

Das Problem von Typen besteht prinzipiell darin, dass sie nie in reiner Form vorhanden sind, also immer Mischtypen mitgedacht werden müssen. Trotzdem geben Typisierungen oft Anhaltspunkte beim ersten Verstehen einer Organisation. So kann es auch für junge oder neu ernannte Führungskräfte durchaus ergiebig sein, sich einen ersten groben Eindruck von „ihrer" Organisation über Typologien zu verschaffen. Denjenigen, die sich an Typen orientieren wollen, möchte ich empfehlen, vom Allgemeinen zum Speziellen fortzuschreiten. Eine *basale Typologie* ist die Differenzierung in

- Wirtschaftsunternehmen,
- Verwaltungsorganisationen,
- Soziale Dienstleistungssysteme.

Diese Typen verfügen jeweils über charakteristische Zielsysteme und Binnenstrukturen, die sich relativ leicht voneinander unterscheiden lassen (vgl. *Schreyögg* 2002). In einem zweiten Schritt kann man die einzelnen Untergruppen wieder nach differenzierteren Kategoriensystemen untersuchen, so wie es die oben genannten Autoren anregen.

In der organisationstheoretischen Literatur wird im Allgemeinen von der Prämisse ausgegangen, dass sich die Funktionsweise aller strukturierten Sozialsysteme ähnelt. Das trifft aber nur in Teilen zu. Die organisationstheoretische Debatte ist fraglos relativ stark an Wirtschaftsunternehmen ausgerichtet. Soziale Dienstleistungssysteme wie etwa Kliniken unterscheiden sich aber in gravierenden Punkten. So haben sie sich sehr viel umfassender an gesetzlichen Vorgaben auszurichten. Und bis zu einem gewissen Grad trifft das auch für Systeme der öffentlichen Verwaltung zu. Das heißt dann, Führungskräfte müssen in diesen Systemen im Vergleich zu Wirtschaftsunternehmen sehr viel stärker Ansprüche der Öffentlichkeit und gesetzliche Vorgaben berücksichtigen (*Busse et al.* 2006). Das führt auch dazu, dass sie nuanciert unterschiedliche formale und nicht-formale Muster aufweisen.

3.3 Formale und emergente Phänomene in Organisationen

Gerade bei der Beschäftigung mit Organisationen spielt Typenbildung schon traditionell eine Rolle, ja, die gesamte Theorie der Organisation hat hier ihren Ausgangspunkt. Zu Beginn des 20. Jahrhunderts ging *Max Weber* (1921), Jurist, Volkswirt und Soziologe, der Frage nach, wie in der Moderne im Gegensatz zu vormodernen Gesellschaften Herrschaft ausgeübt wird. Als typische Herrschaftsform der Moderne beschrieb er die von ihm so benannte „Bürokratie“, die durch eine ganz spezifische Binnenstruktur charakterisiert ist (*Bosetzki & Heinrich* 1994):

- Sie weist ein arbeitsteiliges System auf, in dem jedes Mitglied festgelegte Entscheidungsbefugnisse und Pflichten mit der entsprechenden Befehlsgewalt hat. Entscheidungsbefugnisse und Befehlsgewalten sind durch Regeln personenunabhängig festgelegt. Dadurch entsteht eine formale, personenunabhängige Struktur. Organisationsmitglieder werden so ausgesucht, dass sie möglichst gut in diese Struktur integrierbar sind.
- Ein bürokratisches System beinhaltet ein fest gefügtes Muster von Über- und Unterordnungsverhältnissen, eine so genannte *Amtshierarchie*, die die Abstimmung zwischen Aufgabenbereichen garantieren soll. Die Befehls-

gewalt jeder Amtsinstanz ist klar geregelt. Treten Konflikte auf, dass etwa einzelne Positionsinhaber Kompetenzen überschreiten oder Aufgaben nicht wahrnehmen, muss die nächst höhere Instanz eingeschaltet werden. So ist neben dem Befehlsweg von oben nach unten ein so genannter Appellationsweg bei Beschwerden oder interpersonellen Konflikten von unten nach oben vorgesehen.

- Auch die *Aufgabenerfüllung* erfolgt nach *festgesetzten Regelungen*. Diese schreiben fest, welche Leistungen vom Einzelnen zu erbringen sind, wer mit wem über welche Angelegenheiten kommunizieren darf oder muss.
- Alle Aktivitäten werden *aktenmäßig* abgewickelt, d.h. die Kommunikation erfolgt über den Dienstweg, über Briefe, Formulare, Aktennotizen usw. Diese Schriftstücke werden aufbewahrt. Sie sollen alle entscheidenden innerorganisatorischen Maßnahmen kontrollierbar machen.

Diese Organisationsform konstituiert sich also durch eine perfekt geplante, formalisierte Binnenstruktur, die eine maximale Zielerreichung garantieren soll. Zu Beginn des 20. Jahrhunderts galten bürokratische Muster in Unternehmen, Verwaltungssystemen und im Bereich der sozialen Dienste tatsächlich als ein Non-plus-ultra. Später hat man die Bürokratie umfassend kritisiert, sie entspreche nicht menschlichen Bedürfnissen (*Argyris* 1975), und sie sei in ihrer reinen Form viel zu ineffizient. Trotzdem lässt sich behaupten, dass sie bis heute das Grundmuster jeder Organisationsgestaltung darstellt, dass sie der Ausgangspunkt für viele formale Neugestaltungen ist und dass auch alle nicht-formalen Phänomene von Organisationen jeweils im Kontrast zu dieser Bürokratie beschrieben werden. In der modernen Organisationslehre (*Schreyögg, G. & v. Werder* 2004) hat es sich jedenfalls durchgesetzt, Organisationen immer in zweifacher Weise zu betrachten:

(1) als *formale Konfigurationen*, deren Ausgangspunkt die Bürokratieforschung von *Max Weber* war,
(2) als soziale Systeme, die neben formalen Mustern zahlreiche *nicht-formale*, sich in Organisationen ungeplant entwickelnde, eben emergente Phänomene aufweisen.

Für eine neue Führungskraft sind beide Gruppen der Muster von größter Bedeutung. Die formalen Muster ergeben Hinweise, was man offiziell von ihr erwartet. Aus den nicht-formalen lassen sich aber oft erst die eigentlichen Anforderungen, aber auch die Fallstricke einer Position erschließen.

3.3.1 Formale Phänomene in Organisationen

In jedem organisierten System fallen vielfältige Aufgaben an, die nicht von einer Person allein bewältigt werden können. Aus diesem Grund verteilt man die Arbeit und etabliert im Sinne der Bürokratie eine mehr oder weniger ausgeprägte Arbeitsteilung bzw. Aufgabendifferenzierung. Man weist dann mehreren Personen unterschiedliche Teilaufgaben zu. Diese Teilaufgaben münden in „Stellen", die von verschiedenen Personen wahrgenommen werden. Diese können nach funktionalen Gesichtspunkten, also nach Tätigkeiten differenzieren, wie z.B. Einkauf, Finanzierung, Produktion, Marketing usw. Sie können aber auch nach Objekten, d.h. nach Fachgebieten oder nach „Sparten", z.B. nach Produkten wie Bücher, Hörbücher, CDs usw. strukturiert sein (*Staehle* 1999).

Diese Aufgabendifferenzierung, egal wie sie gegliedert ist, wirft das Problem der organisatorischen Integration auf. Damit nämlich die ausdifferenzierten Stellen bzw. ihre Inhaber nicht immer mehr auseinander driften, was zum Zerfall einer Organisation führen würde, muss jede Organisation über Formen der Integration verfügen, also über strukturelle Maßnahmen, die ihren Zusammenhalt garantieren. Diese dienen dann zur Unternehmenssteuerung. So finden wir heute in jeder Organisation einen dialektischen Prozess: Mechanismen der *Differenzierung* werden durch solche der *Integration* „in Schach gehalten". Aus ihrem Zusammenspiel ergibt sich eine je spezifische „Organisationsarchitektur".

(1) Maßnahmen der Integration

Zur Bewältigung des Integrationsproblems dienen drei Instrumente (vgl. *Schreyögg, G.* 2003):

- Hierarchie,
- Programme und Pläne,
- Selbstabstimmungsregeln.

(2) Traditionelle Konfigurationen

Das klassische Integrationsinstrument ist die *Hierarchie*. Sie besteht in der persönlichen Anweisung durch Vorgesetzte. Unter organisationstheoretischen Gesichtspunkten werden Instanzen geschaffen, die mit den entsprechenden formalen Kompetenzen ausgestattet sind, um alle anfallenden Abstimmungsprobleme in einer arbeitsteiligen Struktur zu bewältigen. In Organisationen finden wir dann ein Muster von Stellen, das Über- und Unterordnungsverhältnisse bezeichnet. Grafiken, die dieses als entpersönlichte Sollstruktur veranschaulichen, werden als „Organigramme" (*Joschke* 1980) bezeichnet. Die hierarchische Konfiguration dient somit auch als Maßnahme der strukturellen Konfliktlösung, dass nämlich die arbeitsteilige Organisation nicht auseinander fällt.

Nun lassen sich aber durchaus unterschiedliche hierarchische Konfigurationen unterscheiden. Die meisten, zumindest in kleineren Organisationen, sind nach dem „Einlinienprinzip" gestaltet, d.h. ein einziger Vorgesetzter erteilt einem oder mehreren unterstellten Mitarbeitern Aufträge.

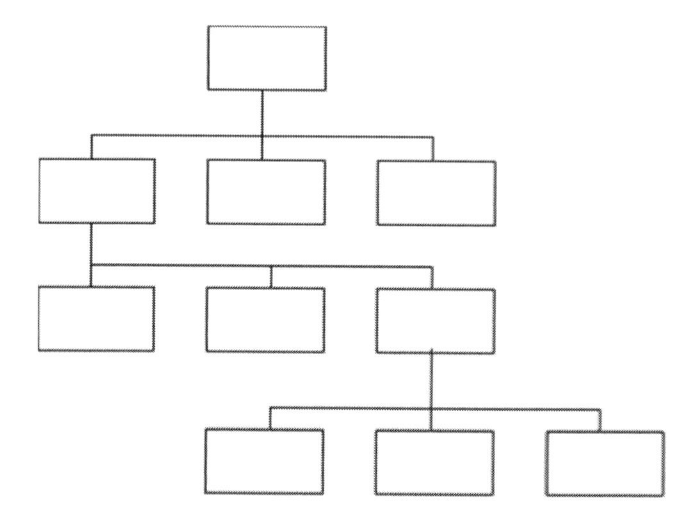

Abbildung 1: Strukturtyp der Einlinienorganisation

Heute finden wir häufig auch die Konfiguration der „Doppelspitze" (vgl. *Schreyögg* 2005 a), bei der zwei Instanzen als gleichberechtigte Vorgesetzte fungieren. Die Mitarbeiter erhalten dementsprechend von zwei Personen Aufträge. Und diese doppelte Auftragserteilung durch zwei formal gleichberechtigte Instanzen setzt voraus, dass diese Instanzen in einem größtmöglichen Gleichklang agieren. Anderenfalls werden die ursprünglichen Intentionen der Hierarchisierung, nämlich Konflikte zu vermeiden, zunichte gemacht. Im Gegenteil, es wird dann nicht Integration, sondern eine zusätzliche Konflikt erzeugende Differenzierung, in diesem Fall eine „Spaltung", etabliert. Ein relevanter Faktor ist, dass alle Entscheidungen gemeinsam getragen werden müssen. Dementsprechend entsteht ein ständiger Abstimmungsbedarf, der eine permanente Dialogbereitschaft und -fähigkeit voraussetzt.

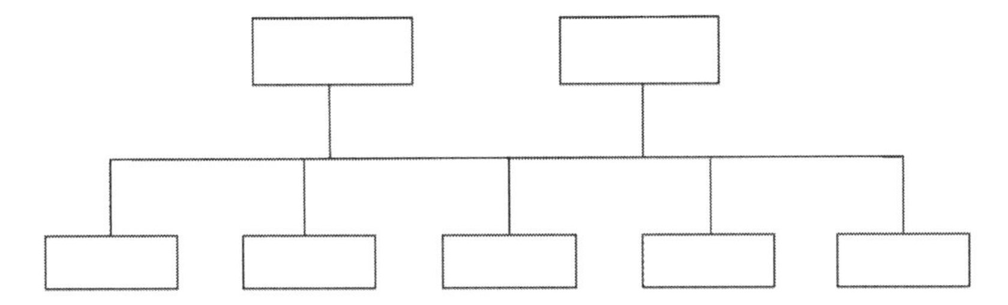

Abbildung 2: Strukturtyp der Doppelspitze

Einen wieder anderen Strukturtyp repräsentiert das „Mehrliniensystem". Es baut auf dem Prinzip der Spezialisierung auf und verteilt Führungsaufgaben auf mehrere Spezialisten.

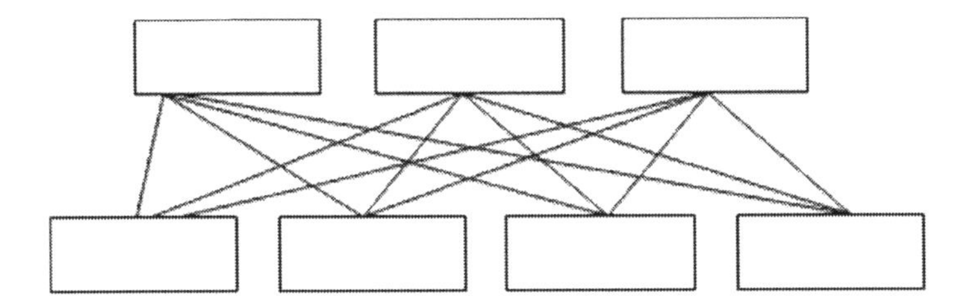

Abbildung 3: Strukturtyp des Mehrliniensystems

Auch die Mehrliniensituation ist konfliktträchtig, weil hier oft Koalitionen zwischen einer Gruppe von Führungskräften gegen eine andere geschmiedet werden. Wir finden das Mehrlinienprinzip vor allem dort, wo es, wie etwa im technischen Bereich, um sehr spezialisierte Aufgabenstellungen geht, die auch von entsprechend spezialisierten Vorgesetzten angewiesen und überwacht werden müssen. In solchen Kontexten begegnen wir dann vielfach zwei Typen von Karrierewegen: einem des „General Managements", bei dem grundlegende Managementaufgaben wie Planung, Organisation, Kontrolle usw. zu übernehmen sind, und einem Karriereweg von „Spezialisten", den wir heute bei vielen technischen Firmen wie etwa bei Siemens oder E.on finden. In den meisten Fällen „thront" allerdings über dem Mehrliniensystem eine einzelne Führungskraft in einer Top-Position.

Die bisher beschriebenen Instanzen verfügen über Anweisungs- und Entscheidungskompetenzen. Sie werden als Mitarbeiter der *Linie* beschrieben. Entscheidungen können sie aber häufig erst dann treffen, wenn ihnen organisationsinterne Berater, die so genannte *Stabsstellen* innehaben, entscheidungsrelevante Informationen liefern. Solche Berater bzw. Experten begegnen uns in großen Organisationen im Bereich der strategischen Planung, des Marketings, der Personalwirtschaft usw. Im Prinzip müssen die Linienmanager mit ihnen die Entscheidungskompetenzen teilen. Zur Erledigung ihrer Aufgaben haben die Stabsleute häufig auch wieder Mitarbeiter und leiten dann ganze „Stabsabteilungen".

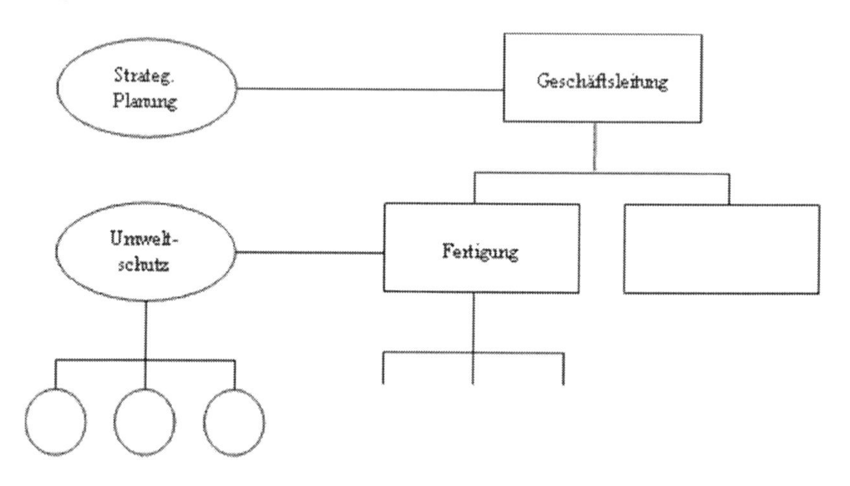

Abbildung 4: Beispiel für eine Stab-Linie-Organisation

Es ist bekannt, dass sich die Zusammenarbeit zwischen Stab und Linie gelegentlich als ausgesprochen konfliktträchtig erweist. Stabsmitglieder entstammen als Fachexperten oft speziellen Milieus, sodass sie von den Linienmitarbeitern nicht akzeptiert werden. Oder sie entwickeln umgekehrt durch ihr Expertenwissen ein so großes Machtpotenzial, dass die Linie in hohem Maße auf sie angewiesen ist und sich durch sie sogar in einen Ohnmachtsstatus verwiesen fühlt. So erweist sich beispielsweise der Marketing-Direktor von Internetfirmen als zentrale Figur, denn durch seine Leistung erwirbt die Firma oft erst den notwendigen Verbreitungsgrad. In solchen Fällen entwickelt sich eine „Quasi-Doppelspitze" (*Schreyögg* 2005 a) von Stab und Linie.

Hierarchien können aber ihren Zweck nur dann erfüllen, wenn sie von den Mitarbeitern anerkannt werden. Das gilt selbst für die Fälle, in denen eine punktuelle Befehlsverweigerung vorliegt (*Luhmann* 1994: 161). Die generelle Einwilligung von Mitarbeitern in hierarchische Verhältnisse kann allerdings heute nicht mehr unbedingt vorausgesetzt werden. Anders gesagt, sie unterliegt in den letzten Jahrzehnten einer erheblichen Erosion. Wie *Deutschmann* (2002) meint, zielen neuere Entwicklungen auf eine Reduktion von hierarchischen Verhältnissen. Die aktuelle gesellschaftliche Entwicklung, in der ein Höchstmaß an Innovationsbereitschaft gefordert ist, widerspricht zunehmend Konstellationen, in denen Befehl und Gehorsam eine stärkere Rolle spielen. Im Übrigen muss man feststellen, dass besonders in komplexen Organisationen das Instrument hierarchischer Integration sich vielfach als wenig sinnvoll erweist. Denn in solchen Kontexten sind die Instanzen schnell mit ihrer Führungsaufgabe überlastet. Das heißt umgekehrt, sehr komplexe Systeme muten den Führungskräften ein so hohes Maß an Komplexitätsreduktion zu, dass sie in unangemessen großen Stress geraten oder relevante Entscheidungen nur noch oberflächlich treffen können.

Hierarchien dienen allerdings keineswegs nur der Integration, sie fungieren vielfach auch als Anreizinstrument. Durch sie werden nämlich die überwiegend vertikalen Karrierewege in Organisationen festgelegt. So ist im Allgemeinen auch das Entlohnungssystem an die Hierarchie gekoppelt.

Zur Sicherung der Integration finden wir als Ergänzung zu hierarchischen Konstellationen in vielen Unternehmen *Programme* oder *Pläne*. Dabei handelt es sich um personenunabhängige Verfahrensweisen. Sie werden aktenmäßig festgelegt und dienen als Schablonen, nach denen die Mitarbeiter tätig sind. Dann fungiert das „Programm als Boss“. So erhalten etwa die Sachbearbeiter/innen in Versicherungsgesellschaften genaue Kriterien, nach denen sie die eingehenden Rechnungen von Ärzten, Kliniken, Ergotherapeuten usw. auf ihre Rechtmäßigkeit zu prüfen und dann zur Zahlung anzuweisen haben.

Durch solche Standardisierungen sind die Vorgesetzten in ihrer Anweisungsfunktion entlastet. Die Mitarbeiter können nun selbstständig nach einem Schema arbeiten, das zu irgendeinem Zeitpunkt von vorgesetzten Instanzen festgesetzt wurde. Hier sind nur gelegentliche Kontrollen nötig. Solche Programme lassen sich allerdings nur dort etablieren, wo die Arbeit standardisierbar ist. Wenn die Tätigkeit ein hohes Maß an Kreativität, Innovationsfähigkeit oder Entscheidungsbereitschaft erfordert, eignet sich dieses Integrationsinstrument selbstverständlich nicht. Bei Plänen und Programmen besteht allerdings immer die Gefahr übermäßiger Routinisierung. Die Notwendigkeit zur Veränderung wird dann meistens nicht mehr gesehen. Und es besteht die Gefahr, dass auch Tätigkeiten standardisiert werden, die eher fallweise entschieden werden müssten.

(3) Neue Formen der Integration

Da moderne Organisationen erheblich an Komplexität zugenommen haben, benötigt man heute vielfach andere Formen der Integration als nur Standardisierungen oder Hierarchien. In den letzten Jahren setzen sich immer häufiger horizontale Formen der Abstimmung durch. Bei diesen sind Doppelspitzen oder Mehrliniensysteme allgegenwärtig, bzw. bei dieser Gruppe von Integrationsinstrumenten besteht per definitionem die Notwendigkeit, sich laufend mit anderen Führungskräften abzustimmen. Zu unterscheiden sind hier: (1) spontane Formen der Selbstabstimmung, (2) institutionalisierte Formen der Selbstabstimmung, (3) die Matrixorganisation und (4) die Projektorganisation.

(1) Über *spontane Formen der Selbstabstimmung* bzw. „wilde Ordnungen" berichteten z.B. *Peters & Waterman* (1984: 150) bei der amerikanischen Firma 3M, die unter anderem das „Post-it" entwickelt hat und bis heute herstellt: „Dutzende von zwanglosen Gesprächsrunden waren im Gange; Verkäufer, Marketingleute, Experten aus der Fertigung, Techniker, F & E-Leute – ja sogar einige aus dem Rechnungswesen – saßen herum und sprachen über ihre Probleme mit neuen Produkten." Die Mitarbeiter sind hier alle in ein oder zwei Projekte involviert und organisieren sich zwanglos selbst. Hier finden wir vermutlich eher informelle oder auch temporäre, also zeitlich und fachlich begrenzte Kooperationen. Solche Organisationsformen stellen aber heute sicher noch die Ausnahme dar.

(2) Viel häufiger finden wir *institutionalisierte Formen der Selbstabstimmung*. Das sind dann Systeme, in denen die Abstimmung durch Ausschüsse, durch Abteilungsleiterkonferenzen, durch einzelne Koordinatoren oder durch Koordinationsgruppen garantiert werden soll. Innerhalb einer schwach formalisierten Organisation mit einer sehr flachen Hierarchie, wo eine einzige Führungskraft für zahlreiche Mitarbeiter zuständig ist, finden dann viele Sitzungen zur Integration statt. Hier ist die Bildung von informellen oder temporären Doppel- oder Dreifachspitzen so allgegenwärtig, dass sich alle Mitarbeiter von Anbeginn auf solche Konstellationen einstellen müssen. Konflikte, zumindest solche auf einem niedrigen Eskalationsniveau gehören hier zur Tagesordnung, weshalb sie im Prinzip als alltägliche Phänomene einkalkuliert werden.

Bei der *Matrixorganisation* handelt es sich um eine Organisationsform, bei der eine organisationsinterne Doppelspitze programmatisch vorgesehen ist. Sie besteht in einer Dualstruktur, bei der z.B. Produkte und Regionen oder Produkte und Funktionen miteinander verknüpft werden. Es stehen sich also zwei gleichberechtigte Autoritätslinien mit mehr oder weniger gleichen Kompetenzen gegenüber.

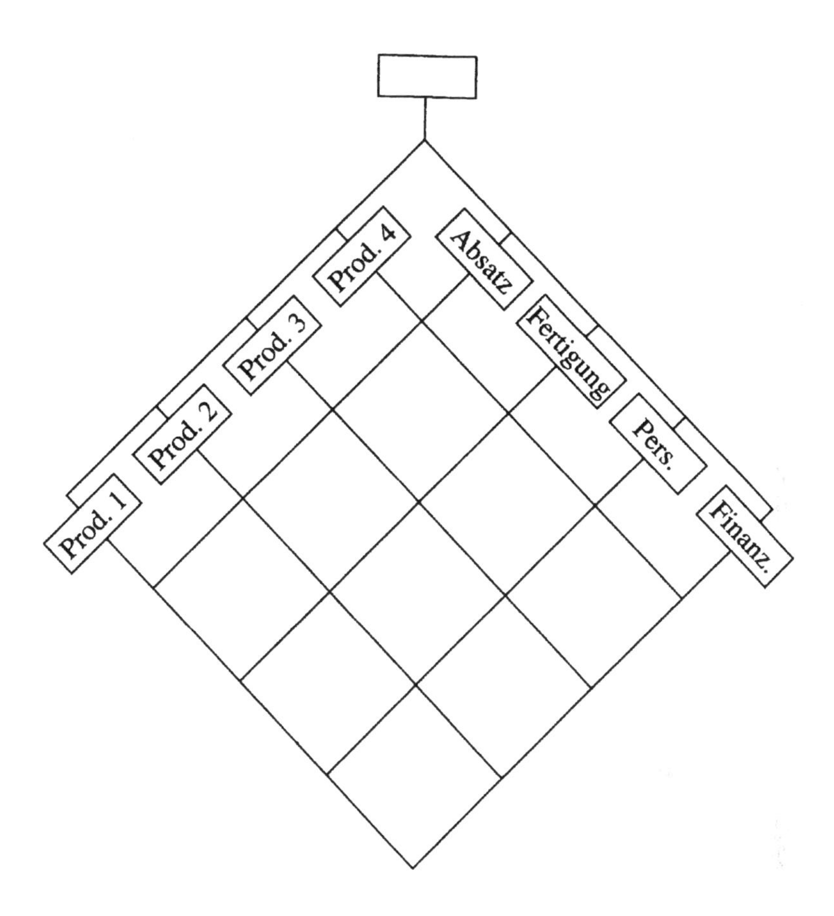

Abbildung 5: Matrixorganisation

Diese Organisationsform wurde etabliert, weil sich die Integration durch Hierarchien, besonders solche mit Einlinienprinzip in Großunternehmen, immer schwieriger gestaltete. Es wurde nämlich offensichtlich, dass Leiter einzelner Geschäftsbereiche zunehmend Partikularinteressen ausbilden und dann die Ansprüche des Gesamtsystems aus dem Blick verlieren. Als besonders prekär erweist sich dieses Auseinanderdriften im Bereich von Forschung und Entwicklung. Auf Kunden oder Klienten wirken solche Phänomene ebenfalls sehr störend, denn sie müssen jetzt mit unmäßig vielen Instanzen kommunizieren. Hier wird ihnen im Prinzip zugemutet, die organisatorische Integrationsleistung von außen zu erbringen.

Die klassische Polarisierung der Matrixorganisation ist die zwischen Funktion und Produkt. Im Gegensatz zu Produkt- oder Projektmanagern, die nur das Ziel ihres einen Projekts oder ihres einen Produkts zu verfolgen haben, sind jetzt die Leiter der Funktionsabteilungen nicht nur für die effiziente Abwicklung der Aufgaben ihres Funktionsbereichs verantwortlich, sie haben auch für die Integration des arbeitsteiligen Leistungsprozesses innerhalb ihrer Funktionen zu sorgen. Anstelle von Produkten werden auch Regionen, Kundengruppen oder Serviceleistungen als Querschnittsdimensionen verwendet. Das Grundprinzip stellt sich folgendermaßen dar: Die Leiter der Funktionsabteilungen sind für die reibungslose Abwicklung aller Aufgaben ihrer Spezialabteilungen zuständig und *gleichzeitig* für die vertikale Integration des arbeitsteiligen Leistungsprozesses innerhalb ihrer Funktionen. Demgegenüber haben die Produktmanager die horizontale Integration sicherzustellen. Sie müssen das Gesamtziel ihres Produkts über die Funktionen hinweg als einheitlichen Prozess verfolgen. Ihnen kommt die Aufgabe zu, die sich immer wieder als zentrifugal erweisenden Effekte, die fast automatisch aus der Arbeitsteiligkeit resultieren, aufzufangen und die gemeinsame Nutzung der Ressourcen sicherzustellen.

Die einzelnen Mitarbeiter befinden sich hier im Schnittpunkt von zwei Vorgesetzten, sie müssen also zwei Vorgesetzten berichten. Bei Konflikten existiert keine Dominanzlösung zu Gunsten der einen oder der anderen Achse. Man vertraut auf die Argumentation und die Bereitschaft zur Kooperation. Der Widerspruch zwischen Differenzierung, also Arbeitsteilung, und Integration wird bei dieser Organisationsform bewusst in die Organisation hinein verlagert. Das bedeutet auch, dass die potenziellen Abstimmungskonflikte von allen Beteiligten antizipiert werden müssen. So zieht die Matrixorganisation ganz neue Anforderungen nicht nur bei den Mitarbeitern, sondern auch bei den Führungskräften nach sich.

Der besondere Vorteil dieser Organisationsarchitektur liegt darin, dass durch die Zusammenführung zweier Leistungsperspektiven eine Gesamtschau bei den Führungskräften erzwungen wird. Einwände gegen die Matrixorganisation beziehen sich meistens auf die Anfälligkeit für Konflikte und auf die damit verbundenen Verzögerungen von Entscheidungen, auf zu hohe Koordinationskosten und auf die aufwändige Dokumentation (*Ford & Randolph* 1992). Fraglos nehmen die Abstimmungsprozeduren viel Zeit und Energie in Anspruch, sodass sich die organisatorische Binnenkomplexität noch erhöht. Funktionsfähig ist die Matrixorganisation letztlich nur dann, wenn auch die personellen Voraussetzungen geschaffen werden. Das heißt vor allem, die Matrixorganisation steht und fällt mit der Konfliktfähigkeit aller Beteiligten.

(4) Eine wieder andere Konfiguration stellt die *Projektorganisation* dar. Sie findet zu einem bestimmten Projekt einmalig statt, ist immer zeitlich befristet, und durch sie soll meistens Neuartiges erarbeitet werden. Die Projektorganisation erfordert die Mitwirkung verschiedener Spezialisten. Projekte überschreiten in der Regel auch bislang bestehende Grenzen einer Organisation (*Frese* 2000). In den 1970er Jahren hatte Projektarbeit meistens nur den Stellenwert eines Anhängsels in formal hierarchischen Konstellationen. Heute werden zunehmend ganze Unternehmensbereiche, z.B. Forschung und Entwicklung, nur noch in Projektform organisiert (vgl. *Töpfer* 2003 u.a.).

Projektorganisationen können unterschiedlich strukturiert sein. Manche erhalten die Form einer Matrixorganisation, manche die einer Stabs-Projektorganisation, wo der Projektleiter eine Stabsstelle bekleidet. Davon abzugrenzen sind die reinen Projektorganisationen. Bei diesen werden wie etwa bei 3M die Projektbeteiligten aus verschiedenen Bereichen der Organisation ausgegliedert und für die Dauer des Projekts einem Projektleiter in der Linie unterstellt. Aufgrund der zeitlichen Begrenzung von Projekten und aufgrund der Mitwirkung von oft sehr anspruchsvollen Spezialisten entsteht für Projektleiter vielfach das Problem nur geringer Akzeptanz bei den Mitarbeitern. Deshalb betonen *Gregor-Rauschtenberger & Hansel* (1993), dass Projektleiter möglichst schon zu Beginn eines Projekts Coaching in Anspruch nehmen sollten. Hier finden wir nämlich fast immer eine konfliktäre Konkurrenz zwischen dem formalen Leiter und einem informellen „Superman", der sich als „Tüchtigkeitsführer" aufbaut und die Autorität des Projektleiters laufend zu unterminieren droht. Da die formale Position von Projektleitern meistens eher als Moderation denn als administrative Führung definiert ist, hat die formale Projektleitung solchen „Störfeuern" auch nur wenig Machtmittel entgegenzusetzen. In vielen Fällen ist sie vorrangig auf ihre Persönlichkeitswirkung angewiesen, d.h. auf menschliche Qualitäten wie gut zuhören oder immer wieder neu motivieren können. In manchen Großunternehmen finden wir aber heute auch bunte Mischungen von Strukturtypen, was dann als „Hybridorganisation" bezeichnet wird.

Für solche Situationen, aber auch die Arbeit in Matrix- oder Projektorganisationen, also in Systemen, deren Organisationsarchitektur ein hohes Maß an Abstimmung erfordert, sollte eine neue Führungskraft sorgfältig vorbereitet werden. Hier geht es vor allem um ihre Bereitschaft zur permanenten Kommunikation in einem organisatorischen Feld mit einem relativ hohen Konfliktpotenzial.

3.3.2 Emergente Phänomene in Organisationen

Die formal-hierarchische Konfiguration mit ihren Linien- und Stabsstellen wird in jeder Organisation durch nicht-formale, also emergente, sich selbst entwickelnde Phänomene „umrankt". Dabei unterscheidet man konzeptionell (1) informelle Strukturen, (2) Organisationskulturen, (3) politische Prozesse bzw. die Mikropolitik und (4) organisatorische Prozesse.

(1) Informelle Strukturen

Ein Typ dieser emergenten Phänomene sind also *informelle Strukturen*, die als innerbetriebliche Gruppendynamik aus den zwischenmenschlichen Interaktionen der Organisationsmitglieder resultierten. Sie wurden seit den 1930er Jahren beforscht. Im Verständnis einschlägiger Autoren (*Roethlisberger & Dickson* 1939) entfalten sie sich nach den persönlichen Wünschen und Sympathiegefühlen der Organisationsmitglieder. Diese Strukturen bilden, wie *Bales* (1950) zeigen konnte, ebenfalls hierarchische Muster aus, nun allerdings informeller Art. Der Autor differenzierte sogar zwei verschiedene Hierarchietypen, einen der Beliebtheit und einen der Tüchtigkeit. Derjenige einer Arbeitsgruppe, der von seinen Kollegen als besonders fachkompetent betrachtet wird, gilt als „*Tüchtigkeitsführer*". Er wird von Gruppenmitgliedern in all den Fällen um Rat gefragt, wo sie fachliche Unterstützung benötigen. Der „*Social-Emotional-Leader*" dagegen wird immer dann bemüht, wenn es um persönliche Verunsicherungen, Konflikte, Trauer oder Ärger geht.

Informelle Führer verfügen gelegentlich über eine sehr breite sozioemotionale oder fachspezifische „Hausmacht", sodass sich immer wieder „Quasi-Doppelspitzen" (*Schreyögg* 2005 a) zwischen der formalen und der informellen Führung beobachten lassen. *Etzioni* (1968) hat deshalb sogar vorgeschlagen, die Dualität von formalem und informellem Führer als komplementäres Führungsdual in Organisationen zu institutionalisieren. Damit solle die Annahme überwunden werden, dass in einer Organisation jeweils nur eine Führungsfigur existieren könne. In diesem Sinn gibt auch *Paschen* (1987) zu bedenken, dass bei den Anforderungen, die moderne Systeme stellen, eine Führungskraft allein oft überfordert ist. Er antizipiert allerdings auch, dass die Realisierung solcher Vorstellungen mit einer Reihe von Konflikten verbunden ist und ein hohes Maß an Reife erfordert.

In vielen Fällen erweist es sich im Coaching als ausgesprochen sinnvoll, wenn die Führungskraft animiert werden kann, die informelle Gruppenbildung sorgfältig zu beobachten, um sie tatsächlich zu nutzen. So lässt sich beispielsweise in vielen klinischen Einrichtungen feststellen, dass neben der formalen

Leitung, die durch einen Arzt oder Psychologen repräsentiert ist, eine informelle Führung „heranwächst“, die als „Seele“ der Organisation fungiert. Sie kann mit ihrer Art der Ausgestaltung dieser Rolle der formalen Führungskraft Hinweise auf deren Rollenausgestaltung, auf eventuelle Defizite oder Einseitigkeiten und damit Anregungen zu möglichen Korrekturen geben. Wenn diese nämlich betont fordernd auftritt, wird die Mitarbeiterschaft in ihren Reihen voraussichtlich ein „besonders liebes Schätzchen“ heranwachsen lassen, das sich für die emotionalen Belange der Leute zuständig fühlt. Eine „reife“ Führungskraft rivalisiert dann aber nicht mit der informellen Führung um die Frage, wer hier am beliebtesten ist. Diesen Vorrang sollte sie möglichst der informellen Führung überlassen. Umso eher wird sie nämlich von emotionalen Anforderungen seitens der Mitarbeiterschaft entlastet. Sie kann dann mit größerer Sicherheit und Unabhängigkeit Leistung fordern, weil sie ja weiß, dass die Mitarbeiter auch emotional gut „bedient“ sind.

Dadurch ergeben sich oft ausgesprochen harmonische Duale, bei denen die formale Führungskraft als „Respektsperson“ fungiert und die informelle als „Tröster, Retter, Ruhekissen“ usw. Solche Duale bedürfen zwar nicht unbedingt der „Beziehungsklärung“, in manchen Fällen kann es aber sinnvoll sein, wenn die formale Führungskraft erkennen lässt, dass sie mit der Rollenaufteilung sehr einverstanden ist.

Als kompliziert erweisen sich meistens Verhältnisse, in denen die formale Führungskraft an der Spitze darauf besteht, allseits beliebt zu sein, dementsprechend wenig fordert und wenig strukturiert. Sie lässt dann ein formales Führungsvakuum entstehen. In solchen Fällen schält sich regelmäßig ein „Task-Leader“ heraus, der als Fach- oder „Strukturexperte“ Leistungsnormen vorlebt. Diese Konstellation wird allerdings von den Mitarbeitern – zumindest unterschwellig – eher als unangenehm erlebt. Denn hier schwingt sich ja eine Person in illegitimer Weise als strukturierende Instanz zur Regelung von Leistungsproblemen und Konflikten auf, der die entsprechende formale Legitimation fehlt. Deshalb verschleißt sich dieser Typ von informellen Führern leicht in Rivalitäten mit anderen „Strukturierern“.

In „hierarchiefreien“ Organisationen, in denen auf eine formale Hierarchisierung programmatisch verzichtet wird, füllen das Führungsvakuum ohnedies immer informelle Führer. In solchen Fällen bilden sich im Sinne einer informellen Doppelstruktur oft sogar zwei rivalisierende und sich bekämpfende Hierarchien im Sinne einer „Hackordnung“ heraus.

Der Coach sollte neu ernannte Führungskräfte von Anfang an dafür zu gewinnen suchen, dass sie die informelle Gruppenbildung sorgfältig beobachten und, wenn möglich, in ihre Handlungsstrategien positiv integrieren. Im anderen Fall erwachsen ihnen aus solcher Situation oft notorische Störenfriede.

(2) Organisationskulturen

Ein anderer Typ von nicht-formalen Organisationsphänomenen wird unter den Begriff der „*Organisations- bzw. Unternehmenskultur*" gefasst. Diese seit Anfang der 1980er Jahre entwickelten Ansätze begreifen im Stile kulturanthropologischer Forschung jede Organisation als „Miniaturgesellschaft" (*Schreyögg, G.* 2003). Im Verständnis phänomenologischer Soziologie (*Berger & Luckmann* 1969) ist ohnedies jedes Unternehmen, jede Klinik usw. ein soziales System, das eine je eigene Realität kreiert. Über tagtägliche Interaktionen bilden sich bei den Organisationsmitgliedern spezifische Sicht- und Handlungsweisen heraus, die zu kognitiven Strukturierungsmustern gerinnen. Dabei entfaltet sich ein kollektives kulturelles Gesamtsystem. *Schein* (1995) präzisiert das zunächst diffus erscheinende Phänomen „Organisationskultur" unter Bezugnahme auf Kulturanthropologen nach drei Gesichtspunkten; sie reichen von schwer erschließbaren, d.h. nur interpretativ zu erfassenden bis zu sichtbaren Merkmalen:

(1) In jedem organisatorischen System bilden sich so genannte *Basisannahmen*, d.h. bestimmte Weltbilder und anthropologische Prämissen. Sie umfassen Annahmen über die Organisationsumwelt, über menschliche Beziehungen, menschliche Haltungen usw. Sie sind für einen Beobachter nur schwer erschließbar.
(2) Diese anthropologischen Prämissen bilden den Hintergrund für *Wertvorstellungen und Verhaltensstandards* der Organisationsmitglieder. Sie beinhalten Ge- und Verbote, an denen sich jedes Organisationsmitglied in der einen oder anderen Weise orientiert. Auch diese Gruppe von Mustern manifestiert sich in einer Weise, die für einen externen Beobachter nur unter Mühe zu erfassen ist.
(3) Verhaltensstandards und Wertorientierungen werden aber Beobachtern nur zugänglich in einem *Symbolsystem*, das sich in beobachtbaren Interaktionen und Verhaltensweisen manifestiert. Das sind bestimmte Sprachformen, Rituale bei der Begrüßung, unausgesprochene Kleidervorschriften usw., aber auch Mythen, Geschichten und Legenden, die unter den Mitarbeitern kursieren. Erst diese Aspekte sind einer direkten Beobachtung zugänglich.

Die besondere Art einer Kultur bestimmt sich nach ihren Gründern, nach ihrer Gründungsgeschichte, nach den Organisationszielen, nach dem Umfeld, nach der Branchenspezifität usw. Ursprünglich ging man von der Homogenität einer Kultur in Organisationen aus. In den letzten Jahren wird aber postuliert, dass sich vielfach zwei oder mehr kulturelle Muster eruieren lassen. Im Gegensatz auch zur ursprünglichen Annahme von *Peters & Waterman* (1984), die Organisationen mit starken, d.h. ausgeprägten und homogenen Kulturen für besonders effektiv hielten, muss diese Behauptung heute relativiert werden (*Steinmann & Schreyögg, G.* 2005). Organisationen, die sehr homogene und prägnante Kulturen entfaltet haben, erweisen sich bei veränderten Umweltbedingungen oder in anderen Fällen, in denen organisatorische Veränderungen notwendig sind, als äußerst unbeweglich. So zeigt es sich etwa in vielen Familienbetrieben, die durch einen übermäßig langfristigen Einfluss des Firmengründers starke Kulturen entwickelt haben, dass sie den Anforderungen, die moderne Märkte stellen, kaum mehr gewachsen sind.

Das Organisationskulturkonzept ist von besonderer Bedeutung bei Fusionen von zwei Systemen. Dann stoßen oft zwei unverträgliche Kulturen aufeinander, was alle erwarteten Synergieeffekte zunichte machen kann. Zentrale Bedeutung hat dieser Ansatz aber auch für die neue Führungskraft, wenn sie als Newcomer in eine ihr noch völlig fremde Organisation eintritt. In solchen Fällen wird sie nicht umhin kommen, die ihr noch fremde Kultur so aufmerksam wie möglich zu studieren und sich langsam, aber zielstrebig in die Kultur zu integrieren. Das gilt besonders für den Eintritt in eine Organisation in einem anderen Land. Wie ich im Weiteren noch zeigen werde, lassen sich die Mitarbeiter sonst nur schwer von ihr beeinflussen.

Da Organisationskulturen nur schwer zu erfassen sind, arbeiten etliche Autoren in Analogie zu *Max Webers* Bürokratiekonzept mit Typologien. Sehr bekannt wurde hierbei die Typologie von *Deal & Kennedy* (1982). Diese Autoren differenzieren Wirtschaftsunternehmen nach vier Typen:

(1) „*Alles-oder-nichts-Kulturen*", z.B. die Film- und Fernsehbranche: Diese Kulturen sind charakterisiert durch stark extravertiertes, temporeiches Handeln. In dieser Welt von Stars zählt nur der Erfolg, Misserfolg wird schonungslos offen gelegt. In dieser Welt von Stars zählt nur Einkommen, Macht, gutes Aussehen. Eine wesentliche Managementfunktion ist die Personalfunktion, nämlich in den Castings neue Stars ausfindig zu machen. Eine wesentliche Managementrolle ist die des Innovators.
(2) „*Brot-und-Spiele-Kulturen*" sind Verkaufskulturen wie z.B. McDonald's: Auch hier steht die Außenorientierung im Vordergrund. Alles muss vor Geschäftigkeit vibrieren. Hier geht es aber um freundliches, unkompliziertes Auftreten. Es finden viele Feste und Feiern statt wie „der Verkäufer des Jahres". Eine zentrale Managegementfunktion ist die Planung, wesentliche Managementrolle die des „Radarschirms", um die besten Marketingstrategien zu entwickeln. Die Kundenorientierung steht an erster Stelle.
(3) „*Analytische Projektkulturen*" sind technische Firmen, die wie etwa EADS Langfristprojekte planen und entwickeln. Hier geht es um technische Ratio-

nalität, die in vielen Sitzungen zelebriert wird. Die Umwelt erscheint voller Unwägbarkeiten, die man durch eine maximale Planung in den Griff zu bekommen sucht. Deshalb ist Planung auch die entscheidende Managementfunktion. Als Managementrolle dominiert die des „Vernetzers". Gefragt ist hier die reife Persönlichkeit. Die Umgangsformen sind korrekt, das Zeigen von Emotionen gilt als Schwäche.

(4) In *„Prozesskulturen"*, wie sie Banken und Versicherungen aufweisen, konzentriert sich alles auf den Prozess. Schon minimale Fehler in der Arbeit können sich als Desaster auswirken. Alles wird registriert und dokumentiert. Hier spielt Hierarchie noch eine entscheidende Rolle. Sie bestimmt die Art des Arbeitsplatzes, die bevorzugte Kleidung usw. Ein Held ist jemand, der auch bei den schwersten Schicksalsschlägen noch sorgfältig arbeitet. Zentrale Managementfunktion ist die Planung, wesentliche Managementrolle ist die des Vorgesetzten.

Wie bei allen Typenbildungen finden wir diese Typen allerdings selten in reiner Form. Das trifft auch für eine Typologie von Sozialen Dienstleistungssystemen zu, die *Brody* (1993) vorgelegt hat. Er unterscheidet ebenfalls vier Typen:

(1) Besonders in großen Schulen und Kliniken finden sich *„bürokratische"* Kulturen. Für die Mitarbeiter sind vorgegebene Regeln wichtiger als die Beziehung zu den Klienten. Diese Systeme sind konservativ und hierarchisch. Die Leitung legt Wert auf Anpassung. Im Extrem orientieren sich alle nur an Regeln, sodass die Organisation kaum noch effektiv ist. Typische Beispiele sind hier hoch-defizitäre Kliniken von Kommunen. Das Management ist primär mit der Bewahrung des Bestehenden befasst. So verbringen viele Schulleiter großer Schulen ungewöhnlich viel Zeit mit dem Studium von Gesetzestexten, damit sie formal makellos sind.
(2) Als *„sozial-orientierte"* Kulturen fasst *Brody* soziale Dienstleistungssysteme, deren Mitarbeiter sich übermäßig intensiv mit Gefühlsphänomenen untereinander befassen. Hierher gehören beispielsweise viele psychosoziale Beratungsstellen der Kirchen oder Frauenberatungsstellen von anderen freien Trägern. In diesen gelten Begriffe wie „Führen" oder gar „Management" als Unworte, obschon auch in diesen Milieus dynamisch gesteuert wird. Dies geschieht aber in erster Linie über charismatische Konstellationen, während Kriterien von Effizienz eher verachtet werden.
(3) Den Typ *„leistungsorientierte"* Kulturen finden wir unter sozialen Dienstleistungssystemen am ehesten in Universitätskliniken. Helden sind hier diejenigen, die noch unter den widrigsten Umständen Hochleistungen erbringen. Die Versorgung der Patienten findet in erster Linie unter dem Ge-

sichtspunkt maximaler Leistungserbringung statt. Angetrieben von wissenschaftlichem Ehrgeiz versucht man auch das Undenkbare zu realisieren, so etwa die Schwangerschaft einer hirntoten Frau. Hier finden wir heute die wahrscheinlich konservativsten hierarchischen Strukturen.

(4) „*Unternehmerische*" Kulturen finden wir typischerweise in privatwirtschaftlich organisierten Fortbildungsinstituten oder Unternehmensberatungsgesellschaften. Hier dominieren Kreativität und Risikofreude. Das Handeln der Organisationsmitglieder weist Züge von Brokern auf. Wenn sich die Kultur zu einseitig auf solche Werte fokussiert, führt die Experimentierfreude zu prinzipienlosem Opportunismus. Jeder neue Trend wird sofort zu Seminaren verarbeitet, eine Zeit lang benutzt, bis sich ein neuer Trend abzeichnet. Das Management ist meistens eher chaotisch, obschon das Marketing meistens gut entwickelt ist. Besonders bedeutsam ist die Rolle des Innovators. In diesen Systemen steht die Effizienz immer im Vordergrund.

Nun lässt sich behaupten, dass neuerdings bei vielen sozialen Dienstleistungssystemen kulturelle Wandlungsprozesse geradezu erzwungen werden. Denn staatliche wie privatwirtschaftliche Systeme etwa der Kirche sind in Zeiten verknappter Ressourcen gezwungen, zunehmend unternehmerisch zu handeln. So finden wir sozial-orientierte Kulturen nur noch vereinzelt, ebenso bürokratische Kliniken.

(3) Die Mikropolitik von Organisationen

Im Verständnis mancher Organisationstheoretiker ist die aktuelle Situation eines organisatorischen Gebildes vorrangig durch „*politische Prozesse*" bestimmt. Viele Autoren verwenden hierfür auch den Begriff der „*Mikropolitik*" (z.B. *Neuberger* 1994). Hierbei geht es um innerorganisatorische Interessenkonflikte. Als deren Ausgangspunkt begreifen einschlägige Autoren das stets knappe Ressourcen-System einer Organisation. Als organisationsinterne Ressourcen sind zum einen die einer Person oder einer Abteilung zugeteilten finanziellen Mittel zu bezeichnen, zum anderen die nicht-monetären Mittel, wie z.B. Zugang zu wichtigen Informationen, Aufstiegsmöglichkeiten, die Zahl unterstellter Mitarbeiter, das Ausmaß der Verantwortung usw. (vgl. *Schreyögg, G.* 2003). Den groben Rahmen für die Vergabe dieser Ressourcen bildet zwar die formale Organisationsstruktur, es finden sich aber im formalsten System immer noch Entscheidungsspielräume, die für ihre konkrete Verteilung genutzt werden können. Diese Ressourcen-Verteilung führt dann zu Konflikten zwischen den Organisationsmitgliedern.

Zur Durchsetzung ihrer jeweiligen Interessen bzw. eigener Zugriffsmöglichkeiten auf die Ressourcen benötigen Organisationsmitglieder Machtmittel, die sie gegen andere Organisationsmitglieder einsetzen. Sie müssen sich Gehör verschaffen und ihren eigenen Anliegen Nachdruck verleihen; sie bilden Koalitionen, entwickeln komplizierte Aushandlungsstrategien, Kompromisse und Taktiken. Es kommt dabei zu Parteibildungen, in denen jede gegnerische Partei der anderen Legitimität abspricht und für sich allein beansprucht. Die Gewinnchancen einer Partei bestimmen sich einerseits nach ihrer formalen Machtposition, nach der Informationsmacht der Koalitionspartner usw. – und nach Persönlichkeitsfaktoren. Von etlichen Autoren wird in diesem Zusammenhang auch von „Spielen" als regelgeleiteten Interaktionen gesprochen (*Crozier & Friedberg* 1978).

Als Mitspieler kommen in Frage organisationsinterne Stelleninhaber, die über Entscheidungsbefugnisse verfügen, oder solche, die in Stäben Entscheidungen vorbereiten. Darüber hinaus können in diesen „Spielprozess" auch organisationsexterne Personen wie Vertreter von Interessenverbänden, Leistungsträger usw. einbezogen sein (*Schreyögg, G.* 2003).

Da politische Prozesse letztlich immer als Ergebnis von strukturellen und personellen Aspekten zu werten sind (*Schreyögg* 2002, 2005 a), begegnen wir voraussichtlich dort den turbulentesten politischen Prozessen, wo Ressourcen knapp und vielfältige Entscheidungsräume zu füllen sind, sich aber auch viele spielbereite Persönlichkeiten einfinden. So ergeben sich etwa in Organisationen, die nur wenige Aufstiegsmöglichkeiten für die Mitarbeiter bieten, in der Regel viele heiße Konflikte (*Glasl* 1994) um Beförderungsstellen. Und uns begegnen in Systemen, die qua Organisationsziel vielfältige Entscheidungsräume selbst zu füllen haben, wie etwa in „alternativen Betrieben", regelmäßig turbulente politische Prozesse um die „richtigen" Entscheidungen. Und solche Konflikte werden, wie *Kernberg* (1988) eindrucksvoll darstellt, besonders von Menschen mit narzisstischen Persönlichkeitsstrukturen angeheizt.

Turbulente politische Prozesse schwächen im Allgemeinen nicht nur das Wohlbefinden der Mitarbeiter und führen zu unsinnigem Energieverschleiß, sie erzeugen meistens auch dysfunktionale Effekte im Hinblick auf die Aufgabenerfüllung. Führungskräften, die mit solchen Situationen konfrontiert sind, ist nur zu empfehlen, dass sie „beherzt" ausufernde Konflikte eindämmen. Für eine neue Führungskraft kann aber eine derartige Situation zu einer kaum zu kontrollierenden Eskalation führen. Insbesondere, wenn sie in ein ihr noch fremdes System eintritt, in dem sie auch noch über keinerlei „sozio-emotionale Hausmacht" verfügt, kann sich die Mikropolitik sogar gegen sie wenden und bis zum Vorgesetzten-Mobbing (*Schreyögg* 2006 a) ausufern.

(4) Organisatorische Prozesse

Seit Ende der 70er Jahre interessierten sich Organisationstheoretiker zunehmend für die *Dynamik von Organisationen* und ihre je spezifischen prozessualen Auswirkungen (*Türk* 1989). Die Grundannahme dieser organisatorischen Prozessmodelle besteht darin, dass Organisationen unabhängig von ihren je spezifischen Zielsetzungen in Analogie zu Organismen bestimmte Lebenszyklen durchlaufen. Verschiedene Autoren ermittelten empirisch, dass in ihnen typische Anforderungen und Krisen auftreten (vgl. *Quinn & Cameron* 1983). In diesen Modellen werden, aufgeteilt in drei bis fünf Stadien, im Allgemeinen folgende Phasen unterschieden:

(1) *Die Pionierphase,* d.h. das Gründungsstadium, ist in der Regel eng mit der Persönlichkeit des Pioniers verbunden. Dieser führt die Mitarbeiter meistens autoritativ und improvisierend. Die Beziehungen im Mitarbeitersystem, aber auch die zu Kunden, Mandanten, Klienten usw. sind in diesem Anfangsstadium in der Regel direkt und familiär. Typische Krisenerscheinungen am Ende dieser Phase werden meistens durch das Größenwachstum, Verbreiterung der Angebotspalette oder andere Determinanten, die die Komplexität der Organisation erhöhen, verursacht. Immer dann, wenn sich die Organisation vergrößert und die internen Abläufe sich komplexer gestalten, nimmt die Anonymität der Beziehungen nach innen und nach außen zu. In dieser Situation ist der Gründer mit seinem bisherigen Führungsstil überfordert. Es finden sich laufend Termin- und Koordinationsprobleme. Solche Krisenerscheinungen leiten nach Meinung einschlägiger Autoren Strukturveränderungen ein, die entweder als geplanter organisatorischer Wandel oder als intuitiv entwickelte Maßnahmen ergriffen werden.

(2) In der *Differenzierungsphase* erfolgt nun eine formale Umgestaltung der Organisation. Entsprechend ihrer Aufgabenkomplexität und -fülle werden Aktivitäten und Beziehungen formal neu strukturiert. Aufgabenspezialisierung und -standardisierung sowie Hierarchisierung der Mitarbeiterschaft charakterisieren diese Phase. Das Ende der Differenzierungsphase kündigt sich an, wenn die Organisation in zunehmenden Regulativen zu ersticken droht, wenn horizontale und vertikale Kommunikationen nicht mehr spontan und reibungslos verlaufen, wenn sich Konflikte über formale Regelungen häufen und alle Einzelaktionen schlecht koordiniert sind. In einer solchen Situation gestalten sich die Beziehungen innerhalb des Systems und nach außen für die Betroffenen immer unbefriedigender. Die Mitarbeiter sind zunehmend demotiviert, und organisationsexterne Handlungspartner entwickeln Misstrauen gegenüber dem organisatorischen System im Ganzen.

(3) *Die Integrationsphase:* Diese Art von Krisen, die aus der Überstrukturierung eines organisatorischen Systems resultieren, erfordern im Verständnis der Autoren neuerliche, und zwar konsequente Reorganisationsmaßnahmen, die im Idealfall eine Phase der „Integration" einleiten. Zu Beginn solcher Umgestaltungen wird empfohlen, die Bedürfnisse von organisationsexternen und -internen Interaktionspartnern genau zu berücksichtigen. Die Veränderungsstrategie sollte nämlich besonders auf eine konsequente „Beziehungspflege" nach innen und nach außen ausgerichtet sein (*Lievegoed* 1974). Im Idealfall werden dann kollegiale Führungsstrukturen, neue differenziertere Formen der Öffentlichkeitsarbeit entwickelt usw.

Solche Entwicklungsmodelle geben vor allem wichtige Hinweise über die Auftrittswahrscheinlichkeit von organisatorischen Konfliktpotenzialen. Auf ihrem Hintergrund wird auch oft erst verständlich, warum sich zwei bekämpfende Kulturfraktionen so unversöhnlich gegenüberstehen. Gerade am Ende der Pionierphase handelt es sich nämlich oft um Auseinandersetzungen zwischen den Pionieren als „Kulturbewahrern" und neu eingestellten Mitarbeitern als „Innovatoren".

Für eine neue Führungskraft ist es auch keineswegs unerheblich, in welchem Stadium sich eine Organisation, in die sie eintritt, befindet. Sie kann sich je nach dem Stadium auf ein mehr oder weniger großes und ein spezifisches Konfliktpotenzial einstellen. Es zeigt sich immer wieder, dass gerade dieses Konzept viele „Aha-Erlebnisse" erzeugt: „Jetzt verstehe ich endlich, warum die einen immer um jeden Preis das Bestehende erhalten wollen, während die anderen alles Bisherige runter machen."

4. Kapitel

Das Internationale in und um Organisationen

Eine neue Generation von Führungskräften sieht sich mit einer sehr viel turbulenteren „Großwetterlage“ als ihre Väter konfrontiert. Selbst im kleinsten Familienbetrieb kommen sie nicht umhin, sich mit aktuellen Entwicklungen der Weltwirtschaft zu konfrontieren und sie in einer je passenden Weise zu beantworten. Ohne hier alle aktuellen Trends und Megatrends diskutieren zu wollen, weisen aber unterschiedliche Zukunftsforscher wie *Naisbitt* (1990), *Opaschowski* (2004) oder *Steingart* (2006) relativ übereinstimmend darauf hin, dass die Globalisierung – egal wie man zu ihr stehen mag – ein hohes Maß an Internationalisierung nach sich zieht. Und dieser müssen sich heute viele Führungskräfte stellen. Besonders neu ernannte Führungskräfte erleben dabei oft eine erhebliche Verunsicherung.

Manche Führungskräfte treten als deutsche Manager in ausländische Firmen in Deutschland ein, wie etwa bei „Ebay Deutschland“; manche gehen mit deutschen Firmen ins Ausland, etwa mit der Firma Bayer nach Singapur; und wieder andere erleben in einer ursprünglich deutschen Firma, wie etwa bei SAP, dass sie mit Kollegen oder Mitarbeitern unterschiedlichster Nationalitäten aus Indien, aus den USA usw. kooperieren müssen. Selbst wenn Führungskräfte nur vorübergehend im Ausland tätig werden, stellt das, besonders wenn sie neu sind, eine erhebliche Herausforderung dar.

Fallbeispiel: Die neue Führungskraft in der „Fremde“

Kürzlich berichtete mir ein Manager, der schon seit etlichen Jahren in mehreren osteuropäischen Ländern tätig war und dort zum Teil sogar mit seiner Familie gelebt hatte, dass einer seiner neuen Mitarbeiter ganz „komisch“ reagiert habe. Er hatte ihn bei dessen erstem Aufenthalt in Russland gebeten, von St. Petersburg nach Wladiwostok zu fliegen, um dort noch einen Roboter in einem Stahlwerk zu reparieren. Dieser hatte sehr aufgeregt entgegnet: „Nein, das nicht auch noch. In Petersburg war es schon scheußlich genug. Das fette Essen und immer dieser Wodka bei den Kunden." Erst nach langen Erklärungen seines Chefs und nach der Versicherung, dass er sich zur Not schnell selbst ins Flugzeug setzen würde, um ihn zu unterstützen, war der Mitarbeiter bereit, nach Wladiwostok zu fliegen. „Das ist doch ein bisschen zickig", meinte der Vorgesetzte im Coaching zu mir. „Ich bin richtig enttäuscht von dem." Ich bat ihn daraufhin, einen Rollentausch mit dem neuen Mitarbeiter zu machen, sich vorzustellen, wie es bei ihm vor 20 Jahren war, ohne Erfahrung mit dem Fremden, ohne Sprachkenntnisse, neu in der Firma usw. Nachdem sich die Führungskraft einige Minuten lang innerlich auf seine eigene Erfahrung bei seinem ersten Auslandseinsatz eingelassen hatte, meinte er etwas kleinlaut: „Ja, ja, stimmt, sicher unterschätze ich die Unsicherheit, die man am Anfang in solcher Situation erlebt. Ich fand es eigentlich auch ziemlich aufregend." Daran anschließend konnten wir erarbeiten, wie er seine neuen Mitarbeiter in Zukunft besser auf ihre Auslandseinsätze vorbereiten könnte.

Auch in der öffentlichen Verwaltung spielen heute interkulturelle Phänomene eine bedeutende Rolle. Man denke nur an ein Passamt, das Migranten unterschiedlichster Nationalitäten aufsuchen müssen. Oder auch die Polizei ist heute in umfassender Weise gezwungen, sich mit Migranten und ihren Lebensbedingungen in Deutschland zu befassen. Und selbst in sozialen Dienstleistungssystemen wie etwa in Kliniken und Schulen ist Multikulturalität heute zunehmend selbstverständlich. So müssen sich beispielsweise viele Lehrkräfte von Hauptschulen mit interkulturellen Phänomenen auseinandersetzen: Welche Komplikationen sind mit Schülern russischer Abstammung zu erwarten und welche bei solchen aus arabischen Familien usw.? In allen diesen Fällen ist das organisatorische Innenleben im Prinzip durchsetzt von interkulturellen Anforderungen. Aus diesem Grund spielen heute Phänomene von „interkultureller Kommunikation und Kooperation" (*Thomas et al.* 2003; vgl. *Heimannsberg & Schmidt-Lellek* 2000) in Organisationen eine bedeutende Rolle. Gerade bei Antritt einer neuen Führungsposition sind solche Kompetenzen von existenzieller Bedeutung. So müssen sie auch im Coaching thematisiert werden. Wesentliche Fragestellungen ranken sich hier um grundlegende Kulturdimensionen, um Kulturstandards, um die Relation zwischen National- und Organisationskulturen und vor allem um einen angemessenen Umgang mit Interkulturalität (vgl. *Schmidt-Lellek* 2000).

4.1 Kultur und Kulturdimensionen

Zwar gibt es unzählige Definitionen von Kultur, die Mehrzahl aller modernen Autoren würde sich aber einer Bestimmung, wie sie der niederländische Organisationsanthropologe *Hofstede* (1997) vornimmt, anschließen: Bei ihm ist Kultur „collective programming of the mind". Das heißt, es handelt sich um ein kollektives Bewusstsein, das im Verlauf der Sozialisation vom Einzelnen erworben wird. Es stellt ein Orientierungssystem dar, mit dem sich ein Mensch in seinem jeweiligen Kontext, in dem er aufgewachsen ist, sicher bewegen kann. Der französische Soziologe *Bourdieu* (1973) beschrieb dies als „Habitus", der alle die Deutungs- und Handlungsmuster umfasst, die ein Mensch in seiner jeweiligen Bezugswelt erworben hat, die er laufend nutzt und die er mit seiner Bezugsgruppe teilt.

Zur Auseinandersetzung mit unterschiedlichen Kulturmustern gibt zunächst die Forschung von *Hofstede* (*Hofstede & Hofstede* 2006) einen grundlegenden Überblick. Dieser hatte schon in den 1970er Jahren weltweit Mitarbeiter von IBM, die aus unterschiedlichen Ländern stammten, nach wesentlichen Überzeugungen befragt. Die daraus gewonnenen Daten wurden statistisch aufbereitet und dienten dann als Basis für standardisierte Befragungen. Aus diesen Befragungen ließen sich vier grundlegende Dimensionen extrahieren, denen später noch eine weitere hinzugefügt wurde. Diese fünf Dimensionen sind in allen Kulturen vorzufinden, aber jeweils in unterschiedlicher Ausprägung. Diese Ausprägung ist als Charakteristikum einer jeweiligen Nationalkultur zu betrachten. Und aus dem Schnittpunkt der Dimensionen lassen sich dann kulturelle Typen bilden:

(1) Die erste Dimension differenziert Kulturen im Hinblick auf „*Machtdistanz*", d.h. im Hinblick darauf, wie sehr es üblich versus unüblich ist, dass Vorgesetzte die unterstellten Mitarbeiter an Entscheidungen partizipieren lassen. Diese Dimension betrifft auch das Ausmaß an Zentralismus versus Entscheidungsdelegation. Oder noch allgemeiner, es betrifft die Frage, wie autokratisch versus demokratisch in einer Kultur Autoritäten üblicherweise handeln, wie sehr sie also zwischen sich und ihren Mitarbeitern differenzieren. So zeigen die Ergebnisse, dass beispielsweise in Frankreich ein viel stärkeres autoritatives Gefälle zu Mitarbeitern üblich ist als in Deutschland. Es zeigt sich auch, dass auf dem südamerikanischen Kontinent, aber auch in Ländern des ehemaligen Ostblocks weitaus autoritärer agiert wird als in mitteleuropäischen und vor allem in skandinavischen Ländern (*Hofstede & Hofstede* 2006: 65).

(2) Eine zweite Dimension betrifft das Ausmaß, in dem eine Nation *Individualität* versus *Kollektivität* fördert. Hier geht es um Fragen, inwieweit das Interesse einer Gruppe dem Individuum über- oder untergeordnet wird. In Gesellschaften, in denen die Familie noch eine große Rolle spielt, werden individuelle Belange immer denen des Kollektivs untergeordnet. Besonders hohe Werte im Bereich der Kollektivität weisen südamerikanische Länder auf wie Kolumbien, Venezuela, aber auch asiatische Länder wie China, Singapur, Taiwan. Einen hohen Individualitätsscore weisen demgegenüber, angeführt von den USA, alle westlichen Industrienationen auf. Das bedeutet, dass in beruflichen Zusammenhängen Individualleistungen hier stets höher bewertet werden als die einer Gruppe und dass in asiatischen Ländern Arbeitsprozesse primär als Kollektivphänomene zu denken sind (S. 105).

(3) Die dritte Dimension befasst sich mit dem Ausmaß, in dem eine Kultur an traditionellen *männlichen* gegenüber traditionellen *weiblichen Mustern* orientiert ist. Hier geht es beispielsweise um „Bestimmtheit gegenüber Bescheidenheit" (S. 160 f.) oder um die Orientierung am Leistungsprinzip versus am Familienleben. Demnach werden als maskuline Kulturmerkmale eher Extraversion und Leistungsorientierung gewertet, während als weibliche Merkmale eher Introversion und familiale Orientierung gelten. In diesem Sinne zeigten sich Japan, China, Mexiko, die USA, aber auch Deutschland eher maskulin, während sich Mitarbeiter aus skandinavischen Ländern eher als feminin erweisen (S. 166). Das bedeutet beispielsweise, dass in skandinavischen Milieus mehr Rücksicht genommen wird auf familiäre Belange als in Deutschland oder gar in Japan.

(4) Bei der vierten Dimension geht es um *Unsicherheitstoleranz* versus *-intoleranz*. Hier spielt Pünktlichkeit oder starke Formalisierung im Sinne einer Vermeidung von Unsicherheit eine Rolle. Eine hohe Tendenz zur Unsicherheitstoleranz zeigt sich bei lateinamerikanischen und romanischen Ländern des Mittelmeerraums. Hohe Werte haben auch asiatische Länder, nicht allerdings Japan. Mittlere Werte erreichen deutschsprachige Länder, Österreich, Deutschland, Schweiz. In dieser Dimension zeigt sich z.B. eine erhebliche kulturelle Kluft zwischen Deutschland und Großbritannien. Deutsche ertragen viel schlechter Unsicherheit als die Briten. Sie müssen viel mehr vorab regeln (S. 234 f.).

(5) Die fünfte Dimension widmet sich der *Zeitlichkeit*, d.h. sie befasst sich mit der Frage, inwieweit eine Kultur lang- oder kurzzeitorientiert ist. Langzeitorientierung steht für die Pflege von Haltungen, die auf einen künftigen Erfolg gerichtet sind, besonders Beharrlichkeit und Sparsamkeit, auf Respekt, Traditionen, Wahrung des „Gesichts" sowie die Erfüllung sozialer Pflichten. Die höchsten Punktwerte in der Langzeitorientierung belegen chinesi-

sche Länder (China, Hongkong, Taiwan), darauf folgen Japan, Vietnam, Thailand. Kurzzeitorientiert sind dagegen beispielsweise die USA, Großbritannien, Kanada, Spanien, aber auch Nigeria, Tschechien und Pakistan. In diesen Ländern zählt eher der kurzfristige Gewinn (S. 294 f.).

Die Forschung von *Hofstede* spielt für interkulturelle Trainingsprogramme bis heute eine große Rolle. Die länderspezifischen Ergebnisse sind in Punktwerten auf einer Skala von eins bis 100 festgehalten. Wenn man diese Daten in ein Diagramm überträgt, kann die Unterschiedlichkeit von Kulturen auch visualisiert werden (*Ott* 2006). Die Forschung von *Hofstede* ist aber selbstverständlich auch fürs Coaching zu nutzen. So empfiehlt es sich für das Coaching einer neu ernannten Führungskraft zunächst, die Punktwerte, die ein Land, mit dessen Vertretern die Führungskraft zu tun hat, in diesen fünf Dimensionen zu betrachten. So ist es z.B. nützlich, sich vor der Begegnung mit US-Amerikanern klar zu machen, dass hier ein hohes Maß an Selbstpräsentation zu erwarten ist und auch erwartet wird, dass primär Individualleistungen zählen, dass Amerikaner stark berufsorientiert sind und in ihrem Zeitverständnis eher in kurzen Zyklen denken. So lassen sich aus den Forschungsergebnissen von *Hofstede* erste Typisierungen bilden, die aber im Weiteren durch Ergebnisse anderer Autoren angereichert werden sollten.

4.2 Kulturstandards

Alexander Thomas und seine Schüler haben zur weiteren Differenzierung der interkulturellen Debatte beigetragen. Diese Forschergruppe nimmt eine Differenzierung interkultureller Phänomene anhand von Kulturstandards vor. Dabei sind „Kulturstandards“ durch fünf Merkmale charakterisiert (*Thomas* 2003: 25):

(1) „Arten des Wahrnehmens, Denkens, Wertens und Handelns, die von der Mehrzahl der Mitglieder einer bestimmten Kultur für sich und andere als normal, typisch und verbindlich angesehen werden.
(2) Eigenes und fremdes Verhalten wird aufgrund dieser Kulturstandards gesteuert, reguliert und beurteilt.
(3) Kulturstandards besitzen Regulationsfunktion in einem weiten Bereich der Situationsbewältigung und des Umgangs mit Personen.
(4) Die individuelle und gruppenspezifische Art und Weise des Umgangs mit Kulturstandards zur Verhaltensregulation kann innerhalb eines gewissen Toleranzbereiches variieren.

(5) Verhaltensweisen, die sich außerhalb der bereichsspezifischen Grenzen bewegen, werden von der sozialen Umwelt abgelehnt und sanktioniert."

Wenn eine Führungskraft tiefer in eine fremde Kultur eintauchen muss, kann man landestypische Kulturstandards von Frankreich, England usw. heranziehen, die durch Befragungen von In- und Ausländern ermittelt wurden (siehe dazu *Thomas et al.* 2003, Bd. II). Sie lassen sich dann den deutschen Kulturstandards gegenüberstellen. Aus der Differenz zu dem jeweiligen Fremden lässt sich eine erste Orientierung ableiten. Als deutsche Kulturstandards wurden sieben ermittelt (*Thomas* 2003: 26):

(1) „Sachorientierung (die Beschäftigung mit Sachverhalten ist wichtiger als die mit Personen).
(2) Regelorientierung (Wertschätzung von Strukturen und Regeln; für alles wird eine Regel gesucht und erwartet).
(3) Direktheit/Wahrhaftigkeit (schwacher Kontext als Kommunikationsstil; es gibt ein Richtig oder Falsch, ein Ja oder Nein, aber nichts dazwischen; der direkte Weg ist immer der zielführende und effektivste).
(4) Interpersonale Distanzdifferenzierung (mische dich nicht ungefragt in die Angelegenheiten anderer Menschen ein, halte Abstand und übe Zurückhaltung).
(5) Internalisierte Kontrolle (man ruft sich selbst zur Ordnung).
(6) Zeitplanung (Zeit ist ein kostbares Gut, ist Geld wert, sie darf nicht nutzlos vergeudet werden, sondern muss geplant, eingeplant werden).
(7) Trennung von Berufs- und Privatbereich."

Wenn etwa eine deutsche Führungskraft mit einer reinen Sachorientierung in Tschechien antritt, wird sie schnell erleben, dass ihr wenig Vertrauen entgegengebracht wird, denn in diesem Land spielen persönliche Beziehungen eine bedeutende Rolle (*Pumberger* 2000; *Novy & Schroll-Machl* 2003). Oder wenn eine deutsche Führungskraft in einem chinesischen Kontext sehr direkt kommuniziert, wird sie schnell erleben, dass man sie auflaufen lässt (*Liang & Kammhuber* 2003). In Frankreich wiederum wundern sich deutsche Führungskräfte meistens über den zentralistischen und überaus straffen Führungsstil. Sie selbst geraten schnell in den Ruf, ein „Weich-Ei" zu sein (*Demangeat & Molz* 2003).

4.3 Die Relation zwischen National- und Organisationskultur

Themen von Interkulturalität werden besonders virulent bei der Fusion von Firmen unterschiedlicher Nationalität. Mergers wie etwa die Übernahme von Aventis durch Sanofi erzeugen dann organisationsinterne Reibungsflächen, die noch über Jahre als Konfliktpotenzial spürbar sind. Wenn wir Kulturen als kollektive Sinnsysteme fassen, lassen sie sich für unseren Zusammenhang, für die Situation internationalisierter Organisationen, nach mindestens drei Ebenen beschreiben:

(1) Da ist zum einen die Nationalkultur, die mit ihren amerikanischen, französischen oder englischen Kulturdimensionen und Kulturstandards das Sinnsystem eines Unternehmens ganz entscheidend prägen kann. So sind etwa Ebay oder McDonald's ganz unverkennbar durch die Kultur der USA bestimmt. Das zeigt sich z.B. an der pragmatischen, experimentell orientierten und (scheinbar) immer gut gelaunten Führungsmannschaft, an der Dominanz individueller Leistungsanforderungen usw. (*Slate & Schroll-Machl* 2003).
(2) Innerhalb einer jeweiligen Firma bildet sich aber, wie oben dargestellt, jeweils ein eigenes Sinnsystem, das man heute als „Organisationskultur" bezeichnet. Organisationskulturen weisen dann wieder spezifische Muster auf, die stark mit der Branche, in der sie beheimatet sind, korrespondieren. So lassen sich etwa typische „Verkaufskulturen" wie etwa bei Benetton von den Kulturen von Produktionsbetrieben wie etwa bei Siemens unterscheiden. Beim ersten Typ ist z.B. der Zeithorizont der Mitarbeiter kurz, beim zweiten Typ, besonders bei der Produktion von Großanlagen, ist er sehr langfristig (vgl. auch *Deal & Kennedy* 1982).
(3) Und innerhalb jeder Organisationskultur bilden sich wieder Subkulturen, die man als Abteilungs- oder Gruppenkulturen bezeichnen kann. Als face-to-face-Systeme entwickeln sie in manchen Fällen so homogene Muster, dass sogar dysfunktionale Effekte entstehen, wie das „Groupthink" (*Janis* 1972) als Zwang, in einer Gruppe immer Gleiches zu denken und zu tun.

Das Verhältnis dieser drei Sinnsysteme ist allerdings sehr verschieden. Wir finden Firmen, die ganz bewusst darauf verzichten, ihrer neu gekauften Firma einen nationalkulturellen Charakter aufzuzwingen. Ein Beispiel hierfür ist die Firma Random House, der größte amerikanische Taschenbuchverlag, der von Bertelsmann übernommen wurde. Er konnte seine amerikanisch geprägte Organisationskultur komplett erhalten. Hier wurde lediglich – möglichst geräuschlos – das Topmanagement ausgetauscht. Eine andere Situation begegnet uns bei

McDonald's. Hier legt man Wert darauf, dass auch im entferntesten Winkel der Welt klar ist: Hier gibt es amerikanisches Fastfood. Dementsprechend sind das Erscheinungsbild sowie das gesamte Management der Franchise-Nehmer nach US-amerikanischem Muster extrem standardisiert. Es handelt sich dabei also jeweils um strategische Entscheidungen. Im ersten Fall entschied Bertelsmann, dass der Erfolg des Buchverlages durch eine deutsche Einfärbung vielleicht gefährdet sei. Auf der anderen Seite entschied man im Falle von McDonald's, dass der wirtschaftliche Erfolg gerade durch die Verheißung, dass das American Fastfood rund um den Globus in vergleichbarer Qualität zu bekommen ist, garantiert sei. Andere Firmen versuchen, durch eine „Strategie der nationalen Doppelspitze" Kulturunverträglichkeiten vorzubeugen. So hatte etwa das VW-Management bei Skoda in Tschechien anfangs in allen relevanten Bereichen der Firma Doppelspitzen aus einer deutschen und einer tschechischen Führungskraft etabliert. Ähnliches findet auch bei der Firma E.on in osteuropäischen Ländern statt. Damit soll der Charakter von „feindlicher Übernahme" behoben oder gemildert werden.

Für organisatorische Subkulturen lässt sich behaupten, dass sie nach drei Variablen gebildet werden: nach der Dauer des Bestehens einer Organisation, nach ihrer Größe und ihrem Ausmaß an Arbeitsteiligkeit. So sind etwa bei Firmen wie BMW oder VW, die schon lange bestehen, eine erhebliche Größe erreicht haben und über eine entsprechende Arbeitsteiligkeit verfügen, ausgesprochen starke Tendenzen zur Bildung von Subkulturen zu beobachten. Der Vertrieb setzt sich bewusst von der Produktion, von der Entwicklung, vom Marketing usw. ab. In allen diesen Abteilungen entwickeln die Mitarbeiter einen spezifischen Corpsgeist und grenzen sich bewusst von anderen Abteilungen ab. Je ausgeprägter aber nun die Subkulturen sind, desto mehr Maßnahmen der Integration müssen vom Topmanagement ergriffen werden, damit ihnen „der Laden nicht auseinander fliegt", d.h. dass die einzelnen Abteilungen sich nicht unkontrolliert und dann meistens dysfunktional verselbständigen.

4.4 Die Gestaltung von Interkulturalität

Nun stellt sich natürlich für jede Führungskraft in einem interkulturellen Organisationskontext die Frage: Wie soll ich mich dem Fremden gegenüber verhalten? In der Forschung ließen sich vier generelle Typen der Verhaltensregulation ermitteln (*Bochner* 1982, zit. n. *Thomas* 2003: 47 f.):

(1) „*Dominanzkonzept*: Die eigenkulturellen Werte und Normen werden fremden Kulturen gegenüber als überlegen angesehen. Eigenes soll sich gegen Fremdeinflüsse durchsetzen und das Interaktionsgeschehen dominieren. (...) Deutsche Arbeitstugenden, westliche Methoden der Konfliktbehandlung, asiatisches Krisenmanagement, französische Problemlösungsstrategien werden als die besten, bewährtesten und sachgerechtesten Lösungsstrategien angesehen und wie selbstverständlich gegenüber Lösungsformen durchgesetzt, die in anderen (Ländern) entwickelt worden sind. Auf den Partner wird so lange Anpassungsdruck ausgeübt, bis er bereit ist und gelernt hat, sich in seinem Verhalten an den Kulturstandards des dominanten Partners zu orientieren.

(2) *Assimilationskonzept*: Die fremdkulturellen Werte werden bereitwillig übernommen und in das eigene Handeln integriert. Die Anpassungstendenzen an die fremde Kultur können so stark werden, dass ein Verlust der eigenen kulturellen Identität erfolgt und ein völliges Aufgehen in die Fremdkultur versucht wird. Personen passen sich den nationalen und formenspezifischen Normen und Werten der überlegenen und mächtigen Kultur an, um so der ständigen Kritik an ihrem Verhalten zu entgehen und den Anpassungsdruck seitens der Fremdkultur zu minimieren. Sie können auch von der Überlegenheit des fremdkulturellen Orientierungssystems überzeugt und bemüht sein, sich ihm anzupassen. (...)

(3) *Divergenzkonzept:* Werte und Normen beider Kulturen werden als bedeutsam und effektiv angesehen. Viele Elemente sind allerdings inkompatibel und führen in der Anwendung zu ständigen Widersprüchen. Da eine Integration nicht gelingt, kommt es zu unauflöslichen Divergenzen und ständigen Schwankungen zwischen dem eigenkulturellen und dem fremdkulturellen Orientierungssystem. Besonders in der Anfangsphase der Bildung interkultureller Zusammenarbeit sind solche Prozesse zu beobachten. Dies führt zu Verunsicherungen bezüglich der für die Zusammenarbeit gültigen Werte, Normen und Verhaltensweisen und langfristig zur Reduzierung der Arbeitsmotivation, der Gruppenkohäsion und der Bindung an den Partner.

(4) *Synthesekonzept:* Den Partnern gelingt es, bedeutsame Elemente beider Kulturen zu einer neuen Qualität (Gesamtheit) zu verschmelzen. Das Resultat besteht dann nicht mehr in der Bevorzugung einer der beiden Kulturen, sondern in einer aus den Ressourcen beider Kulturen gewonnenen Neudefinition und Neuorganisation wichtiger Elemente, die dann für beide Partner normbildend werden. So können unter günstigen Bedingungen kulturelle Synergieeffekte entstehen."

Alexander Thomas (2003: 55) meint, dass im konkreten Fall von der Führungskraft zu prüfen ist,

(1) inwieweit Eigenes und Fremdes übereinstimmen oder ob kulturelle Unterschiedlichkeit vorhanden ist,
(2) in welchem Ausmaß und mit welcher Beständigkeit Eigenes und Fremdes voreinander abweichen, d.h. wie umfassend die Konvergenz voraussichtlich ist,
(3) ob und inwieweit Eigenes und Fremdes nebeneinander bestehen können, ohne dass es zu ernsthaften Konflikten kommt (*Diversity*),
(4) ob Eigenes und Fremdes unvereinbar sind, also kulturelle Inkompatibilität besteht, die gewollt, unvermeidlich und unveränderbar erscheint.

Führungskräfte, die laufend in einem interkulturellen Kontext agieren müssen, sollten sich nicht nur als Persönlichkeit flexibilisieren, sondern sie werden auch zu lernen haben, je nach Situation einmal in das eine und einmal in das andere kulturelle System einzutauchen. Diese Fähigkeit scheint auch ein Faktor zu sein, der Stress minimiert. So fand *Stahl* (1998, zit. n. *Hatzer & Layes* 2003), dass Mitarbeiter, die bei Auslandseinsätzen Kontakte zur Bevölkerung aufbauen, nicht nur weniger Stress erleben, sondern auch beruflich am erfolgreichsten sind. Dabei sind als Fragen in jeder Situation relevant (a.a.O.: 145):

- Was ist für mein fremdkulturelles Gegenüber in dieser Situation bedeutsam?
- Worauf ist seine Aufmerksamkeit gerichtet?
- Was muss ich tun, damit meine Absicht richtig interpretiert wird?
- Welche Verhaltensweisen werden von mir erwartet?

Gerade eine neue Führungskraft in einem interkulturellen Kontext sollte mit dem Coach immer wieder relevante Situationen im Rollenspiel vorbereiten. Eine zentrale Voraussetzung ist allerdings hierfür, dass sich auch der Coach soweit als möglich mit dem entsprechenden kulturellen Kontext vertraut macht.

Jean-Pierre Olivier de Sardan (1995, zit. n. *Ott* 2006) gibt allerdings zu bedenken, dass Operationalisierungen kultureller Dimensionen und Standards letztlich nur einen groben Rahmen für die realen Begegnungen zwischen Menschen unterschiedlicher Kulturen abgeben können. Denn neben den offiziellen Mustern existiert in den Köpfen der Menschen immer das Informelle. Der eigentliche Ort der interkulturellen Begegnung ist das Aufeinandertreffen der verschiedenen Individuen und Gruppen mit ihren je eigenen Subkulturen. Es zeigt sich, dass trotz gemeinsamer Sprache, Geschichte und Sozialstruktur die kulturellen Unterschiede innerhalb einer Gruppierung in einem Dorf, einer Region, einer Ethnie, einer Einkommensklasse usw. groß sein können. „Kultur“ ist nämlich gerade durch die moderne Telekommunikation permanenten Verformungs- und Adaptationsprozessen ausgesetzt.

Real und greifbar sind vor allem Konflikte im interkulturellen Rahmen. Sie sind ganz unvermeidlich, wenn Menschen mit unterschiedlichen Erfahrungshintergründen aufeinander treffen, denn ihre Logiken und auch ihre Strategien der Konfrontation bleiben zumindest prärational unterschiedlich. So empfiehlt *Ott* (2006), alle auftretenden Konflikte ernst zu nehmen und sie je spezifisch zu bearbeiten. Gerade dafür ist Coaching ganz ausgezeichnet geeignet (*Clement & Clement* 2006).

5. Kapitel

Exkurs: Unternehmensethik

Im letzten Jahrzehnt ist unsere gesamte Lebenswelt unter das Diktat des Ökonomischen geraten. So können sich auch Menschen in Behörden oder in sozialen Dienstleistungssystemen, wie z.B. in Schulen oder Kliniken, diesem Diktat auf Dauer nicht entziehen. Deshalb wird es heute immer wichtiger, das Ökonomische mit Ethik zu konfrontieren und es eventuell etwas zu „bändigen". Besonders dann, wenn man neu ernannte Führungskräfte aus Unternehmen coacht, die in einem internationalen Rahmen operieren, die vielleicht unversehens mit Kinderarbeit in Indien oder mit Korruptionsvorgängen in Taiwan konfrontiert sind, werden ethische Fragestellungen virulent. Dabei geht es manchmal um die Moral eines einzelnen Managers, manchmal erhält das „Anstößige" aber einen viel weiteren Rahmen. Dann ist der Coach schnell mit Fragestellungen konfrontiert, die in den umfassenderen Bereich der „Unternehmensethik" gehören. Und für diesen Fall sollte sie oder er gerüstet sein, um einem Newcomer auch diesbezüglich zur Seite zu stehen. Deshalb ist es sinnvoll, wenn ein Coach auch für solche Belange über eine zumindest grobe innere Landkarte verfügt.

5.1 Unternehmensethik – was ist das?

Unternehmensethik steht in der Tradition einer umfassenden wirtschaftsethischen Debatte. Deren Fragestellungen bewegen sich auf drei Ebenen (*Löhr* 2004: 1511):

(1) Auf einer Makro-Ebene geht es in der Wirtschaftsethik um die Legitimation der Wirtschaftsordnung insgesamt, also um die „Ethik des Kapitalismus" sowie um die Beurteilung der entsprechenden Rahmenbedingungen. Diese Ebene zentriert sich um die Legitimation der Marktwirtschaft, in Deutschland speziell der sozialen Marktwirtschaft.

(2) Auf einer Meso-Ebene werden Fragestellungen diskutiert, wie das einzelne Unternehmen neben seinem ökonomischen Auftrag auch einen Beitrag zur Lösung von gesellschaftlichen Konflikten leisten kann bzw. sogar soll.
(3) Auf der Mikro-Ebene steht das Handeln einzelner Menschen in Frage. Hier haben wir es mit Individualethik zu tun, also mit tugendtheoretischen Überlegungen.

In den letzten beiden Jahrzehnten tauchten drei Typen unternehmensethischer Konzepte auf, die auch auf unterschiedliche Weise die drei Ebenen einbeziehen (*Löhr* 2004: 1515).

(1) In der „ökonomischen Theorie der Moral" von *Karl Homann* und seinen Schülern (*Homann & Blome-Drees* 1992, zit. n. Löhr 2004) geht es weniger um ethische Begründungen als um die Frage, wie Moral unter Wettbewerbsbedingungen der Postmoderne überhaupt durchgesetzt werden kann. Das Fazit dieser Gruppe lautet: Unternehmensethik kann letztlich nur die Funktion eines Lückenbüßers haben. Ihr kommt lediglich marktstrategische Bedeutung zu.
(2) Im Ansatz von *Horst Steinmann* und seinen Schülern (*Steinmann & Löhr* 1994) wird eine Ethik propagiert, bei der das Gewinnstreben durch ethische Konsensbildung diszipliniert werden soll. Das heißt, unter Bezug auf *Giddens* (1988) wird beim Gewinnstreben eine dialogethische Konsensbildung mit allen Betroffenen angestrebt.
(3) Die „Integrative Wirtschaftsethik" von *Peter Ulrich* und seinen Schülern versucht das ökonomische Prinzip selbst in der Diskursethik einzufangen und es dadurch zu „domestizieren". Jede unternehmensethische Reflexion mündet dort in eine „Transformation der ökonomischen Vernunft." Unternehmensethik ist hier prinzipiell Diskursethik. Gewinnerzielung ist eine reflexionsbedürftige Tätigkeit (*Ulrich* 1993, 1997). Dieser Autor bezieht in seinen sehr avancierten Konzepten alle drei Ebenen mit ein, also die Makro-, die Meso- und die Mikro-Ebene.

5.2 Formen des Ökonomismus

In den letzten Jahrzehnten zeichnet sich eine Radikalisierung der kapitalistischen Gewinnorientierung ab. Dabei steht einem „Shareholder-Value" ein „Stakeholder-Value" gegenüber. So gibt es heute mehrere „Varianten des betriebswirtschaftlichen Ökonomismus" (*Ulrich* 1999) mit einer jeweiligen Wertebasis.

5.2.1 *Gewinnprinzip*

Das Gewinnprinzip ist die Basis jeder Marktwirtschaft. Von den so genannten Wirtschaftsliberalen wird Gewinnorientierung aber als wertneutrales Formalziel beschrieben. Es handle sich um eine marktwirtschaftliche „Systemethik". Diese sei gemäß dem marktwirtschaftlichen Wettbewerb im Rahmen einer „guten" Wirtschaftsordnung selbst schon hinreichende Gewährsinstanz dafür, dass die Wirtschaft auch in einem ethischen Sinne „gut" sei. So gehe es nicht so sehr um die persönliche ethische Verantwortung der Marktsubjekte, sondern um die „Systemrationalität" der Marktwirtschaft. Idee ist, dass allein der Markt bestimme, was unternehmerisch zu tun sei. Entsprechend dieser geradezu biologistisch verstandenen Systemethik hat ein Unternehmer nicht nur das Recht, sondern sogar die Pflicht zur strikten Orientierung am Gewinnprinzip (*Ulrich* 1999: 30 ff.).

Im Gegensatz zu solchen Positionen muss nach *Ulrich* (ebd.) eine Unternehmensethik die Bereitschaft beinhalten, das eigene Vorteilsstreben von seiner Legitimität, also seiner moralischen Berechtigung abhängig zu machen. Bei einer rigorosen Marktorientierung handle es sich um eine unreflektiert eigensüchtige, nur das eigene Verhalten rechtfertigende, ideologische Haltung. Dabei merkt *Ulrich* allerdings an: „Moralische Personen zeichnen sich in ihrer Lebensführung keineswegs durch den pauschalen Verzicht auf privates Erfolgsstreben aus, wohl aber dadurch, dass sie ihr Erfolgsstreben vorbehaltlos abhängig machen von seiner ethisch-argumentativen Vertretbarkeit gegenüber jedermann" (*Ulrich* 1999: 47).

5.2.2 *Shareholder Value*

In der angelsächsischen Managementlehre haben sich unter dem Begriff „Shareholder (Aktionär-) Value" verschärfte Strategien der Gewinnmaximierung durchgesetzt. Sie weisen Nähe auf zu einem rigorosen „Manchester-Kapitalismus". Die in Deutschland neuerdings von sozialdemokratischen Politikern als „Heuschrecken" titulierten Systeme repräsentieren eine besonders radikale Rückkehr zur „reinen" Marktwirtschaft im Gegensatz zur sozialen Marktwirtschaft bzw. zum „rheinischen Kapitalismus", der in Deutschland seit Ende des zweiten Weltkriegs maßgeblich war. Beim Shareholder Value geht es um eine nachhaltige Steigerung des Unternehmenswertes im Sinne des zukünftigen Ertragspotenzials. Manager dieser Systeme, die häufig als Fonds die Altersversorgung von Pensionären garantieren oder verbessern sollen, kaufen z.B. sanierungsbedürftige Firmen auf, reduzieren diese Firmen – dementsprechend auch deren Mitarbeiterschaft – auf die wirtschaftlich erfolgreichsten Teile und verkaufen diese dann gewinnbringend weiter.

Zwar wenden manche Autoren ein, „die Interessen der Shareholder kann eine Unternehmensführung dauerhaft nur dann bedienen, wenn sie auch die berechtigten Interessen der anderen Anspruchsgruppen (= Stakeholder) wie Mitarbeiter, Kunden, Lieferanten und der Gesellschaft insgesamt nicht vernachlässigt" (*Bensel* 1997: 9). Ethik ist in diesem Denkmuster aber nur eine strategische Orientierung, d.h. eine neue Marktstrategie. Ethisches Handeln soll sich im Verständnis von tatsächlichen und potenziellen Aktionären lediglich rechnen. Dabei bleibt aber die Frage offen, wie andere Interessen als die der Eigentümer tatsächlich zu ihrem Recht kommen sollen.

5.2.3 Stakeholder Value

Gegen den Shareholder-Value-Ansatz wird ein Stakeholder-Value-Ansatz ins Feld geführt. Unter „Stakeholdern" versteht man alle Anspruchsgruppen der Unternehmung, die neben den Kapitaleignern existieren. Dabei werden „Unternehmen als multifunktionale Wertschöpfungsveranstaltungen" verstanden (*Ulrich* 1999: 49). Stakeholder sind vielfältige Personengruppen, also Arbeitnehmer, Kunden, Lieferanten, die lokalen Gemeinden, der Staat und die allgemeine Öffentlichkeit. Mit diesem Ansatz begreift man die Unternehmung nicht mehr nur als Kapitalverwertungsanstalt, sondern als eine im Prinzip öffentliche Institution. Hier sind aber wieder zwei Konzepte zu unterscheiden, ein strategisches und ein normativ-kritisches (*Ulrich* 1999: 48):

(1) *Das strategische Konzept:* Stakeholder sind in diesem Ansatz alle Gruppen, die ein Einflusspotenzial gegenüber der Unternehmung haben, sei es aufgrund von Verfügungsmacht über bestimmte knappe Ressourcen oder aufgrund ihrer Sanktionsmacht.
(2) *Das normativ-kritische Konzept:* In diesem Ansatz geht es darum, kritisch zu prüfen, wer berechtigte Ansprüche gegenüber der Unternehmung erheben könnte oder sollte. Es geht also nicht nur darum, wer realiter Ansprüche auf der Basis von Macht erheben kann. Kriterium ist allein die ethisch begründbare Legitimität von Ansprüchen. Als Stakeholder werden damit alle Gruppen betrachtet, die der Unternehmung gegenüber legitime Ansprüche haben oder haben könnten, seien es spezielle Rechte aus vertraglichen Vereinbarungen (Arbeits-, Kooperations-, Werk- oder Kaufverträgen) oder allgemeine moralische Rechte der von unternehmerischen Handlungen oder

Unterlassungen Betroffenen. Dieses Recht begründet sich aus der Unantastbarkeit der Würde eines jeden Menschen. Dabei wird von der moralischen Gleichheit aller Menschen ausgegangen. In einer umfassenden Variante des Ansatzes wird jedem mündigen Bürger das Recht zuerkannt, das Unternehmen hinsichtlich der moralischen Berechtigung seines Tuns kritisch anzusprechen. So ist im Prinzip die gesamte Öffentlichkeit einer freiheitlich demokratischen Gesellschaft Stakeholder.

5.3 Aufgaben einer „integren" Unternehmensführung

Thomas Maak und Peter Ulrich (2007), Hochschullehrer für Wirtschaftsethik an der Universität St. Gallen, präsentieren nun in ihrem Buch „Integre Unternehmensführung" anhand zahlreicher Beispiele ein ethisches Orientierungswissen für die Wirtschaftspraxis. Es handelt sich um ein Konzept, das aus Sicht der Unternehmensethik einen idealen Zustand beschreibt. Die Autoren unterteilen die für die Unternehmensethik relevanten Aktionsfelder in drei Bereiche:

(1) Sie starten mit *unternehmerischen Aktionen nach außen*. Die Akteure sollten das Unternehmen grundsätzlich als einen Teil der Gesellschaft begreifen. Daraus folgt, dass sie Mitverantwortung übernehmen nicht nur für unternehmensrelevante staatliche Systeme, sondern auch für den erweiterten Kontext, der im Rahmen der Globalisierung von Belang ist. So sollten sie sich auch für einen qualifizierten Umgang mit den Ressourcen dieser Welt einsetzen, ihr Unternehmen in staatlichen und zivilgesellschaftlichen Organisationen gut vernetzen, und sie sollten laufend „Stakeholder-Dialoge" mit den unterschiedlichsten Anspruchspartnern führen. Dadurch würden sie der *Makro-Ebene* Rechnung tragen.

(2) Ein zweites ethik-relevantes Aktionsfeld betrifft *Vorgänge innerhalb der Organisation*. Dabei geht es zunächst um die Etablierung von Standards und formalen Strukturen. Spezifischer fordern die Autoren, die Entwicklung von „Integritätssystemen", d.h. von Führungsinstrumenten im Sinne eines Ethikkodex, einer diskursiven Infrastruktur usw. Darüber hinaus sei für ein „integres Marketing" zu sorgen sowie für fortlaufende Wandlungsprozesse in einem angemessenen ethischen Verständnis. Das alles sollte auf der Basis einer Organisationskultur stehen, die von ihren äußeren Merkmalen bis hin zu ihren Basisannahmen von einem entsprechenden ethischen Verständnis getragen ist. Damit wäre die *Meso-Ebene* ethischer Themen abgedeckt.

(3) Beim dritten Aktionsfeld steht *das Personale* im Zentrum. Hierbei geht es den Autoren zunächst um die Etablierung von verantwortlichem Führungshandeln und um eine ethisch vertretbare Personalpolitik. Des Weiteren werden hier „ethische Entscheidungsfindung" und „ethische Kompetenzbildung" thematisiert. Und schließlich plädieren die Autoren für einen „Ethic Officer". Dieser hat in einer Stabsposition für eine ethisch angemessene Diskurspraxis im Unternehmen zu sorgen. Mit all diesem wird der *Mikro-Ebene* Rechnung getragen.

5.3.1 Integrität auf der Makro-Ebene (gegenüber der Außenwelt)

(1) Unter dem Schlagwort „*Corporate Citizenship*" verstehen die Autoren eine Haltung von Managern, durch die das Unternehmen wie ein guter Bürger nicht nur von der Gemeinschaft profitiert, sondern der Gemeinschaft auch etwas zurück gibt. Hierbei geht es einerseits ums Sponsoring und ehrenamtliche Aktivitäten, andererseits um eine verantwortliche Beziehungsgestaltung im Gemeinwesen. Der Bürgerbegriff dient hier als Metapher für die Rolle des Unternehmens in der Gesellschaft. In diesem Sinn achtet und fördert das Unternehmen die Grundrechte anderer, und wenn nötig, macht es sich für deren Durchsetzung stark. Der Begriff besagt aber auch, dass Unternehmen eben nicht nur private Erwerbsinstitute sind, sondern dass sie quasi-öffentliche Institutionen darstellen.

Die Autoren (S. 41) führen hier das Beispiel von Shell in Nigeria an. Die Firma hatte jahrelang in einem Gebiet, das dem Stamm der Ogoni gehört, Öl gefördert. Die Bürger wehrten sich gegen die Ölförderung, weil ihr Gebiet dadurch schwer verunreinigt wurde und sie auch keinerlei Entschädigung von der Diktatur in Nigeria erhielten, die die Ölrechte vergeben hatte. Als der prominente Bürgerrechtler der Ogonie, Ken-Saro-Wiwa, wegen seiner einschlägigen Protest-Aktionen von der dortigen Diktatur hingerichtet werden sollte, wurde Shell von vielen Seiten aufgefordert, sich für Ken-Saro-Wiwa einzusetzen. Shell weigerte sich, für den Bürgerrechtler einzutreten, und dieser wurde hingerichtet. Shell hat hier in keiner Weise bürgerschaftliche Verantwortung übernommen.

(3) Als „*Global Corporate Citizenship*" thematisieren die Autoren ethische Herausforderungen, die dem Unternehmen durch die Globalisierung erwachsen. Verantwortung fürs Globale umfasst alle Aktivitäten, die Länder übergreifenden Charakter haben und damit Interaktionen mit fremden Kulturkreisen betreffen. Die relevantesten Themen sind hier: Korruption, Umweltschutz, Kinderarbeit und Menschenrechte. Diese Phänomene sind in ei-

nem globalen Rahmen angemessen zu handhaben. Welche Geschenke sind etwa in China angemessen, wenn es dort üblich ist, Geschäftspartnern Geschenke zu überreichen? Oder wie steht es mit Kinderarbeit in Indien, wenn die Familie auf das Einkommen des Kindes angewiesen ist? Die angemessene Handhabung dieser Phänomene erhält heute einen enormen Stellenwert in international operierenden Firmen.

Im Hinblick auf Bestechungen hat z.B. der US-Konzern Motorola für seine Aktivitäten in Japan praktische Richtlinien entwickelt, die einerseits mit den Unternehmensgrundsätzen kompatibel sind und andererseits doch genügend Gestaltungsraum für den einzelnen Manager lassen. So dürfen etwa nur solche Geschenke angenommen werden, die der Firma zu Gute kommen und nicht dem einzelnen Mitarbeiter.

Viele Firmen verursachen auch Umweltbelastungen, die den Lebensraum von Menschen empfindlich beeinträchtigen. Hier besteht besonders bei den Firmen, die Öl fördern, ein erheblicher Nachholbedarf in Sachen Global Corporate Citizenship.

Die katastrophalen Effekte der Ölförderung für die Ogoni in Nigeria sind auch in der Presse immer wieder thematisiert worden. Zwar hat die Firma Shell Schulen und sonstige gemeinschaftliche Einrichtungen bauen lassen. Der Lebensraum dieser Menschen wurde aber vor allem durch das Abfackeln der ausströmenden Gase unwiederbringlich zerstört. Die Belastung der Luft und des Bodens wie auch die Verunreinigung des Trinkwassers führten zu schweren Gesundheitsschäden. Der Stamm forderte auch immer wieder Teilhabe an den Gewinnen, die Shell und die nigerianische Diktatur aus der Ölförderung hatten. Shell kam aber den Ogoni weder in monetärer Hinsicht, noch im Hinblick auf den Erhalt ihres Lebensraumes entgegen (S. 75).

Die *International Labour Organization* in Genf (ILO) definiert als unerlaubte Kinderarbeit jede Beschäftigung von Kindern unter 14 Jahren.

Wie viele andere Bekleidungshersteller lassen Levi Strauss & Co. in asiatischen Ländern produzieren. Dafür ist es dringend notwendig, die Standards des ILO einzuhalten. In Bangladesh fand aber in den 1990er Jahren ein Manager heraus, dass zwei der Kontraktpartner von Levi Strauss & Co. Kinder unter 14 Jahren beschäftigten. Normalerweise müssen solche Arbeitsverhältnisse sofort aufgelöst werden. Für die betreffenden Kinder hätte das aber bedeutet, dass sie in der Prostitution oder in einem anderen Bereich der Ausbeutung landen. Denn die

Familien sind auf das Einkommen der Kinder als einzige Erwerbsquelle angewiesen. Levi Strauss & Co schlugen folgende Lösung vor: Es wurden keine Kinder unter 14 Jahren mehr beschäftigt, ihr Gehalt aber weiterhin bezahlt. Die Firma kaufte ihnen Bücher, Schulkleidung usw. für den Schulbesuch. Und die Manager der Firma erwirkten, dass die Kinder nach Vollendung des 14. Lebensjahres weiter bei den Kontraktpartnern arbeiten konnten (S. 77).

(3) Ein anderes ethisches Ziel ist in diesem Zusammenhang der treuhänderische Umgang mit Ressourcen, bei *Maak* und *Ulrich* (2007: 111) als „*Corporate Stewardship*" bezeichnet. Die Forderung an Unternehmen besteht hier darin, die natürlichen und soziokulturellen Ressourcen sorgfältig zu wahren, um auch nachfolgenden Generationen gerecht zu werden. Spätestens seit den Ausführungen des Club of Rome in den 1970er Jahren wurde die Weltöffentlichkeit darauf aufmerksam, dass wirtschaftliches Handeln immer auch ökologische und soziale Implikationen hat. In neuerer Zeit erhielt die Debatte nicht zuletzt durch den Friedensnobelpreisträger Al Gore und seinen weltweit beachteten Dokumentarfilm „Eine unbequeme Wahrheit" neue Schubkraft. Die Weltöffentlichkeit erwartet heute von Unternehmen die konsequente Übernahme von Mitverantwortung für den Übergang zu einer nachhaltigen Entwicklung in Sachen Umweltpolitik.

Die Probleme im Bereich der Waldwirtschaft sind hinreichend bekannt. Hier geht es in besonderer Weise um Nachhaltigkeit, damit der Erdball nicht noch mehr Schaden nimmt. Dabei kommt es darauf an, dem Wald nur soviel zu entnehmen, wie auch wieder nachwachsen kann. Um diese Erkenntnis auf die globale Ebene zu transferieren, zertifiziert z.B. der Forest Stewardship Council Waldanbauflächen, die nachhaltig bebaut werden. Die mehr als 3.000 Unternehmen, die sich der Organisation mittlerweile angeschlossen haben, zeigen damit ihre Verpflichtung, zum Erhalt der Wälder und damit zu einer zukunftsfähigen Bewirtschaftung beizutragen (S. 113).

Im Zentrum von Corporate Stewardship steht die Verantwortung für die Zukunft. Diese Verantwortung resultiert aus Selbstverpflichtungen, die sich in einem fortlaufenden Dialog mit allen Stakeholdern bewähren müssen.

(4) Als „*Cross-Sector-Partnerships*" werden von den Autoren Projekte einer grenzüberschreitenden Zusammenarbeit beschrieben, die sich der Bewältigung komplexer gesellschaftlicher Problemlagen stellen. In den 1990er Jahren dominierte noch eine radikale Frontstellung zwischen Stakeholdern wie etwa zwischen Greenpeace und Shell. Neuerdings lässt sich beobachten, dass im Interes-

se unseres Erdballs zunehmend Formen der Kooperation üblich werden. Dabei sind mentale, kulturelle und praktische Widerstände zu überwinden. Wenn aber die Kooperation gelingt, wirkt sich das außerordentlich günstig aus. In diesen Bereich gehören Public Private Partnerships (PPP). Das sind Kooperationen zwischen öffentlichen und privaten Organisationen.

In Darmstadt ist es z.B. im Bereich des Schulbaus üblich geworden, sich beim Immobilienkauf auf Betreibermodelle zu stützen. Dadurch will man die langfristigen Probleme des Erhalts und des Betriebs der Schulgebäude besser in den Griff bekommen. Die Kosten sinken, und es wird ein durchdachter Lebenszyklus von Schulbaumaßnahmen erreicht (S. 147).

In diesen Bereich gehört auch *Corporate Community Engagement* (CCE). Das sind zumeist langfristige soziale und ökologische Projekte. Sie werden von Firmen zusammen mit NGOs, d.h. Nicht-Regierungs-Organisationen, wie etwa Greenpeace durchgeführt. Meistens stellt ein Unternehmen personelle und/oder finanzielle Ressourcen zur sozialen oder ökologischen Entwicklung eines Landes bereit.

(5) Als „*Stakeholder-Engagement und -Dialog*" geht es um die Konkretisierung der Beziehungsgestaltung der unterschiedlichen Anspruchsgruppen, d.h. um die „Unternehmenskommunikation in der Stakeholder-Gesellschaft" (S. 171). Die relevantesten Aspekte sind: die Bedeutung von Stakeholder-Dialogen zu erkennen, die Dialogprinzipien zu verstehen, die Stakeholder-Assessment-Tools kennen zu lernen, die Bedeutung einer nachhaltigen Beziehungshaltung zu erschließen und das Reporting als Dialoginstrument kennen zu lernen.

Für solche Dialoge steht die Firma „The Body Shop", die 1976 von Anita Roddick als „One-Women-Business" gegründet wurde, sich bald über das United Kingdom ausdehnte und schließlich zum internationalen Unternehmen mutierte. Später wurde die Firma allerdings an Loreal verkauft. Die Unternehmerin war für soziale und ökologische Fragestellungen hoch sensibilisiert. Das Unternehmen führte in den 1990er Jahren als Pionier ein „Ethical Auditing" ein und erkannte, dass ein Dialog mit den Anspruchsgruppen des Unternehmens eine wichtige Funktion haben würde. Die Firma engagierte sich für drei Hauptbereiche: für ökologische und soziale Aspekte sowie gegen Tierversuche. Welche Stakeholder bzw. welche Gesprächspartner sollten aber nun zu den Gesprächen eingeladen werden? Zunächst wurden relevante Gruppen aufgefordert, ihren Standpunkt schriftlich abzugeben, Angestellte, Franchise-Nehmer, Kunden, Zulieferer, Aktionäre, Vertreter lokaler Gemeinschaften und Nichtregierungsorganisationen. Als die offensichtlichsten Probleme ermittelt waren, verschickte die Firma Frageböden mit dem Ziel, die Unternehmensleitung anhand der Stakeholderansprüche und der selbst gesetzten Ziele zu evaluieren. Die Ergebnisse wurden von einer unabhängigen Organisation ausgewertet und danach publiziert. Anschließend wurde dieser Report an alle Beteiligten versandt mit der Bitte, Feedback zu den Ergebnissen zu geben (S. 173).

Die Effekte solcher Dialoge sehen die Autoren in einer Risikominimierung, in einer verbesserten Entscheidungsqualität, im gegenseitigen Verständnis, in der Förderung tragfähiger Beziehungen, in der Förderung der Reputation und schließlich in der Entwicklung von Vertrauen gegenüber der Firma.

Wie sind aber nun die Stakeholder-Dialoge zu gestalten? In den späten 1970er und frühen 1980er Jahren propagierten Philosophen wie *Wilhelm Kamlah* und *Paul Lorenzen* (1967), *Karl-Otto Apel et al.* (1984) sowie *Jürgen Habermas* (1981) die Diskursethik. Diese trägt der Tatsache Rechnung, dass wir immer schon in kommunikative Zusammenhänge eingebettet sind und dass ethische Entscheidungen, was „richtig" und was „falsch" ist, im menschlichen Zusammenleben auch nur in solchen Zusammenhängen gefunden werden können. Die Philosophen propagierten einen idealen Dialog als herrschaftsfreien, argumentativen Verständigungsprozess, in dem sich die Gesprächspartner als mündige, argumentationsfähige und jedem Argument gegenüber vorbehaltlos offene Menschen begegnen. Dieser Dialog orientiert sich an Leitlinien wie gegenseitige Anerkennung, Chancengleichheit, Aufrichtigkeit, Verständigungsbereitschaft, Reflexionsbereitschaft und absolute Freiwilligkeit. Ein Stakeholder-Management, das solchen Prinzipien folgt, zielt auf den Aufbau langfristiger und tragfähiger Beziehungen zu den wichtigsten Stakeholdern. Das kann sogar für das Überleben einer Firma wichtig sein.

5.3.2 Integrität auf der Meso-Ebene (in der Organisation)

Der Innenraum eines integren Unternehmens sollte mit seinem Anspruch, den es nach außen vertritt, kompatibel sein. Auch dafür geben die Autoren eine Reihe von Anregungen.

(1) Als „*Good Corporate Governance*" bezeichnen die Autoren das politische System einer Firma, das auch Rechte der Stakeholder fixiert. Es steht für die Gewaltenteilung zwischen dem Management und einem Aufsichtsgremium. Und es sorgt für die Realisierung der organisatorischen Führung in Richtung Integrität auf allen Ebenen. Hier geht es also um die organisatorische Situation,

die Standards und Strukturen einer „guten“ Unternehmenssteuerung. In diesem Zusammenhang sind folgende Fragen relevant: Was heißt „Governance“, und was ist dann „gute“ Governance? Wie steht es mit der Stakeholder Governance im internationalen Vergleich, welche Strukturen und welches Ethos sollte Stakeholder Governance aufweisen?

Das Tagesgeschäft eines Unternehmens wird vom Management erledigt. Es hat die exekutive Gewalt. Governance bezeichnet dagegen die Aufsichtsorgane, die das Management zu überwachen haben. Dazu gehören die Beurteilung der unternehmerischen Strategien, des Outputs, der Leistung des Managements und die Überwachung, inwieweit die gesetzlichen Vorgaben eingehalten werden. Dadurch ist Governance auch für Stakeholder von zentraler Bedeutung. Die Aufsichtsorgane haben nämlich dafür zu sorgen, dass alle Anspruchsgruppen zu ihrem Recht kommen, auch diejenigen, die wie etwa die Umwelt, sich nicht von sich aus Gehör verschaffen können. Das bedeutet, das Aufsichtsgremium einer integren Unternehmung darf nicht etwa wie bei Shareholder-Value-Strategien allein im Interesse der Eigentümer über das Management wachen. Es hat vielmehr dafür zu sorgen, dass möglichst viele Stakeholder angehört und ihre Interessen berücksichtigt werden. „In der heutigen Stakeholder-Gesellschaft stellen gute Governance-Strukturen deshalb eine Balance zwischen den legitimen Ansprüchen aller Stakeholder her (Stakeholder-Governance)“ (*Maak & Ulrich* 2007: 214).

Im internationalen Rahmen lassen sich unterschiedliche Governance-Regelungen beobachten, duale und monistische. Es dominiert aber nach wie vor die primäre Orientierung an den Ansprüchen der Eigentümer. Deutschland hat zwar durch sein Mitbestimmungsgesetz eine einzigartige duale Governance-Struktur, in der die Arbeiterschaft im Aufsichtsrat vertreten ist. Damit erschöpft sich aber auch hier die gesetzlich vorgeschriebene Stakeholder-Mitbeteiligung. Wahl und Abwahl von Aufsichtspersonen spielt aber in der integren Unternehmung eine wesentliche Rolle. Viele Firmen präsentieren mittlerweile im Internet ausführlich, welche Anforderungen ihre Aufsichtsorgane erfüllen.

(2) Als „*Integritätssysteme*“ fassen *Maak & Ulrich* (2007: 237 ff.) Statements über Vision und Mission, den Ethikkodex, integre Anreizstrukturen, eine ethikbewusste Buchhaltung, Buchprüfung und Auditierung sowie andere Bausteine organisierter Verantwortlichkeit. Diese Systeme sollen die integre Unternehmensführung in ihrer Verantwortung unterstützen. Hierbei handelt es sich um Hilfsmittel, die Verantwortlichkeit zu organisieren. Visionen und Missionen sind aus der Leitbilddebatte hinreichend bekannt (*Belzer* 1995). So verkündet etwa die Deutsche Bank:

„Wir wollen der weltweit führende Anbieter von Finanzlösungen für anspruchsvolle Kunden sein und damit nachhaltig Mehrwert für unsere Aktionäre und Mitarbeiter schaffen“ (*Maak & Ulrich* 2007: 238).

Das ist eine typische, sehr traditionelle Orientierung an Shareholder-Interessen. Im Gegensatz dazu sollte die Vision eines integren Unternehmens auch Zukunftsorientierungen von Stakeholdern wiedergeben. Der Ethikkodex enthält die normativen Handlungsanweisungen für die Realisierungen der Visionen und Missionen. *Maak & Ulrich* (2007: 248 ff.) formulieren drei Anforderungen an einen Ethikkodex: Er sollte mit der Organisationskultur der Firma in Einklang stehen, er sollte klar sein, und aus ihm sollten sich konkrete Handlungsanweisungen ableiten lassen. Des Weiteren beschreiben sie sechs „Instrumente einer diskursiven Infrastruktur“ (S. 254):

(1) Die Etablierung eines Stakeholder-Advisory-Boards, in dem sich unterschiedlichste Stakeholder über Fragen der Unternehmenspolitik und ethische Herausforderungen der Firma beraten.
(2) Das Ethik-Komitee steht bereit, um über Dilemmata und ethikrelevante Entscheidungen zu beraten.
(3) Eine Ombudsstelle kann Streit schlichten bzw. die Verständigung zwischen Anspruchsgruppen fördern.
(4) Eine Ethik-Hotline kann von Personen, die in ethischer Hinsicht Rat suchen, angerufen werden.
(5) Eine Ethik-Website dient der Selbstdarstellung eines Unternehmens zu ethischen Fragen.
(6) In Weblogs können Internetnutzer Kommentare zu ethisch relevanten Fragestellungen eingeben.

„Integritätsfördernde Anreizstrukturen ermutigen Mitarbeitende, die integrative Wertschöpfungsvision und damit die sozialen, ökonomischen und ökologischen Ziele in ihrem Verantwortungsbereich umzusetzen“ (*Maak & Ulrich* 2007: 259). Die Autoren führen hierzu ein Beispiel von Nike an:

Nachdem Nike wiederholt wegen der Arbeitsbedingungen in seinen südostasiatischen Produktionsstätten in der Kritik stand, schlug ein internes Team vor, die Anreizstrukturen von Mitarbeitern zu verändern: Die Einkäufer hatten nämlich keinerlei Anreiz, sich mit den Arbeitsbedingungen auseinanderzusetzen, die in den Zulieferbetrieben herrschten. Im Vordergrund standen für sie lediglich der schnelle Warenumsatz und der niedrige Lagerbestand. Das führte dazu, dass sie bei Engpässen auf Produzenten auswichen, die keine akzeptablen Arbeitsbedingungen nachweisen konnten. Nike beschloss daraufhin, ein Screeningsystem einzuführen, mit dem alle Zulieferbetriebe im Hinblick auf die Arbeitsbedingungen bewertet wurden. Seitdem wird die Qualität der Zulieferer bei den Prämien für die Einkaufsabteilung herangezogen (*Zadek* 2004, zit. n. *Maak & Ulrich* 2007: 258).

Eine ethikbewusste Buchführung, ein entsprechendes Controlling und ein dazu passendes Auditing sind weitere Integritätssysteme. Das Problem der Buchführung besteht heute in ihrer Komplexität. Viele Firmen sind dadurch schnell überfordert. Dazu kommt, dass bei einem Unternehmen, das Integrität verfolgt, nicht nur finanzielle Aspekte relevant sind, sondern auch soziale und ökologische. Das wiederum setzt aber auch ein entsprechendes Controlling voraus, das Leitungsindikatoren, aber auch die Auditierung der integren Aspekte berücksichtigt. Hierfür gibt es nach Aussage der Autoren noch keine entsprechenden Standards. Etliche Firmen versuchen aber, eigene Standards zu entwerfen.

(3) Bei „*Supply Chain- und Marketing-Integrität*" handelt es sich um das integre Management von Produktionsketten und vom Marketing-Mix. Hierbei haben Aspekte der sozial-ökologischen Verträglichkeit von Produkten Bedeutung sowie ihre Echtheit und ihre Integrität bei der Vermarktung. Außerdem spielen hier die Gestaltung von Kundenbeziehungen und die Wertschöpfungskette eine Rolle. Gerade die Integrität dieser Kette ist angesichts der hohen Vernetzung des globalen Wirtschaftens mit ihren divergierenden Standards im Bereich von Arbeitsbedingungen, Menschenrechten und Umweltschutz von Belang. Stakeholdergruppen sollen Fehlverhalten beobachten, dokumentieren und es veröffentlichen.

Maak & Ulrich (2007: 267) betonen, dass Unternehmen in einer globalen Wirtschaft Verantwortung dafür tragen, wie Produkte und entsprechende Komponenten hergestellt werden, woher diese kommen und auf welche Weise sie vermarktet werden. Die Ziele bestehen hier in der Entwicklung eines systematischen Verständnisses von einem integren Management der Wertschöpfungskette, Methoden dieses Managements kennen zu lernen, Leitideen einer Marketing-Ethik zu erschließen und die Bedeutung von integren Marketingpraktiken für die Integrität und Reputation eines Unternehmens zu erkennen.

Die Öffentlichkeit erwartet heute, dass Firmen in der gesamten Produktions- und Lieferkette Integrität aufweisen. Das bedeutet, von der Rohstoffgewinnung über die zumeist mehrstufige Verarbeitung in Zulieferbetrieben bis zu den fertigen Produkten und sogar noch bis zu ihrer späteren Entsorgung sollte alles akzeptabel sein. Viele Konsumenten achten keineswegs nur auf den Preis, sondern auch darauf, wie etwas womit produziert und vermarktet wird. Im Rahmen des globalen Wettbewerbs kann es nicht ausbleiben, dass Firmen die Kostenvorteile in sich entwickelnden Ländern nutzen. Dabei ist es aber von zentraler Bedeutung, dass die Arbeitsbedingungen und der Umweltschutz akzeptabel sind. Hier stehen immer wieder Firmen in der Kritik.

Die Firma Nike geriet seit Ende der 1980er Jahre zunehmend in die Schlagzeilen. Die Firma wurde beschuldigt, Produktionsstätten in Asien verlagert zu haben, weil sich Mitarbeiter gewerkschaftlich organisiert hatten. Nike wurde auch beschuldigt, mit Zulieferbetrieben zusammenzuarbeiten, die Kinder unter 14 Jahren beschäftigten. Um diesen Vorwürfen zu begegnen, institutionalisierte Nike erstmals 1996 ein Supply Chain-Management. Die neu geschaffene Abteilung war verantwortlich für die Einhaltung der Arbeitsbestimmungen in den Zulieferbetrieben. 1998 übernahm der Eigentümer von Nike, Phil Knight, zum ersten Mal öffentlich Verantwortung für die Zustände in den Zulieferbetrieben und verpflichtete sich, das Mindestalter für Angestellte auf 16 Jahre festzulegen. Nike lud daraufhin NGOs ein, diese Anforderungen zu überwachen (*Maak & Ulrich* 2007: 271).

Meistens steht das Supply Chain-Management noch auf einer rein ökonomischen Basis, um Kosten zu senken. Ethische Themen spielen wenn überhaupt, erst reaktiv eine Rolle, wenn nämlich öffentliche Kritik laut wird an Kinderarbeit oder an ökologischen Missständen. Integres Supply Chain-Management sucht aber nach pro-aktiven Lösungen, dass etwa NGOs die Wertschöpfungskette auditieren. Dann geht es auch um die Früherkennung von negativen Effekten und ihre Beseitigung.

Außerdem geht es um „Marketing-Integrität“. Kann denn Marketing überhaupt integer sein? „Das Marketing ist ein Grundpfeiler moderner Unternehmensführung; ohne die Vermarktung seiner Produkte und Leistungen könnte ein Unternehmen kaum überleben“ (*Maak & Ulrich* 2007: 287). Marketinginstrumente können natürlich manipulativ eingesetzt werden. Ein integres Marketing verzichtet aber auf jede bewusste Manipulation in dem Bestreben, den Konsumenten durch Qualität und gute Gründe zu überzeugen. Damit wird der Verbraucher als mündiger Bürger betrachtet. Es versteht sich von selbst, dass ein integres Unternehmen keine „Guerilla-Marketing-Methoden“ einsetzt, insgesamt nur Methoden nutzt, die einem kritischen Dialog mit Verbrauchern standhalten.

(1) Bei einem integren Marketing-Mix übernimmt der Hersteller Verantwortung für sein Produkt
(2) und bietet es zu einem angemessenen Preis an.

(3) Ihn beschäftigt auch, ob das Produkt den richtigen Menschen verkauft wird, also nicht etwa Konsumgüter an hungernde Menschen.
(4) Steht die Werbestrategie mit kulturellen Werten in Einklang? Etliche Firmen geben sich heute schon einen *Code of Ethics* für ihre Werbung, in dem Leitlinien entwickelt werden und ihre Realisierung in Dialogforen praktiziert wird.

(4) Als „*Responsible Change und moralisches Lernen*" thematisieren die Autoren den verantwortlichen Umgang mit Veränderungen in der Organisation und mit der Frage, ob Unternehmen überhaupt moralisch lernfähig sind. Hier geht es also um die Entwicklung eines integritätsbewussten Change Managements. Ist diese Entwicklung als Stufenprozess zu denken? In jedem Fall geht es aber ums Lernen von Integritätsmanagement. „Responsible Change" fragt nach Meinung der Autoren nach den Gründen für Veränderungsprozesse in Unternehmen – ob sie geschehen sollen, und wenn ja, wie die Veränderungen zu gestalten sind.

In den letzten Jahren wurden in vielen Organisationen Reorganisationen oder Verkleinerungen üblich, bei denen meistens Mitarbeiter entlassen werden. Und es wurde üblich, Betriebsstätten ins Ausland zu verlagern, in dem die Löhne weitaus niedriger sind als im Heimatland. Verantwortungsvolle Veränderungsprozesse sind dann solche, bei denen die Konsequenzen für die Betroffenen genau überlegt und berücksichtigt werden. Hier kommt es darauf an, Veränderungsprozesse in Gang zu setzen, in deren Verlauf verantwortungsvolle Formen der Veränderung gefunden werden. Über ein konsequentes Monitoring wäre dann auch sicherzustellen, dass die negativen Konsequenzen für alle Betroffenen minimiert werden. Die Autoren plädieren dafür, alle Veränderungen immer in Relation zur ethischen Vertretbarkeit zu planen und durchzuführen. In diesem Zusammenhang stellen die Autoren die Frage, sind Organisationen überhaupt moralisch lernfähig?

Sie bejahen diese Frage am Beispiel von Shell ausdrücklich. Nach den katastrophalen Entwicklungen um Brent Spar und den Konflikten in Nigeria hat sich das Unternehmen ausführlich mit seiner „Integritätslücke" befasst. Shell begann in der Folge, seine „General Business Principles" zu überprüfen, und ergänzte sie um ein explizites Commitment mit den Menschenrechten sowie um Unternehmensverantwortung im Hinblick auf eine nachhaltige Entwicklung. Die Firma hat hier sogar globale Maßstäbe gesetzt, indem sie zunehmend in erneuerbare Energiequellen investiert.

Die Autoren sprechen von unterschiedlichen moralischen Reifegraden, die sich als fünf-stufiger Prozess beschreiben lassen:

(1) Die erste Stufe besteht prinzipiell darin zu verleugnen, dass die Firma überhaupt Verantwortung hat.
(2) Das Unternehmen hält sich im Sinne von Risikovermeidung an geltende Regeln und Gesetze.
(3) Ab jetzt entsteht ein Moralbewusstsein, das im Sinne einer langfristigen Existenzsicherung des Unternehmens ein aktives Ethik-Management zu betreiben versucht. Bedrohungspotenziale werden identifiziert, Stakeholder angesprochen und Langfriststrategien entwickelt.
(4) Nun zeigt sich ein pro-aktiver Zugang zu ethischen Fragen. Es setzten sich ethische Überzeugungen durch, die in den Vordergrund der Aktivitäten rücken.
(5) In der fünften Stufe ist ein Reifegrad erreicht, bei dem Ethik nicht nur aus opportunistischen Gründen bzw. als Marketingstrategie praktiziert wird, sondern jetzt werden ethische Standards um ihrer selbst willen etabliert und durchgesetzt.

Meistens werden ethische Entwicklungen durch eine Unternehmenskrise in Gang gesetzt. Und im Idealfall kommt dann dieser Prozess in Gang.

(5) „*Integritätskultur*" schließlich meint den Aufbau einer Unternehmenskultur, in der alles das, was die Autoren bisher beschrieben haben, realisierbar wird. Sie stellt den Rahmen der integren Organisation dar. Unter Bezug auf *Edgar Schein* (1995) geht es den Autoren um den Aufbau und die Pflege einer Integritätskultur, um Auseinandersetzungen mit den Herausforderungen und mit einer prinzipiengeleiteten Kulturentwicklung.

Die Autoren betonen, dass ethikbewusstes Handeln auf individueller wie auf organisatorischer Ebene nur Sinn macht innerhalb eines von allen geteilten Normen- und Wertesystems und innerhalb eines symbolischen Referenzrahmens. Nach Meinung der Autoren besteht die Herausforderung für die Entwicklung einer Integritätskultur primär darin, das „Systemische und das Lebensweltliche" der Organisation zu synchronisieren, sonst drohen Integritätslücken. Die Autoren nennen verschiedene Integritätslücken:

(1) Werden die Werte und Normen wie z.B. Respekt im Unternehmen tatsächlich gelebt?
(2) Werden die Integritätsnormen in passende Strukturen und Prozesse übersetzt?
(3) Sind die Subkulturen im Unternehmen mit den moralischen Grundsätzen und Verantwortungsnormen der Unternehmenskultur in Übereinstimmung?
(4) Befindet sich die Unternehmenskultur in guter Übereinstimmung mit den Normen der Gesellschaft?

Nun lässt sich eine Kultur nicht kurzfristig umgestalten. Sie wächst langsam. Umso wichtiger ist deshalb die fortlaufende Reflexion der Basisannahmen, der Werte und Normen, aber auch des Symbolsystems. *Maak & Ulrich* (2007: 340) meinen, „ethikbewusstes Handeln und Integrität – auf individueller wie auf Organisationsebene – haben ihre Wurzel und machen überhaupt nur Sinn innerhalb eines geteilten Normen- und Wertesystems und symbolischen Referenzrahmens; also innerhalb einer Unternehmenskultur.“

5.3.3 Integrität auf der Mikro-Ebene (im personellen Bereich)

Auf der dritten Ebene, der Mikro-Ebene, geht es um die Führungshaltung einer integren Unternehmung, um ihre Personalpolitik, um die ethische Haltung bei Entscheidungen und bei der Kompetenzentwicklung. Abschließend wird noch die Position eines so genannten Ethics Officers thematisiert.

(1) Bei dem Modul „*Responsible Leadership*“ handelt es sich um ein Schlüsselthema der integren Organisation. Der verantwortliche Führer wird als moralische Person begriffen, deren Tugenden im Bereich der Führung von größter Bedeutung sind. Im letzten Jahrzehnt wurde viel über Gier und kriminelle Energie von Unternehmenslenkern geschrieben. Hier und da erließ man neue Richtlinien, und in den führenden Business Schools hat man zunehmend „Führung und Ethik“ in den Lehrplan aufgenommen. Führungskonzepte befassen sich nämlich bislang nicht mit der Ethik von Führung. Sie sind meistens funktionalistisch ausgerichtet und nur daran orientiert, dass die Führungskraft eine sozialtechnisch verstandene Einflussnahme praktiziert. Verantwortliche Führung steht und fällt aber nach Meinung der Autoren mit der Qualität der Führungsbeziehung, mit den normativen Grundsätzen und dem Beziehungsverständnis, das eine Führungskraft hat und selbst vorlebt.

Wesentlich ist hier die Persönlichkeit der Führungskraft. Great-Man-Ideologien stoßen hier schnell an ihre Grenzen, weil wir es bei „großartigen Führern“ häufig mit narzisstischen Persönlichkeiten zu tun haben, die eher Probleme schaffen, statt sie zu beseitigen (vgl. *Schmidt-Lellek* 2004). Entscheidend bleibt die Beziehungsdimension. Je komplexer das Umfeld eines Unternehmens ist, desto bedeutsamer wird die Beziehungsfähigkeit der Führungskraft, um interpersonell und ethisch zu agieren. Dabei ist die Beziehung zu den Stakeholdern eine ganz wesentliche Aufgabe der Führungskraft. Das schließt die klassische Mitarbeiter-Vorgesetzten-Beziehung mit ein. Entscheidende Fragen sind: Wer führt wen, auf welcher normativen Grundlage, mit welchen Mitteln zu welchem Zweck (*Maak & Ulrich* 2007: 379)? Eine entsprechende Wertebasis ist eine drei-stufige Ethik der Anerkennung:

(1) Die fundamentalste Art der Anerkennung ist emotionaler Art, wie wir sie in der Zuwendung zwischen Partnern oder Eltern und Kindern finden.
(2) Eine weitere Form ist rechtlich-politische Anerkennung, das ist die wechselseitige Gewährung von Menschen- und Bürgerrechten.
(3) Soziale Anerkennung, d.h. Wertschätzung und die Bejahung für eigene Leistungen, stellen eine weitere Form dar.

Responsible Führung degradiert den Menschen niemals zum Objekt. Der Mensch bleibt als Person im Mittelpunkt, seine Würde und Subjektqualität bleiben gewahrt. Dementsprechend besteht verantwortliche Führung im Aufbau und in der Pflege tragfähiger, nachhaltiger Beziehungen zu allen Stakeholdern des Unternehmens. Als Kennzeichen einer integren Führungskraft nennen die Autoren zunächst:

(1) *Moralisches Bewusstsein.* Dabei handelt es sich idealerweise um eines, das sich im Sinne *Kohlbergs* (1981) schon auf der höchsten Ebene der Moralität, also einer prinzipiengeleiteten Moral bewegt.
(2) *Reflexionsvermögen* und (selbst-) kritisches Denken. Solche Personen erkennen Wertkonflikte und sind in der Lage, die eigenen Werte in Frage zu stellen und mögliche Probleme durch flexible Formen der Verhandlung zu lösen.
(3) *Moralische Vorstellungskraft.* Darunter verstehen die Autoren die Fähigkeit, gerade bei Konflikten auf eine Meta-Ebene zu gehen und von dort aus aktuelle Konflikte anzugehen.
(4) *Tugenden.* Hier berufen sich die Autoren auf *Aristoteles,* der Tugenden als moralische Wegweiser, d.h. als Prinzipien des Handelns beschrieben hat. Das sind z.B. Bescheidenheit, Ehrlichkeit, Freundlichkeit, Gerechtigkeit usw. (*Maak & Ulrich* 2007: 388 f.).

Als Rollen einer verantwortlichen Führungskraft beschreiben die Autoren:

- Servant-Leader, der also dient,
- Steward, d.h. einen Navigator,
- Architekt, der für die Integritätskultur sorgt,
- Change Agent, der für einen konstanten Wandel zuständig ist.
- Als Coach bezeichnen die Autoren eine Rolle der Führungskraft, mit der sie die Mitarbeiter maximal unterstützt und umsorgt.
- Als Storyteller bezeichnen die Autoren einen optimalen Kommunikator, der Mitarbeiter zu begeistern vermag.

(2) Unter dem Stichwort „*Human Relations*" geht es um ein integres Personalwesen, bei dem die Menschen nicht als „*Human Resource*" objektiviert werden, sondern bei dem sie konsequent als Subjekte im Mittelpunkt stehen. Damit entfernt sich dieses Personalwesen weit vom Taylorismus, wo der Mensch lediglich ein Kapitalfaktor ist. Ein entscheidendes Fundament ist die Sorge für die Mitarbeiter bei der Einhaltung von einigen Grundprinzipien, die von der „International Labour Organization" folgendermaßen formuliert wurden:

- Vereinigungsfreiheit und Recht auf Kollektivverhandlungen,
- Beseitigung der Zwangsarbeit,
- Abschaffung der Kinderarbeit,
- Verbot der Diskriminierung in Beschäftigung und Beruf.

Daneben geht es aber auch um die Befriedigung von psychischen Bedürfnissen der Mitarbeiter:

- Bedürfnis nach Bindung und Zugehörigkeit,
- Bedürfnis nach Respekt und Anerkennung,
- Bedürfnis nach Sinnfindung und einsichtigen Handlungszwecken.

Nach *Carol Calligan* handelt es sich hierbei um eine „Ethic of Care". In einem human orientierten Personalwesen wird Personalarbeit als Human-Relations-Aufgabe verstanden. Das ist also ein Auftrag, menschliche Beziehungen im Unternehmen zu pflegen, zu steuern, zu fördern und zu unterstützen. Es geht also nicht um Human-Resource-Management, sondern um Human-Relations-Management. Idealerweise fühlen sich alle Mitglieder des Unternehmens vom CEO bis zu jedem einzelnen Mitarbeiter den Werten und Grundprinzipien der Organisation verpflichtet. Wie lässt sich nun die humane Orientierung in die Human-Relations-Politik integrieren?

(1) Da geht es zum einen um arbeitspolitische Richtlinien hinsichtlich Arbeitszeit, Ferienregelungen, Sozial- und Versicherungsleistungen, Altersrente, Kündigungsregelungen usw.
(2) Sodann geht es um arbeitspraktische Vorgaben, wie z.B. gegen Korruption und Geldwäsche, Verzicht auf Kinderarbeit.
(3) Und schließlich werden normative Arbeitsgrundsätze berücksichtigt, wie Lohngerechtigkeit und Chancengleichheit, die Anerkennung und Einhaltung von Kernarbeitsnormen, die Anerkennung der Menschenwürde und Nicht-Diskriminierung von Menschen innerhalb und außerhalb des Unternehmens.

Hier sind auch Werte und Kompetenzen im tagtäglichen Umgang von Belang, wie z.B. einander ausreden lassen, sich zuhören, gegenteilige Meinungen ruhig anhören usw. Und natürlich wird in der integren Unternehmung auch bewertet, beurteilt, ausgewählt, was aber immer in einem humanen Sinn geschehen sollte. Entscheidend sind auch die Entwicklung der Mitarbeiter, ihre Ausbildung und ihre Entlohnung. Ein weiterer Punkt ist, dass alle an der Wertschöpfungskette Beteiligten die personalpolitischen Werte einhalten. Auch darauf sollte geachtet werden. Auch hier war Body Shop vorbildlich (*Maak & Ulrich* 2007: 428).

Für Body Shop bedeutet Anti-Diskriminierung auch, Personen mit HIV/AIDS nicht als Bewerber oder Mitarbeiter auszuschließen. Im Jahr 2000 wurden in Singapur einige positiv getestete Personen als Zeitarbeitskräfte angestellt. Einige sind mittlerweile fest angestellt. Mit anderen Unternehmen wie z.B. Levi Strauss setzt man sich aktiv für die Überwindung von Beschäftigungsbarrieren gegenüber HIV-Infizierten ein. Body Shop engagiert sich außerdem für altersbezogene Diversität und versucht, Personen unterschiedlichen Alters zu integrieren.

(3) Wichtig ist des Weiteren der Prozess des *integren Entscheidens*, das angesichts von Interessenkonflikten oder moralischen Dilemmata notwendig ist, und die Suche nach Lösungsmöglichkeiten, die es erlauben, auch in einem Umfeld konfligierender Werte die eigene Integrität zu wahren. Hier sind folgende Fragestellungen relevant:

- Was ist in ethischen Entscheidungsprozessen zu beachten?
- Welche Hilfsmittel stehen zur Verfügung, um zu einer verantwortbaren Entscheidung zu gelangen?
- Wie lassen sich moralische Dilemmata innerhalb einer Organisation identifizieren und gegebenenfalls lösen?
- Wie bewahrt man seine Integrität in Dilemmasituationen?
- Was kann im Unternehmen getan werden, um moralische Dilemmata gar nicht erst entstehen zu lassen?

Die Grundlagen ethikbewusster Entscheidungsprozesse sind rationale Begründungen, damit die Entscheidungen legitimierbar werden. Im geschäftlichen Alltag entstehen Dilemmata aus konfligierenden Rollenerwartungen. Bei allen Entscheidungen müssen die Konsequenzen für die Interaktionspartner bedacht werden. Ziel ist, die individuellen und die organisatorischen Voraussetzungen dafür zu erhellen, dass ethikbewusstes Entscheiden in der Organisation möglich wird. Hier sind etwa folgende Fragen relevant: Unterstützt die Entscheidung einen sinnvollen Zweck, berücksichtigt die Entscheidung alle legitimen Ansprüche der Stakeholder? Ist die Entscheidung konsistent mit den Prinzipien der Organisation? Besitzt die Führungskraft überhaupt die nötige Macht, um die entsprechende Entscheidung durchzusetzen? Manchmal ist dann auch ein professioneller Rat durch Externe sinnvoll.

(4) Unter *„ethische Kompetenzbildung“* ist ein avanciertes Moralbewusstsein zu verstehen, das von Vernunft, von Empathie und von Fürsorglichkeit getragen ist. Wie lässt sich solche Kompetenz entwickeln und steigern? Dabei bezeichnet Moral die Gesamtheit gelebter Sitten und Konventionen und beruht auf den kulturspezifischen Wertvorstellungen und Verhaltensnormen, die ein Leben bestimmen. In einer jeweiligen kulturellen Tradition sind Normen und Standards bestimmend. Ethik dagegen befasst sich als philosophische Reflexionsdisziplin mit Fragen der Begründung moralischer Verbindlichkeiten (Rechte und Pflichten) sowie mit Konzepten des Guten. Sie liefert keine fixen Werte, sondern dient der Orientierung im verantwortungsbewussten Denken. Die philosophische Disziplin Ethik geht bis auf *Aristoteles* zurück. Grundfragen moderner Ethik betreffen das gute Leben, das gerechte Zusammenleben und das verantwortliche Handeln (vgl. dazu *Buer & Schmidt-Lellek* 2008).

Manche Firmen wie z.B. Pricewaterhousecoopers bieten bereits kleine Ausbildungsprogramme für Führungskräfte mit den Schwerpunkten „Diversity“, „Sustainability und leadership“ an. Für diese Thematik orientieren sich *Maak & Ulrich* wieder an der „Moralischen Entwicklung“ von *Kohlberg* (1981). Den höchsten Reifegrad hat danach eine Person, die ein prinzipienorientiertes Bewusstsein erlangt. Die Autoren betonen (*Maak u. Ulrich* 2007: 480 ff.), dass für die ethische Kompetenzbildung drei Aspekte wichtig sind:

(1) Reflexionskompetenz,
(2) moralische Kraft und
(3) moralischer Mut.

In den USA hat man seit den 1970er Jahren in Colleges Programme kreiert und gelehrt, die sich „Democracy & Education“ oder „Experience & Education“ widmen. Kernidee ist, das soziale Lernen zu fördern. Mittlerweise finden wir auch in Europa eine Reihe derartiger Initiativen.

(5) Mit dem Begriff *„Ethics Officer“* wird die Professionalisierung und Personalisierung von Verantwortlichkeit im Unternehmen bezeichnet. Unter dem Titel *„Ethics Officer“* oder *„Director Corporate Citizenship“* gibt es in etlichen Unternehmen Stabsstellen für einen „Unternehmensethiker“. Diese Personen haben

die Funktion, das individuelle und organisatorische Verantwortungshandeln zu unterstützen sowie die Professionalisierung im Umgang mit den ethischen Fragestellungen und Herausforderungen im Unternehmen zu fördern. Dabei darf die Einrichtung eines Ethics Officer nicht als Alibifunktion oder Moralpolizei gesehen werden. Im Grundsatz muss sich jeder CEO als solcher fühlen. Entsprechende Stabspositionen dienen lediglich der Professionalisierung des Integritätsmanagements im Unternehmen. Sie haben eine wichtige Fach- und Unterstützungsfunktion angesichts wachsender Komplexität ethischer Fragestellungen in einer Stakeholder-Gesellschaft.

Als spezielle Aufgaben beschreiben die Autoren anhand einer Befragung von *Weber & Fortun* (2005, zit. n. *Maak & Ulrich* 2007):

- Compliance (Regeln) sicherstellen,
- Untersuchungen anstellen,
- Ethiktraining,
- Ethikförderung,
- Ethik-Audits.

Ein Ethics Officer fungiert auch als Diskursgestalter und Moderator in der Unternehmensentwicklung. Sinnvollerweise bietet die Organisation ein möglichst präzises Stellenprofil. Die organisatorische Anbindung der Position sollte hierarchisch möglichst hoch, also gleich beim CEO sein. Es wäre auch wünschenswert, dass die Position eine gute Ausstattung mit Kompetenzen aufweist. Die Unternehmung engagiert möglichst mehrere Personen, sodass eine Stabsabteilung entsteht. In den USA existieren bereits Netzwerke einer Ethics & Compliance Officer Association ECOA. Hier können sich die Betreffenden für ihre Aufgabenerfüllung gegenseitig unterstützen.

Das Konzept der „Integren Unternehmensführung" wirkt zunächst vergleichsweise idealisiert. Es bietet aber einen modellhaften Leitfaden für viele Themen im Coaching – eben „ethisches Orientierungswissen für die Wirtschaftspraxis", wie die Autoren im Untertitel ihres Buches schreiben. Dieses Wissen kann für das Coaching neu ernannter Führungskräfte eine „*tacid base*", d.h. einen „schweigenden Untergrund" bilden, der nur bei Bedarf aktualisiert wird.

Teil II

Chancen und Risiken der neu ernannten Führungskraft

In diesem zweiten Teil des Buches sollen anhand zahlreicher Fallbeispiele die unterschiedlichen Einflüsse mit ihren jeweiligen Chancen und Risiken thematisiert werden, mit denen Führungskräfte nach Antritt einer neuen Position konfrontiert sind.

- Ein Faktor ist zunächst die *Rekrutierungsart,* d.h. wie die Führungskraft in ihre Position gelangt ist (Kap. 6): als „Aufsteiger“ innerhalb der Abteilung, als „Quereinsteiger“ von einer anderen Abteilung in derselben Firma oder als „Seiteneinsteiger“ von außen.
- Ein zweiter Faktor ist die *Vorgängersituation* (Kap. 7), ob der Vorgänger bis zu seiner Pensionierung tätig war, ein „Berserker“ oder ein „Charismatiker“ war oder aber plötzlich gestorben ist.
- Von Bedeutung ist sodann der *spezifische Auftrag* der neuen Führungskraft in der Organisation (Kap. 8): ob sie für ein neu gegründetes Unternehmen, für die Sanierung oder die Restrukturierung einer Organisation engagiert wurde oder ein erfolgreiches System zu weiterem Erfolg führen soll.
- Weiterhin sind *formale Konstituenten der Organisation* relevant (Kap. 9): Je nach der *Hierarchie-Ebene* (Topmanagement oder mittlere Hierarchie) und nach dem *Legitimitätsgrad* der Position (z.B. als formal designierte Führungskraft in einer Behörde, als gewählter Vorstand eines Vereins oder als Hauptamtlicher mit ehrenamtlichen Mitarbeitern) ergeben sich unterschiedliche Fragestellungen.
- Auch der *Organisationstyp* (eine Behörde, ein soziales Dienstleistungssystem, ein Unternehmen oder speziell ein Familienunternehmen) bestimmt die spezifischen Anforderungen an die neue Führungskraft (Kap. 10).
- Außerdem sind immer auch die Frau-Mann-Dynamiken in den unterschiedlichen Konstellationen (als Frau oder als Mann in Frauen- oder in Männer-

milieus oder in geschlechtsgemischten Milieus) mit den Chancen und Risiken zu berücksichtigen (Kap. 11).

- Abschließend sollen Einflüsse von *Internationalität* zur Sprache kommen (Kap. 12). Denn heute übernehmen viele Führungskräfte Positionen im Ausland, wo sie auf das jeweils Neue und Fremde angemessen reagieren müssen. Außerdem treten viele Führungskräfte in Systeme ein, in denen sie mit Menschen aus unterschiedlichen Nationen kooperieren müssen.

Neu in der Führung – das ist grundsätzlich prekär. Die Jobstress-Forschung (*Perewe* 1991) spricht sogar bei der Übernahme jeder neuen Position von „Krise". Denn der Positionsinhaber weiß meistens noch gar nicht, wie er sich in der neuen Situation „richtig" verhalten soll, wie er seine persönliche Stabilität wahren kann usw. Das gilt umso mehr für eine neue Führungsposition. Dabei ist zu bedenken, dass die Geführten ebenfalls durch eine neue Führungspersönlichkeit in eine kollektive Krise geraten. Denn ihre bislang etablierte informelle Dynamik gerät in Konfrontation mit der neuen Führung auch „in Unordnung". Die Geführten entwickeln ja ihre informellen Strukturen immer in unmittelbarer Korrespondenz zu der formalen Führungskraft (*Luhmann* 1994). Wenn diese sehr strikt strukturiert, wird sich ein betont liebenswürdiger informeller Führer herausbilden; wenn die Führungskraft dagegen selbst auf Beliebtheit setzt, gewinnen informelle Strukturierer an Boden. Wenn also auf einen strukturorientierten Vorgesetzten einer folgt, der auf Beliebtheit setzt, gerät der vormalige informelle Führer, der immer „allen mit Rat und Tat zur Seite stand", ins Abseits, denn er verliert seine bisherige Funktion. Wahrscheinlich versucht er dann, dem formalen Führer – offen oder verdeckt – seine Rolle streitig zu machen. So ist dieses Stadium grundsätzlich krisenhaft, selbst wenn es sich schon um die zweite oder dritte Führungsposition für die jeweilige Führungskraft handelt. Denn auch das System der Geführten muss sich durch die Interaktion mit der neuen Führungskraft erst wieder neu formieren und neu stabilisieren.

Dabei steht hier „Krise" weniger für einen „Störfall", sondern – vergleichbar dem Höhepunkt einer schweren Krankheit – für einen Wendepunkt, an dem sich die Dinge zum Positiven oder zum Negativen wenden können. So enthält die Übernahme einer neuen Führungsposition prinzipiell Chancen und Risiken. Wie diese Chancen und Risiken im Einzelnen verteilt und wie sie beschaffen sind, lässt sich anhand einer Reihe von Faktoren prognostizieren: Idealerweise kommt die Führungskraft schon vor Antritt ihrer Position ins Coaching, damit sie mit dem Coach erarbeiten kann, welche Faktoren aller Voraussicht nach bei Antritt ihrer neuen Stellung für sie relevant sind. Denn schon an diesem Punkt lassen sich Chancen und Risiken relativ treffsicher prognostizieren.

6. Kapitel

Einflüsse durch die Rekrutierungsart

Eine prognostisch sehr bedeutsame Frage ist, wie die Führungskraft in ihre neue Position gelangt ist. Handelt es sich um einen „Aufstieg", um einen „Quereinstieg" oder um einen „Seiteneinstieg" (*Fischer* 1999)?

6.1 Die Situation des Aufsteigers

„Aufsteiger" – das sind Führungskräfte, die in demselben System und sogar in derselben Abteilung von einer Hierarchie-Ebene in die nächste aufsteigen. Diese Rekrutierungsform wird auch manchmal etwas despektierlich als „Kaminaufstieg" beschrieben. Die neue Führungskraft war dann vormals Kollege ihrer jetzt unterstellten Mitarbeiter. Das nachfolgende Beispiel aus einem Industriebetrieb konfrontiert uns zunächst mit den Risiken dieser Rekrutierungsform:

Fallbeispiel: „Aufsteiger"

Die Fehring Schaltbau AG produziert eine breite Palette elektronischer Schaltungen für industrielle Zwecke. Bernd Lauterbach war unmittelbar nach dem Schulabschluss als Lehrling in das Unternehmen eingetreten. Von Anfang an verstand er sich gut mit seinen jeweiligen Arbeitskollegen, so auch mit seiner jetzigen Gruppe. Es gab jedoch Schwierigkeiten mit dem zuständigen Vorarbeiter. Bernd und seine Kollegen waren sich einig, dass ihr Vorgesetzter viel zu sehr auf irgendwelche Regeln insistiert und sie wie kleine Kinder behandelt. Es kam daher immer wieder zu Streitigkeiten zwischen den Arbeitern und ihrem Chef. Entsprechend schlecht war das Führungsklima in der Gruppe; auch die Arbeitsmoral war eher niedrig. Trotzdem wurde ein durchaus befriedigendes Produktivitätsniveau erreicht. Bald stellte sich heraus, dass Bernd ein besonderes Geschick besaß, derartige Streitigkeiten zu schlichten. Bernd selbst war sehr stolz auf seine Fähigkeit, zwischen den beiden Seiten zu vermitteln, und stets bemüht, sie zu verbessern. Er war überzeugt, dass Vorgesetze ihre Untergebenen als selbstständige und verantwortungsvolle Mitarbeiter zu behandeln hätten und dass diese dann mit ihrer Arbeit zufriedener wären und mehr leisten würden. Bei jeder Gelegenheit diskutierte Bernd seine Ansichten mit den Arbeitskollegen, die von seinen Ideen begeistert waren. Nach zwei Jahren wurde der unbeliebte Vorarbeiter versetzt. Der Werksleiter bot daraufhin Bernd dessen Stelle an. Ohne zu zögern, akzeptierte Bernd das Angebot und begann sogleich, seine Vorstellungen von Mitarbeiterführung umzusetzen. Die ersten Wochen verliefen sehr erfolgreich. Die Arbeiter waren froh, dass der alte Tyrann versetzt worden war und nun „einer von ihnen" die Aufsicht führte. Bernd bemühte sich gewissenhaft, seine neuen „Untergebenen" so zu führen, wie er es stets propagiert hatte. Als Bernd aber nach einiger Zeit feststellen musste, dass unter seiner Leitung die Produktivität der Arbeitsgruppe nicht gestiegen war, sondern vielmehr anfing zu sinken, wurde er nervös. Er wusste genau, wie diese Entwicklung von der Firmenleitung gesehen würde, und begann daher, vorsichtig auf einen höheren Produktionsausstoß zu drängen. Von den Arbeitern wurde Bernds Drängen nicht sonderlich ernst genommen; vielmehr meinten sie, er solle sich doch nicht so haben. Gleichzeitig sank jedoch die Produktionsleitung während der folgenden Monate stetig weiter ab, und Bernd fing an, ernsthaft an seiner Führungsfähigkeit zu zweifeln.

Eines Tages sah Bernd im Vorübergehen vier Arbeiter am Produktionsband für keramische Schaltelemente stehen und lachend auf den Boden blicken. Als er näher herankam, erkannte er, dass dort mehrere Schaltkästen, jeder mit einem Produktionswert von mehr als 1.500.- € zerbrochen am Boden lagen. Auf seine Frage hin erklärten die Arbeiter achselzuckend, dass das Fertigungsband einige Minuten unbeachtet geblieben und dabei die Kästen heruntergefallen seien. Bernd war über die Gleichgültigkeit der Männer äußerst verärgert und schimpfte sie laut für ihr Fehlverhalten aus. Dann stürzte er zurück in sein Büro. Keine Minute später stand einer der Arbeiter, Piet Mankmann, vor ihm.

Piet: „Was bildest du dir eigentlich ein, Bernd? So kannst du vor unseren Freunden nicht mit mir reden."

Bernd: „Du meinst, vor deinen Freuden! Meine seid ihr da draußen ja wohl nicht mehr. Seit ich den Job als Vorarbeiter übernommen habe, nutzt ihr mich aus und lasst eure Arbeit schleifen."

Piet: „Hoppla Bernd, beruhige dich wieder! Da sind doch gerade mal drei Schaltkästen zu Bruch gegangen. Das kann sich die Firma schon leisten. Aber wir müssen zusammenhalten."

Bernd: „Hör mir auf mit diesem ‚Wir müssen zusammenhalten'-Blödsinn auf! Wenn ihr bald nicht mehr Leistung bringt, seid ihr demnächst eure Arbeit los."

Piet: „Das soll wohl `ne Drohung sein? Was ist denn plötzlich mit deinem ganzen Gerede von ‚Untergebene als verantwortungsvolle, selbstständige Mitarbeiter behandeln'? Seit du hier Vorarbeiter bist, benimmst du dich, als wärst du ein völlig anderer.

Bernd: „Geh zurück an deinen Arbeitsplatz, Piet. Ich will nicht länger diskutieren."

Nun saß Bernd in seinem Büro und fragte sich, wie das alles nur geschehen konnte (nach *Steinmann & Schreyögg, G.* 2005: 703 f.).

An diesem Beispiel wird deutlich, dass Bernd den Rollenwechsel vom „beliebten Kumpel in der gemütlichen Badewanne des Teams" zum formalen Vorgesetzten in keiner Weise vollzogen hat und dass auch das Team ihn nicht aus seiner vormaligen Rolle entlassen will. Im Coaching muss er unterstützt werden, seine neue Rolle als formaler Vorgesetzter besser anzunehmen und auch gegen den Widerstand des Teams einzuüben. Er muss natürlich auch für eine neue Führungsideologie gewonnen werden. Und wahrscheinlich ist er auch zu unterstützen, seine neue Einsamkeit am Arbeitsplatz ertragen zu lernen bzw. sich neue Bekannte und Freunde auf gleicher Hierarchie-Ebene zu suchen.

Um die beschriebenen Komplikationen zu vermeiden, finden wir in manchen Milieus Regelungen, dass niemand an seinem bisherigen Arbeitsplatz aufsteigen darf. So besteht etwa in manchen Bundesländern die Regel, dass kein Lehrer in seiner bisherigen Schule zum Schulleiter befördert werden kann. Man versucht auf diese Weise, nicht nur die oben beschriebenen Komplikationen zu vermeiden, sondern auch die neue Schulleitung vor Rivalen zu schützen, die sich möglicherweise ebenfalls auf die Leitungsposition beworben haben.

Es finden sich andererseits gar nicht selten Organisationen, die den „Kaminaufstieg" geradezu kultivieren. So wurde mir von Schweizer Versicherungsmanagern beteuert, dass in ihren Unternehmen ausschließlich der Aufstieg, meistens sogar der „Kaminaufstieg" praktiziert wird. Sie begründeten dies damit, dass nur Personen, die schon lange in ihren Unternehmen tätig sind und dementsprechend ein spezifisches Fachwissen in einer speziellen Abteilung erworben haben, aufsteigen können. Für ihre Firmen stelle es auch jedes Mal ein Desaster dar, wenn ein Mitarbeiter mit dem „so wertvollen Wissen" die Firma verlässt. Man müsse schon deshalb möglichst „leichtgängige", organisationsinterne Beförderungswege eröffnen. Bei diesen Rekrutierungsstrategien spielt also das Wissensmanagement die entscheidende Rolle.

Eine vergleichbare, wenn auch meistens weniger explizit geäußerte Rekrutierungsstrategie für Führungskräfte finden wir in Familienunternehmen. Dabei geht es sicher auch vielfach ums Wissensmanagement, noch häufiger aber ums Vertrauen (*Wimmer et al* 2005). Besonders in kleineren Familienunternehmen, in denen die persönliche Beziehung zu den Mitarbeitern noch eine tragende Rolle spielt, werden Führungspositionen fast nie von außen, also durch fremde Personen besetzt. Wenn man schon operative Aufgaben nicht mehr selbst erledigen kann, möchte man sie wenigstens an Menschen übergeben, mit denen man schon lange vertraut ist.

Tatsächlich hat der Aufsteiger auch erhebliche Vorteile. Wenn er seine Führungsposition antritt, ist er mit den fachlichen Anforderungen meistens schon perfekt vertraut. Er weiß also genau, was er von seinen Mitarbeitern erwarten kann und was nicht. Das verleiht ihm in den Augen der Geführten fachliche Autorität und für sich selbst fachliche Sicherheit. Wesentlich ist dabei allerdings, dass er sich klar macht, dass er jetzt übergeordnete Aufgaben, also solche des Managements hat. Das bedeutet auch, dass er jetzt lernen muss, an seine vormaligen Kollegen zu delegieren. Der Aufsteiger hat aber noch andere Vorteile: Er ist mit der Organisationskultur vertraut. Er kennt die schlimmsten Fettnäpfchen sehr genau, kennt die heimlichen Spielregeln, die Mikropolitik und die informelle Dynamik. Wenn er, wie Bernd in unserem Beispiel, vormals sogar eine informelle Führungsposition innehatte, bilden diese Beziehungen eine „sozio-emotionale Hausmacht", auf deren Basis er nach einiger Zeit auch seine Anforderungen als formale Führungskraft etablieren kann. Voraussetzung für die Nutzung dieser Vorteile ist allerdings, dass er sich in den Augen der Geführten so verhält, dass sie seinen Rollenwechsel vom informellen zum formalen Führer zunehmend mehr akzeptieren und er diesen natürlich entsprechend markiert. Das kann anfangs durch einen kleinen Sektempfang oder ein anderes kulturkonformes Meeting mit einer offiziellen Einführung geschehen. Im weiteren Verlauf muss er sich natürlich zielstrebig von der Rolle „Jedermanns Liebling" verabschieden und freundlich, aber bestimmt seine Anforderungen kommunizieren – und insgesamt lernen zu führen. Er muss sich jetzt schlicht auf andere Machtmittel als die der Beliebtheit stützen. Im Coaching wird man ihn unterstützen, gegenüber den Geführten jetzt neue Beeinflussungspotenziale wie etwa sein Expertentum zu nutzen.

6.2 Die Situation des Quereinsteigers

Quereinsteiger gelangen nicht geradewegs, also durch den „Kamin", auf ihre Position. Sie reüssieren zwar ebenfalls in der gleichen Organisation, nicht aber in derselben Abteilung. Wenn sie in der Abteilung A Mitarbeiter waren, steigen sie nun in der Nachbarabteilung B zum Vorgesetzten auf. In dieser Situation ist es vorteilhaft, dass die Führungskraft mit der Geschichte und dadurch auch mit der Kultur der Organisation im Wesentlichen vertraut ist. So kennt sie meistens schon die wichtigsten Firmenwitze, die informellen Kleiderregeln usw. Aber genau diese vermeintliche Vertrautheit stellt, wie das nachfolgende Beispiel zeigt, für sie oft sogar ein Risiko dar. Denn dieser Umstand führt leicht dazu, dass ihr wichtige Details entgehen.

Fallbeispiel: „Quereinsteiger"

Robert Hauser, ein Soziologe, war in der Ausländerbehörde einer größeren Stadt für die Ausländerintegration in dieser Stadt zuständig. In dieser Funktion arbeitete er bereits einige Jahre und kannte sämtliche Vertreter der Migrantengruppen sehr persönlich. Aufgrund einer neuen hausinternen Regelung sollte er aber nach fünf Jahren eine Beförderungsstelle antreten, die mit völlig anderen Themen befasst war und auf der er auch gänzlich andere Mitarbeiter hatte. Hier ging es um überregionale Projekte, die sogar von der EU gefördert wurden. In den ersten Wochen freute er sich über seine Beförderung, bald häuften sich aber die Komplikationen. Die Mitarbeiter der neuen Abteilung, die „Europäer", fühlten sich nämlich den Kollegen von der „Ausländerintegration" haushoch überlegen. Äußerlich zuvorkommend mokierten sie sich aber hinter vorgehaltener Hand, dass sie jetzt einen neuen Vorgesetzten bekamen, der von den „Provinzlern" kommt. Kaum merklich kehrten sie ihre vermeintliche Überlegenheit heraus. Robert Hauser fühlte sich auch noch 5 Wochen nach seinem Neueintritt vergnügt, bis er in der Teeküche, wo er sich gerade ein Müsli zubereitete, eine der Sekretärinnen sagen hörte: „Der neue Chef macht hier einen Wind, als wenn die da drüben was gearbeitet hätten. Die rennen doch bloß auf irgendwelchen Türkenfesten rum. Ich werde den Neuen mit seinen Tabellen mal ein bisschen warten lassen, der bekommt sie eben erst später. So hopp hopp geht's hier ja nicht."

Robert Hauser blieb sich lange im Unklaren, ob er das Gehörte offen ansprechen sollte. Er entschied sich dagegen, merkte aber, dass sein Gefühl der Vertrautheit, das er in der neuen Abteilung bislang erlebt hatte, wohl eher einer Wunschprojektion entsprungen war. Ihm dämmerte es langsam, dass sich die Mitglieder dieser Abteilung denen seiner früheren ziemlich überlegen fühlten, und es dämmerte ihm, dass sie sich beinahe gekränkt fühlten, jetzt einen von den „Provinzlern" als Chef bekommen zu haben. Es blieb ihm nichts anderes übrig, als in der nächsten Zeit seine hohe fachliche Kompetenz im Bereich europäischer Projekte immer wieder deutlich zu machen. Langsam konnte er dann auf der Basis dieser Expert-Power als neuer Vorgesetzter an Boden gewinnen. Als Indikator betrachtete er die zunehmende Bereitschaft der Sekretärin, seine Dinge möglichst schnell zu erledigen.

So zeigt es sich immer wieder, dass Führungskräfte beim Quereinstieg dazu neigen, sich mehr Vertrautheit zu phantasieren, als tatsächlich vorhanden ist. Sie antizipieren im Allgemeinen nicht, dass jede Abteilung ihre eigene Subkultur entwickelt, weil die Mitarbeiter sich mehr oder weniger deutlich von anderen Abteilungen abzugrenzen suchen. So muss sich eine Führungskraft nach einem Quereinsteig meistens darauf vorbereiten, dass sie nuanciert andere Kulturmuster vorfinden wird. Außerdem entwickeln sich in jeder Organisation informelle Statushierarchien der Abteilungen. Das heißt, manche Abteilungen gelten als „toll", andere als „langweilig" oder „unterprächtig". Wenn die neue Chefin oder der neue Chef aus einer „tollen" Abteilung kommt, werden die neuen Mitarbeiter beklommen reagieren und vermuten, dass sie jetzt mit sehr hohen Anforderungen konfrontiert sind. Wenn die neue Führungskraft dagegen einer Abteilung entstammt, die man für langweilig hält, dann fühlen sich ihr die Mitarbeiter zunächst (verdeckt) überlegen (*Fischer* 1999).

So sollte der Coach einen Quereinsteiger darauf aufmerksam machen, dass er sich mit der subjektiven Relation der beiden Abteilungen zueinander befasst. Er sollte außerdem anregen, die neue Abteilungskultur zu analysieren, damit sich die Führungskraft damit besser arrangieren kann. Im Übrigen muss der Quereinsteiger immer damit rechnen, dass er die informelle Dynamik der neuen Abteilung mit ihren mikropolitischen Fallstricken erst langsam erfassen kann. Und er muss damit rechnen, dass „Randfiguren", also Personen, die in der informellen Statushierarchie bislang nicht besonders hoch standen, ihn mit seiner anfänglich immer bestehenden leichten Verunsicherung zu einer Koalition verleiten wollen.

6.3 Die Situation des Seiteneinsteigers

Alles dies stellt sich beim Seiteneinsteiger noch gravierender dar. Amerikanischen Erhebungen zufolge erbringen zwischen 40 bis 50 Prozent der unternehmensfremden Manager nicht die gewünschten Ergebnisse (*Watkins* 2007: 21). Der Seiteneinsteiger „schneit" förmlich in ein System hinein, das ihm noch gänzlich unvertraut ist. Wenn vor seinem Erscheinen noch einige widrige Umstände vorlagen, kann es, wie das nachfolgende Beispiel zeigt, zu ausgesprochen unguten Situationen kommen.

Fallbeispiel: „Seiteneinsteiger“

Marianne Fuhrmann fiel schon während ihres Studiums für Anglistik und Germanistik positiv auf. Sie legte nach kürzester Zeit ein Prädikatsexamen ab. Danach fungierte sie einige Jahre als Lehrkraft in einem Gymnasium, daran anschließend zwei Jahre als Schulleiterstellvertreterin, um sodann in eine Position bei der Schulaufsicht zu wechseln. Als sie hier Fuß gefasst hatte, bat sie ihr Vorgesetzter, doch „bitte, bitte“ die Leitung eines großen Gymnasiums zu übernehmen, „weil die Schule seit drei Jahren führungslos ist“. Nach einiger Bedenkzeit willigte Marianne ein, denn die Übernahme einer Schulleitung schien ihr nun doch attraktiver als die Behördentätigkeit.

Also begab sie sich zu Beginn des neuen Schuljahres in „ihr“ Gymnasium. Dort betrat sie das Sekretariat, das voll von Kartons stand und den Eindruck einer Abstellkammer machte. Im Direktorat fielen Frau Fuhrmann sofort Stapel von Papier auf einem großen Schreibtisch auf. Als sie das Lehrerzimmer betrat, um überhaupt jemanden aus dem Kollegium zu sprechen, quoll ihr eine dicke Rauchwolke entgegen, aus der zwei männliche Lehrkräfte auftauchten. Auf ihre Anfrage nach der Sekretariatskraft erfuhr sie, dass diese wegen einer Erkrankung schon seit geraumer Zeit abwesend sei. Auf weitere Fragen erhielt sie nur wenig brauchbare Informationen. Sie ermittelte aber immerhin so viel, dass der erste Schultag um 10 Uhr beginnen sollte.

Sie setzte sich also an ihren Schreibtisch und begann, die dort gestapelten Papiere zu sichten. Plötzlich wurde die Tür aufgerissen und ein etwa 50jähriger Mann stolperte ins Direktorat hinein. „Ach, Sie sind ja schon da“, stöhnte er, stellte sich kurz als Schulleiterstellvertreter vor, um mit einigen rasch zusammengerafften Ordnern wieder den Raum zu verlassen. „Ich muss die neuen Schüler begrüßen. Ich komme später noch vorbei“, und blieb verschwunden. Marianne bekam einen flauen Magen. Als sie am nächsten Morgen zur Schule kam, fand sie reges Treiben auf dem Schulparkplatz vor. Dort standen fünf Reisebusse, und mindestens 100 Kinder liefen aufgeregt um die Busse herum. „Was ist denn hier los?“, fragte sie eine Frau, die sie für eine Lehrkraft hielt. „Wir machen heute einen Ausflug nach ..., ich bin Elternsprecherin, ich helfe“, meinte diese. „Und wer sind Sie?“

Jetzt fühlte sich Marianne zum ersten Mal richtig elend in ihrer neuen Rolle. In den nachfolgenden Tagen und Wochen erhielt sie weitere Kostproben von dem „herzlichen Empfang“: Auf ihrem Schreibtisch kamen immer wieder wichtige Schriftstücke abhanden, die sie dann manchmal in irgendwelchen Ordnern wieder fand, die Schulsekretärin war aufgrund einer chronischen Erkrankung nur selten anwesend, der Hausmeister ließ sich kaum etwas sagen, und eine größere Gruppe des Kollegiums samt dem Schulleiterstellvertreter gab sich alle erdenkliche Mühe, ihr zu signalisieren: „Dich brauchen wir nicht, wir können alles alleine."

Als Marianne schwer erkrankt war, suchte sie einen Coach auf, mit dem sie nun Folgendes rekonstruierte: Der Vorgänger im Amt erlitt einen Herzinfarkt, weshalb er zunächst für einige Zeit ausfiel. Dann hatte der Stellvertreter zusammen mit dem didaktischen Leiter und einigen dynamischen informellen Führern die Schule geleitet. Als der Schulleiter noch einmal einen Infarkt erlitt und für ein weiteres Jahr ausfiel, hatte sich zwischen dem Stellvertreter und seinen „Helfern" bereits ein so perfektes Zusammenspiel entwickelt, dass die Ankunft einer „richtigen" Schulleitung nur noch stören konnte. Als alle Versuche der Konfliktregelung durch externe Konfliktmanager gescheitert waren, erreichte es Frau Fuhrmann durch ihre guten Beziehungen „nach oben", dass die „Hauptstörenfriede" an andere Schulen versetzt wurden. Und ganz langsam gewann sie das Vertrauen des übrigen Kollegiums (*Schreyögg* 2002: 164 f.).

Dieses Beispiel belegt zunächst das hohe Risikopotential des Seiteneinsteigers. Marianne Fuhrmann ist allerdings auch viel zu abrupt in das System „gegrätscht". Es hat sie niemand aus der nächsten Hierarchie-Ebene inthronisiert, sie selbst hat sich nicht „ordentlich" eingeführt, sie hat es der informellen Hierarchie nicht gedankt, dass sie das System ohne formale Leitung aufrecht erhalten hat. Sie hat im Gegenteil dieses Segment schnell als Konkurrenz betrachtet und damit die Entwicklung einer äußerst ungünstigen Dynamik begünstigt.

Niklas Luhmann (1962) macht in einem seiner frühen Aufsätze darauf aufmerksam, dass der Seiteneinsteiger aufgrund der Tatsache, dass er sich am Anfang letztlich nur auf die formalen Implikationen seiner Rolle beziehen kann, ihm also die „Geheimnisse" der Organisation, d.h. das informelle Unterleben des Systems, noch verborgen sind, enorm isoliert ist. Dabei handelt es sich um eine kommunikative Isolation. Denn Vertrautheit in Organisationen basiert ja auf gemeinsam geteilten informellen Übereinkünften. Und das ergibt sich erst im Verlauf von langfristigen Interaktionssequenzen. Wegen dieser Isolation, die subjektiv als Einsamkeit erlebt wird, neigen neue Führungskräfte häufig dazu, ihre formalen Möglichkeiten zu intensivieren. Dies führt aber vielfach dazu, dass sich die Mitarbeiter noch mehr in Distanz zum Vorgesetzten begeben.

Im Coaching muss gerade die Situation des Seiteneinsteigers auf jeden Fall nach organisationstheoretischen und nach psychodynamischen Gesichtspunkten untersucht und bearbeitet werden. Idealerweise kommt gerade der Seiteneinsteiger bereits vor Antritt seiner neuen Position ins Coaching, denn nun kann ihn der Coach unterstützen, anhand von Internetrecherchen oder anhand von Informationen, die der Klient im Verlauf der Vorstellungsprozeduren erhalten hat, erste Analysen der Organisationsstruktur und -kultur sowie der Organisationsgeschichte vorzunehmen. Bei diesen ersten Gesprächen sollte der Coach die Führungskraft auch animieren, sich innerlich noch einmal „richtig“ von seiner vorhergehenden Position zu verabschieden. Dabei hat es sich bewährt, den neuen Arbeitskontext sehr bewusst in der Differenz zum alten Arbeitsplatz zu beleuchten. Sonst ergeben sich unbemerkt perspektivische Überlagerungen zwischen der neuen Situation und der alten im Blickfeld der neuen Führungskraft. Und sie trifft flugs gravierende Fehlentscheidungen (*Watkins* 2007).

Wenn der neue Positionsinhaber ein bis zwei Wochen auf seiner neuen Position zugebracht hat, kann der Coach ihn animieren, sich mit der informellen Dynamik an seinem neuen Arbeitsplatz zu befassen. Diese wird er am ehesten ermitteln können, wenn er möglichst viele Einzelgespräche führt. Besonders wertvoll sind dabei die Informationen von Mitarbeitern auf formalen Positionen, wie z.B. Stellvertreter, Betriebsräte, Personalräte, Frauenbeauftragte usw. Und nicht zu vergessen, die Sekretärin sollte die zentrale Quelle für Informationen sein. Im Verlauf dieser Gespräche erfährt die neue Führungskraft idealerweise auch, wer im System bislang eine Position als Beliebtheitsführer hat oder wer bisher für strukturierende Funktionen zuständig war. Und er erfährt vielleicht auch schon, welche informellen „Drahtzieher“ das System hat, an wen man sich also als „Troubleshooter“ oder als Ratgeber wendet. Das ist wichtig, damit er diese informellen Führer im weiteren Verlauf entsprechend in seine Aktionen einbauen bzw. nutzen kann.

Wie im dritten Teil noch umfassend thematisiert wird, sind Einzelgespräche auch deshalb relevant, weil der neue Positionsinhaber seinen Mitarbeitern vertraut werden muss, d.h. er muss sich kennen lernen lassen. Der Coach wird ihn auf solche Gespräche in der Weise vorbereiten, dass er seinen Gesprächspartnern möglichst viele offene Fragen stellt, die sie also nicht mit „ja“ oder mit „nein“ beantworten können, sondern die geeignet sind, vieles zu berichten. Er wird also seine Gesprächspartner animieren, möglichst viel von sich selbst zu erzählen. Die Einzelgespräche dienen dem Seiteneinsteiger auch dazu, sich eine „sozio-emotionale Hausmacht“ im System aufzubauen. Während sich der Aufsteiger, selbst wenn er vorher nicht informeller Führer wie „Bernd“ war, bereits auf eine gewisse Vertrautheit als emotionale Basis stützen kann, steht der Seiteneinsteiger noch mit vollkommen leeren Händen da.

Dieser Umstand hat große psychodynamische Bedeutung: Wo für die Geführten das Auftreten des Aufsteigers als formale Führungskraft noch nicht recht glaubwürdig erscheint und sie sich ihm menschlich immer noch so nahe fühlen, dass sie ihn kaum als formalen Vorgesetzten begreifen können, phantasieren sie sich den Seiteneinsteiger in aller Regel als schon „fertigen Chef“ oder als „fertige Chefin“. Das geschieht auch in Fällen, in denen er oder sie jetzt die erste Führungsposition antritt. Solche Phantasien führen aber fast sofort zu Autoritätsprojektionen. Das heißt, die neue Führungskraft wird, besonders wenn sie Restriktionen einführt, allzu schnell als „böser Vati" oder als „böse Mutti" erlebt. Das aber erzeugt gar nicht selten Mobbingphänomene gegenüber Vorgesetzten wie im Beispiel von Marianne Fuhrmann. Wenn die Geführten dagegen ihre neue Führungskraft – vor allem in Einzelgesprächen – kennen lernen können, weichen die Projektionen als Phantasiegebilde mehr und mehr einem realen Eindruck – „ach ja, der Neue ist ja ganz in Ordnung."

Der Coach sollte den Seiteneinsteiger auch anregen, sobald er es für angemessen hält, „seine eigenen" Rituale in der Organisation zu implementieren. Das beginnt mit einer Begrüßungsveranstaltung, in der sich die neue Führungskraft allen Mitarbeitern präsentiert; es beinhaltet aber auch die Gestaltung von Weihnachtsfeiern, Jubiläen usw. Dabei ist es allerdings sinnvoll, diese Rituale auf die jeweilige Organisation abzustellen, d.h. auf ihre Größe, auf die Anzahl der Mitarbeiter usw. (vgl. *Meier* 2005).

Gerade beim Seiteneinsteiger muss allerdings davon ausgegangen werden, dass auf eine Phase der Euphorie über all das Neue eine eher depressive folgt (*Walter* 2007). Ähnlich einem Kulturschock (*Oberg* 1960), stellt sich nämlich nach den ersten acht bis neun Monaten meistens ein Zustand von Enttäuschung ein, dass all das Neue doch nicht so attraktiv ist wie erwartet. In diesem Stadium sollte der Coach Unterstützung bieten, dass die Führungskraft das Positive an der neuen Situation wieder deutlich wahrnehmen kann.

Denn in der Tat gibt es auch Vorteile beim Seiteneinstieg: Die besondere Bedeutung des Seiteneinstiegs für eine Firma, weshalb ja auch so viele von ihnen genau diese Rekrutierungsform bevorzugen, liegt in der Systemfremdheit der neuen Führungskraft. Damit wird im Allgemeinen die Hoffnung verbunden, dass sie nicht betriebsblind oder „pfadabhängig" und dementsprechend in der Lage ist, Innovationen anzuregen. Gerade als Nachfolger auf einen Pensionär oder als Sanierer kann besonders der Seiteneinsteiger einem System viele neue Impulse geben. Coaching ist aber auch hier sinnvoll, denn gerade Seiteneinsteiger, die als „Heilsbringer" etabliert werden, neigen dazu, die Innovationsfähigkeit der Mitarbeiter zu überfordern, und erzeugen dann nur noch kollektive Widerstände. Auch der Seiteneinsteiger sollte Innovationen nicht sofort, sondern erst nach einer eingehenden Analyse offerieren und exekutieren. Wenn er allerdings den Eindruck hat, dass Dinge „aus dem Ruder laufen", also die Funktionsfähigkeit des Systems empfindlich gestört wird, sollte er sofort und beherzt eine entsprechende Veränderung durchsetzen, sonst würde eine indiskutable Situation unangemessen zementiert. In vielen Fällen werden Seiteneinsteiger aber auch von den Geführten ausgesprochen herzlich willkommen geheißen. Das ergibt sich regelmäßig in Situationen, in denen die Geführten mit der bislang amtierenden Führungskraft unzufrieden waren.

7. Kapitel

Einflüsse durch die Situation des Vorgängers

In meinen bisherigen Ausführungen schimmerte hier und da schon durch, dass für jede neue Führungskraft die Situation des Vorgängers von Belang ist. Sie nämlich bestimmt immer die Einstellung der Geführten und die Erwartungen an die neue Führungskraft in beträchtlichem Ausmaß mit. So ist es im Coaching prinzipiell empfehlenswert, die Vorgängersituation zu rekonstruieren. Es ist keineswegs gleichgültig, ob die Führungskraft auf einen Pensionär folgt, der vielleicht noch häufig krank war, auf eine betont autoritäre Führungskraft, auf einen „Charismatiker" oder womöglich auf eine Führungskraft, die plötzlich verstarb. „Nachfolge (ist) eine Form der Beziehung (...), die einige heikle psychologische Implikationen hat. (...) Und in jedem Fall stellt sich die Frage nach Gemeinsamkeiten und Unterschieden zwischen dem, was Vorgänger und Nachfolger tun, bzw. dem Wert ihrer ähnlichen oder unähnlichen Verhaltensstrategien" (*Simon* 2005: 189). In Familienbetrieben ist diese Nachfolgethematik von besonderer psychologischer Brisanz, weil es sich oft um Vater-Sohn-Relationen mit einer komplexen Beziehungs-Geschichte handelt. Sie ist aber auch in anderen Organisationstypen virulent, weil in den Augen der Geführten prinzipiell ein Vergleich zwischen Vorgänger und Nachfolger vorgenommen wird.

7.1 Die Situation des Nachfolgers auf einen Pensionär

Die Nachfolge auf einen Pensionär stellt dem Nachfolger fast immer die Anforderung, den „Reformstau", den der Pensionär meistens hinterlassen hat, aufzulösen. In diesem Umstand bündeln sich Risiken wie Chancen. Die Risiken, denen der Nachfolger begegnet, können entweder in einer „turbulenten Veränderungssucht" der Mitarbeiter bestehen oder in einem allzu müden, eingefahrenen Trott, den man heute auch als „Pfadabhängigkeit" (*Schreyögg, G. & Sydow* 2003) bezeichnet.

In vielen Organisationen lässt sich beobachten, dass die Mitarbeiter dem „alten Herrn“ oder der „alten Dame“ vor deren Pensionierung keinen Ärger mehr machen wollen und deshalb keinerlei Innovationen mehr anregen. „Das soll der Nachfolger regeln“, lautet in solchen Fällen oft die Devise. Nach Ausscheiden des Pensionärs kann sich aber nun dem Nachfolger ein regelrechter „Innovationssturm“ bieten. Dann entwickelt sich zu den unterschiedlichsten Themen und Fragestellungen vielleicht ein turbulenter Gesprächsbedarf, von dem sich der Nachfolger geradezu überrollt fühlt. Handelt es sich bei dem Nachfolger um einen Aufsteiger, wird er sofort an seiner Führungsfähigkeit zweifeln und sich fragen, „was mache ich bloß falsch, dass jetzt plötzlich so viele Konflikte entstehen, das hat es doch früher nicht gegeben.“ Ein Coach kann dann den Aufsteiger beruhigen, dass er nämlich für diese Situation einen unschätzbaren Vorteil hat: Er kennt die Kultur und kann deshalb die aktuellen Kontroversen als Insider mit kulturkonformen Strategien moderieren, mildern oder zu bewältigen helfen.

Für einen Seiteneinsteiger stellt sich diese Situation schwieriger dar. Er muss jetzt sofort, ohne dass er sich auf eine „solide“ sozio-emotionale Hausmacht stützen kann, Funktionen der Konfliktregulation übernehmen. Wenn sich aus den Kontroversen sogar emotionalisierte Eskalationen entwickeln (*Schreyögg* 2002), besteht die Gefahr, dass er selbst ins Schussfeld gerät. Spätestens jetzt sollte der Nachfolger einen Coach engagieren. Denn nun kann es sogar passieren, dass sich Konfliktparteien gegen den „Neuen“ wenden, um etwa durch Scheinkoalitionen Frieden zwischen sich herzustellen.

Noch häufiger haben sich aber die Mitarbeiter bei einem Pensionär an einen eher gemütlichen Trott gewöhnt. Sie setzen dann einer neuen Führungskraft, vor allem einem Seiteneinsteiger, einen erheblichen Widerstand entgegen, wenn dieser mehr Beweglichkeit fordert. Wenn die neue Führungskraft durch Coaching unterstützt wird, diese Klippen zu umschiffen, kann sie aber für die Organisation wie für ihr eigenes berufliches Selbstverständnis viel Gewinn aus der Situation ziehen. Von einer solchen Erfahrung zeugt das folgende Beispiel.

Fallbeispiel: Nachfolge auf einen Pensionär

Horst Wagner, 35 Jahre, fragte um Coaching an, weil er sich „gründlich verunsichert“ fühlte. Er hatte kürzlich in einer Bank die Position eines „Vertriebsdirektors“ übernommen, d.h. des Vorgesetzten aller Filialleiter einer größeren Stadt. Er nahm seine neue Tätigkeit mit viel Schwung und Energie auf. Er richtete sofort ein wöchentliches Treffen mit allen Filialleitern ein, „um alle kennen zu lernen, um von ihnen zu hören, was sich in ihren Filialen so tut, aber auch, um mit ihnen über ihre Kompetenzen und eventuellen Defizite im Managementbereich zu sprechen.“ In der Bank war soeben ein 360-Grad-Feedback-System eingerichtet worden, bei dem jeder Mitarbeiter in relativ kurzen Intervallen auf jeder Hierarchieebene von oben, von unten und von der Seite beurteilt werden sollte (vgl. *Neuberger* 2000). In den ersten beiden Wochen nahmen alle an den Meetings teil, „um ihn zu beschnuppern“, wie er meinte. Ihm fiel aber auf, dass sie ihm als ihrem Vorgesetzten gegenüber wenig mitteilsam waren. In den nächsten drei Wochen bröckelte die wöchentliche Sitzung aber erheblich. Zunächst fehlten drei, dann vier, in der dritten Woche sogar fünf, von denen sich jeweils nur zwei für ihre Abwesenheit entschuldigt hatten. Jetzt fühlte sich der junge Vertriebsdirektor verunsichert und auch verärgert. Er wies seine Sekretärin an, eine Rundmail an alle zu richten, damit sie am kommenden Treffen auf jeden Fall teilnähmen. Und tatsächlich, jetzt erschienen alle bis auf eine Filialleiterin, die sich allerdings wegen Krankheit entschuldigen ließ. Jetzt polterte Horst Wagner los, dass es schier unglaublich sei, dass sie die wöchentlichen Treffen einfach „schwänzen“, dass sie sich entziehen würden, dass er sich jetzt auch die Zahlen ihrer Filialen angesehen habe, dass da manches im Argen liege, dass sie überhaupt viel zu lahm seien, gar nicht gerüstet für das neue Beurteilungssystem usw.

Zuerst waren die Filialleiter schockiert, dann empört. Besonders eine Gruppe von fünf Personen, vier Männer und eine Frau, teilten Horst Wagner mit, dass sie sich über so einen Ton sofort beim Personalchef beschweren wollen. Nun fühlte sich Horst Wagner erheblich in der Defensive. Als der Personalchef angesichts dieser Beschwerde auch noch einen Betriebssozialarbeiter beauftragte, „sich mal ein bisschen der Gruppendynamik in dieser Stadt anzunehmen“, war er irritiert. Der Betriebssozialarbeiter berief eine Sitzung ein, an der plötzlich wieder alle anwesend waren und die sich zu einem regelrechten Tribunal gegen Horst Wagner auswuchs. Bei dieser „Aussprache“ wurde ihm aber klar, dass er es mit spezifischen „Altlasten“, nämlich mit Interaktionsmustern von seinem Vorgänger zu tun hatte, und ihm wurde klar, dass er die Personalentwicklung dringend um Coaching bitten wolle.

In diesem Stadium begannen wir mit der Beratung. In einem ersten Schritt rekonstruierten wir die aktuelle Situation. Ich ermunterte Horst Wager, sich bei seinem formalen Vorgesetzten, aber auch bei seiner Sekretärin (das ist nämlich die einzig legitime Vertraute eines Vorgesetzten) nach dem Vorgänger zu erkundigen, außerdem alle Informationen zu sammeln, die er zwischen Tür und Angel über „sein“ System gewinnen konnte. Nun stellte sich heraus, dass sein Vorgänger, ein sanguinischer 65-jähriger Mann, bereits 10 Jahre auf seiner Position verbracht hatte und ungefähr zwei Jahre vor seiner Pensionierung „eigentlich mehr seinen Vorlieben als den Erfordernissen der Bank“ entsprochen hatte. Es stellte sich außerdem heraus, dass besonders fünf Filialleiter, genau die, die sich jetzt auch über ihren neuen Chef beschwert hatten, „Lieblinge“ des Vorgängers waren. Sechs andere Filialleiter dagegen, die bei den Sitzungen mit dem neuen Chef auch jeweils anwesend waren, hatten sich dagegen in der Vergangenheit zu wenig von ihrem Vorgesetzten gesehen und in ihrer Arbeit respektiert gefühlt. Der Vorgänger schien in den letzten Jahren weniger auf Leistung als vielmehr auf Geselligkeit Wert gelegt zu haben. Gesellige Events pflegte er aber immer mit den ihm besonders genehmen Filialleitern, nämlich den fünfen, zu verbringen. Die anderen fühlten sich dagegen abgeschrieben. Besonders ein älterer Mann aus dem Kreis der „Fünfermafia“, der mit seinem früheren Chef an den Wochenenden jeweils segeln ging, erwies sich jetzt als besonders „sperrig“.

Als Fazit unserer Rekonstruktion ergab sich, dass Horst Wagner als neu installierte Führungskraft, die noch dazu das neue Leistungsbeurteilungssystem einführen musste und diesem auch selbst ausgesetzt war, sich mit einer massiven, durch seinen Vorgänger stark geförderten informellen Gruppierung konfrontiert sah. Von dieser wurde er mit seinen Leistungsanforderungen geradezu boykottiert. Er selbst hatte aber dem interaktiven Charakter von Führung nicht ausreichend Rechnung getragen. In der Annahme, dass sich die Filialleiter allein aufgrund seiner formalen Position als Vorgesetzter von ihm zu mehr Leistung animieren ließen, hatte er gänzlich verkannt, dass er sich ihnen gegenüber auch als neuer, zumal junger Vorgesetzter überhaupt erst als würdig erweisen musste. Gleichlaufend mit seinen Leistungsanforderungen als „Agent der Bank“ hätte er eine sozio-emotionale Hausmacht bei seinen Mitarbeitern aufbauen müssen. Da durch Eintritt eines neuen Vorgesetzten immer Verunsicherung entsteht und da sich die Gruppendynamik als informelle Struktur jeweils neu formiert, hatte sich ein Teil der Filialleiter an dem bisherigen informellen Führer, nämlich am „Segelkameraden“ ihres früheren Vorgesetzten orientiert. Je mehr nun der neue Chef auf Leistung drängte, noch dazu mit Hinweis auf das neue Leistungsbeurteilungssystem, als desto deutlicher erwies sich dieser als emotionaler Antipode mit Merkmalen von Leistungsboykott. So hatte sich unter der Hand eine „Quasi-Doppelspitze“ mit konträren Normen und Standards ergeben, die als „legale“ und als „illegitime“ Führung miteinander in Konkurrenz standen.

Angesichts der Rekonstruktion wurde Horst Wagner deutlich, dass er von Anfang an bei weitem zu einseitig auf eine Rolle als „neuer Besen, der gut kehrt“ gesetzt hatte. In dieser erheblich verfahrenen Situation entwickelten wir eine regelrechte Strategie, mit der Horst Wagner erst einmal versuchen sollte, seine Mitarbeiter noch einmal neu für sich zu gewinnen. Bevor er nämlich Leistung fordern konnte, hatte er es versäumt, eine „sozio-emotionale Hausmacht“ aufzubauen. Als Generallinie schien es Horst Wagner sinnvoll, ab jetzt zwar nicht auf die wöchentliche Sitzung zu verzichten, aber viel mehr Zeit in Einzelgespräche zu investieren. In einem ersten Schritt sollte er genau die Filialleiter aufsuchen, die sich von seinem Vorgänger zu wenig gesehen fühlten. Wir entwickelten einen kleinen Leitfaden für diese Gespräche, er sollte eher etwas allgemein nach der bisherigen organisatorischen Entwicklung der Bank fragen. In diesen Gesprächen konnten sich die Filialleiter „endlich einmal ihren Ärger von der Seele reden über die vergangenen Jahre". Auf diese Weise konnte Horst Wagner nicht nur die Beziehung zu dieser Gruppe verdichten, sondern er erhielt auch viele Informationen. Wesentlich war allerdings, dass er sich in keiner Weise negativ über seinen Vorgänger äußerte und auch keine Koalition mit dem jeweiligen Gesprächspartner einging. Im Schonraum des Coachings experimentierten wir im Rollentausch mit einer angemessenen Form der Gesprächsführung.

Diese Gespräche dienten Horst Wagner auch zur eigenen emotionalen Stärkung, dass er nämlich bei diesen Mitarbeitern jetzt fast sofort als „passabler Vorgesetzter" in Erscheinung treten konnte und von ihnen auch so apostrophiert wurde. Im Verlauf der nächsten Wochen bat er auch die anderen Mitarbeiter jeweils einzeln zu einem „persönlichen Gespräch". Für die fünf „Lieblinge" des Vorgängers bereitete er sich noch gesondert vor: Zu vieren von ihnen ging er in deren Büro, um ihnen durch diese Geste sein Entgegenkommen zu dokumentieren. Trotzdem stellte er freundlich, aber bestimmt bei jedem einzelnen von ihnen noch einmal klar, dass sie nicht umhin kämen, ihre Leistung zu steigern. Alle vier verhielten sich am Ende des Gesprächs entgegenkommend. Und während der wöchentlichen Sitzungen konnte er nun eine höhere Kooperationsbereitschaft und mehr Respekt ihm gegenüber feststellen. Das äußerte sich in der Übernahme von Sonderaufgaben, in ihrem Interesse an seinen Anregungen für die Mitarbeiterführung usw. Bei diesen Events trat er jeweils als moderierender Vorgesetzter in Erscheindung, sodass die Filialleiter nun auch mehr untereinander kommunizierten.

Jetzt blieb nur noch der „Segler" als Kontrahent, der in Reden und Gesten immer noch eine demonstrative Contrahaltung zur Schau trug. Von diesem Mitarbeiter fühlte sich Horst Wagner regelrecht genervt, sodass es ihm kaum vorstellbar schien, mit diesem auf eine „positive Plattform", wie er es nannte, zu kommen. Diesem Mitarbeiter gegenüber wollte er am liebsten „alles auf eine Karte setzen". Bei genauerem Nachdenken hieß das für ihn, „ihm klar ins Gesicht zu sagen, dass ich seine Boykotthaltung nicht mehr tolerieren werde und er in der Zukunft mit Abmahnungen" zu rechnen habe. Jetzt war Horst Wagner über sich selbst erschrocken. „Ja, was soll ich sonst machen", meinte er zerknirscht, aber auch entschieden. Auch dieses Gespräch bereiteten wir sorgfältig im Rollentausch vor. In der realen Situation, als Horst Wagner soeben sein Statement abgeben wollte, kam ihm der Mitarbeiter zuvor und erklärte ihm in einer geradezu abgeklärten Weise, dass er im Verlauf des nächsten halben Jahres in den vorgezogenen Ruhestand zu gehen beabsichtigte. Horst Wagner war jetzt sehr erleichtert, aber auch verblüfft. Er bat den Mitarbeiter daraufhin so authentisch wie möglich, ihm seine Arbeit nicht zu erschweren, sondern mitzutun, dass eine „neue Ära" beginnen könne. Im weiteren Verlauf ergaben sich in der Bank tatsächlich ein besserer Output und eine weitaus bessere Stimmung als bisher (vgl. *Schreyögg* 2005 a: 17 f.).

7.2 Die Situation des Nachfolgers auf einen „Berserker"

Wenn eine Führungskraft einem eher aggressiven, wenig Mitarbeiter-orientierten, also autoritären Vorgänger nachfolgt, muss sie darauf gefasst sein, dass sie im Vergleich zu ihrem Vorgänger allzu schnell als „Weich-Ei" abgetan wird. Selbst wenn die Mitarbeiter über den Vorgänger häufig geklagt haben, hat er aber in ihren Augen zumindest unbewusst Maßstäbe gesetzt, wie eine Führungskraft ist bzw. zu sein hat. Nachfolger vermuten dagegen meistens, dass sie nach einem solchen Vorgänger von den Unterstellten mit offenen Armen empfangen werden und dass vor allem die Arbeitsmoral jetzt ganz ausgezeichnet werde. Genau das aber ist im Allgemeinen ein Irrtum. Aggressive Vorgesetzte steuern mit ihren Mitarbeitern eine Situation ein, in der die Mitarbeiter primär aus Angst vor dem „alten Ekel", nicht aber von sich aus aktiv werden. Unter autoritären Vorgesetzten lernen die Mitarbeiter auf der Basis von Konfliktvermeidung zu arbeiten, nicht aber auf der Basis intrinsischer Motivation. Im Coaching geht es dann darum, eine Führungskraft nicht nur über diesen Zusammenhang zu informieren, sondern ihr auch behilflich zu sein, wie sie einen Übergang von einer vormals sehr strikten Führungssituation zu mehr Selbstmanagement bei den Mitarbeitern schaffen kann. Wir finden das beschriebene Phänomen auch gar nicht selten im pädagogischen Bereich.

Fallbeispiel: Nachfolge auf einen „Berserker"

Robert Ungerer war gleich nach seinem Pädagogikstudium als Lehramtskandidat in die „Grundschule am Anger" in einer norddeutschen Kleinstadt eingetreten. Von seinen Ausbildern und Seminarlehrern wurde er immer als „Vollblut-Lehrer" gepriesen. Er nahm sich ungewöhnlich viel Zeit für seine Unterrichtsvorbereitungen und realisierte vielfältige wegweisende Projekte, etwa zu Umweltthemen. Eine besondere Stärke bestand in seiner kollegialen Integrationsfähigkeit. Die Schule wurde nämlich über mehr als zwei Jahrzehnte von einem

„Patriarchen regiert“, der jede „Disziplinlosigkeit“ von Schülern und besonders von Lehrern mit äußerster Missbilligung ahndete und gelegentlich sogar regelrechte Tobsuchtsanfälle bekam, wenn er wieder einmal ein Kind erwischte, das zu spät kam oder in den Fluren der Schule unangemessen schnell umher rannte.

Die meisten Lehrkräfte wurden von dem „Tyrannen“, wie er oft heimlich genannt wurde, nur mäßig respektiert. Robert Ungerer aber genoss eine gewisse Achtung, weil er so überaus engagiert seine Unterrichte vorbereitete und durchführte. Seine Projekte mit entsprechenden Ausstellungen hatten der Schule auch eine gute Reputation in ihrem mittelständischen Umfeld beschert. Dementsprechend blieb Robert Ungerer nicht nur von den Tobsuchtsanfällen des „Alten“ verschont, er konnte den alten Herrn hier und da sogar zu punktueller Milde „verleiten“. Im Laufe der Jahre wurde es sogar üblich, dass Lehrkräfte, die vom Rektor irgendwelche Sonderkonditionen erwirken wollten, sich erst an Ungerer um Rat wandten und oft sogar um seine Vermittlung baten.

Eines Tages passierte es: Der Rektor, wieder einmal außer sich vor Wut über einen eher peripheren Vorfall, kippte plötzlich um, erlitt einen Schlaganfall und war von dieser Zeit an bettlägerig. Zuerst wagte niemand anzunehmen, dass der „Alte“ nun für immer „erledigt“ sei. Sein Amt versah zunächst seine Stellvertreterin kommissarisch. Als im Verlauf eines Jahres immer deutlicher wurde, dass ein neuer Schulleiter bestellt werden musste, waren alle Kollegen einer Meinung, dass nämlich nur Robert Ungerer für das Amt des Schulleiters geeignet sei. Dieser war nun ganz gerührt ob dieses Votums, beriet sich aber zunächst mit der kommissarischen Schulleiterin. Ihm schien es nämlich, dass erst sie „an der Reihe“ wäre. Die Kollegin bedeutete ihm aber in aller Klarheit, dass sie derzeit auf gar keinen Fall die Position der Schulleitung anstrebe. „Ich habe das jetzt schon gemerkt, die Leitung ist mir einfach zu aufreibend. Meine Kinder sind noch zu klein, sie brauchen mich noch mehr als gedacht usw.“ Also bewarb sich Robert Ungerer um die Leitung der Schule, wurde aufgrund seiner bisherigen vorzüglichen Beurteilungen auch von der Schulaufsichtsbehörde als Schulleiter willkommen geheißen – und trat sein Amt an.

Die Schule wandelte sich fast von einem Tag auf den anderen zu einem Ort lebendigen Lernens. Die Schüler hüpften vergnügt auf den Gängen und im Pausenhof herum, und die Lehrkräfte blühten mit ihren Klassen regelrecht auf. Auch Robert Ungerer war über diese Entwicklung mehr als glücklich. Auf seine Anregung fanden jetzt häufiger außerschulische Aktivitäten des Kollegiums statt wie etwa gemeinsame Ausflüge. Im Zuge der allgemeinen Lockerung begannen sich nun auch alle zu duzen.

Eines Tages fiel Robert Ungerer auf, dass eine Gruppe von vier befreundeten Lehrerinnen häufig zu spät kam, ohne mit ihm Rücksprache zu nehmen, einfach Randstunden ausfallen ließ und sich auch sonst allerlei Nachlässigkeiten erlaubte. Er beschloss zunächst, die Dinge weiter zu beobachten. Als eine dieser Kolleginnen mit dem Hinweis, „hier ist jetzt Gott sei Dank alles so locker", auch noch eine dreiwöchige Verlängerung ihrer großen Ferien beantragte, um ihren Mann, der gerade in Kenia als Ingenieur tätig war, zu besuchen, blieb Robert Ungerer der Mund offen stehen. Dann platze es aus ihm heraus: „Was denkst du, was denkt ihr euch überhaupt? Meint ihr denn, ihr könnt euch alles herrausnehmen, bloß weil ich jetzt die Leitung der Schule übernommen habe?" Er atmete schwer und hielt sich mit beiden Händen am Schreibtisch fest. Die Lehrerin sah ihn fassungslos an, murmelte noch irgendetwas von, „also wenn das so ist, Herr Ungerer", rannte zur Tür und warf sie laut ins Schloss. Robert Ungerer blieb allein zurück und fühlte sich jetzt sehr, sehr einsam.

Ein Coach hätte Robert zunächst unterstützen müssen, sich seiner formalen Rolle als Vorgesetzter besser bewusst zu werden. Und er hätte ihn ermutigen müssen, bereits bei den ersten Anzeichen von Nachlässigkeit durch Kritikgespräche strikt Position zu beziehen, dass er nämlich eine solche Haltung in Zukunft nicht tolerieren möchte. Das bedeutet aber auch, dass man ihn im Coaching hätte entschieden unterstützen müssen, seine neue Einsamkeit als Führungskraft akzeptieren zu lernen. Und im Sinne einer guten Work-Life-Balance wäre er zu animieren gewesen, neue Solidarpartner außerhalb der Schule zu suchen.

7.3 Die Situation des Nachfolgers auf einen „Charismatiker"

Die Denkfigur „Charisma" hat *Max Weber* (2005) erstmalig 1921 im Rahmen seiner Forschung über Herrschaft beschrieben. Er entlehnte den Begriff dem altgriechischen „*charis*" (= Gnade). *Weber* sah Führung bzw. Herrschaft als ein Konglomerat aus Eigenschaften des Führers und Zuschreibungen der Geführten, die sich allerdings nur in bestimmten Situationen entfalten. Den Ausgangspunkt bilden in der Regel verunsichernde Situationen wie etwa eine kollektive Sinn- oder Wirtschaftskrise. Wenn dann aus dem Kreis der Menschen eine Persönlichkeit auftaucht, die Abhilfe der Krise verheißt, erhält sie Zuschreibungen als „großartiger Retter", die sie umso eher erhält, je mehr sie den Zuschreibungen der Geführten in ihrem Verhalten entgegenkommt. Gerade die Nachfolge auf eine Person, die von ihrem Umfeld als charismatisch erlebt wird, stellt, wie das nachfolgende Beispiel zeigt, für jeden eine schwere Herausforderung dar.

Fallbeispiel: Nachfolge auf einen „Charismatiker"

Ende der 70er Jahre, als nach der antiautoritären Bewegung sich bei vielen Intellektuellen eine Sinnkrise einstellte, gewann der Psychoboom an Schubkraft. Zu dieser Zeit hatte Thomas mit knapp 25 Jahren eine zündende Idee: Er ließ sich große Plakate drucken mit der Aufschrift, „Heute Abend um 20 Uhr Psychodrama in der Turnhalle mit Jean." Diese Plakate bat er, in Arztpraxen, zumeist für Allgemeinmedizin, anbringen zu dürfen. Und tatsächlich erschienen zum ersten Termin 10 Personen. Es handelte sich um Ärzte, Sozialarbeiter und Psychologen. Mit ihnen erarbeitete Thomas unter seinem Pseudonym „Jean" zwei Psychodramen. In deren Mittelpunkt stand jeweils ein Vater, der mit seinen Leistungsanforderungen die gesamte Familie terrorisierte. Nachts um 12 Uhr waren alle erschöpft – und begeistert. Sie wollten mehr von diesen aufregenden Erfahrungen machen. Und sie wollten vor allem diese Methode selbst erlernen, selbst Therapeut werden wie Jean.

Das war die Wiege der ersten Ausbildungsgruppe eines in den folgenden Jahren blühenden Ausbildungsinstituts für Psychotherapie. Thomas gelang es mit einem Theologiestudium im Hintergrund, einer hohen Intuition und einer ungewöhnlichen Einfühlungsfähigkeit, Männer – und vor allem Frauen an sich zu binden. Er hatte in frühen Jahren einige Monate lang in Kalifornien Formen des psychodramatischen Rollenspiels erlernt und leitete schon mit nicht einmal 30 Jahren fast Tag und Nacht Ausbildungsgruppen von angehenden Therapeuten. In diesem Rahmen referierte er einerseits in einem geradezu pastoralen Tonfall seine Konzepte, und andererseits demonstrierte er seine therapeutischen Visionen an den Ausbildungskandidaten selbst. Spät in der Nacht ließ er manchmal Andeutungen über seine Kindheit und Jugendzeit fallen. Sie wurden von den Ausbildungskandidaten jeweils zu Mythen über seine Außergewöhnlichkeit verdichtet. Es gelang ihm, Hunderte von Anhängern zu gewinnen, von denen im Verlauf der 80er Jahre viele danach drängten, für das Institut, also für ihn, zu einem ziemlich mageren Honorar zu arbeiten.

Mitte der 90er Jahre zeichneten sich aber ernstliche Probleme im Institut ab. Es häufte sich Unmut bei Mitarbeitern und Ausbildungskandidaten über Koordinationspannen, über die niedrigen Honorare – und vor allem über die selbstherrliche Führungshaltung von Thomas bzw. Jean. Langsam erfassten die Mitarbeiter auch die realen Besitzverhältnisse, dass es sich nämlich bei dem Institut um eine GmbH handelte, deren Hauptanteile Jean hielt. Kleinere Anteile lagen in der Hand einer Geliebten, Irene, die sich aber ständig durch Nebengeliebte bedroht sah und entsprechend entnervt agierte. Zunächst gelang es Jean immer wieder, die Wogen zu glätten. Als er aber von einer früheren Ausbildungskandidatin wegen sexuellen Missbrauchs angezeigt wurde, geriet er in einen physisch wie psychisch labilen Zustand. Als dann gegen Ende der 90er Jahre auch noch das Gesetz für psychologische Psychotherapeuten erlassen wurde, wonach Methoden, wie sie Jean propagierte, offiziell nicht anerkannt waren, geriet das Institut in ernstliche finanzielle Engpässe. Daraufhin erlitt Jean einen Herzinfarkt, der ihn fast das Leben kostete. Nun ordnete er die Gesellschafterversammlung neu. Unter dem Eindruck seiner lebensbedrohlichen Situation verteilte er weitere Anteile an Mitarbeiter, die er als besonders gute Anhänger erlebte. Besonders mit einem, mit Walter, den er vorher eher als „belanglos" eingestuft hatte, weil er ihm zu wenig kritisch und zu wenig intellektuell erschien, verband ihn jetzt ein besonders enges Verhältnis, das auch seine Geliebte akzeptierte. Ein Jahr nach seinem ersten Infarkt erlitt er einen zweiten, den er nicht mehr überlebte. Nach einer pompösen Beerdigung versuchte nun Walter auf Drängen von Irene, das entstandene Führungsvakuum zu füllen. Es gelang ihm aber nur sehr unvollkommen, denn viele der früheren Mitarbeiter wandten sich jetzt anderen Instituten zu.

Nun ist bei der Charisma-Nachfolge jeweils zu unterscheiden, ob es sich (1) um einen Nachfolger handelt, den die charismatische Zentralfigur als „potenziellen Thronerben" selbst ausgewählt hat, oder ob er (2) von Dritten gekürt wurde, die von der charismatischen Konfiguration vielleicht wenig tangiert waren oder sich gar abgestoßen fühlten. Im ersten Fall können wir davon ausgehen, dass der Nachfolger aus Sicht der Geführten als „blass" erlebt wird, denn ein „ordentlicher Charismatiker" sucht sich regelmäßig einen wenig farbigen Nachfolger aus, um sein „posthumes Andenken" zu erhalten. Wenn der Nachfolger von Dritten engagiert wurde, verhält sich das anders. Hier können sogar erheblich aggressive Haltungen bei den Geführten entstehen, weil sie sich unbewusst von übergeordneten Instanzen um „ihren Meister" betrogen fühlen.

Im Coaching ist es von zentraler Bedeutung, dem Charisma-Nachfolger deutlich zu machen, dass die Geführten gerade hier starke Äquivalenzansprüche haben, die er aber niemals befriedigen kann. Alle seine Versuche, den Charismatiker zu imitieren oder gar zu übertreffen, führen auf Seiten der vormaligen Gefolgschaft nur zu seiner Stigmatisierung als lächerliche Figur (*Mintzberg* 1991). Versucht er vieles anders zu machen, reagieren die Anhänger sofort ärgerlich, weil sie das als Kritik an der vormaligen Zentralfigur erleben. Im Prinzip bleibt dem Nachfolger nur die Möglichkeit, alle Dinge so zu regeln, wie er es selbst für richtig hält. Denn er kann die Geführten ohnedies über lange Zeitstrecken nicht zufrieden stellen. Sie werden maulen und knurren, egal was er tut. Wenn er eigenständig handelt, bekommt er von den Geführten auf Dauer wenigstens Respekt. Coaching hat hier oft die Funktion einer langfristigen Stabilisierung der autonomen Handlungsstrategien.

Chancen ergeben sich aus der Charisma-Nachfolge eher für die Organisation. Denn gerade in Fällen, in denen eine charismatische Zentralfigur ein System über Jahre geprägt hat, stellt sich eine „Pfadabhängigkeit" ein, d.h. eine mangelnde Innovationsfähigkeit und -bereitschaft (*Schreyögg, G. et al.* 2003). Gerade deshalb sollten Nachfolger von Charismatikern vom Coach ermutigt werden, die erste Zeit, die immer eine Durststrecke darstellt, möglichst beherzt durchzustehen. Im weiteren Verlauf können aber gerade sie einer Organisation zu einer völlig neuen und oft sogar verbesserten Entwicklung verhelfen.

7.4 Die Situation des Nachfolgers auf einen Verstorbenen

Der Tod einer Führungskraft ist eine außergewöhnliche Erscheinung, weshalb sich auch kaum Literatur über einen solchen Vorgang findet. Wie aber aus einer amerikanischen Studie hervorgeht, die den Tod der Teamleiterin eines klinischen Systems thematisiert (*Hyde & Thomas* 2003), scheint je nach der Dauer der Zusammenarbeit und der Bedeutung, die eine Führungskraft für die Organisation hatte, ihr Tod mehr oder weniger starke Idealisierungen nach sich zu ziehen. Je länger die Zusammenarbeit bestand, desto mehr scheint der Trauerprozess einem innerfamiliären Trauerprozess etwa nach dem Tod von Eltern zu ähneln. Für Nachfolger hat das die Konsequenz, dass sie ähnlich wie nach dem Ausscheiden eines Charismatikers über einen längeren Zeitraum den Verstorbenen in ihrer Phantasie als „Schattenfigur" zu berücksichtigen haben. Das heißt, alle Veränderungen des vom Verstorbenen Angeordneten oder Installierten kann bei den Geführten Widerstand erzeugen, der sich hier noch mit dem Odem von „Pietätlosigkeit" paart. Wenn die oder der Verstorbene das System stark geprägt hat, schwelt darin noch über Jahre ein Trauerprozess. In Wirtschaftsunternehmen, in denen Emotionen häufig unterdrückt oder verleugnet werden, äußert sich die Trauer meistens in unproduktiven Rangeleien oder Revierkämpfen. In sozialen Dienstleistungssystemen wird Trauer dagegen meistens etwas unmittelbarer ausagiert. Die Neukonsolidierung eines Systems unter neuer Führung leidet aber in jedem Fall noch eine ganze Zeit unter dem tragischen Ereignis.

Fallbeispiel: Nachfolge auf einen Verstorbenen

Harry Fischer, ein promovierter Biologe, hatte in jungen Jahren mit einigen Mitstreitern „seine" Firma, VacinoGen, gegründet. Als Biotech-Unternehmen entwickelte sie vor allem Impfstoffe, meistens solche gegen Katzenallergie. Die Firma verzeichnete zunächst traumhafte Umsätze, sodass die Mitarbeiterschaft schnell auf hundert Personen anwuchs. Zu Beginn der 90er Jahre ergaben sich aber Umsatzeinbrüche, sodass 60 Prozent der Firma an das erheblich größere Konkurrenzunternehmen Syntex verkauft werden mussten. Der neue Miteigentümer versuchte nun in Person eines Aufsichtsrats alsbald seinen Einfluss geltend zu machen. Er forderte vor allem, dass für die Firma ein Betriebswirt engagiert werde. Bislang bestand nämlich das gesamte Topmanagement des Unternehmens ausschließlich aus Naturwissenschaftlern, von denen die Administration eher „hobbymäßig" abgewickelt wurde. Harry Fischer reagierte auf diese Forderung wie ein störrisches Kind. Er empfand es geradezu als Unverschämtheit, dass „seine Firma, sein Kind" nun von einem „Betriebsverwirrt", wie er abfällig meinte, gemanagt werden sollte. Die Firma Syntex sah wegen des massiven Widerstands von Harry, der immerhin als renommierter Forscher auf seinem Gebiet galt, zunächst davon ab, ihre Forderung durchzusetzen. Harry erlebte aber die Situation mit dem Miteigentümer zunehmend als lästig. Nach Sitzungen mit den Syntex-Leuten geriet er, wieder in sein Labor zurück gekehrt, regelmäßig in Rage. Er schrie und tobte sich seinen Unmut förmlich aus dem Leib. Seine Mitarbeiter hielten jeweils ängstlich die Luft an und hofften, dass das Gewitter möglichst schnell vorüber geht. Eines Tages griff er sich im Verlauf eines solchen Tobsuchtsanfalls ans Herz, verdrehte die Augen, fiel zu Boden – und war tot.

Seine Familie, von der sich niemand in der Lage sah, die Nachfolge anzutreten, verkaufte nun auch die restlichen 40 Prozent der Anteile von VacinoGen an Syntex. Trotz aller Trauer über den Verlust des renommierten Wissenschaftlers – was übrigens fast sofort zu einem Umsatzeinbruch bei den Großabnehmern führte – atmete der Aufsichtsrat auf, denn nun konnte endlich ein Geschäftsführer mit ökonomischen Kompetenzen engagiert werden. Die Wahl fiel auf einen Diplomkaufmann, Henning Zeitler, der dem Aufsichtsrat von einer Personalberatungsfirma als „High Potential" wärmstens empfohlen worden war. Dieser hatte nämlich bereits allerlei „Meriten" vorzuweisen: Trotz seines vergleichsweise jugendlichen Alters von 32 Jahren hatte er schon eine Pharmafirma saniert und danach sehr erfolgreich als Unternehmensberater gearbeitet.

Henning Zeitler nahm nun als einziger Nicht-Naturwissenschaftler im Topmanagement von VacinoGen seine Tätigkeit auf. Durch den Aufsichtsrat angefeuert, tat er dies mit viel Schwung. Das war allerdings auch notwendig, denn durch den plötzlichen Tod von Harry war das Unternehmen von den Ereignissen regelrecht überrollt worden. Henning behielt aber einen klaren Kopf. Er verhandelte mit neuen Zulieferern sowie mit den wichtigsten Großabnehmern. Außerdem erarbeitete er in kürzester Zeit ein Strategie-Konzept für die weitere Entwicklung von VacinoGen. All das überzeugte den Aufsichtsrat nun endgültig, dass der richtige Mann für die richtige Aufgabe gefunden war.

Henning leitete auch sofort eine Reihe organisatorischer Veränderungen ein: Zunächst stellte er weitere Wirtschaftsexperten ein, einen Controller sowie einen Spezialisten für Personalwirtschaft. Sodann richtete er ein wöchentliches Treffen aller Topmanager und Projektleiter ein. Außerdem war ihm aufgefallen, dass in VacinoGen noch eine Reihe bislang nicht ausgeschöpfter Potenziale steckten. So hatte er im Verlauf seiner Rundgänge durch die Labore bemerkt, dass im Zuge der Entwicklung von Impfstoffen interessante Nebenprodukte wie etwa Haarwuchsmittel zu extrahieren waren. Um solche „By-the-way-Entwicklungen" zu fördern, rief er sogar eine Projektgruppe ins Leben. Diese Gruppe junger Wissenschaftler, die der neu angestellte Spezialist für Personalwirtschaft rekrutiert hatte, machte sich auch sogleich mit Feuereifer an die Arbeit. Im Verlauf eines halben Jahres hatte sie fünf Produkte bis zur Marktreife entwickelt.

Vor lauter Begeisterung über seine neue Aufgabe entging es aber Henning Zeitler, dass sich einige Projektleiter bei den wöchentlichen Meetings „wegen dringender Aufgaben im Labor" immer häufiger entschuldigen ließen. Es handelte sich dabei in der Regel um diejenigen, die früher besonders eng mit Harry Fischer zusammengearbeitet hatten. Drei von ihnen waren ohnedies nach der vollständigen Übernahme durch Syntex – nach einer „Schamfrist" von sechs Monaten – zu einer anderen Firma gewechselt. Wie Henning von einem der kürzlich eingestellten Wissenschaftler erfuhr, ließ der älteste von den Projektleitern der „alten Garde", Tillmann Feick, beim Essen in der Kantine oder beim Pausieren in der Teeküche immer wieder abfällige Bemerkungen fallen. So meinte er über die Projektgruppe, die sich mit den „By-the-way-Produkten" beschäftigte: „Früher ging es hier um echte Medizinprodukte, aber heute schleppen wir ja noch diesen Kosmetikfirlefanz mit." Oder er mokierte sich in einem Nebengespräch über ein Leistungsbeurteilungssystem, das der Spezialist für den Personalbereich in einem der Wochenmeetings vorgestellt hatte. Von Henning auf diese Themen angesprochen, gab er jeweils nur ausweichende Kommentare von sich.

Bei den wöchentlichen Meetings erschienen die Projektleiter der alten Ära nun immer seltener, und langsam waren auch deutliche Motivationseinbrüche bei den neu eingestellten Mitarbeitern zu verzeichnen. Als der Controller auch noch einen merklichen Rückgang der Umsätze meldete, begann sich Henning Zeitler Sorgen zu machen. Ihm fielen jetzt eine ganze Reihe von Gruppierungen auf, die sich zumindest verdeckt bekämpften: Da polemisierten die Mitarbeiter der alten „VacinoGen-Ära" gegen die neuen aus der „Syntex-Epoche", die Naturwissenschaftler gegen die Wirtschaftswissenschaftler, die Forscher der medizinischen Produkte gegen die der Kosmetikfraktion. Und alle diese Divergenzen wurden nicht offen ausgetragen, sondern nur im Rahmen von Nebengesprächen und zynischen Bemerkungen etwa beim Essen.

Als seinen „Erzfeind“ machte Henning Zeitler den promovierten Biologen Tillmann Feick aus. Ausgerechnet auf diesen war aber die Firma in besonderer Weise angewiesen, denn er verfügte über das tiefste und breiteste Wissen im Kernbereich der Firma, also im Bereich der Impfstoffe. Henning fühlte sich wie in einer Falle und zunehmend ratlos. Deshalb wandte er sich an einen Coach, um für den Umgang mit den vielfältigen Konfliktherden in der Firma besser gerüstet zu sein.

In diesem Coaching wurde Henning Zeitler zunächst unterstützt, als Integrationsfigur der Firma zu fungieren. Nach dem Tod der cholerischen Führungsfigur war sicher allzu schnell zu weiteren fachlichen Innovationen geschritten worden, während der sozio-emotionale Hintergrund des Systems zu wenig beachtet worden war. Henning musste jetzt Verbindungen schaffen zwischen Mitarbeitern der alten und der neuen Ära, zwischen Naturwissenschaftlern und Kaufleuten sowie zwischen Protagonisten der traditionellen Impfstoffe und denen der By-the-way-Produkte. Da sich bereits kollektive Widerstandsphänomene gebildet hatten, musste er, um diese Widerstandsphänomene aufzulösen, zunächst möglichst viele Einzelgespräche führen, in denen er sich im Rahmen von Mitarbeitergesprächen jedem sehr ausführlich widmen konnte. Dabei erhielt jeder die Gelegenheit, seine spezifischen Anliegen vorzubringen und mit den Intentionen von Henning abzugleichen.

Besonders aufmerksam wandte sich Henning dem Biologen Tillmann Feick zu und schuf ihm sogar eine herausragende formale Position. Mit dieser Maßnahme würdigte er auch indirekt den verstorbenen Firmengründer. Mit dieser Geste fühlten sich aber auch alle anderen früheren Mitstreiter des Pioniers, die noch im Unternehmen tätig waren, gewürdigt. Es schien ohnedies sinnvoll, für beide Produktgruppen eine gesonderte Leitung zu installieren, wobei aber Feick als Senior das höhere Gehalt und eventuell noch andere Privilegien erhielt. Nach den Einzelgesprächen sollte Henning zunächst gesonderte Teamsitzungen mit den Impfexperten und den anderen durchführen. Im weiteren Verlauf konnten zu spezifischen Themen gemeinsame Teamsitzungen stattfinden. Henning konnte so langsam seine Rolle als Zentralfigur für alle Gruppierungen ausbauen. Außerdem schien es wichtig, neue Rituale in der Firma zu etablieren. So entschied er sich, eine relativ exklusive Weihnachtsfeier zu veranstalten, in deren Verlauf er aber einige Gedenkminuten für Harry Fischer reservierte.

8. Kapitel

Einflüsse durch den innerorganisatorischen Auftrag der Führungskraft

Die Anfangssituation einer Führungskraft bestimmt sich nun auch danach, mit welchem spezifischen Auftrag sie in eine Organisation geholt wurde. *Michael Watkins* (2007) differenziert hier vier Grundkonstellationen: Die Führungskraft kann (1) für ein Start-Up, also für ein neu gegründetes System engagiert sein, (2) für ein Turnaround, d.h. für ein zu sanierendes Unternehmen, (3) für die Restrukturierung einer Organisation oder (4) zur Fortführung und Stabilisierung eines bereits erfolgreichen Systems. Jede dieser vier organisatorischen Situationen hält spezifische Chancen, Risiken und damit Anforderungen für die neue Führungskraft bereit.

8.1 Die Situation der neuen Führungskraft bei einem Start-Up

In einer Pioniersituation benötigt eine Führungskraft viel Initiative, Mut und Unternehmungsgeist, um ein neues Produkt oder ein neues Projekt auf den Weg zu bringen. Die Anforderung besteht hier darin, einen vollständigen Neuaufbau von Strukturen zu leisten, die aber doch noch so vage bleiben müssen, dass vielerlei Improvisation möglich ist. Denn genau das ergibt einen guten Nährboden für Innovationen. Wie im Zusammenhang mit Organisationsprozessmodellen (*Türk* 1989) dargestellt, sind Systeme in Anfangsstadien immer schwach formalisiert, stark auf die Führungskraft zentriert und im Allgemeinen mit wenigen Ressourcen ausgestattet. Eine entscheidende Anforderung ist hier zum einen Improvisationstalent, zum anderen eine hohe Komplexitätstoleranz. Eine unternehmungsfreudige Führungskraft erhält hier die Möglichkeit, nicht nur ihre eigene Position, sondern auch ein ganzes System nach ihren Vorstellungen zu formen. So sind die Mitarbeiter hier noch wenig festgelegt, d.h. sie sind noch hochgradig „formbar".

Wenn die neue Führungskraft allerdings erst gegen Ende der Pionierphase in das Unternehmen einsteigt, wenn sich aufgrund allzu unverfrorener Improvisationen bereits die Pannen häufen, muss sich die Führungskraft auf einige Konflikte einstellen. Denn gegen Ende der Pionierphase, wenn ein System durch sein Größenwachstum oder durch die Ausweitung seiner Angebotspalette einer höheren Strukturierung bedarf, werden sich die Teammitglieder fast immer gegen Versuche der notwendigen Formalisierung stemmen und einen erheblichen Widerstand mobilisieren. In solchen Fällen bilden sich häufig zwei Lager, eines der „Innovatoren" und eines der „Bewahrer". Deren Kampf kann bis zur Destruktion eines Systems reichen. Neue Führungskräfte kommen dann nicht umhin, in einen permanenten dialogischen Austauschprozess zu treten, um behutsam, aber doch stetig das System zu formalisieren. Das wiederum fordert von der neuen Führungskraft Geduld und Langmut. Solche Prozesse gestalten sich vor allem bei Familienbetrieben, die oft eine Doppelspitze aufweisen, ziemlich schwierig.

Fallbeispiel: Die Konsolidierung eines Start-Up-Unternehmens

Herrmann Laffer, ein Chemiker, hatte nach der Wende einen Betrieb für die Herstellung von Farben und Lacken von der Treuhand gekauft. Seine Schwester, eine Betriebswirtin, war für die wirtschaftlichen Transaktionen zuständig. Da sich die Firma gut entwickelte, ihre Angebotspalette sich zunehmend ausdehnte, sodass auch immer mehr Mitarbeiter eingestellt werden konnten, fühlte sich die Schwester mit dem Management zunehmend überfordert. Da sie eine Reihe von Pannen beobachtete, schlug sie ihrem Bruder vor, einen externen Manager für die Verbesserung des Vertriebs zu engagieren. Der Bruder war einverstanden, und sie suchten gemeinsam einen 31jährigen Betriebswirt aus, Peter Herbst, von dem sich vor allem die Schwester tatkräftige Unterstützung versprach.

Und tatsächlich begann Peter Herbst ganz erheblich zu wirbeln. Von seinem Wirtschaftsstudium und einer Tätigkeit in einem branchengleichen Großunternehmen brachte er allerlei Ideen über effiziente Strukturen, strategisches Personalmanagement usw. mit und wollte diese nun in dem Start-Up durchsetzen. Seiner Meinung nach war die Firma nach sechs Jahren in ihrer Pionierphase stecken geblieben, sodass sie das Bild einer „vergreisten Pionierorganisation" bot, wie er maulte. Die Schwester war schnell für eine stärkere Formalisierung aller betrieblichen Vorgänge gewonnen, der Bruder wurde aber von Tag zu Tag mürrischer und unzufriedener. Zuerst versuchten ihn seine Schwester und Peter Herbst bei allen Gelegenheiten mit ihren Ideen zu bestürmen. Herrmann Laffer begann aber daraufhin geradezu bockig jede Neuerung zu boykottieren.

In dieser Situation orientierte sich Peter unter anderem durch ein Coaching um: In einem längeren Gespräch mit der Schwester schlug er vor, den Umwandlungsprozess der Firma langsamer und in strategisch gut geplanten Etappen zu vollziehen. Nun war die Schwester, die ja Peter eigens als betriebswirtschaftliche „Lokomotive“ engagiert hatte, enttäuscht. Erst in langen, und manchmal sehr zähen Diskussionsrunden, die er übrigens oft getrennt mit dem Bruder oder mit der Schwester führte, gelang es Peter, die Firma zu einer „realistischen Formalisierung“, wie er meinte, zu führen.

8.2 Die Situation der neuen Führungskraft bei einer Sanierung

In vielen Unternehmen, die in wirtschaftliche Krisen geraten, erzwingen Banken, bei denen das Unternehmen Schulden hat, einen Turnaround, d.h. eine grundlegende Wandlung im Sinne einer Sanierung. Zu diesem Zweck werden zunächst Unternehmensberatungsfirmen zur Prüfung der Sanierungsfähigkeit engagiert. Wenn diese attestiert wird, kann ein Sanierungsmanager seines Amtes walten. Dieser muss dann das System unter einem erheblichen Zeitdruck aus der Liquiditätskrise herausführen. Dabei wird zunächst das bislang amtierende Management entlassen und für den Zeitraum der Sanierung eine erfahrene Führungskraft engagiert. Manager, die schon mehrere Firmen saniert haben, gehen wie selbstverständlich davon aus, dass ihnen die Mitarbeiter beklommen bis ängstlich begegnen. Denn meistens muss ja eine größere Zahl von Mitarbeitern entlassen werden (*Stockert* 2005). Führungskräfte sollten hier wie selbstverständlich mit einer gewissen Scheu bzw. Reserviertheit der Mitarbeiter rechnen. Gleichzeitig sind die verbliebenen Mitarbeiter im Allgemeinen froh über eine „starke Hand“ die ihre Arbeitsplätze rettet. Auf dieser Basis ergibt sich auch meistens doch noch Solidarität mit der neuen Führung. Für eine unerfahrene Führungskraft ist diese Situation nur schwer zu bewältigen, denn sie muss im Verlauf der oft äußerst komplizierten Sanierungsaufgabe laufend die Mitarbeiter stabilisieren und eventuell sogar noch übergeordnete Instanzen beruhigen.

Vergleichbare Phänomene finden wir auch bei Vereinen oder Verbänden, die unter Mitgliederschwund oder sonstigen gravierenden Krisen leiden. Ein neuer Geschäftsführer soll dann oft den „Karren aus dem Dreck ziehen“. Wie das nachfolgende Beispiel zeigt, erweist sich das ebenfalls nicht als einfach. Führungskräfte haben hier nicht nur mit demotivierten und ängstlichen Mitarbeitern zu rechnen, sie werden meistens auch ganz erheblich von den Vorständen bedrängt.

Fallbeispiel: Sanierungsmanagement

Markus Hauser, ein 35-jähiger Soziologe, war von einem Tierschutzverband als Geschäftsführer engagiert worden. Da er sich seit einiger Zeit schon ehrenamtlich um Fragen des Tierschutzes gekümmert hatte und auch als Zivildienstleistender in diesem Bereich tätig gewesen war, nahm er die Arbeit in dem Verband mit großem Enthusiasmus auf. Dieser Verband befand sich aber in einer erheblichen Krise, weil der Vorgänger von Markus größere Spendensummen veruntreut und auch sonst allerlei Chaos produziert hatte. Durch den Strafprozess, der gegen den Vorgänger angestrengt worden war, hatte der Verband nun auch noch ein miserables Image in der Öffentlichkeit. Viele Spender hatten dem Verband das Vertrauen aufgekündigt, etliche Vereinsmitglieder waren ausgetreten und ehrenamtliche Helfer hatte sich zurückgezogen. Die fünf übrigen Mitarbeiter beäugten Markus ängstlich, ob er denn stark genug für eine Konsolidierung sei.

Der aktuelle Vereinsvorstand, soeben erst neu etabliert, bestand aus fünf Ehrenamtlichen. In diesem Gremium herrschte nun hektische und ziemlich kopflose Betriebsamkeit. Es lag dem Vorstand am Herzen, den Verband wieder flott zu kriegen. Deshalb hatten sie Markus engagiert, aber deshalb bedrängten sie ihn auch ständig, die Finanzen, die Außendarstellung usw. wieder ins Lot zu bringen. In den ersten zwei Monaten erlebte Markus einen so monströsen Druck, dass er es schon bereute, die Position des Geschäftsführers übernommen zu haben. Am schlimmsten war, dass sich der Vorstand überhaupt noch nicht konsolidiert hatte, d.h. es war noch unklar, wer genau welche Managementfunktionen und -rollen in diesem Gremium übernehmen sollte. Als Ehrenamtliche investierten sie auch immer nur eine begrenzte Zeit in die Vorstandsarbeit. Einmal war der eine anwesend, ein anderes Mal der andere mit jeweils unterschiedlichen Aufträgen. Aufgrund der negativen Erfahrungen, die man mit seinem Vorgänger gemacht hatte, bestand aber sowohl bei den Vorständen und Mitarbeitern als auch bei den ehrenamtlichen Helfern eine äußerst ambivalente Haltung: Auf der einen Seite wurden ihm geradezu messianische Möglichkeiten unterstellt, auf der anderen Seite begegnete man ihm mit Skepsis, ob er denn auch der „Richtige" sei. Markus fand, dass sie ihn völlig konfus machten.

In dieser Situation suchte er einen Coach auf. Im Coaching wurde ihm klar, dass er von den ehrenamtlichen Vorständen nur sehr begrenzt Führung erwarten konnte, dass er sich vielmehr selbst zu allen relevanten Themen ein klares Standing erarbeiten müsste, um es dann mit den einzelnen Vorständen zu diskutieren. Daraufhin konnte er sich mit größerer Ruhe seinen Aufgaben widmen. Es wurde ihm auch deutlich, dass in einer solchen Krisensituation eine ganz erhebliche „Ansteckungsgefahr" für Führungskräfte besteht, dass sie nämlich durch die innerorganisatorische Krisenstimmung laufend irritiert werden.

8.3 Die Situation der neuen Führungskraft bei einer Restrukturierung

Restrukturierungen werden vorgenommen, um Organisationen flexibel zu halten, um sie neuen Umweltbedingungen oder sonstigen Anforderungen anzupassen, um sie insgesamt proaktiv „für die Zukunft zu fitten". Hierbei handelt es sich vielfach um Formen der Entbürokratisierung, bei denen im Sinne von „Verschlankung" überflüssig erscheinende Hierarchie-Ebenen getilgt oder andere formale Konstituenten der Organisation neu justiert werden. In manchen Fällen werden Organisationen aber überhaupt erst formalisiert. Außerdem werden häufig bestimmte Funktionen im Sinne von „Outsourcing" nach außen verlagert. Solche Maßnahmen finden wir heute bei allen Organisationstypen, bei Unternehmen, Verwaltungssystemen und sozialen Dienstleistungseinrichtungen. So findet man sie bei Produktionsbetrieben ebenso wie bei der Polizei oder der Bundesagentur für Arbeit, in Kliniken und Altenheimen. Das bedeutet in der Regel, dass Menschen auf unteren Hierarchie-Ebenen weniger Routineaufgaben übernehmen müssen und wesentlich mehr als bisher zu entscheiden haben. Das ist zwar für ihre Selbstachtung durchaus förderlich, führt aber häufig zu ihrer psychischen Überlastung (*Sennett* 1998). In vielen anderen Fällen geht es um eine zeitgemäße Modernisierung aller Arbeitsprozesse.

Hier handelt es sich in der Regel um erfolgreiche Organisationen, in denen neue Führungskräfte viele Stärken vorfinden. Und auch die Mitarbeiter wollen weiterhin erfolgreich sein (*Watkins* 2007). Für eine neue Führungskraft stellt die Umgestaltung einer Organisation immer eine interessante Aufgabe dar. Gerade in dieser Situation erhält sie die Chance, vieles nach ihren Vorstellungen zu gestalten und die Mitarbeiter für neue Strategien und Strukturen zu begeistern.

Bei Restrukturierungen geht es allerdings häufig um Veränderungen, die tief verwurzelte organisationskulturelle Normen tangieren. Aufsteiger, die mit einem System vertraut sind, finden hier häufig die genau richtigen Argumente, Mitarbeiter von der Bedeutsamkeit der geplanten Maßnahmen zu überzeugen. Für Seiteneinsteiger stellt sich das viel schwieriger dar, denn aufgrund ihrer Systemfremdheit finden sie selten schnell die richtigen Begründungen für die neuen Maßnahmen. Und da sie auch noch nicht über eine sozio-emotionale Hausmacht verfügen, entwickeln sich viel häufiger Änderungswiderstände. Heute werden dann oft Unternehmensberatungsfirmen engagiert, um die Reorganisation einzuleiten und der neuen Führungskraft den „Weg zu ebnen".

Fallbeispiel: Neue Führungskräfte bei einer Restrukturierung

Im Verlauf der 1990er Jahre waren viele Einrichtungen der Altenhilfe in Deutschland und Österreich zu massiven Restrukturierungen gezwungen, um mit neu gegründeten Anbietern konkurrieren zu können. Der Arbeiterfrauenverein Österreichs unterhielt auch ein System der Haus- und Altenpflege. Die Mitarbeiterinnen, allesamt Hausfrauen aus dem Arbeitermilieu, fungierten ursprünglich ehrenamtlich und erhielten im weiteren Verlauf im Rahmen von Festanstellungen ein Gehalt. Ihre bevorzugte Kleidung waren Kittelschürzen „wie zu Hause“, für deren Neuanschaffung sie jährlich Coupons zum Einkauf in einem entsprechenden Kaufhaus erhielten. Geburtstage und Jubiläen wurden jeweils mit selbstgebackenem Kuchen, viel Kaffee und ausgiebigem Geplauder begangen. Ihre Arbeitsräume gestalteten die Mitarbeiterinnen mit vielen Pflanzen, allerlei putzigen Figürchen und Heimatbildern aus, „damit es recht heimelig ist.“

Da sich zunehmend mehr konkurrierende Systeme auf dem Markt etablierten, schien dem Vorstand eine Reorganisation unausweichlich. Jetzt wurden zunächst zwei Sozialarbeiterinnen mit Sozialmanagementausbildung als Leitung angestellt, dazu einige professionell ausgebildete Altenarbeiterinnen und Krankenschwestern. Außerdem wurde eine Unternehmensberatungsfirma beauftragt, das System zu „modernisieren“. Jetzt erhielten alle „gut ausgestattete Räumlichkeiten“, in denen sich Computer zur Dienstplanung befanden usw. Zunächst waren alle Beteiligten hoch erfreut über das noch nie erlebte „Interesse von oben“. Nach einigen Monaten stellten sich aber zahlreiche Probleme ein. Am deutlichsten äußerten sich diese in regelrechten Mobbingprozessen, denen die neuen professionellen Mitarbeiterinnen ausgesetzt waren. Sie trugen keine Kittelschürzen, buken zu Hause keine Kuchen vor entsprechenden Feierlichkeiten und „passten überhaupt nicht richtig rein“. Je mehr aber nun die beiden Leiterinnen auf Professionalisierung drängten, desto mehr verloren die „Alten“ an Boden. Sichtbarstes Zeichen war ein erstaunlich hoher Krankenstand in diesem Mitarbeitersegment.

Hier hatte man einen radikalen organisationskulturellen Wandlungsprozess erzwungen, der lange zur Spaltung des Systems in die „Alten“ und die „Neuen“ führte. Die Leitung, die, ob sie wollte oder nicht, auf Innovationen drängen musste und deshalb lange Zeit von den Alten nur als „Wasserträger“ der Obrigkeit betrachtet wurde, konnte erst dann Integrationserfolge verzeichnen, als sie zumindest einige Kulturmuster der „Alten“ wie Kuchenbacken, Geburtstag feiern usw. mit vollzog (vgl. *Schreyögg* 1995: 15 f.).

8.4 Die Situation der neuen Führungskraft bei der Fortführung und Stabilisierung einer erfolgreichen Organisation

Die Fortführung und Stabilisierung einer bislang erfolgreichen Organisation stellt ebenfalls eine ganze Reihe von Anforderungen an eine neue Führungskraft. Hier spielt zumindest virtuell der Vorgänger eine besondere Rolle, denn er hat ja das System schon in blühenden Zeiten geführt und es vielleicht überhaupt erst gegründet. Hier steht die neue Führungskraft zumindest anfangs immer im Schatten ihres Vorgängers. Wie ich im vorhergehenden Kapitel beschrieben habe, muss der Nachfolger je nach der Art seines Vorgängers und je nach dessen Abgang mit jeweils anderen Erwartungen an ihn und mit jeweils anderen Handlungsmustern der Geführten rechnen. Am schwierigsten gestaltet sich wahrscheinlich die Nachfolge auf einen plötzlich Verstorbenen, der vormals charismatische Konstellationen erzeugt hatte.

Nach dem Eintritt in ein bereits erfolgreiches System sollte der Newcomer am Anfang eher defensiv agieren, d.h. alle Entscheidungen vermeiden, die den Erfolg der Organisation gefährden könnten. Er sollte vielmehr alles daran setzen, den Erfolg des Systems auszubauen. Gut etabliert ist die neue Führungskraft eigentlich erst dann, wenn es ihr gelingt, den Erfolg noch zu steigern. Das kann durchaus gelingen, wenn die Führungskraft die Mitarbeiter für sich zu gewinnen vermag, zumal in bislang erfolgreichen Systemen meistens ein starkes und gut motiviertes Team etabliert ist. Außerdem befinden sich bei solchen Organisationen in der Regel schon Erfolg versprechende Nachfolgeprojekte in der „Pipeline“ (*Watkins* 2007: 71).

Ein Aufsteiger, soweit er innerhalb des Systems akzeptiert ist, kann den Erfolg der Organisation meistens relativ nahtlos fortsetzen. Ein Seiteneinsteiger sollte sich hier besonders sorgfältig mit der Kultur des Systems und dessen informellen Strukturen vertraut machen. Gerade von einem erfolgreichen System wird eine neue Führungskraft, die gleich zu Beginn in „sehr fettige Fettnäpfe“ tritt, entweder schnell wieder abgestoßen, oder wenn das nicht möglich ist, erzeugt sie turbulente Widerstandsprozesse, die sogar den Erfolg des Systems in Frage stellen können. Denn bei einem schon länger etablierten System ist in solchen Fällen mit starken kollektiven Widerständen zu rechnen, die sich aufgrund einer hier meistens gut etablierten Gruppendynamik nur schwer auflösen lassen. Das heißt, wenn informelle Führer die „Parole ausgeben, der Neue ist eine Flasche“, bilden sich schnell kollektiv geteilte Überzeugungen, die man dann laufend zu bestätigen sucht. Daraus können sich dauerhafte Frontstellungen zwischen Führungskraft und Team ergeben.

Fallbeispiel: Die neue Führungskraft bei der Stabilisierung einer erfolgreichen Organisation

Kurz nach dem Ende der DDR hatte ein junger Ingenieur für Maschinenbau aus Oberbayern, Manfred Neuner, von der Treuhandanstalt für 1.- DM eine Firma in Thüringen erworben. Der Betrieb hatte 30 Arbeitsplätze, die, wie der Jungunternehmer zusicherte, erhalten werden sollten. Die Produkte, Ersatzteile für Panzer der NVA, konnten zu dieser Zeit natürlich nicht mehr abgesetzt werden, weshalb der Jungunternehmer der Treuhand auch eine neue Unternehmensstrategie vorlegen musste. Dafür entwickelte er folgende Vision:

- Die Bauten des Betriebes und sein Innenleben wirkten zunächst heruntergekommener als sie tatsächlich waren. So konnte eine Produktion fast nahtlos fortgesetzt werden, nun allerdings mit verschiedenen Teilen für die Automobilindustrie.
- Manfred Neuner schloss mit der Firma Steyer Puch & Nachfolger als Hauptabnehmer einen Vertrag für seine neuen Produkte. Daneben hielt er sich die Option offen, auch für andere Firmen spezielle Teile zu entwickeln und zu liefern.
- Von der Belegschaft konnte der Jungunternehmer den früheren Leiter der Produktion, Günther Zacher, als Werksleiter gewinnen.
- Manfred Neuner vermutete aber, dass zum Erhalt der Belegschaft der Betrieb auch in andere Bereiche expandieren müsse.

Die Treuhand billigte die Pläne von Neuner, und die Arbeit konnte beginnen. Vor allem durch die tatkräftige Unterstützung von Günther Zacher konnte diese Strategie tatsächlich umgesetzt werden. Bald florierte „Neuner Metall" sehr gut, und es fanden sich etliche Firmen, die mit der Firma in dem kleinen Ort, in dem der Betrieb ansässig war, kooperierten. Manfred Neuner zog sich daraufhin aus dem operativen Geschäft der Firma zurück, um sich seiner Ursprungsfirma in Oberbayern, einem Zulieferer für BMW, wieder eingehender zu widmen. Die Geschäftsführung übergab er Günther Zacher. Dieser hatte durch die Kooperation mit Manfred Neuner auch eine erstaunliche Dynamik entwickelt. Um mit den Geschäftskunden in angenehmer Umgebung zu konferieren, regte er an, dass in dem Ort, in dem ein Hotel und sonstige gastronomische Möglichkeiten fehlten, die Firma „Neuner Metall" ein kleines Tagungshotel bauen solle. Manfred Neuner fand die Idee ausgezeichnet, ergänzte sie doch seine ursprüngliche strategische Vision, wonach ohnedies eine Diversifikation von Produkten und Dienstleistungen vorgesehen war. Nach einiger Zeit florierte auch das Tagungshotel mit einem angeschlossenen Wellness-Center ganz ausgezeichnet.

Die „Erfolgsstory“ wurde aber Anfang des Jahres 2000 von einem Schlaganfall unterbrochen, der Günther Zacher im Alter von 55 Jahren ganz unvermutet ereilte. Manfred Neuner ließ in Oberbayern alles stehen und liegen und eilte sofort nach Thüringen. Günther Zacher war untröstlich, denn er hatte mit Neuner eine ganze Reihe von Innovationen geplant, die er nun umsetzen wollte. Aufgrund einer Halbseitenlähmung, die er durch den Hirninfarkt erworben hatte, musste er im Rollstuhl sitzen, konnte nur undeutlich sprechen und ermüdete immer sehr schnell. Er war so depressiv, dass er auch nach einer längeren Rehabilitationsmaßnahme wenig Besserung zeigte. Als sich auch bis Ende des Jahres 2000 nicht abzeichnete, dass Günther Zacher je wieder die Firma leiten könne, war Manfred Neuner gezwungen, sich einen „Ersatzmann“ zu engagieren.

Dieses Mal brachte er sich einen Ingenieur aus Bayern mit, Benedikt Hofer. Abgesehen davon, dass sich „der Neue“, wie er in der Firma immer genannt wurde, nicht leicht in das Thüringische Lokalkolorit integrieren konnte – seine Familie wollte auf keinen Fall nach Thüringen umziehen –, stieß er schon in den ersten Tagen bei den meisten Mitarbeitern auf Befremden. Zum einen stellte er sich für ihren Geschmack zu weitschweifig und zu polterig vor, zum anderen „vergriff er sich im Ton“, d.h. bei Meetings der gesamten Belegschaft oder auch bei Vier-Augen-Gesprächen tat er jeweils so, als wenn er sie schon lange kennen würde. Wenn allerdings Manfred Neuner kam, sprach er nur noch mit diesem und ignorierte alle übrigen. An den Wochenenden hetzte er jeweils, so schnell er konnte, zu seiner Familie nach Bayern, sodass er nie an den in der Firma üblichen Geburtstagsfeiern oder sonstigen Festivitäten teilnehmen konnte. Besonderer Unmut regte sich aber bei der Belegschaft, als er die Erweiterung der Kantine, die Günther Zacher noch mit einem Architekten geplant hatte, für „unnötig“ erklärte und stattdessen eine neue Produktionsstraße kaufen wollte.

Rudolf Klein, einer der ältesten Mitarbeiter des Betriebes, rief nun Manfred Neuner an, um den Unmut der Belegschaft über den neuen Chef endlich einmal los zu werden. „Kommen Sie schnell, bei den Leuten rutscht die Motivation weg.“ Tatsächlich kam Neuner sofort, um nach dem Rechten zu sehen. Er sprach nun einzeln mit den ihm besonders vertrauten Mitarbeitern, er sprach aber auch mit Hofer. Sein Fazit war: „Mensch Hofer, Sie müssen die Leute besser mitnehmen, besser motivieren, mehr beachten, persönlicher ansprechen.“ Schließlich „verordnete“ er ihm ein Coaching. Im Verlauf eines halben Jahres integrierte sich Hofer tatsächlich besser in die Firma, führte auch die von Zacher begonnenen Projekte fort und entwickelte sogar neue. Die meisten Wochenenden verbrachte er zwar nach wie vor bei seiner Familie in Bayern, die Belegschaft gewöhnte sich aber langsam an ihn und seinen persönlichen Stil. Es gelang ihm auf Dauer, den Erfolg der Firma zu erhalten und sogar auszubauen.

9. Kapitel

Einflüsse durch formale Konstituenten der Organisation

Formale Konstituenten der Organisation haben ebenfalls eine gravierende Bedeutung für neu ernannte Führungskräfte. In diesem Zusammenhang ist zunächst die Hierarchie-Ebene relevant, für die der oder die Neue engagiert ist. In vielen Systemen finden wir auch Führungskräfte, die von ihren späteren unterstellten Mitarbeitern gewählt wurden. Eine wieder andere Situation findet eine neue ehrenamtliche Führungskraft vor, aber auch eine Führungskraft, die Ehrenamtliche zu führen hat.

9.1 Die Situation der neuen Führungskraft je nach Hierarchie-Ebene

Es ist auch für Laien sofort verständlich, dass die Position einer Pflegedirektorin andere Anforderungen stellt als die Position einer Stationsleiterin. Als Faustregel lässt sich formulieren, je höher eine Position in der Hierarchie angesiedelt ist, desto mehr Managementfunktionen hat sie wahrzunehmen, und desto weiter entfernt ist sie von den in einer Organisation üblichen Sach- bzw. speziellen Fachfunktionen. Wo die Stationsleiterin sicher oft noch am Krankenbett aushilft, ist das bei der Pflegedienstleitung kaum mehr üblich und bei der Pflegedirektorin fast schon absurd. So werden in einem Produktionsbetrieb die Vorarbeiter oft noch mit Hand anlegen, die Meister schon seltener, der Chef der Produktion sicher nicht mehr, und für alle weiteren übergeordneten Ebenen kommt das gar nicht mehr in Betracht. Auf der vertikalen Karriere-Leiter muss sich also ein Ingenieur, Arzt, Chemiker usw. immer mehr zum Manager wandeln. Dadurch entfernt er sich oft weit von seinem ursprünglichen Fachgebiet. Führungskräfte, die hierarchisch aufsteigen, müssen also zunehmend die Experten-Ebene verlassen und im Prinzip einen neuen Beruf, nämlich den des Managers, erlernen. Das heißt, dass sie nun Funktionsbereiche, für die sie früher kompetent waren, zurück lassen müssen zugunsten von neu zu erlernenden Steuerungsfunktionen. Trotz aller Karriereambitionen fällt das vielen Führungskräften außerordentlich schwer, zumal sie sich in dem neuen Aufgabengebiet ohne vorausgehende Beschulung meistens sehr unsicher fühlen.

Auf unteren Hierarchie-Ebenen besteht seitens der Mitarbeiter allerdings meistens der Anspruch, dass der „Chef" oder die „Chefin" etwas von den inhaltlichen Aufgaben versteht, also „vom Fach" ist. Aus Sicht der Mitarbeiter kann er oder sie ja überhaupt nur dann die von den Mitarbeitern geleistete Arbeit bewerten. Außerdem wünschen sie sich immer wieder fachliche Unterstützung seitens der Führungskraft. Diese *Expert power* ist fraglos auch eine Quelle für Akzeptanz seitens der Mitarbeiter. Dabei ist es allerdings nicht so wichtig, ob und wie viel die Führungskraft wirklich von dem Metier versteht, viel wichtiger ist, dass es ihr seitens der Mitarbeiter unterstellt wird. Denn faktisch kann ein 50-jähriger Elektroingenieur die neuesten Entwicklungen in der Elektronik nicht mehr detailgenau kennen, seine Mitarbeiter sind aber meistens schon beeindruckt, wenn sie wissen, dass er in seinem Gebiet früher einmal „Spitze" war.

Problematisch wird es, wenn sich die Führungskraft zu wenig Zeit für das Management nimmt, weil sie auch nach ihrem Aufstieg lieber inhaltlich tätig ist. Das finden wir auch gar nicht selten bei Aufsteigern in sozialen Dienstleistungssystemen mit nur zwei oder drei Hierarchie-Ebenen. In solchen Organisationskulturen werden administrative Funktionen rund ums Management ohnedies vielfach bagatellisiert bzw. als wenig attraktiv betrachtet.

Fallbeispiel: Eine Führungskraft wächst in die Managementaufgaben hinein

Thomas Hofer war zum Leiter einer drogentherapeutischen Einrichtung aufgestiegen. Er, der mit „Leib und Seele" Therapeut war, hatte sich auf die Stelle nur deshalb beworben, weil er befürchtete, von einem neu bestellten Leiter fachlich entthront zu werden. Der vorhergehende Leiter war pensioniert worden, und Thomas hatte als informeller Führer des Systems schon lange eine fachliche Matadorfunktion eingenommen. Auf der Basis mehrerer Therapieausbildungen war er ein von allen Mitarbeitern hoch geachteter Psychotherapeut. Nachdem er aber nun die Leitungsfunktion in dem System mit fünf Klientengruppen übernommen hatte, fielen viele übergeordnete Steuerungsaufgaben an. Diese versuchte er, soweit immer möglich, zu delegieren. Seine Arbeitszeit verbrachte er im Wesentlichen wie bisher mit einzel- und gruppentherapeutischen Sitzungen.

Nach einiger Zeit begann sich Unmut bei den Mitarbeitern zu regen. Sie kritisierten, dass er sich ständig nur mit den Klienten befasse, sich viel zu wenig um die Mitarbeiter und ihre Anliegen kümmere, dass er wichtige Termine mit

Trägervertretern oder mit anderen übergeordneten Instanzen „verbummele", dadurch das Image des Systems schwäche usw. In einer moderierten Krisensitzung mit dem gesamten Team stellte sich heraus, dass die Mitarbeiter durch die exzessive Klientenarbeit des Leiters auch immer in die Zweitrangigkeit verbannt schienen. Die Klienten wollten nämlich alle immer nur zum „Chef", selbst wenn sie sich das durch besonders negative Auffälligkeiten erkaufen mussten. Eine der Gruppenleiterinnen sagte es ihm ganz direkt: „Du möchtest immer nur die kuscheligen Situationen mit den Klienten, das harte Brot der Mitarbeiterführung, Dienstpläne erstellen usw., das delegierst du einfach. Ich ärgere mich immer mehr über dich. Schließlich bekommst du dafür auch mehr Geld."

Jetzt war Thomas sehr betroffen und brauchte einige Tage, um sich von dieser Konfrontation zu erholen. Mit Unterstützung eines Coachs begann er aber daraufhin, alle seine Funktionen, die er im System bisher übernommen hatte, zu sichten und neu zu sortieren. Das Ergebnis war, dass er im therapeutischen Bereich nur noch übergeordnete Aufgaben übernahm, wie z.B. die Krisen- und Konfliktbearbeitung mit Einzelnen und Gruppen, und sich sehr viel mehr mit seinen administrativen Aufgaben anfreundete. Das hieß dann auch, dass er viel häufiger als bisher Fachgespräche mit seinen Mitarbeitern führte.

9.2 Die Situation des neu gewählten Chefs

Führungspositionen können in unterschiedlicher Weise legitimiert sein. So ist die Stelle eines Abteilungsleiters in einem Ministerium ganz eindeutig formal umschrieben. Qua Stellenbeschreibung ist genau festgelegt, wem er was zu sagen hat und wer ihm etwas anweisen kann. Bei Konflikten können hierarchisch Höhergestellte durch Machteingriffe einen Eskalationsstop herbeiführen. In weniger formalen Kontexten ist dies aber sehr viel schwieriger. Neue Führungskräfte müssen hier zusätzlich zum Anfangsstress, der ja auf neuen Positionen regelmäßig besteht, auch noch ihre Position finden und markieren. Das trifft prinzipiell für Führungspositionen in all den Systemen zu, in denen die Führungskraft von „ihresgleichen" gewählt wird.

Fallbeispiele: Die Situation neu gewählter Chefs

Eine gewählte Führungsposition hat beispielsweise der Dekan oder Rektor von deutschen Hochschulen inne. Wenn der Amtsinhaber Missstände bei einem seiner Kollegen, also eigentlich seinen unterstellten Mitarbeitern, den Professoren, feststellt, kann er nicht so ohne weiteres Sanktionen verhängen. In solchen

Fällen muss er sich immer Macht von formalen Instanzen wie etwa dem Personalchef oder dem Kanzler leihen. Erst über diesen Umweg kann er etwa gegen einen Professor, der seinen Mitarbeitern massive Unregelmäßigkeiten durchgehen lässt, etwas unternehmen. Da es sich bei deutschen Hochschulen um selbst verwaltete Systeme handelt, bleiben allerdings die „Waffen der Obrigkeit" meistens doch ziemlich „stumpf".

Ähnliche Situationen finden wir in etlichen evangelischen Landeskirchen. Dort wird jeweils für vier Jahre ein Dekan gewählt. Dieser fungiert aber keineswegs als disziplinarischer Vorgesetzter, sondern er kann lediglich die Aktivitäten seiner „Brüder", d.h. der Pfarrer seines Einflussgebietes fachlich „begleiten". Bei eklatanten Missständen hat er kaum eine Handhabe zur Sanktionierung. Er kann lediglich in übergeordneten Gremien eine Mehrheitsentscheidung herbeiführen, dass mit dem Betreffenden „ein ernstes Wort" zu sprechen ist.

Das Ziel solcher Konstellationen besteht darin, bei den Geführten ein hohes Maß an Mitverantwortung zu erzeugen. De facto bleiben aber die Positionsinhaber auf diese Weise immer „zahnlose Tiger", die bestenfalls mit persönlichem Gewicht bzw. durch charismatische Attitüden Einfluss nehmen können. Das aber führt dazu, dass sie sich entweder kräftemäßig stark verausgaben, um doch noch etwas zu bewegen, oder dass sie entnervt einfach „alles laufen lassen".

9.3 Die Situation des neuen ehrenamtlichen Vorgesetzten

Eine ähnlich schwierige Position haben ehrenamtliche Vorgesetzte. In Vereinen oder Verbänden fungieren sie wie etwa beim Roten Kreuz als Vorgesetzte von oft sogar sehr vielen hauptamtlichen Mitarbeitern. Unmittelbar unterstellt ist ihnen dann meistens ein hauptamtlicher Geschäftsführer. Während nun der ehrenamtliche Vorstand für die strategische Planung zuständig ist, also für die Zukunftssicherung des Vereins und den Erhalt der Zielbestimmung, ist die Geschäftsführung verantwortlich für das Operative, dass nämlich die Ziele des Systems möglichst gut umgesetzt werden. Da aber Ehrenamtliche nur in Ausnahmefällen genauso viel Zeit in dem System verbringen wie die Hauptamtlichen und deshalb immer ein mehr oder weniger großes Informationsdefizit im Vergleich zu den Hauptamtlichen haben, sind sie darauf angewiesen, dass sie von den Hauptamtlichen mit entsprechenden Informationen versorgt werden.

Daraus folgt, dass ein ehrenamtlicher Vorstand und ein hauptamtlicher Geschäftsführer möglichst nahtlos zusammenarbeiten müssen. Das gestaltet sich aber keineswegs einfach, denn die Motivation und die Interessenlage von haupt-

und ehrenamtlichen Führungskräften sind sehr unterschiedlich. Während ein hauptamtlicher Geschäftsführer wie jeder Angestellte für seine Leistung ein Honorar erhält, stellt sich das bei Ehrenamtlichen ganz anders dar. Ehrenamtliche erwarten in der Regel keinen materiellen Gewinn von ihrer Vereinsarbeit, sondern einen ideellen. Vielfach suchen sie Wünsche nach Geselligkeit zu befriedigen oder ihrem Leben mehr Sinn zu verleihen. Andere nutzen die Ehrenamtlichkeit als Kompensat für verfehlte Berufskarrieren oder für einen nicht realisierten sozialen Aufstieg.

Wenn sie, wie es etwa bei der Lebenshilfe für Geistig Behinderte oft geschieht, stark emotional besetzte Interessen vertreten, weil sie z.B. für ihre behinderten Kinder das Optimum erreichen wollen, finden wir oft ein Überengagement. Das wiederum führt dazu, dass den Hauptamtlichen laufend hineinregiert wird. Ehrenamtliche Vorgesetzte sind oft skeptisch bis misstrauisch, was die Hauptamtlichen in der vielen Zeit, die sie in der Organisation verbringen, so alles treiben. Hier ergibt sich ein Dilemma, das oft der Ausgangspunkt für erhebliche Eskalationen ist: Um den Vorgesetzten mit den Informationen zu versorgen, die er für die Ausübung seines Amtes benötigt, muss der Geschäftsführer „Führung von unten" (*Schreyögg* 2002) praktizieren. Das heißt umgekehrt, die ehrenamtliche Führungskraft, also der Vorstand, muss lernen, sich von ihrem unterstellten Mitarbeiter in bestimmten Belangen beeinflussen zu lassen.

Diese „umgekehrte Asymmetric" finden wir zwar heute auch in formalen Kontexten, wo nämlich junge Spezialisten, die frisch von der Hochschule kommen, ihren Chef mit dem neuesten Fachwissen versorgen sollen. In Vereinen und Verbänden stellt diese Konstellation aber eine *conditio sine qua non* dar, d.h. ohne diese umgekehrte Asymmetrie kann ehrenamtliche Führung gar nicht gelingen. Hier spielt dann Vertrauen eine herausragende Rolle. Idealerweise sucht sich die ehrenamtliche Führungskraft „ihren" Geschäftsführer selbst aus und spielt dann mit ihm in der beschriebenen Weise eine „vertrauensvolle Zusammenarbeit" ein. Wie das nachfolgende Beispiel zeigt, ist diese Konstellation allerdings beim Wechsel der Führungskraft jeweils stark gefährdet.

Fallbeispiel: Die neue ehrenamtliche Führungskraft und die Geschäftsleitung

In einem Landesverband der Lebenshilfe bestand seit mehr als 15 Jahren ein „Führungsduo" aus Vereinsvorstand und Geschäftsführerin. Der Vereinsvorstand, Dr. Erwin Rupert, ein älterer Herr, hatte nach dem Tod seiner Eltern immer für seine behinderte Zwillingsschwester gesorgt und sie, als sie zunehmend älter wurde, in einem Heim der Lebenshilfe untergebracht. Da gleichzeitig die Position des Vereinsvorstandes neu zu besetzen war und er selbst als Richter soeben pensioniert wurde, übernahm er den Vorsitz des Vereins. Als Geschäftsführerin arbeitete seit einem halben Jahr eine 40-jährige Frau, Eva Kern, mit der er im Verlauf der nächsten Jahre eine ausgesprochen vertrauensvolle Zusammenarbeit entwickelte. Als sich der Vorstand aber seinem 80sten Lebensjahr näherte, beschloss er, den Vorsitz abzugeben. Frau Kern war nun sehr beklommen. Da sie schon Mitte 50 war, befürchtete sie, dass sie sich nicht mehr auf einen neuen Vorstand einstellen könne. Und tatsächlich übernahm jetzt ein 40-jähriger Arzt, Dr. Peter Crämer, den Vorsitz.

In den ersten Wochen, in denen Peter Crämer viele Vorgänge natürlich noch nicht kannte, versuchte Eva Kern immer wieder, ihm zu zeigen, welche aktuellen Aufgaben anstehen und welche der Reihe nach zu erledigen seien. Peter Crämer, der als Amtsarzt tätig war, wehrte alle Versuche von Frau Kern, ihn einzuarbeiten, mit dem Hinweis ab, dass er als Amtsarzt schließlich schon wisse, „wo es lang geht". Nach Feierabend, wenn Frau Kern schon zu Hause war, kramte er gelegentlich in der Korrespondenz herum, schrieb hier und da sogar selbst Briefe, die aber aufgrund seines noch relativ unvollkommenen Kenntnisstandes oft etwas „schief" waren, sodass dann Frau Kern nachträglich allerlei richtig stellen musste. Nach einem viertel Jahr war Frau Kern so entnervt, dass sie kaum mehr schlafen konnte.

Jetzt bat sie Herrn Crämer um ein Gespräch. Den ersten Gesprächstermin ließ Peter Crämer „wegen dringender Geschäfte im Amt" verstreichen, der zweite konnte aber stattfinden. Jetzt versuchte Frau Kern Peter Crämer deutlich zu machen, dass sie sich durch viele seiner Aktionen ganz erheblich depotenziert bis überflüssig fühle. Peter Crämer verstummte zunächst, um dann weitschweifig zu erklären, dass er dies und das neu etablieren wolle usw. Nach einigen weiteren vergeblichen Versuchen, ihn für eine Zusammenarbeit zu gewinnen, wie sie es früher mit Dr. Rupert gewohnt war, kündigte sie entnervt. Peter geriet zwar zunächst etwas in Panik, kurz darauf engagierte er aber eine dreißigjährige Geschäftsführerin, Frau Martina Werl. Diese versuchte er dann, so gut es ging, einzuarbeiten. Im Verlauf eines Jahres hatten sich beide soweit „zusammengerauft", dass sie die anfallende Arbeit gut bewältigen konnten. Martina Werl gegenüber war Peter auch nicht so misstrauisch, weshalb er sich nie nach Dienstschluss ins Büro schlich. In der Konstellation mit der jungen Frau ließ er sich anders als mit der älteren auch durchaus über die neuesten Ereignisse berichten und sogar „belehren". Bei der älteren Frau Kern konnte er das offenbar nicht zulassen, weil er befürchtete, von ihr „muttimäßig" bevormundet zu werden.

9.4 Die Situation des neuen Vorgesetzten von Ehrenamtlichen

Eine wieder andere Konstellation mit wieder anderen Chancen und Risiken erlebt eine hauptamtliche Führungskraft, die Ehrenamtliche zu führen hat. Wir finden das typischerweise in kirchlichen Kontexten. Jeder Pfarrer sammelt je nach seiner Persönlichkeit, seinen Interessen, seinem Arbeitsstil usw. bestimmte Ehrenamtliche um sich. Sie sind dann seine Mannschaft, die zu ihm mehr oder weniger intensive Beziehungen aufbaut und unterhält. Auf diese Weise prägt der Pfarrer dann eine ganz spezifische Gemeindekultur. Die Chancen bestehen hier fraglos in der persönlichen Passung zwischen Pfarrer und Ehrenamtlichen. Riskant ist diese Konstellation allerdings insofern, als die Führungskraft, also der Pfarrer, laufend ein hohes Maß an persönlicher Nähe mobilisieren muss, weil sich die Ehrenamtlichen sonst „nicht richtig angesprochen" fühlen. Das heißt, er muss ständig eine charismatische Konstellation aufrechterhalten, weil ihm sonst die Ehrenamtlichen weglaufen. Dementsprechend birgt diese Konstellation ein hohes Risiko bei Leiterwechsel, denn nun müssen sich ja völlig neue Passungen zwischen der Zentralfigur und ihren Anhängern entwickeln. Das vollzieht sich, wie auch das nachfolgende Beispiel zeigt, selten ohne Reibungsverluste.

Fallbeispiel: Der neue Vorgesetzte von Ehrenamtlichen

Ein evangelischer Gemeindepfarrer suchte einen Coach auf, weil er sich in seiner neuen Position sehr unwohl fühlte. Er war vorher als Krankenhausseelsorger tätig gewesen und hat nun eine Einzelpfarrstelle übernommen, die langjährig durch seinen Vorgänger geprägt war. Schon in den ersten Tagen befremdeten ihn allerlei Begebenheiten, die er sich nicht erklären konnte. So wurde ihm z.B. bei allen Besuchen, die er vor allem bei ehrenamtlich tätigen Gemeindemitgliedern machte, starke Alkoholika, zumindest aber Bier angeboten. Jetzt regte der Coach eine Kulturanalyse an, in der die Geschichte der Gemeinde und vor allem die Situation mit dem Vorgänger analysiert werden sollte. In den nachfolgenden Wochen befragte der Pfarrer nun die Gemeindemitglieder bei allen seinen Besuchen etwas gezielter als bisher nach Ritualen, Festen usw., um dann Normen und Standards zu erfassen und schließlich die Basisannahmen, die sich vor allem bei den aktiven Gemeindemitgliedern gebildet hatten, zu verstehen.

Nachdem zahlreiche Daten und Eindrücke gesammelt waren, stellte sich Folgendes heraus: Die Pfarrstelle in einer früheren Bergarbeitersiedlung bestand erst seit den 1950er Jahren. Sie wurde zunächst lange von einem Pfarrer mit pietistischer Ausrichtung versehen, der die Gemeinde wie ein „karger Fürst" regierte. Nach dessen Pensionierung wurde in den 1970er Jahren ein junger

Pfarrer berufen, der nun „alles anders als der Alte machen" wollte. Als typischer Vertreter der 68er Generation und als typischer Vertreter einer lutherischen Orientierung „mischte er sich so richtig unters Volk". Jetzt wurden ausgedehnte „Sauforgien" üblich, bei denen der Pfarrer immer bis zuletzt blieb. Dabei gewann besonders ein „Männerkreis" an Einfluss, in dem klassische Alkoholikerspiele üblich waren. Im Zuge seiner fortlaufenden Integration in den Männerkreis gerieten dem Pfarrer alle Hauptamtlichen aus dem Ruder, d.h. sie kamen und gingen, wann sie wollten, oder sie entwickelten sektenartige Vorstellungen und Arbeitspraktiken. Im Zuge dieser Entwicklung zerbrach auch die Ehe des Pfarrers. Zur „Befriedung" dieser Situation wechselte er in eine andere Stelle, woraufhin der nun amtierende Pfarrer berufen wurde.

Im Anschluss an diese Analyse versuchten Coach und Klient zunächst zu überlegen, was die Ehrenamtlichen, aber auch die Hauptamtlichen von dem neuen Pfarrer erwarten würden. „Na, jedenfalls, dass ich mit saufe", meinte er. „Das aber werde ich auf keinen Fall tun", rief er jetzt fast triumphierend aus. Da sein Vater als Alkoholiker jahrelang die Familie terrorisiert hatte, war er gerade gegenüber Alkoholmissbrauch äußerst empfindlich. Als nun auch weitere Normen und Standards ermittelt waren, meinte er: „Das wird eine harte Zeit, aber irgendwie bekomme ich richtig Lust, die Kultur der Gemeinde anders zu prägen." Aufgrund der Kulturanalyse war er jetzt aber auch auf unterschiedliche Ansprüche an ihn und auf unterschiedliche Sonderbarkeiten in der Gemeinde vorbereitet.

Im weiteren Verlauf entwickelte er nun mit dem Coach ein Programm, wie er Schritt für Schritt anhand der relevanten Ereignisse in der Gemeinde kulturkorrigierend handeln könne, ohne extremen Widerstand gegen sich zu mobilisieren. Seine anfängliche Verzagtheit über die Zustände in der Gemeinde wich nun einer regelrechten Lust am Prägen kultureller Muster. Im Zuge dieser Entwicklung reduzierte sich typischerweise der Einfluss der bisherigen Kulturprotagonisten zu Gunsten neu gewonnener ehrenamtlicher Mitarbeiter. Als schwierigste Aufgabe hatte er schon im Vorfeld die „Entziehungskur" des Männerkreises prognostiziert; denn genau dieses Segment stellte ja eine starke Kernkultur in der Gemeinde dar. Dieses Problem ging der Pfarrer in der Weise an, dass er mehrere „kulturalternative" Gruppierungen aufbaute und somit den Einfluss des Männerkreises langsam „austrocknete". Im Verlauf von zwei Jahren wuchs der Pfarrer immer selbstbewusster in seine neue „Kulturarbeit" hinein (*Schreyögg* 1996: 106 f.).

10. Kapitel

Einflüsse durch den Organisationstyp

Bis in die 1980er Jahre hinein bestand in der betriebswirtschaftlichen Managementlehre die Neigung, Gültigkeit für jedweden Organisationstyp zu beanspruchen, da bis zu dieser Zeit auch keine anders geartete Literatur existierte. Das hat sich aber bis heute erheblich geändert. Wir finden nun zahlreiche Autoren, die sich mit dem Management in der Sozialarbeit (z.B. *Gehrmann & Müller* 1993; *Hauser et al.* 1997) befassen, und vor allem mit dem „Management im Gesundheitswesen" (*Busse et al.* 2006). Wir finden außerdem viele Autoren, die sich unter dem Titel „New Public Management" mit dem Managen in Behörden beschäftigen (z.B. *Schedler & Proeller* 2000). Die für unseren Zusammenhang wahrscheinlich relevanteste Typologie differenziert nämlich die Organisationen nach ihren Zielen bzw. nach ihren Zielbündeln. *Renate Mayntz* hatte schon in den 1960er Jahren soziale Dienstleistungssysteme von Behörden und Unternehmen aufgrund ihrer unterschiedlichen Zielsetzungen differenziert (*Mayntz* 1963). Und je nachdem, in welchem Organisationstyp sie arbeiten, sind neue Führungskräfte tatsächlich mit sehr unterschiedlichen Situationen konfrontiert. Selbstverständlich differieren die Systeme innerhalb der einzelnen Gruppen auch wieder erheblich, sodass ich an dieser Stelle nur einige grundlegende Unterschiede benennen kann.

10.1 Die Situation der neuen Führungskraft in sozialen Dienstleistungssystemen

Die Ziele sozialer Dienstleistungssysteme, in der US-amerikanischen Literatur als „Human Service Organizations" (*Hasenfeld* 1992) bezeichnet, bestehen darin, dass Menschen verändert werden sollen. Die Systeme lassen sich weiterhin nach folgenden Aspekten differenzieren:

(1) Sie sind auf die Veränderung spezifischer *menschlicher Merkmale* ausgerichtet. So erfolgt die Veränderung somatischer Merkmale in Kliniken, die kognitiver Merkmale in Schulen usw. Manche Systeme streben auch die Veränderung mehrerer Merkmale an, wie etwa Kinderheime.
(2) Diese Systeme sind immer auf eine bestimmte *Zielgruppe* gerichtet. Diese Zielgruppenspezifität weist eine Differenzierung nach dem Alter und nach dem Normalitätsgrad auf. Alte Menschen sind in Altenheimen und Kinder in Kinderheimen untergebracht. Psychiatrische Patienten sind in der Psychiatrie, Geistig Behinderte in einschlägigen Heimen usw. Außerdem differieren die Organisationen danach, ob Menschen freiwillig oder gezwungenermaßen in ihnen sind. Strafgefangene in Gefängnissen sind das eine Extrem und Besucher von Volkshochschulen das andere.
(3) Eine andere zielspezifische Differenz sozialer Einrichtungen resultiert daraus, ob die Klienten *stationär* betreut werden oder *ambulant* und wie umfassend diese Betreuung erfolgt, also auf wie viele Lebensbereiche sie sich bezieht. Das Extrem wäre hier auf der einen Seite eine psychiatrische Langzeiteinrichtung, in der die Patienten ihren gesamten Alltag verbringen, und auf der anderen Seite eine Schwangerschafts-Konfliktberatungsstelle, die meistens nur einmal zur Klärung einer umrissenen Fragestellung aufgesucht wird (*Schreyögg* 2004 a).

Die Mehrzahl dieser Organisationen entwickelte sich als karitative Einrichtungen der Kirchen. Im fortschreitenden Säkularisierungsprozess wurden viele von ihnen durch staatliche Instanzen übernommen, um heute im Rahmen einer zunehmenden „Ökonomisierung des Sozialen" zu großen Teilen erneut in die Hand der Kirchen zu gelangen oder in anderer Weise privatisiert zu werden. Das ist nämlich heute immer preiswerter als eine staatliche Bewirtschaftung. Ein Charakteristikum aller dieser Systeme ist, dass sie durch vielerlei gesetzliche Regelungen bestimmt werden. Veränderungsziele an Menschen werden nämlich in jeder Gesellschaft durch Institutionalisierungen überformt. Das Gesundheitswesen, aber auch der Bildungsbereich unterliegt eben in allen fortgeschrittenen Gesellschaften einer zunehmenden Regulierung durch staatliche Instanzen.

Führungskräfte sozialer Dienstleistungssysteme befinden sich heute stärker als solche aus anderen Systemtypen in mehreren Dilemmata:

(1) Um als Führungskraft von den Geführten überhaupt akzeptiert zu werden, benötigen sie jeweils ein hohes Spezialistentum als Arzt, Psychologe, Sozialarbeiter, Pädagoge usw. Diese Anforderung erschwert aber die Bereitschaft, sich aufs Managen einer einschlägigen Organisation einzulassen. So wird von vielen Chefärzten oder leitenden Psychologen die Management-

aufgabe verleugnet oder bagatellisiert. Sie bleiben auf ihr Spezialistentum zentriert, und in der Einrichtung entwickeln sich unter der Hand dysfunktionale Hackordnungen, d.h. mehrere informelle „Fürstentümer", die sich bekämpfen.

(2) Die normative Ausgangsbasis besteht hier immer darin, etwas Gutes für Menschen zu tun. Diese Intention wird aber im Allgemeinen als Gegenpol zu ökonomischen Interessen gesehen. So fällt es vielen Führungskräften dieser Milieus schwer, auf ein „gutes Haushalten" zu achten. Sie wittern dann allzu schnell „Verrat an der Menschlichkeit".

(3) Da gerade das Gesundheits- und das Bildungswesen – letztlich zum Schutz der Menschen vor Scharlatanerie – stark durch Regeln überformt sind, ist in diesen Kontexten ein allgemeines Lamento über „die vielen Regeln" üblich. Führungskräfte, die in diesen Milieus sozialisiert sind, stemmen sich selten gegen diese Tendenz, sodass sie vielfach eine echte Solidarität mit der Organisation selbst und ihren Regelungen vermissen lassen.

Eine neue Führungskraft ist in sozialen Dienstleistungssystemen mit genau diesen Tendenzen konfrontiert. Wenn sie ein bewusstes Management mit einer entsprechenden Budgetierung praktiziert und allen Neigungen des allgemeinen Lamentos widersteht, wird sie bei ihren Mitarbeitern Erstaunen erzeugen. Dabei ist noch von zentraler Bedeutung, über welche Ausbildungen die Leitungen und die Mitarbeiter verfügen. Das bestimmt nämlich die Kulturen der jeweiligen Organisationen ganz entscheidend mit. Wahrscheinlich ist die Debatte übers „Sozialmanagement" in Kreisen von Sozialarbeitern heute am fortgeschrittensten, sodass Sozialarbeiter häufig relativ bewusst managen. In Milieus der Klinischen Psychologie und der Pädagogik werden Führungsthemen und andere Fragestellungen rund ums Management vielfach noch zu stark personalisiert. Und in medizinischen Kontexten begegnet uns bewusstes Management nur in Ausnahmefällen. Denn hier ist die Neigung zum Spezialistentum so ausgeprägt, dass für übergeordnete Steuerungsfunktionen selten genug mentaler Raum bleibt. Hier wird das Management häufig an Betriebswirte delegiert.

10.2 Die Situation der neuen Führungskraft in Behörden

Verwaltungssysteme wie Bundes-, Landes oder kommunale Behörden verfolgen das Ziel, gesellschaftlich relevante Leistungen zu erbringen. Sie galten mit ihren ausgefeilten bürokratischen Mustern zu Beginn des 20. Jahrhunderts als Modell für die Gestaltung jeder Organisation, besonders für Wirtschaftsunternehmen. Heute besteht ein umgekehrtes Verhältnis: Entwicklungen im ökonomischen

Bereich stellen Folien dar für die Umgestaltung von Behörden. Das führte in den meisten dieser Systeme im Laufe des letzten Jahrzehnts zu erheblichen Erschütterungen. Hier stehen heute drei Tendenzen im Vordergrund (*Schreyögg* 2006 b):

(1) die Reduktion bürokratischer Kulturmuster,
(2) die Neuentwicklung formaler Strukturen, hier meistens „New Public Management" genannt,
(3) neue Formen der Personalarbeit.

In Verwaltungssystemen führten die bürokratischen Strukturmuster auch zu bürokratischen Organisationskulturen. Diese zogen typische Deformationen der Organisationsmitglieder nach sich. *Bosetzky & Heinrich* (1994: 313) sprechen von einer „bürokratischen Sozialisation", die sich in „bürokratischen Persönlichkeiten" und im Extrem im „Büropathen" manifestiert. Als Merkmale nennen die Autoren Rigidität, Dogmatismus, mangelnde Risikobereitschaft und niedrige Kreativität. *Merton* machte schon 1968 darauf aufmerksam, dass typische Tugenden von Bürokraten wie Disziplin und Regeltreue im Laufe des Berufslebens zum Selbstzweck werden. Im Sinne einer Zielverschiebung entwickeln sie oft einen ausgeprägten Formalismus. Wenn in einer Behörde viele derart sozialisierte Organisationsmitglieder versammelt sind, finden wir kollektive Verdichtungen bürokratischer Kulturmuster. Im Extrem orientieren sich alle nur noch an Vorschriften, wodurch jede Innovation verhindert wird. Genau diese Tendenz versuchte eine breite Front von Bürokratiegegnern durch Reorganisationen der formalen Muster zu reduzieren.

Da sich bürokratische Strukturen nicht nur als menschlich deformierend, sondern auch als ineffizient erwiesen, wurden unter dem Etikett „New Public Management" eine ganze Reihe von Reformansätzen für die öffentliche Verwaltung kreiert (*Budäus* 1998; *Schedler & Proeller* 2000). Sie resultieren aus einer internationalen Bewegung, die unterschiedlichste Reformansätze für die öffentliche Verwaltung entwickelt hat. Darunter finden sich Modelle, bei denen der Staat lediglich gewährleistenden Charakter hat, also nur noch finanzielle Ressourcen bereitstellt, die dann von privaten Trägern zur Realisierung bestimmter Dienste verwendet werden. Andere Modelle sehen eine starke Deregulierung staatlicher Vorgaben nach amerikanischen Vorbildern vor, bei denen die Nutzer unter finanzieller Mitbeteiligung breite Wahlmöglichkeiten haben. Der in Deutschland sicher häufigste Reformtyp besteht unter dem Stichwort „Neues Steuerungsmodell" in Reformelementen wie Dezentralisierung, globale Budgetierung, Controlling, einer strikten Bürger- bzw. Kundenorientierung sowie in Kosten- und Leistungsorientierung. Das heißt, jetzt müssen betriebswirtschaftliche Handlungsstrategien in der öffentlichen Verwaltung praktiziert werden.

Zur Realisierung solcher Anforderungen musste sich auch das Verständnis von Personalarbeit in der öffentlichen Verwaltung wandeln. Die hier bislang praktizierten Muster waren rein „technokratisch-administrativ“ (*Oechsler & Vaanholt* 1998). Bislang dominierte der Grundsatz der „Amtstreuepflicht“, wonach der Staat einem loyalen Staatsbediensteten eine „Alimentierung“ gewährte. Diese spezifisch juristische Bedeutung reduziert sich aber heute zu Gunsten einer zunehmenden Ökonomisierung der öffentlichen Verwaltung. Dementsprechend spielt heute eher Effizienz als Amtstreue eine Rolle. Das führt auch zu neuen Personalrekrutierungen. Während Karrieren früher ausschließlich starren Laufbahngesichtspunkten folgten, gestaltet sich der Aufstieg in der öffentlichen Verwaltung jetzt häufig nach Leistungsgesichtspunkten. Und auch die Entlohnung versucht man heute mehr und mehr an die Leistung zu koppeln.

Alle diese Entwicklungen haben dazu geführt, dass wir heute in fast allen Systemen der öffentlichen Verwaltung kulturelle Wandlungsprozesse vorfinden. Manche ältere Mitarbeiter, die der traditionellen Verwaltungs-Ära der 1960er und 1970er Jahre entstammen, repräsentieren noch bürokratische Subkulturen. Jüngere Mitarbeiter sind aber schon großenteils in die neuen, nun stärker unternehmerisch eingefärbten Praktiken involviert. Sie repräsentieren neue Subkulturen, die aber aufgrund ihrer noch jungen Tradition keineswegs schon fest etabliert sind.

Neu ernannte Führungskräfte haben hier fast immer die Aufgabe, neue Modelle der öffentlichen Verwaltung zu implementieren oder zu stabilisieren, auch gegen den Widerstand der alten Ära. Ihre Vorgesetzten und ihre unterstellten Mitarbeiter werden sie ausführlich testen, wie sie denn zu all den Innovationen stehen. Wenn ihre unmittelbaren Vorgesetzten den Reformansätzen skeptisch bis ablehnend gegenüberstehen, ist es für sie natürlich extrem schwierig, die Mitarbeiter für Neuerungen zu gewinnen. Die Öffentlichkeit erwartet aber, dass sie anders als früher nicht nur „brav“ ihre Pflicht erfüllen, sondern in ihr Handeln so weitgehend wie möglich unternehmerische Kulturmuster integrieren.

10.3 Die Situation der neuen Führungskraft in Wirtschaftsunternehmen

Das Ziel von Unternehmen besteht prinzipiell darin, Leistungen zu erbringen, die für den Wirtschaftskreislauf einer Volkswirtschaft relevant sind. Auch Unternehmen sind heute mehr denn je Wandlungsprozessen unterworfen. Diese werden teilweise von externen Unternehmensberatern in Gang gesetzt, noch viel häufiger aber von den Führungskräften selbst. Ja, es ist sogar eine zentrale Aufgabe von Führungskräften, ein Unternehmen nicht nur in Reaktion auf äußere Anforderungen und Krisen zu verändern, sondern auch proaktiv, also unabhängig von Drucksituationen laufend lernfähig zu halten. Selbstverständlich bieten auch Wirtschaftsunternehmen eine große Variationsbreite in ihren Erscheinungsformen. In der aktuellen gesellschaftlichen Situation zeichnen sich aber generelle Trends für die Veränderung von Wirtschaftsunternehmen ab, mit denen auch neu ernannte Führungskräfte zu rechnen haben. Heute geht es gerade hier prinzipiell um Entbürokratisierung, genauer gesagt um eine generelle Flexibilisierung. *Lash & Urry* (1987) beschreiben dies als Wandel vom „bürokratischen" zum „flexiblen Kapitalismus" als generelle gesellschaftliche Entwicklung. Dieser Trend ist nach *Richard Sennett* (1998) durch drei Merkmale charakterisiert:

(1) Re-Engineering,
(2) Flexibilisierung aller Arbeitsprozesse,
(3) Dezentralisierung.

Re-Engineering beinhaltet den Totalumbau von Firmen. Besonders dafür werden Unternehmensberater etwa von McKinsey oder Boston Consulting engagiert. Sie verheißen Unternehmen eine total effiziente Struktur. Zunächst werden alle Geschäftsstrategien im Hinblick auf verzichtbare Routinen durchforstet. Und es werden trotz eines guten Geschäftsgangs oft etliche Mitarbeiter „freigesetzt", d.h. entlassen.

Die Flexibilisierung aller Arbeitsprozesse ist ein weiteres Merkmal des „neuen Kapitalismus". Vorläufer waren Automobilhersteller wie BMW oder Mercedes, die ihre Produktion neu gestalteten, indem sie alle überflüssigen Routinen beseitigten. Jetzt wurden selbststeuernde Arbeitsgruppen gebildet und insgesamt Arbeitsplätze geschaffen, die jeden Mitarbeiter zur maximalen Effektivität zwingen. Ein hohes Maß an Flexibilität dokumentiert sich auch darin, dass ein Großteil der Innenausstattung, der Karosserie usw. an eigenständige Zulieferbetriebe ausgelagert wird. Diese können sich aufgrund ihrer geringeren Größe flexibler auf den Bedarf der Zentralfirma einstellen, und sie sind vor allem preiswerter, weil sie spezialisierter produzieren. Durch ein gut gemanagtes Outsourcing erwirtschaften heute viele Firmen einen ansehnlichen Marktvorteil, sodass manche Unternehmen wie etwa VW und andere Kraftfahrzeugproduzenten ganze Netzwerke von Zulieferfirmen um sich scharen.

Dezentralisierung, die sich besonders oft im „Lean Management" dokumentiert, ist ein weiterer Trend im neuen Kapitalismus. Seit ausgeprägte Hierarchien als Effizienzblockaden identifiziert wurden, versucht man sie zu reduzieren. In einer Publikation von *Womack et al.* (1991), die im deutschen Sprachraum unter dem Titel „Die zweite Revolution der Autoindustrie“ erschien, wurde allen Firmenchefs nahe gelegt, ihre Organisation auf unnötige Hierarchie-Ebenen hin zu durchforsten. Anstatt Entscheidungskompetenzen immer nur oberen Etagen zuzubilligen, sollten nun auch „die da unten“ mehr als früher mitbestimmen. Die Effekte solcher Kampagnen bestehen äußerlich darin, dass jetzt erstmalig auch hochrangige Führungskräfte ihren Arbeitsplatz verlieren und dass nun Mitarbeiter auf unteren Hierarchie-Ebenen mehr Entscheidungen als früher zu treffen haben.

Für neu ernannte Führungskräfte bedeutet dies: Es gibt keine Sicherheit mehr, weder für sie noch für ihre Mitarbeiter. Es befindet sich ständig alles im Umbruch. Die Anforderungen sind erhöht. So tritt zu dem Stressfaktor, der sich durch die Übernahme einer neuen Führungsposition ohnedies ergibt, für neue Führungskräfte noch ein ständig bestehender Veränderungsdruck.

10.4 Exkurs: Die Situation der neuen Führungskraft in Familienunternehmen

In einer besonderen Situation befinden sich neue Führungskräfte in Familienunternehmen. Abgesehen vom Neueintritt eines „Fremdmanagers“ etwa als Vertriebsleiter, dessen Position vielleicht gerade erst geschaffen wurde, haben wir es hier oft mit einer spezifischen Form von „Nachfolge“ zu tun. Das heißt, „Nachfolger sein“ hat hier grundsätzlich eine besondere Bedeutung (*Simon* 2005). Dies resultiert zunächst daraus, dass in Familienunternehmen das Sachliche in Gestalt des Ökonomischen und das Emotionale in Gestalt familiärer Beziehungen aufeinander treffen. Das Nachfolge-Thema spiegelt dabei eine archaische Konstellation, nämlich die Relation von Vater und Sohn. Natürlich begegnen uns manchmal auch Vater-Tochter-Konstellationen und noch seltener solche von Mutter-Sohn oder Mutter-Tochter. Als Archetypus bleibt aber die Vater-Sohn-Relation dominant. Da Coaching in den letzten Jahren zunehmend häufiger in kleinen und in Mittelbetrieben praktiziert wird, in denen es sich meistens um Familienbetriebe handelt, wird es auch in Publikationen zum Thema Coaching neuerdings häufiger thematisiert (*Mollbach* 2006, 2007; vgl. *v. Schlippe et al.* 2008). Aus diesem Grund werde ich Familienunternehmen bzw. die neue Führungskraft im Familienunternehmen hier auch etwas umfassender thematisieren (vgl. auch *Schreyögg* 2002: 258 ff.).

10.4.1 Familienunternehmen – was ist das?

In den aktuellen Debatten entsteht vielfach der Eindruck, unsere Wirtschaft bestünde nur noch aus Publikumsgesellschaften wie VW oder Telekom. Tatsächlich sind aber Firmen in Familienbesitz auch heute noch weit verbreitet. Als Klein- oder Mittelbetriebe, aber natürlich auch als Großunternehmen wie BMW oder als Holding wie etwa Douglas erzeugen sie immerhin zwei Drittel des Bruttosozialprodukts in deutschsprachigen Ländern. Außerdem sind 65 Prozent aller Arbeitnehmer in ihnen beschäftigt. Einschlägige Autoren „sprechen von Familienunternehmen immer dann, wenn sich eine Wirtschaftsorganisation im Eigentum einer Familie oder eines Familienverbandes befindet und diese deshalb einen bestimmenden Einfluss auf die Entwicklung des Unternehmens nehmen kann“ (*Wimmer et al.* 2005: 6).

Im Gegensatz zu Unternehmen, die an der Börse notiert sind und dementsprechend Aktionären gehören, haben Familienunternehmer einen direkten Zugriff auf unternehmensrelevante Entscheidungen. Sie müssen sich selbstverständlich auch nicht mit dem „Shareholder-Value“, also dem Wert eines Unternehmens an der Börse herumschlagen. Dementsprechend haben sie auch keine feindliche Übernahme durch eine Aktiengesellschaft zu befürchten. Sie sind stolz auf die eigene Firma, die oft sogar ihren Namen trägt. Darin dokumentiert sich schon äußerlich die enge Verbindung zur Identität des Unternehmers. Und genau diese starke emotionale Verbindung ist der Vorteil von Familienbetrieben – aber natürlich auch ihr Gefährdungspotenzial. Allerdings können die meisten Familienbetriebe nicht auf Mitarbeiter außerhalb der Familie verzichten und größere Unternehmen selbstverständlich auch nicht auf angestellte Führungskräfte. So gliedert sich das gesamte soziale Feld von Familienunternehmen, vor allem wenn sie ein Mittel- oder Großunternehmen darstellen und schon über mehrere Generationen bestehen, in drei voneinander abhängige Gruppierungen (*Wimmer et al.* 2005):

(1) Da ist zum einen die *Familie*, von der vielleicht Mitglieder in der Firma mitarbeiten, von denen manche etwas erben und von denen andere einen formalen oder informellen Einfluss auf die Firma nehmen.
(2) Eine andere Gruppe stellt das *Management* dar. Es wird in manchen Fällen ausschließlich aus der Familie rekrutiert, in anderen Fällen, in denen die Kinder der Eigentümer die Firma nicht leiten wollen, nur aus angestellten Managern. In wieder anderen Fällen setzt sich das Management aus Eigentümern *und* angestellten Managern zusammen.
(3) Die dritte Gruppe sind die *Eigentümer*, die entweder aktiv in Führungspositionen fungieren oder die als Besitzer einer Aktienmehrheit an der Firma

nur noch ihr Kapital arbeiten lassen, ansonsten vielleicht irgendwelche dem Unternehmen angeschlossene Stiftungen oder Ähnliches leiten.

Historisch gründen sich Familienbetriebe auf ein traditionelles „familienökonomisches Modell“ (*Pfau-Effinger* 2000: 87). Im Gegensatz zur modernen Ehe, die primär aus der gegenseitigen gefühlsmäßigen Anziehung der Partner resultiert, stellte früher das Bindemittel der gemeinsame Besitz dar, in unserem Zusammenhang also die gemeinsame Firma. Bis ins 18. Jahrhundert hinein galten solche Familienmodelle als Regel. Hier hatte auch die Frau einen klar abgegrenzten, oft sogar gleichberechtigten Aufgabenbereich im gemeinsamen Unternehmen. Erst im Verlauf der Industrialisierung entwickelten sich neuartige Muster für die Familie, wonach der Mann außerhalb der Familie einem Beruf nachgeht, die Frau aber von der männlichen Erwerbstätigkeit häufig losgelöst nur noch innerfamiliäre Reproduktionsfunktionen ausübt, also den Haushalt versieht und die Kinder betreut. In vielen anderen Fällen geht natürlich auch die Frau heutzutage einer Arbeit an einem wieder anderen Arbeitsplatz nach. Früher war es Aufgabe der Familie, den Lebensunterhalt gemeinsam zu erwirtschaften, die Alten und die Kranken zu versorgen sowie die nachfolgende Generation mit relevanten Kulturtechniken vertraut zu machen. Heute hat die Familie einen enormen Funktionsverlust erlitten. Jetzt müssen intensive gegenseitige Emotionen zwischen den Partnern und zu den Nachkommen diesen Funktionsverlust kompensieren (*Luhmann* 1982).

Im Gegensatz dazu blieb in Familienunternehmen ein wesentlicher Teil traditioneller Funktionen erhalten. Hier stellt nämlich das Geschäft immer *das* entscheidende Bindemittel der Familienmitglieder dar, und mit diesem gehen gemeinsame Aufgaben und gemeinsame Sorgen einher. *Wimmer et al.* (2005) postulieren deshalb, dass in Familienunternehmen die Firma jeweils einen „Dritten“ symbolisiert, der die gesamte Familie zusammenhält. Damit sind allerdings auch massive Rollenzuschreibungen an die Ehepartner und die Kinder verbunden. Der Unternehmer braucht die Familie zur Rechtfertigung seiner Schinderei, und die Familie braucht den Unternehmer zu ihrem faktischen Erhalt, aber auch zu ihrer sozialen Platzierung.

Im Gegenzug wird von allen Beteiligten Verzicht erwartet. Der Unternehmer plagt sich notfalls Tag und Nacht, erwartet aber, dass seine Frau und seine Kinder ihn klaglos entbehren. Die Kinder sollen notfalls auf einen Teil ihrer Kindheit verzichten, wenn sie früh in die Firma hinein sozialisiert werden. Sie lernen meistens ohnedies von früh an, für die Firma zu denken. Zwischen Mann und Frau ergibt sich im Allgemeinen eine spezifische Geschlechterspezialisierung: Während der Mann das Unternehmen leitet, dient die Frau als Hüterin der Sozialbelange. Außerdem fungiert sie vielfach als Mittlerin zwischen Unternehmer und Belegschaft sowie zwischen Unternehmer und der sonstigen Familie. In Klein- und Mittelbetrieben ist außerdem die Mitarbeit von Frauen üblich. Erst bei Großunternehmen finden wir die typische postindustrielle Hausfrauenehe (*Pfau-Effinger* 2000).

Die gemeinsame Sorge um die Firma führt auch zwischen den Geschwistern meistens zu einer engen Koppelung, wie überhaupt in Familienunternehmen vielfach ein hohes Maß an Dichte zu beobachten ist. Aufgrund der gemeinsamen ökonomischen Interessen, die Familienmitglieder von Außenstehenden unterscheiden, finden wir hier soziale Konstellationen, die einer „Festung" gleichen, mit denen man sich jedenfalls gegen andere abschottet. Ein besonderes Tabuthema stellt die Einkommenssituation der Familie dar. „Mit fremden Leuten redet man nicht übers Geld", ist ein wichtiges Leitmotiv. Da es sich bei Außenstehenden oft um potenzielle Kunden handelt, bleibt man möglichst freundlich, allerdings in einem eher unverbindlichen Sinn. Und man streitet sich nie in der Öffentlichkeit, denn „was sollen bloß die Leute denken". Auch dies stellt eine wichtige Norm solcher Familien dar. Die Außenpräsentation hat jedenfalls möglichst makellos zu sein.

10.4.2 Ökonomische Besonderheiten

Betriebswirtschaftlich betrachtet, weisen Familienbetriebe eine ganze Reihe von Vorteilen auf:

- Ein Familienunternehmer, insbesondere eines Klein- oder Mittelbetriebes kann wie ein selbstherrlicher Fürst etwas wagen. Das ist für Manager in Publikumsgesellschaften oft kaum möglich. So kann er sich z.B. auf *Nischenprodukte* spezialisieren und dadurch rascher auf Märkte reagieren als Firmen mit einer komplexen Entscheidungsstruktur.
- Aufgrund der Eigentümerzentrierung weisen diese Firmen „schlanke", also *hierarchiearme Strukturen* auf, die ihnen mehr Wendigkeit ermöglichen. Wegen der höheren Effizienz wurde dies im Verlauf der Lean Debatte auch für Publikumsgesellschaften (*Corsten & Will* 1993) angestrebt.
- Eine „*Segmentierung der Geschäftsfelder*" mit kleinen überschaubaren Einheiten, wie sie in großen Firmen ebenfalls neuerdings angestrebt wird, weisen viele Familienbetriebe aufgrund ihrer zumeist geringen Größe schon von sich aus auf.
- Wir finden hier *selten* sehr *formalisierte Strukturen*, weil aufgrund der Eigentumsverhältnisse, die immer durch das Familiäre begleitet sind, das In-

formelle dominiert. In Familienunternehmen läuft nämlich vieles über persönliche Beziehungen, weshalb man auch tatsächlich weniger anonymisierte Regeln benötigt.

- Die Mitarbeiter entwickeln in der Regel eine ausgeprägte *emotionale Nähe* zur Eigentümerfamilie, oder sie wachsen geradezu familien-ähnlich in die Firma hinein. Auch dieses Phänomen ersetzt die formale Abstimmung.
- Aufgrund ihrer strukturellen Besonderheiten weisen Familienunternehmen in der Regel auch eine konsequente *Orientierung an den Wünschen der Kunden* auf. Das ist besonders ausgeprägt bei Pionieren, also bei Firmengründern, denn sie entwickeln ihre Produkte oft in unmittelbarer Nähe zu ihren Kunden.

Diesen Vorteilen steht allerdings eine ganze Reihe von Nachteilen gegenüber (*Wimmer et al.* 2005):

- In Familienunternehmen wird *selten eine reflektierte Personalpolitik* betrieben. Deshalb finden wir auch nur in Ausnahmefällen gut durchdachte Maßnahmen der Personalrekrutierung und -entwicklung.
- In diesen Milieus gibt es fast ausnahmslos „Aufsteiger", also Mitarbeiter, die nur innerhalb des Systems befördert werden. „Seiteneinsteiger", also Führungskräfte, die von anderen Firmen rekrutiert werden, sind kaum integrierbar. So bleiben Familienunternehmen meistens in sich *„geschlossene Systeme"* mit starken Organisationskulturen (*Schreyögg, G., Koch* 2007). Diese sind häufig durch pionierhafte Normen charakterisiert.
- *Moderne Managementansätze* werden *selten* realisiert. Planung wird vom Eigentümer eher intuitiv vorgenommen, die Organisationsgestaltung bleibt improvisatorisch. Personal wird innerhalb der Firma rekrutiert. Das maßgebliche Modell für die Führung bleibt die Familie. Kontrolle wird vielfach nur mit Hilfe traditioneller Formen des Rechnungswesens realisiert.
- Ein grundsätzliches Problem vieler Familienunternehmen besteht ohnedies in der *Dominanz von Sachfunktionen gegenüber Managementfunktionen.* Ein Ingenieur, ein Biologe oder ein Informatiker setzt eine fachlich zündende Geschäftsidee um, sodass sich die Firma einige Jahre lang gut entwickeln kann. Spätestens in der nächsten Generation reicht aber das Expertenwissen etwa als Ingenieur zur erfolgreichen Leitung der Firma nicht mehr aus. Jetzt wäre Managementwissen nötig, dessen Erwerb aber vielen Familienunternehmern zu mühsam oder nicht notwendig erscheint.
- Managementpositionen werden in Familienunternehmen oft von Mitgliedern der Familie besetzt, die über *keinerlei formale Ausbildung* für die Über-

nahme solcher Tätigkeiten verfügen. Außerdem erlangen auch immer wieder Tanten, Onkel oder andere Mitglieder der Familie unkontrollierbaren Einfluss auf das Geschehen im Betrieb.

- Aufgrund der familiären, beziehungsorientierten Muster besteht regelmäßig eine gewisse *Konfliktscheu.* Aus Sorge, mit Familienangehörigen, die man etwa bei Familienfeiern immer wieder trifft, in Streit zu geraten, vermeidet man selbst gegenüber Personen außerhalb der Familie jede Konfrontation. So werden auch in den Firmen selten gut funktionierende Streitkulturen entwickelt.
- Die *Organisationskulturen* weisen zwar immer Elemente familiärer Muster auf, was sich schon in der großen Bedeutung persönlicher Beziehungen dokumentiert. Das Spezifikum einer Kultur bestimmt sich aber besonders deutlich nach dem Pionier und seinen Überzeugungen. Alle Rituale, Normen, Standards und Basisannahmen, die man in einem Familienbetrieb noch in der zweiten oder dritten Generation vorfindet, weisen einen Bezug zur Gründerpersönlichkeit auf. Wenn diese pathologische Züge aufweist, etwa im Sinne einer paranoiden Dynamik, bilden sich auch diese noch einige Generationen später ab (*Kets de Vries* 1996).
- In diesem Organisationstyp ist davon auszugehen, dass aufgrund der Machtverhältnisse Innovationen primär von oben ausgehen müssen oder jedenfalls von oben angestoßen werden sollten. Unternehmer, die ihre Firma 25 Jahre oder länger leiten, kleben aber oft am Altbewährten und lassen auch seitens der Mitarbeiter keine innovativen Ideen gelten.
- Wenn Familienunternehmen in ernste Liquiditätskrisen geraten, neigen die Unternehmer dazu, diese lange zu verleugnen, jedenfalls nicht Konkurs anzumelden; denn sie möchten sich ja nicht in der Öffentlichkeit, etwa bei den Rotarier-Freunden oder im Lions Club, als Versager outen. So werden die *Finanzlöcher* zunächst durch den *Verkauf von Privateigentum,* meistens von Immobilien, kompensiert. Das geschieht oft so lange, bis die Firma auf Druck der Banken letztlich doch noch Konkurs anmelden muss, die Unternehmerfamilie aber über keinerlei Privatvermögen mehr verfügt und dann vollständig verarmt ist.
- Sehr komplizierte ökonomische Probleme ergeben sich vor allem bei der *Firmenübergabe* an die nächste Generation und bei *Vermögensübertragungen* wegen Scheidung, Tod usw. In solchen Fällen müssen der Firma oft große Summen entnommen werden, was ihre Liquidität schwächt und manchmal sogar ihren Untergang einleitet. Zur Vermeidung solcher dramatischen Entwicklungen wird prinzipiell empfohlen, noch in ökonomischen Blütezeiten realistische Gesellschafterverträge auszuhandeln (*Wimmer et al.* 2005; *Rüsen & v. Schlippe* 2007; *Bieker & Hirsch* 2007).

10.4.3 Psychologische Besonderheiten

Die Zentralfigur eines Familienunternehmens ist in der ersten Generation der Pionier. Zwischen ihm und „seiner" Firma besteht immer eine Symbiose. Denn, wie *Wimmer et al.* (2005) behaupten, für Firmengründer sind immer eine Reihe existenzieller Motive zur Gründung ihrer Firma maßgeblich. Sie handelten beispielsweise in der Nachkriegszeit oft aus einer existenziellen Mangelsituation heraus, um sich und ihrer Familie eine Existenzgrundlage zu schaffen. Im Weiteren verselbständigen sich aber die Ursprungsmotive. Die Unternehmer suchen dann sich und anderen zu beweisen, dass sie es „schaffen", ihre Firma zu erhalten, auszubauen und zur Blüte zu bringen. Ein anderes Leitmotiv stellt der Wille zur Autonomie dar. In Unternehmerkreisen werden immer wieder die wirtschaftliche und vor allem die persönliche Eigenständigkeit betont. So ist oft zu hören: „Ich brauche mir von niemandem etwas sagen zu lassen."

Kets de Vries (1996), Managementtheoretiker und Psychoanalytiker, postuliert, dass bei aller Unterschiedlichkeit einige Persönlichkeitsmerkmale bei allen Familienunternehmern, besonders bei den Pionieren, vorzufinden sind: Sie besitzen *Energie* und *Durchsetzungsvermögen*, außerdem eine starke *Vorstellungskraft*, um Visionen zu entwickeln. Dadurch gelingt es ihnen, auch andere für ihre Visionen zu begeistern. *Kets de Vries* (1996: 45) bezeichnet das als „Führung durch Verführung". Ergänzend kann man postulieren, dass Firmengründer nicht bereit sind, sich bescheiden in eine bestehende Organisation zu integrieren, sondern im Sinne *phallisch-narzisstischer Persönlichkeitsanteile* (vgl. *Reich* 1933) lieber ihr „eigenes Ding" auf die Beine stellen. Familienunternehmer neigen dazu, alles kontrollieren zu wollen. Bei manchen von ihnen kann sich das zu einer regelrechten *Kontrollsucht* auswachsen. *Kets de Vries* vermutet auf dem Hintergrund seiner Erfahrungen als Berater, dass die meisten von ihnen schlechte Erfahrungen mit dem eigenen Vater gemacht haben und deshalb jeder Autorität grundsätzlich skeptisch gegenüberstehen. Dabei handelt es sich im psychoanalytischen Verständnis um *negative Vaterübertragungen*, die oft der Motor zur Gründung des eigenen Unternehmens waren. „Dann bin ich eben mein eigener Chef und niemandem Rechenschaft schuldig."

Solche Merkmale, die im Prinzip Ausdruck einer narzisstischen Persönlichkeit sind *(Kets de Vries* 1996), erzeugen fast automatisch Ambivalenzen gegenüber potenziellen Nachfolgern. Erfahrungsgemäß bleiben Firmengründer immer ängstlich, ob das Geschaffene von den Nachfolgern auch bewahrt wird. Und letztlich leitet sie die Sehnsucht, dass alles so bleiben soll, wie sie es in ihren besten Jahren geschaffen haben. Eine solche Firma ist oft so eng auf den Gründer zugeschnitten, dass sie für Nachfolger ohnedies selten sofort passend ist. Dem Pionier selbst scheint meistens keines der Kinder der „richtige" Nachfolger oder die „richtige“ Nachfolgerin zu sein. Das ist nicht erstaunlich, denn Firmengründer entwickeln oft ausgeprägte charismatische Konstellationen, in die überhaupt kein Nachfolger passt – und die aus dem eigenen Hause schon gar nicht.

In solchen Konstellationen gibt es immer nur eine einzige Zentralfigur, die von den anderen – eben ihren Bewunderern umkreist wird und die gar nicht genug bekommen kann vom Applaus über ihre Heldentaten. Söhne oder Töchter dagegen bleiben im Vergleich zum Vater meistens eher blass. Und wenn sie in die Firma einsteigen, werden sie von den Mitarbeitern schnell in einer Second-Best-Position wahrgenommen und vom Vater ohnedies vorzugsweise als Assistentin oder als Assistent eingesetzt. Trotz zumindest unbewusster Vorbehalte gegenüber den Managementqualifikationen des Nachwuchses bestehen Firmengründer in der Regel darauf, dass die Führung in der Familie bleibt. „Ich habe mich doch nicht für andere abgeschuftet. Ihr müsst das Geschaffene für die Familie erhalten“, sind ihre Argumente. Der Pionier bleibt dann auch nach seinem Tod der Gigant, an dem sich alle seine Nachkommen messen lassen müssen.

10.4.4 Konfliktpotenziale des Nachfolgers in Familienunternehmen

Dementsprechend ist die Firmennachfolge in Familienbetrieben besonders beladen mit Konflikten.

Fallbeispiel: Nachfolgeprobleme in einem Familienunternehmen

„Großartige Unternehmerpersönlichkeiten haben keine Nachfolger.“ Diese Wahrheit musste Ernst Reinhard Piper bis zur bitteren Konsequenz erfahren. Sein Vater „hatte in den Nachkriegsjahren den Münchner Verlag wirklich groß gemacht und ihm einen renommierten Platz am Markt verschafft. Als er 70 Jahre alt war, trat Ernst Reinhard, damals 30jährig, als designierter Nachfolger in der Funktion eines geschäftsführenden Gesellschafters in den Verlag ein. Es war eigentlich immer schon klar gewesen, dass von den sechs Kindern Ernst Reinhard das Werk fortsetzen würde, da er sowohl die Liebe zum Geschäft als auch offensichtlich das Zeug dazu mitbrachte. Der Junior wuchs schnell in verantwortliche Positionen hinein. Er repräsentierte die Firma nach außen, betreute eine eigene Produktsparte, versuchte die Serie Piper (Taschenbuchreihe) aufzubauen und sich auch konzeptionell einiges einfallen zu lassen. Hier mischte sich nach anfänglicher Anerkennung auch ein kritischer Ton in die öffentlichen Kommentare des Seniors. Zudem waren auch die privaten Beziehungen durch einige Turbulenzen deutlich kühler geworden. Ernst Reinhards Mutter war gestorben, der Vater hatte bald darauf mit 76 Jahren nochmals geheiratet; der Sohn hatte sich von seiner Frau getrennt und das Leben mit einer 15 Jahre jüngeren Partnerin aufgenommen, was dem Vater angeblich missfiel. Ob es nun tatsächlich geschäftliche Meinungsverschiedenheiten waren, ob die inzwischen etwas schwächliche Marktposition des Unternehmens ausschlaggebend war oder aber die familiale Situation, ist nicht wirklich zu klären – jedenfalls landete 13 Jahre nach dem Eintritt seines Sohnes in die Firma sein 83jähriger Vater den großen Coup – völlig überraschend für seinen Sohn verkaufte er seine Firma Anfang 1995 an einen schwedischen Partner. Offensichtlich traute der Vater seinem Sohn die erfolgreiche Weiterführung des Unternehmens nicht zu. Ernst Reinhard muss nun für sich entscheiden und klären, ob er im ehemaligen Familienbetrieb unter einem fremden Miteigentümer weiter arbeiten will und kann und was er mit seinen 20 Prozent Anteilen macht" (nach *Kotteder* 1994, zit. n. *Wimmer et al.* 2005: 264 f.).

In Familienbetrieben ist also bei neu ernannten Führungskräften immer das Nachfolgethema in der einen oder anderen Weise relevant. Selbst wenn der Nachfolger nicht zur Familie gehört, vielleicht nur als „Platzhalter" für einen noch unmündigen Erben auserkoren wurde, spielen typische Anforderungen mit ihren jeweiligen Problemen eine tragende Rolle (*Simon* 2005: 188).

Normalerweise verlassen Kinder ab einem bestimmten Alter das Elternhaus. Bei Familienunternehmen wird aber meistens damit gerechnet, dass sie eines Tages zurückkehren, um die Firma zu übernehmen. Nach dem Motto: „Eines Tages gehört dir sowieso alles", halten Kinder von Unternehmern oft sogar die katastrophalsten Demütigungen aus. Vielfach entwickeln Söhne, weil sie sich dem Vater nicht gewachsen fühlen, eine starke Mutterbindung wie etwa Ford junior oder Watson junior (*Kets de Vries* 1996). Das aber bringt ihnen meistens auch noch die Verachtung des Vaters ein. Wir finden hier jedenfalls seltener Vater- als Muttersöhne, weil der Vater von den Söhnen oft als unnachahmlicher Koloss erlebt wird, der als Identifikationsfigur kaum in Frage kommt.

Aus allen diesen Gründen geschieht die Übergabe der Firmen oft erst im hohen Alter, wenn auch die Nachfolger schon wieder pensionsreif sind. Familienunternehmer sind nämlich sechsmal häufiger über 65 Jahre alt als Topmanager in Publikumsgesellschaften. Sie arbeiten 25 Jahre und länger in ihren Unternehmen (*Schwass* 1997). So stellt die dramatischste Situation in der Existenz eines Familienunternehmens letztlich die Generationenablösung dar. Das dokumentiert sich etwa darin, dass nur drei bis fünf Prozent von Familienunternehmen den Übergang von der zweiten in die dritte Generation schaffen. Der psychologisch bedeutendste Übergang ist allerdings sicher der vom Pionier an den oder die unmittelbaren Nachfolger. Es wäre sinnvoll, dass Familienunternehmer spätestens ab 55 Jahren ein Übergabekonzept entwickeln und ein Testament verfassen. Wenn nämlich im Falle ihres plötzlichen Todes keine entsprechenden Papiere vorhanden sind, können sich ausgesprochen zerstörerische Kämpfe zwischen verschiedenen Erben ergeben. Nachfolger in Familienunternehmen sind aber insgesamt in einer komplizierten Situation (*Kets de Vries* 1996; *Bieker & Hirsch* 2007 u.a.).

Als „*Problem von Nepotismus*" beschreibt *Kets de Vries* Situationen, in denen die Familienlogik das Rationale überrollt. Dann werden unfähige oder unqualifizierte Familienmitglieder auf wichtige Positionen im Unternehmen „gehievt". Sie können ihre Position aber nur ausfüllen, wenn angestellte Mitarbeiter der Firma sie tatkräftig unterstützen. Dabei erwarten Familienmitglieder fast grundsätzlich ein Entgegenkommen von Nicht-Familienmitgliedern. Im anderen Fall erleiden die Mitarbeiter Nachteile oder befürchten zumindest solche. Das aber führt dazu, dass sich die helfenden Mitarbeiter strukturell gekränkt fühlen. „Nur weil der zur Familie gehört, bekommt der hier eine solche Position." Angesichts derartiger Situationen wird es vor allem schwierig, qualifizierte Führungskräfte in der Firma zu halten oder sie überhaupt erst zu gewinnen.

Eine andere Konfliktkonstellation benennt *Kets de Vries* (1996) als das „*Verwöhnte-Kind-Syndrom*". Ein Gründer arbeitet vielleicht Tag und Nacht. Deshalb kümmert er sich kaum um seine Familie. Er rechtfertigt sein Verhalten mit dem Hinweis darauf, dass er ja alles nur für seine Frau und seine Kinder tut. Im Laufe der Zeit entwickeln sich aber doch Schuldgefühle über seine ständige Abwesenheit. Dann schenkt er seinen kleinen Kindern vielleicht die größten Teddybären, die er auftreiben kann, und später, wenn sie größer sind, die neuesten Sportwagen. Die Nachkommen sind dann gewöhnt, alles Erdenkliche zu bekommen – natürlich keinen Verzicht zu leisten oder Disziplin zu mobilisieren. Das aber ist für den Erwerb qualifizierter Aus- und Fortbildungen eine zentrale Voraussetzung. Beim plötzlichen Tod des Vaters sind die Erben oft völlig unfähig, eine Firma zu leiten. In solchen Konstellationen verfügen sie in der Regel auch nicht über genügend Selbstkritik, um sich einzugestehen, dass sie zur Weiterführung des Unternehmens nicht in der Lage sind. So versuchen sie es vielleicht dennoch bis zu einem raschen Konkurs.

Der „*Geist des Gründers*", als Zentrum der Charisma-Konstellation, manifestiert sich selbstverständlich in autokratischen Umgangsformen. Mitarbeiter, die „nicht spuren", werden schnell abgemahnt und beim nächsten Mal aus der Firma entfernt. Das erzeugt auf Dauer Mitarbeiterkollektive von Jasagern, die äußerst konfliktscheu jede kontroverse Meinung zu den Positionen des Gründers vermeiden. Dieses auch als „Groupthink" (*Janis* 1972) bekannt gewordene Phänomen führt zum Zwang, immer einer Meinung zu sein, und selbstverständlich zu mangelnder Lernfähigkeit. In einer solchen Organisation kann sich keinerlei Innovation mehr entwickeln.

Ein anderes konfliktäres Phänomen beschreibt *Kets de Vries* als „*Melken der Firma*“. Dann entnehmen Nachfolger dem Firmenbudget große Summen zur Befriedigung privater Luxusbedürfnisse. Dabei handelt es sich um Verhaltensweisen, die auf Mitarbeiter einer Firma immer anstößig wirken. Nach dem Motto: „Wir rackern uns ab, und die Erben schmeißen das Geld mit vollen Händen zum Fenster raus“, sind hier regelmäßig massive Einbrüche der Motivation bei den Mitarbeitern zu beobachten.

Der Tod des Pioniers und überhaupt die *Übergabe an die nächste Generation* als Untergang einer Ära stellen immer besondere Krisen im Leben eines Familienunternehmens dar. Solche Krisen lösen Angst aus, weshalb sie regelmäßig archaische Formen der Angstbewältigung mobilisieren. Sie führen beispielsweise zur Verlagerung auf einen Sündenbock, oder sie führen zur Ernennung eines Messias.

In *Nachfolgesituationen* finden wir nicht selten *gemeinschaftlich inszenierte Eskalationen*. Wegen der engen Koppelung von Unternehmen und Familie erhalten solche Konflikte schnell eine hoch emotionalisierte Komponente. Sie bewegen sich rasch bis zur fünften oder sechsten Eskalationsstufe und sind kaum mehr auf Sachthemen zu reduzieren. Sie ranken sich ganz unübersehbar um Geld, Macht und Liebe. Über das Erbe, also um Macht und Geld, entflammen bei den Kindern und ihren Partnern, selbst wenn sie sich sonst als eher harmlose Zeitgenossen präsentieren, die hässlichsten Gefühle von Neid, Missgunst, Bosheit und Rachsucht. In den Kampfspielen sind auch alle Arten von Liebe zu finden: Elternliebe, Kinderliebe, Gattenliebe, aber auch illegitime Liebesphänomene zwischen den Fronten. Die Konsequenzen der kämpferischen Aktionen werden aber von den Beteiligten oft keineswegs nur negativ erlebt. Der gemeinsame Kampf eines Paares gegen ein anderes führt z.B. häufig zur Stabilisierung der eigenen Beziehung. In anderen Familien können sich die Kontrahenten aus dem Weg gehen, hier sind sie aber durch die Firma ständig zur Kooperation gezwungen. Oftmals wird der Kampf im Sinne von Rosenkriegen sogar von einer Generation zur nächsten weitergeführt (*Haas* 2005).

Im Zusammenhang mit Nachfolgefragen sind auch alle Arten von „*pathologischen Triaden*“ zu finden, in denen etwa die Mutter mit dem Sohn gegen den Vater agiert, in denen beide Eltern gegen ein Kind antreten. Oder wir finden Koalitionen von Geschwistern gegen den Vater, wo die Mutter heimlich auf Seiten der Kinder steht. Dabei handelt es sich um Triangulationen im Sinn von *Minuchin et al.* (1983), also um Generationen überschreitende Koalitionen.

Im Coaching einer neu ernannten Führungskraft aus Familienunternehmen sollten dann jeweils alle relevanten historischen Besonderheiten des jeweiligen Systems rekonstruiert und in ihrer aktuellen Bedeutung für den Klienten untersucht werden.

11. Kapitel

Einflüsse durch Frau-Mann-Konstellationen

Berufliche Aktivitäten nehmen im Leben von Männern und im Leben von Frauen immer noch einen prinzipiell anderen Stellenwert ein. Besonders in den letzten beiden Jahrhunderten war die Identitätsentwicklung von Männern sehr stark an den Beruf gekoppelt (*Lehner* 1999). In der bürgerlichen Familie galt er als Ernährer und Erzeuger. Wie etliche Autoren (*Connell* 2000; *Bourdieu* 1997 u.a.) gezeigt haben, bildeten Männer im Beruf einen spezifischen, „machtvollen“ Habitus aus, der über große Strecken Frauen ausschloss. Bis ins 20. Jahrhundert hinein galt Frauenarbeit dementsprechend als gesellschaftlich wenig akzeptabel, obwohl Frauen seit Menschengedenken in Haus und Hof einen selbstverständlichen Beitrag zur Versorgung der Familie leisteten. Heute haben aber Frauen ein Ausmaß an Gleichstellung im öffentlichen Raum erreicht, das noch am Ende des zweiten Weltkriegs ganz unvorstellbar schien. In empirischen Untersuchungen (*Keddy et al.* 1999) zeigt sich, dass heute kaum noch eine junge Frau eine Rolle als Nur-Hausfrau, allerdings auch nicht als „Nur-Berufstätige“ anstrebt. Die Mehrzahl von ihnen begreift als Ideal einen „doppelten Lebensentwurf“ (*Geissler & Oechsle* 1994), bei dem die Frau einen Platz in der Gesellschaft als Berufstätige beansprucht, bei dem sie aber auch in einer Familie leben kann.

Wie sich allerdings langsam herumgesprochen hat, ist dieser doppelte Lebensentwurf, besonders in Deutschland, keineswegs einfach zu realisieren. Ohne ausreichende Krippen- und Kindergartenplätze und vor allem ohne Ganztagsschulen bleiben berufstätige Paare vielfach auf teure oder wenig verbindliche Privatlösungen für eine qualifizierte Betreuung ihrer Kinder angewiesen. So stellt sich die berufliche Gleichstellung zu großen Teilen als Illusion heraus. Wie sich auch in der Beschäftigung mit Dual-Carrier-Couples, also mit Akademikerpaaren (*Solga & Wimbauer* 2005) zeigt, bleiben viele qualifizierte Frauen lieber Karrierefrau ohne Kind, und viele andere bleiben nach der Geburt eines Kindes zu Hause. Die Karrierefrauen befinden sich allerdings vielfach noch in Ausnahmesituationen, weil die Berufswelt über große Strecken männlich dominiert geblieben ist. Nichtsdestoweniger „sickern“ immer mehr Frauen auch in genuin männliche Domänen ein wie beim Militär oder bei der Polizei, während Männer in weiblichen Sphären schon länger eine Rolle spielen. Eine neu ernannte Führungskraft hat sich aber hier wie dort auch erst zu orientieren.

Was allerdings in einer Gesellschaft als „weiblicher" und was als „männlicher" Beruf begriffen wird, erwies sich in den Untersuchungen des Organisationsanthropologen *Hofstede* (1997) als ziemlich variantenreich. In Russland sind z.B. die meisten Ärzte Frauen, in Belgien die meisten Zahnärzte ebenso. In Pakistan handelt es sich bei Schreibkräften fast ausschließlich um Männer, und in den Niederlanden sind die Kliniken voll von männlichen Krankenpflegern. Der Autor räumt aber ein, dass von einem typischen Frauenberuf immer dann gesprochen werden kann, wenn die Tätigkeit an das häusliche Milieu anschließt. Typische Männerberufe dagegen weisen eher expansive Elemente auf mit Nähe zu traditionellen männlichen Aktivitäten wie Jagen und Kämpfen (*Hofstede* 1997). Und um in eine Führungsposition zu gelangen, müssen Positionsinhaber ohnedies „kampferprobt" sein. Das gilt allerdings nicht nur für den Aufstieg in Männermilieus, oft auch in dem von Frauen.

11.1 Die Situation der neuen weiblichen/männlichen Führungskraft in Frauenmilieus

Fallbeispiel: Die neue weibliche Führungskraft in Frauenmilieus

Verena Howalt, eine blonde, gut aussehende Frau, Mitte 30, war schon fünf Jahre als Pflegedienstleitung in einer großen kommunalen Klinik einer ländlichen Gegend tätig. Da sie mit ihrem Lebenspartner lieber in einer Stadt leben wollte und außerdem ehrgeizig war, heuerte sie als Pflegedirektorin eines Klinikverbundes an. Aufgrund ihrer guten Zeugnisse, aufgrund ihrer Erfahrung in einem Großklinikum, aber auch aufgrund ihres gepflegten Auftretens waren die ärztliche Leitung, ein älterer Chirurg, und die Verwaltungsleitung, ein junger Volkswirt, sehr begeistert. Schon nach wenigen Wochen, Frau Howalt hatte sich kaum mit allen Abteilungen vertraut gemacht, beschloss ein übergeordnetes Kuratorium, das aus Eigentümern des Verbundes bestand, dass in der gesamten Pflege neue Qualitäts- und Leistungsstandards durchgesetzt werden sollten. Nachdem sich Frau Howalt durch eine entsprechende Fortbildung vorbereitet hatte, begann sie, zunächst alle Pflegedienstleitungen, danach alle Stationsleitungen abteilungsweise einzuladen und sie über die neuen Standards zu unterrichten. Die Mitarbeiter erhielten zu großen Teilen danach ein- oder zweitägige Fortbildungen, um die neuen Anforderungen realisieren zu können.

Frau Howalt veranstaltete monatliche Teamsitzungen mit der ihr nachgeordneten Führungs-Ebene. Während dieser Sitzungen hielten sich die meisten Teilnehmerinnen und Teilnehmer ziemlich „bedeckt", wie Frau Howalt meinte. Sie versuchte sie immer wieder zu ermuntern, ihre Anliegen vorzubringen, bis auf einige wenige Klagen im Hinblick auf ihre Überforderung äußerten sie wenig Relevantes. Nach etwa einem halben Jahr bemerkte Verena, dass ihr Unterlagen fehlten. Es handelte sich dabei um Papiere, die für die Qualitätsmaßnahmen wichtig waren. Trotz ausgedehnter Suche blieben sie verschwunden. Nach einigen weiteren Wochen erhielt Verena riesenhafte Pakete von der Post, die, da sie ja im Dienst war, jeweils bei Nachbarn abgegeben wurden. Hierbei handelte es sich um Waren, die Verena nicht bestellt hatte, sondern die ihr irgendjemand aus Schabernack geordert hatte. Es war ein erheblicher Aufwand, die Pakete an den Absender zurückzusenden.

Jetzt begann sie zu vermuten, dass sie gemobbt würde. Darauf wandte sie sich an den ärztlichen Leiter und an den Verwaltungsleiter, da sie sich in ihrer neuen Position zunehmend unwohl fühlte. Die beiden Herren wiegelten zunächst ab und meinten: „Da ist vielleicht jemand neidisch und ärgert sich über Ihren Erfolg." Als ihr aber erneut wichtige Unterlagen für die Qualitätssicherung abhanden kamen und sie ihre Vorgesetzten entsetzt alarmierte, schalteten diese dann doch die Polizei ein. Jetzt wurden der Reihe nach alle Kolleginnen und Kollegen aus der Pflege einzeln befragt. Die Polizei konnte niemandem etwas nachweisen, empfahl aber Verena nicht nur ihren Schreibtisch, sondern auch ihr Arbeitszimmer immer sorgfältig abzuschließen, außerdem ihre Nachbarn zu bitten, keine Pakete mehr für sie anzunehmen. Danach beobachtete Verena keine derartigen Vorkommnisse mehr. Die Atmosphäre im Pflegebereich hatte sich aber erheblich verschlechtert. Verena traute sich nicht mehr, ihre Politik der offenen Tür, die sie früher immer praktiziert hatte, weiterzuführen. Eigentlich fühlte sie sich seit dieser Zeit relativ „paranoid", wie sie meinte. Das Verhältnis zu ihren Mitarbeiterinnen entwickelte sich wesentlich neutraler, als sie es eigentlich wollte und auch früher praktiziert hatte.

Pflegemilieus sind in vielen Ländern überwiegend Frauenmilieus. Und in diesen erwarten die Geführten (Frauen) meistens ein höheres Maß an Emotionalität von der Führungskraft als in anderen Kontexten. Ein Coach hätte Verena schon bei Antritt ihrer Position raten müssen, dass sie sehr viele Einzelgespräche mit ihren Mitarbeiterinnen führt, um sich eine sozio-emotionale Hausmacht zu schaffen. „Nähe schafft Sympathie" ist in diesen Kontexten von besonderer Bedeutung, wenn auch noch erhöhte Anforderungen gestellt werden. Gerade attraktive Frauen, die selbstbewusst und primär sachlich fordernd auftreten, evozieren hier gar nicht selten Missgunst und Neid, der nie offen geäußert wird, sondern sich in verdeckten Aggressionen zeigt, so wie es für das Mobbing unter Frauen üblich ist (*Kolodej* 1999). Durch das Schaffen offensiver Nähe werden solche Bereitschaften aber prinzipiell gemildert.

Nun begegnet uns in vielen Frauenmilieus ein Phänomen, das für Feministinnen immer wieder eine Quelle von Ärger darstellt, dass nämlich der einzige Mann weit und breit die Führungsposition besetzt. Hierbei handelt es sich vielfach um eine Situation, in der qualifizierte Frauen trotz mehrmaliger Aufforderung „einfach keine Lust" haben, als Führungskraft zu fungieren. „Ich bin doch Erzieherin geworden, um mit Kindern zu arbeiten, nicht um mich mit der Leitung eines Kindergartens zu plagen." Die Männer, die sich in diesen Milieus meistens schneller „bereit erklären", die Führungsposition zu übernehmen, werden dann allerdings oft als „kleiner Bruder" bagatellisiert. Wenn sie erfahren sind im Umgang mit Frauen, etwa als älterer Bruder von jüngeren Schwestern, füllen sie ihre Position oft durchaus souverän aus. Dann ergeben sich oft langjährige und befriedigende Führungskonstellationen.

11.2 Die Situation der neuen weiblichen/männlichen Führungskraft in Männermilieus

Fallbeispiel: Die neue weibliche Führungskraft in Männermilieus

Vor einigen Jahren rief mich eine 30-jährige, promovierte Chemikerin an. Ich sollte ihr helfen, ihre Position besser zu verstehen. McKinsey hatte der Firma eine neue Struktur „verpasst", und ihre Vorgesetzten hatten sie mit einem ausgesprochen guten Salär befördert. Darüber war sie verwundert, denn in ihrer Firma, in der fast ausschließlich Männer tätig waren, noch dazu eher ältere, lang gediente, war es eigentlich nicht üblich, dass man in so jungen Jahren eine Führungsposition erhielt. Als wir ihre Position rekonstruierten, stellte sich heraus, dass sie in einer Matrixorganisation tätig war, wo sie sich laufend mit einem Kollegen auf gleicher hierarchischer Ebene abzustimmen hatte. „Ach so," meinte sie vergnügt, „in einer derart neumodischen Position wollte keiner von den alten Hasen arbeiten. Da haben sie dann eben mich reingehievt. Na, ist ja prima. Ich mache das schon." Und tatsächlich war sie es seit langem gewöhnt, sich in Männermilieus zu bewähren. Schon in ihrer Familie, wo sie als Nesthäkchen nach drei Brüdern aufgewachsen war, hatte sie viel Unterstützung erfahren. Bereits im Gymnasium stand fest, dass sie etwas Naturwissenschaftliches studieren würde so wie ihre Brüder, die alle Biologen oder Chemiker waren.

Gerade in solchen Konstellationen spielt, wie schon oben angesprochen, die Biographie der Führungskräfte eine ganz zentrale Rolle und dabei besonders die Geschwisterkonstellation der jeweiligen Person (*Schreyögg* 2004 c). Je nach den Erfahrungen, die man in der Herkunftsfamilie mit Brüdern oder mit Schwestern gemacht hat, ergeben sich intuitive Sicherheiten/Unsicherheiten im Umgang mit Personen des eigenen und/oder des anderen Geschlechts. In dem soeben beschriebenen Beispiel war es die junge Frau von Kindheit an gewöhnt, sich als Juniorin unter Männern zu bewähren. Für ein Frauenmilieu wäre sie weniger gut vorbereitet gewesen. Dafür müsste sie dann durch Coaching sehr zielgerichtet eingestimmt werden. Das heißt, hier wäre zunächst die Differenz der beiden Milieus in wesentlichen Punkten herauszuarbeiten. Sodann müsste die weibliche Führungskraft sich durch einen laufenden inneren Rollentausch mit ihren Mitarbeiterinnen innerlich auf die erhöhten Anforderungen in Richtung Emotionalität einstimmen, ohne sich allerdings zu stark vereinnahmen zu lassen. Wenn sie nämlich zu sehr auf Beliebtheit setzt, macht sie sich abhängig von den Geführten und kann nur noch schwer Forderungen stellen.

11.3 Die Situation der neuen weiblichen/männlichen Führungskraft in geschlechtsgemischten Kontexten

Geschlechtsgemischte Kontexte stellen an jede Führungskraft wieder andere Anforderungen. Wie sich in empirischen Untersuchungen mehrfach zeigte (vgl. *Bauer* 1998), lassen sich zumindest am Anfang größere Spannungen, mehr Unsicherheit und defensives Verhalten auf Seiten der Frauen beobachten. Obwohl die Männer in diesen Kontexten oberflächlich betrachtet meistens dominieren, haben die Frauen einen signifikanten Einfluss, indem das Imponiergehabe der Männer reduziert und die interpersonelle Orientierung erhöht wird. Es lässt sich behaupten, dass beide Geschlechter über komplementäre Tugenden verfügen, die sie in gemeinsamen Interaktionen füreinander nutzbar machen können: Männer bringen ihre Präferenz für formale Regeln ein, ihre mehr expansive Haltung in Richtung Marketing sowie eine größere Handlungssicherheit im Hinblick auf Macht. Die Frauen dagegen liefern mehr Einfühlungsfähigkeit, Rollenflexibilität, Möglichkeiten des Ausgleichs und vor allem größere Gelassenheit gegenüber Kränkungen.

Der Coach sollte eine Führungskraft, Mann wie Frau, darin unterstützen, die unterschiedlichen Potenziale von Männern wie von Frauen zu nutzen, die sie qua Sozialisation erworben haben. Das wird der Führungskraft umso eher gelingen, als sie auch in ihrer bisherigen Sozialisation positive Erfahrungen mit

Männern wie mit Frauen gemacht hat. Ist dies nicht der Fall, sollte im Coaching eine etwas ausführlichere Arbeit in diesem Punkt stattfinden. Das Ziel wäre hier, dass die neue Führungskraft Frauen wie Männern in möglichst gleicher Weise gerecht wird.

12. Kapitel

Einflüsse durch den internationalen Rahmen

Wie im 4. Kapitel dargestellt, spielt das Internationale in Organisationen heute eine bedeutende Rolle. Viele Führungskräfte treten aus ihrem Heimatland in eine Organisation ein, die in einem anderen Land liegt. Häufig müssen sie aber, um ihre Karriere vertikal fortzusetzen, nach einiger Zeit in die Zentrale ihrer Firma und damit in ihr Heimatland zurückkehren. Das ist nach etlichen Jahren im Ausland meistens ziemlich krisenhaft. Und noch viel mehr Führungskräfte müssen innerhalb einer Organisation in ihrem Heimatland mit Menschen unterschiedlicher Nationalität zusammenarbeiten. Eine Tätigkeit im internationalen Rahmen stellt heute fast schon eine Selbstverständlichkeit dar und ist prinzipiell bereichernd. Es erweitert nicht nur den generellen Horizont, es lässt auch die eigene bisherige Lebenserfahrung in einem neuen, nun erweiterten Licht erscheinen. Trotz der Bereicherung birgt es aber für viele auch Probleme.

12.1 Die Situation der neuen Führungskraft in einem fremden Land

Wenn Führungskräfte als so genannte *Expatriates* in einem fremden Land eine Führungsposition übernehmen, stellt das eigentlich eine Doppelung der Komplikationen dar. Denn jetzt muss die neue Führungskraft oftmals nicht nur in eine neue Firmen-, Abteilungs- oder Teamkultur hineinwachsen, jetzt ist das Ganze auch noch durch landeskulturelle Muster eingefärbt.

Fallbeispiel: Die neue Führungskraft in einem fremden Land

Mitte der 1990er Jahre habe ich eine deutsche Führungskraft, Manfred Wolter, 40 Jahre, gecoacht. Er war für eine deutsche Stiftung in Tschechien tätig. Seine Aufgabe bestand darin, zu ortsansässigen Firmen, zu NGOs und zu staatlichen

Stellen ein dichtes Kommunikationsnetz zu knüpfen, damit andere deutsche Führungskräfte, die in Tschechien tätig werden wollten, bereits leichter Kontakte machen könnten. Manfred Wolter nahm seine Arbeit mit viel Elan auf. In der ortsansässigen Dependance der Stiftung fand er drei Sekretärinnen vor, eine Buchhalterin und einen männlichen Assistenten. Sie alle hatte sein Vorgänger engagiert, ebenfalls ein Deutscher, der aber jetzt in der Zentrale der Stiftung reüssierte. Schon in den ersten Tagen wunderte sich die neue Führungskraft, dass die Sekretärinnen häufig schon am frühen Nachmittag ihre Sachen packten und mit dem Hinweis, dass sie heute ihre Kinder von der Schule abholen müssen, sich aus dem Büro entfernten. Nach zwei Wochen rief er seinen Vorgänger an und beklagte sich über die Frauen. Dieser meinte eher amüsiert: „Ja, ja, das machen die alle so, die erledigen in der Arbeitszeit oft ihr Privates. Geben Sie ihnen ruhig Arbeit mit nach Hause, die machen das schon."

Über die Buchhalterin war Wolter ebenfalls schnell verärgert, denn sie hielt nie einen Termin ein. Darauf angesprochen, wiegelte sie jeweils ab: „Ach, die XY erwarten doch gar keine pünktliche Abgabe. Wir müssen uns nicht plagen." Und bei dem Assistenten, einem Herrn von 35 Jahren, der genauso alt war wie er selbst, fiel ihm eine „schreckliche Unterwürfigkeit" auf, wie er sagte. Jetzt hatte er den Verdacht, dass sein Vorgänger einerseits ein katastrophales Führungsvakuum hatte entstehen lassen und auf der anderen Seite Abhängigkeit gefördert hatte. Und er rief ihn wieder an. Dieser lachte ihn jetzt richtig aus und meinte: „Ja, Mensch, Sie sind in Tschechien gelandet. Die Leute machen schon ihre Sache, meine Erfahrung mit den Leuten war ganz gut. Sie machen die Dinge zwar nie so richtig pünktlich und immer mit ein bisschen zuviel privatem Klimbim. Man lernt dann schon, die Sachen weit vorher einzufordern usw. Und gegenüber ihren Vorgesetzten sind sie schon unterwürfiger, als wir das kennen".

Jetzt wurde mein Klient etwas ruhiger. Als er aber Termine mit den unterschiedlichsten Instanzen, mit denen er Kontakte machen sollte, planen wollte, ging es ihm ebenfalls nicht gut. „O Gott," stöhnte er im Coaching, „die sind fast nie pünktlich, lassen mich oft lange warten. Das Schlimmste ist, dass sie mich dann stundenlang mit irgendwelchem privaten Gerede aufhalten." Als ich ihm aber einen Vergleich von tschechischen und deutschen Kulturstandards zeigte (vgl. *Thomas et al.* 2003), musste er herzlich lachen. „Mensch, ich bin ja schrecklich deutsch und klebe an meinen Standards. Die Leute hier sind wirklich gelassener als wir und kommen meistens auch ans Ziel." Zwar erlebte er in der darauf folgenden Zeit immer wieder Unmut, begann sich aber zunehmend mit den nationalkulturellen Mustern in Tschechien zu arrangieren.

In vielen Regierungsnahen Organisationen wie der Gesellschaft für Technische Zusammenarbeit (GTZ) oder bei der Bundeswehr ist es heute üblich, Führungskräfte durch interkulturelle Trainings auf einen Auslandsaufenthalt ausführlich vorzubereiten. Darüber hinaus erhalten viele von ihnen auch noch in der ersten Zeit Coaching. In vielen Firmen werden dagegen Führungskräfte einfach in die entlegensten Gegenden der Welt ohne jede Vorbereitung gesandt. Wenn dann ein Kontrakt, den man schon „in trockenen Tüchern" wähnte, nicht zustande kommt, ist man erstaunt und lastet es natürlich der Führungskraft an. Wie soll denn aber auch ein Newcomer wissen, dass er in China erst nach einem sehr exotischen Essen auch noch ein bisschen von seiner Familie erzählen muss, damit bei seinen Geschäftspartnern so viel Vertrauen entsteht, dass sie mit ihm Verträge schließen wollen? Im Coaching ist es jedenfalls ratsam, schon vorher Kulturdimensionen (*Hofstede & Hofstede* 2006) und Kulturstandards (*Thomas et al.* 2003) des jeweiligen Landes zur Orientierung heranzuziehen.

Im Sinne von Work-Life-Balance ist beim Coaching von Expatriates auch immer zu bedenken, dass sie nach einigen Monaten meistens eine mehr oder weniger starke Depression auf der Basis eines Kulturschocks (*Oberg* 1960) erleben. Denn nach der anfänglichen Neugierde auf das fremde Land stellt sich, nachdem das erste Interesse befriedigt ist, meistens Heimweh ein. In diesem Stadium ist es sinnvoll, dass die Führungskraft möglichst viele Stabilisatoren für sich mobilisiert. Diese sollten allerdings auch dauerhaft tragfähig sein. Oftmals werden nämlich in diesem Stadium außereheliche Liebesbeziehungen eingegangen, die dann auch noch zur Destruktion des familiären Friedens im Heimatland führen.

Bei einem jahrelangen Engagement im Ausland zieht meistens die gesamte Familie mit. Das ergibt natürlich für die Kinder oft schulische und sonstige Probleme. Und auch für die Partnerin (manchmal auch für den Partner) ergeben sich Probleme einer eigenen Karriere. Im Zusammenhang mit der Debatte um Dual Carreer Couples (*Solga & Wimbauer* 2005) versuchen hier schon manche Firmen, die gesamte Familie zu unterstützen, dass die Kinder nicht nur eine passende Schule besuchen können, sondern auch die Partnerin oder der Partner einen adäquaten Arbeitsplatz erhalten.

Ein wieder anderes Krisen- und Konfliktpotenzial begegnet uns, wenn Führungskräfte, die einige Jahre im Ausland tätig waren, in ihr *Heimatland zurückkehren*. Hier geht es meistens um einen neuen, vertikalen Karriereschritt, dass die Führungskraft etwa in der Zentrale einer deutschen Firma tätig wird. Abgesehen von familiären Komplikationen, geschieht es hierbei gar nicht selten, dass die Führungskraft zwar eine qualifizierte formale Position erhält, dass sie aber die informellen Organisationsphänomene zunächst nicht erfasst. Jetzt geht es ihr ähnlich wie dem Seiteneinsteiger, der sich auch auf kulturelle und gruppendynamische Erscheinungen neu einlassen muss. Für den „Rückkehrer" stellt sich die Situation aber oft noch schwieriger dar, weil er mit Mitarbeitern, etwa in Fernost wie in Singapur, Interaktionsmuster eingeübt hat, die in der Mutterfirma als inadäquat gelten. Diese Muster werden fast immer in der einen oder anderen Weise internalisiert. Seine „Machtdistanz" (*Hofstede & Hofestede* 2006) etwa, also das Autoritätsgefälle gegenüber seinen Mitarbeitern, ist im deutschsprachigen Raum wesentlich geringer als in asiatischen Ländern. Auch das eigene Verhältnis zu Autoritäten muss sich meistens neu einpendeln. Beim Coaching von Rückkehrern geht es vielfach auch um das Einüben adäquater Interaktionsmuster gegenüber den eigenen Vorgesetzten, dass sie in Europa beispielsweise meistens ohne Aufforderung angesprochen und informiert werden wollen. So stellt es für den Rückkehrer neben dem Zugewinn an Erfahrung im Ausland immer auch ein gewisses Maß an Mühe dar, sich in seinen „Heimatstall" zu reintegrieren.

12.2 Die Situation der neuen Führungskraft in einer multikulturellen Organisation

Eine wieder andere Situation findet eine neue Führungskraft vor, wenn sie in einem multikulturellen Unternehmen tätig wird. Hier ist sie gezwungen, sich von Anfang an mit unterschiedlichen Graden von Fremdheit zu arrangieren.

Bei SAP beispielsweise, einer deutschen Internetfirma, arbeiten Inder, Chinesen, Amerikaner usw. im Inland wie in Dependancen anderer Länder laufend zusammen. Aber auch in vielen Hauptschulen deutscher Großstädte treffen Kinder und Jugendliche unterschiedlichster Nationalitäten aufeinander. Hier wie dort ist es für eine neue Führungskraft wichtig, sich dem Fremden zu stellen. Hier geht es nämlich nicht nur darum, dass sie selbst versucht, den Menschen aus fremden Kulturen gerecht zu werden, hier geht es häufig auch darum, wie sie es schaffen kann, zwischen Gruppen von Ausländern zu vermitteln. So kann es in einer Autowerkstatt zu Problemen kommen, wenn beispielsweise türkische und kurdische Mitarbeiter feindliche Fronten aufbauen.

In solchen Fällen geht es im Coaching nicht nur darum, die Führungskraft zu animieren, die Kulturstandards anderer Nationalitäten kennen zu lernen, im Kontrast zu den eigenen zu erfassen und zunehmend verstehen zu lernen. In solchen Fällen muss die Führungskraft auch Unterstützung erhalten, wie sie in ihrem Verantwortungsbereich Konflikten zwischen unterschiedlichen nationalen Gruppen vorbeugen und wie sie diese bei Bedarf auch minimieren kann.

Teil III

Ein Programm für das Coaching der neu ernannten Führungskraft in den ersten 100 Tagen – und danach

In diesem dritten Teil wird ein Programm vorgestellt, das ähnlich einem Curriculum die hier zu empfehlenden Ziele, die Methodik und schließlich die Themen für das Coaching der neu ernannten Führungskraft beinhaltet.

- Im ersten Abschnitt geht es um die *Ziele* und um *lernorganisatorische* sowie *methodische Empfehlungen* des Programms. Daran anschließend werden vier Themenkomplexe dargestellt, die es abzuarbeiten gilt.
- Im ersten Themenkomplex wird behandelt, wie die Führungskraft *Abschied nimmt von ihrer bisherigen Position.* Danach entwickeln Coach und Klient ein *Lernprogramm für die neue Position.*
- Im zweiten Themenkomplex geht es um die *Entwicklung einer optimalen Strategie und um die Planung früher Erfolge.*
- Im dritten Themenkomplex wird die Führungskraft animiert, die *Organisationsarchitektur und die Teamsituation* kritisch zu sichten und evtl. im ihrem Sinn zu modifizieren.
- Im vierten Themenkomplex schließlich geht es um den *Aufbau eines passenden Netzwerks im Beruf,* danach um eine gute Balance zwischen Arbeit und dem sonstigen Leben, also um *Work-Life-Balance.*

13. Kapitel

Ziele, lernorganisatorische und methodische Empfehlungen

Für das Coaching-Programm einer neu ernannten Führungskraft als Element der Personalentwicklung ist es in Anlehnung an curriculare Konzepte (*Schreyögg* 2003) sinnvoll, zunächst Ziele, wesentliche lernorganisatorische und methodische Empfehlungen zu formulieren.

13.1 Ziele

Folgende übergeordnete Ziele können für das Coaching der neu ernannten Führungskraft als zentral gelten:

(1) Da ein Positionswechsel für jede Führungskraft ein Schlüsselerlebnis in ihrer beruflichen Karriere darstellt, sollte dieser Wechsel durch Coaching sehr bewusst gemacht und kompetent begleitet werden.
(2) Dabei ist es von besonderer Bedeutung, dass der Coach die Führungskraft unterstützt, mit ihrer persönlichen Dynamik möglichst viele Prozesse im neuen Umfeld in Gang zu setzen, die ihre Glaubwürdigkeit und ihre Reputation in den Augen ihrer komplementären Interaktionspartner stärken.
(3) Der Coach sollte die Führungskraft außerdem auf Phänomene aufmerksam machen, die ihre Glaubwürdigkeit und ihre Reputation schädigen könnten.
(4) Im Coaching sollte immer darauf geachtet werden, dass die neue Führungskraft Chancen und Risiken des organisatorischen Umfeldes durch eigene Stärken positiv wendet.
(5) Im Coaching sind möglichst viele und systematisch eingesetzte Arbeitsformen anzuwenden, die geeignet sind, die Gefahren von Misserfolgen der Führungskraft zu minimieren.

(6) Auf der individuellen Ebene geht es um die Entwicklung neuer Deutungs- und Handlungsmuster für die neue Position sowie um Umstrukturierungen vorhandener, aber nicht mehr tauglicher Muster des Klienten.
(7) Neben der individuellen Förderung der neuen Führungskraft zielt das Coaching auch auf einen Gewinn der Organisation in ideeller wie monetärer Hinsicht.

Neben diesen übergeordneten Zielen bzw. Leitzielen werden im Coaching selbstverständlich auch spezifischere Ziele im Sinne von Grob- oder Feinzielen zwischen der Führungskraft, dem Coach und eventuell noch einer betriebsinternen oder übergeordneten Instanz vereinbart.

13.2 Lernorganisatorische Empfehlungen

Bei der Konzipierung eines Lernprogramms ist auch deutlich zu machen, *wie* das Programm zu realisieren ist. Dabei ist der zeitliche Rahmen relevant, Dauer und Frequenz der Coaching-Sitzungen, aber auch der soziale Rahmen, also das Setting, in dem das Coaching stattfinden soll.

(1) Wie lange soll das Coaching dauern und welche zeitlichen Abstände sind sinnvoll?

In der einschlägigen Ratgeberliteratur (z.B. *Goldfuß* 2006; *Watkins* 2007) wird meistens der Eindruck erweckt, als wenn nur die ersten 90 oder 100 Tage brisant und damit unterstützenswert seien. Selbstverständlich sind die ersten drei Monate besonders aufregend, anstrengend und insgesamt wegweisend für die Arbeit in der neuen Position. Häufig ereignen sich aber wesentliche Vorgänge erst im Verlauf des gesamten ersten Jahres. Manche Autoren (z.B. *Fischer* 1999) zitieren empirische Untersuchungen, wonach neue Führungskräfte sich sogar erst nach drei Jahren „sicher wie der Fisch im Wasser" fühlen.

Wie lange sich eine neue Führungskraft als „Neuling" fühlt oder von ihren Vorgesetzten, Kollegen usw. als solcher bezeichnet wird, ist also äußerst unterschiedlich. Dementsprechend ist auch die Dauer des Newcomer-Coachings unterschiedlich anzusetzen. Das hat mit einer ganzen Reihe von Bedingungen zu tun. So gelingt es Führungskräften, die schon mehrere Jahre eventuell sogar auf unterschiedlichen Führungspositionen verbracht haben, leichter, in einer neuen Situation wieder Fuß zu fassen. Systeme mit „temporeichen" Organisationskulturen, wie sie häufig im Vertrieb vorzufinden sind, integrieren neue Führungskräfte erfahrungsgemäß auch schneller als etwa Betriebe, die komplexe Produkte vielleicht schon über Jahrzehnte herstellen. Oder neue Führungskräfte in sozialen Dienstleistungssystemen, die wie etwa in Schulen Jahresrhythmen folgen müssen, benötigen prinzipiell länger zur Einarbeitung. Dann ist auch eher ein Langfrist-Coaching mit eventuell großen Abständen angebracht. Dabei wäre beispielsweise zu Beginn ein Abstand zwischen den Coaching-Sitzungen von zwei Wochen angemessen, der dann langsam bis zu zwei oder drei Monaten ausgedehnt werden kann.

Auf welche Zeitstrecke und mit welcher Sequenz das Newcomer-Coaching letztlich angelegt ist, kann also sehr unterschiedlich sein. Diese Frage sollte zwischen Coach und Klient sowie eventuell noch mit Vertretern der Organisation, die das Coaching initiieren bzw. finanzieren, besprochen und kontraktiert werden. Als grobe Orientierung lässt sich sagen, dass es mindestens drei Monate dauern sollte. In diesem Fall sind eher kurze Abstände – von zwei Wochen – zwischen den Sitzungen empfehlenswert. Einer Führungskraft, die erstmalig eine Führungsposition besetzt, empfehle ich aber, sich das ganze erste Jahr einmal im Monat coachen zu lassen. Das ergibt mit Urlaubszeiten meistens zehn Sitzungen. Diese sollten übrigens immer Doppelstunden mit 100 bis 120 Minuten umfassen. Zu Beginn können auch hier die Abstände 14-tägig sein, der dritte oder vierte Termin findet dann aber schon monatlich statt, wie auch alle weiteren.

Selbst nach einem Langfrist-Coaching, das sich über ein ganzes Jahr erstreckt, sollte der Coach dem Klienten bei Bedarf immer wieder zur Verfügung stehen. Und auch während der Beratungsperiode sollte es immer wieder möglich sein, dass der Klient bei krisenhaften Anlässen Kontakt zum Coach aufnehmen kann. In solchen Fällen hat sich Telefon-Coaching bewährt, das übrigens wie jedes andere Coaching abgerechnet wird.

In Fällen, in denen das Coaching von der Firma des Klienten bezahlt wird, ist es ratsam, ein entsprechendes Angebot von drei, sechs oder zehn Sitzungen zu machen, mit der Option für weitere drei Sitzungen, die vom Klienten nur bei Bedarf genutzt werden oder eben nicht. Der Vorteil dieser Praxis besteht darin, dass nachträglich keine neue Kontraktierung erfolgen muss.

(2) Soll das Coaching im Einzel- oder im Gruppensetting stattfinden?

Hochrangige Führungskräfte, besonders solche, die ihr Coaching selbst initiieren und selbst finanzieren, werden ein Einzelcoaching bevorzugen. In vielen Firmen wird für das Coaching von neu ernannten Führungskräften oberer Etagen etwa bei der Deutschen Bahn ein Einzelcoaching von etwa 10 Sitzungen im ersten Jahr veranschlagt.

Für neu ernannte Führungskräfte unterer Hierarchie-Ebenen, etwa in Kliniken oder auch bei Mercedes, findet Coaching in der Kleingruppe statt. Besonders in großen Organisationen bewährt es sich, hierarchie- und funktionsgleiche Führungskräfte, die ihre Position neu übernommen haben, in einer Gruppe von fünf bis sechs Personen zu coachen. In diesem Setting werden zwar die einzelnen Gruppenmitglieder erst eine gewisse Anlaufzeit brauchen, um sich miteinander vertraut zu machen. Bereits in der zweiten oder dritten Sitzung findet hier aber meistens ein sehr lebendiger Austauschprozess statt. Der Vorteil dieses Settings liegt nämlich darin, dass die Auseinandersetzungen in einem sozialen Rahmen stattfinden, der für jeden Teilnehmer Gewinn erbringt. Denn die Themen des einen, etwa Führungsprobleme mit Mitarbeitern, sind meistens auch für die anderen interessant, weil sie sich ja alle in einem ähnlichen Stadium ihrer beruflichen Entwicklung befinden.

Coachings neu ernannter Führungskräfte im Kleingruppensetting werden meistens organisationsintern veranstaltet. Das heißt, bei Mercedes oder Siemens hat sich eine Personalentwicklerin oder ein Personalentwickler auf Gruppencoaching spezialisiert und bietet nun für Führungskräfte, die von einer Ebene zur nächsten aufsteigen, Coaching an. In manchen Bundesländern, z.B. in Bayern, gibt es Angebote von Kleingruppencoaching auch für neu ernannte Schulleiter durch Schulpsychologen, die sich auf Coaching spezialisiert haben (*Schreyögg & Lehmeier* 2003).

13.3 Methodische Empfehlungen

Das nachfolgende Programm ist ein konzeptioneller Rahmen, der je nach Dauer des Coachings mehr oder weniger gestrafft oder gedehnt abgearbeitet werden kann. Dabei ist eine ganze Reihe von weiteren methodischen Überlegungen relevant:

(1) Bei Coaching handelt es sich primär um *Prozessbegleitung (Schein* 2003). Das heißt, der Berater definiert sich dem zu Beratenden gegenüber nicht als Experte für „richtiges" Managen, sondern seine Aufgabe besteht darin, das Selbstmanagement des Klienten zu mobilisieren und zu helfen, dass er es umfassend nutzen kann. Die Leistung des Coachs besteht dabei in erster Linie in der Strukturierung der Erfahrungen, Visionen, Handlungsmuster usw., die für den Klienten in der jeweiligen Situation relevant sind.

(2) Nichtsdestoweniger weist jedes qualifizierte Coaching auch *Sequenzen von Expertenberatung* auf. Das ergibt sich immer dann, wenn der Klient ein

Wissensdefizit bei sich bemerkt, von dem er annimmt, dass es der Coach reduzieren kann. Das finden wir regelmäßig bei sozialen Konstellationen, für die der Klient meint, über keinen ausreichenden Ausbildungshintergrund zu verfügen. So sind etwa den meisten Ingenieuren die „Geheimnisse" von Übertragungs- und Gegenübertragungsphänomenen unbekannt, oder den meisten Ärzten und Psychologischen Psychotherapeuten die „Geheimnisse" von Organisationsentwicklungsprozessen. In solchen Fällen kommt dem Coach sequenzenweise eine Lehrfunktion zu, bis der Klient das neue Strukturierungsmuster im Flusse der Beratung in sein Wissensrepertoire integriert und selbst anwenden kann.

(3) Das nachfolgend beschriebene Programm ist nicht als striktes Curriculum gedacht, das es punktgenau abzuarbeiten gilt. Es bildet lediglich einen *konzeptionellen und prozessualen Hintergrund*, aus dem der Coach Themen und deren Reihung für seine Arbeit schöpfen kann. In der Regel startet jede konkrete Sitzung bei Themen, die der Klient aktuell in die Beratung einbringt. Das nachfolgende Programm dient dem Coach aber als Leitfaden, auf welche Aspekte er den Klienten der Reihe nach aufmerksam machen sollte. Und es dient als Rahmen, in die viele, wenn auch sicher nicht alle Themen des Klienten als neue Führungskraft einzuordnen sind.

(4) Entsprechend dem Coaching-Ansatz, den ich im ersten Kapitel erläutert habe, sollten die im Verlauf der Beratung angewandten *Theorien* eine *große Breite* aufweisen. Bei den Theorien, die ja zur Diagnose einer zu behandelnden Situation dienen, sollte der Coach je nach Bedarf einmal solche heranziehen, die individuelle Phänomene erhellen, einmal solche, die interaktives Geschehen erfassen, und wieder ein anderes Mal Konzepte, die Systemphänomene zu erklären vermögen. Bei einer nur „systemischen" Orientierung oder einer nur individualisierenden Sicht würde der Coach eine Einseitigkeit im Denken und Handeln des Klienten befördern und vor allem der aktuellen Thematik Gewalt antun, d.h. er würde reduktionistische Perspektiven befördern.

(5) Auch die *einzelnen methodischen Maßnahmen* sollten eine große *Vielfalt* aufweisen, denn unterschiedliche Fragestellungen sind immer mit jeweils unterschiedlichen und möglichst treffsicher gewählten Arbeitsformen anzugehen. Zu Beginn einer Coaching-Sitzung, wenn sich Coach und Klient überhaupt erst auf die aktuell zu bearbeitende Thematik einstellen, wird der Coach zunächst Formen professioneller Gesprächsführung anwenden, in deren Verlauf er den Klienten unterstützt, seine Fragestellung zu präzisieren. Wenn der Klient komplexe organisatorische Zusammenhänge vorbringt, bietet sich die Verwendung von Skizzen oder Bausteinen an, damit die fraglichen Phänomene anschaulich werden und der Coach auch Anschluss findet an die aktuelle Thematik. Im weiteren Verlauf, wenn es um die Rekonstruktion und Bearbeitung von Vorgängen geht, die auch nicht-rationale Phänomene berühren, bieten sich un-

terschiedliche Imaginationsmethoden an. Je nach der Bereitschaft und den Möglichkeiten des Klienten lassen sich auch gemalte Bilder, Tonplastiken, Handpuppen und andere Materialien zur Rekonstruktion nutzen (vgl. *Schreyögg* 2003).

(6) Im Verlauf der gemeinsamen Arbeit muss der Coach immer wieder eine *Balance* herstellen zwischen unterschiedlichen Polaritäten, die als Antinomien zu handhaben sind (*Buer* 2005: 288 f.; *Schmidt-Lellek* 2006: 278-300):

- So ist immer wieder eine Balance gefragt zwischen einem Blick auf das in Frage stehende *gesamte System*, also die Abteilung oder die Organisation, und andererseits auf die *Elemente des Ganzen*, also die einzelnen Fragestellungen, Personen usw.
- Balance ist auch gefragt zwischen einer exzentrischen Position, mit der ein Coach den Klienten in seinem Kontext betrachtet, und einer Identifikation mit dem Klienten und seinen Anliegen.
- Balance ist ebenfalls herzustellen zwischen der Führungskraft als Funktionsträger und der Führungskraft als Mensch mit seinen Gefühlen, Interessen usw.
- In seiner Haltung wird der Coach auch jeweils eine Balance herzustellen suchen zwischen Direktivität und Non-Direktivität, d.h. er wird je nach Bedarf den Klienten punktuell führen, danach aber meistens wieder ihm die Führung überlassen und seinen Themen und Fragestellungen eher folgen.
- Außerdem ist eine Balance herzustellen zwischen Gewissheit versus Ungewissheit: Angeeignete Konzepte dienen der verantwortlichen Planung und Durchführung der Beratung. Dabei treten aber immer wieder ungeplante und unvertraute Situationen auf. Die damit einhergehende Unsicherheit muss der Coach ebenfalls einkalkulieren und angemessen handhaben.

14. Kapitel

Themenkreis I: Abschied von der alten Position und ein Lernprogramm für die neue Position

Um in der neuen Situation effektiv handeln zu können, ist es wichtig, dass sich die neue Führungskraft zunächst innerlich von Deutungs- und Handlungsmustern verabschiedet, die in ihren bisherigen Positionen und Funktionen im Vordergrund standen. Diese waren bislang nützlich, jetzt bricht aber eine neue Zeit an, in der neue Regeln gelten und neue Menschen relevant sind. Dieser Schnitt muss im Coaching deutlich markiert werden. Außerdem sollten Coach und Klient ein Lernprogramm für die neue Position erarbeiten.

14.1 Abschied nehmen von der alten Position

Fallbeispiel: Das Abschied nehmen von der alten Position gelingt nicht

„Nach acht Jahren bei einem texanischen Hersteller für Unterhaltungselektronik übernahm Julia Gould ihre erste Projektleitung. Sie hatte einen kometenhaften Aufstieg hinter sich. Von Anfang an war sie durch ihre Intelligenz, Klarheit und Entschlossenheit aufgefallen und früh in leitende Positionen befördert worden. Das Unternehmen stufte sie als High Potential ein und wollte sie möglichst rasch an Aufgaben im Topmanagement heranführen.

In ihrer neuen Position sollte Julia die Markteinführung eines wichtigen neuen Produktes leiten. Ihr wurde ein abteilungsübergreifendes Team unterstellt, das sich aus Führungskräften aus den Bereichen Marketing, Vertrieb, Forschung und Entwicklung sowie Produktion zusammensetzte. Ihre Aufgabe bestand darin, das Produkt von der Entwicklung möglichst reibungslos zur Fertigung zu führen, es rasch in den Vertrieb zu bringen und eine überzeugende Markteinführung vorzubereiten.

Schon früh bekam Julia die ersten Probleme. Im Marketing war sie vor allem durch ihre Detailgenauigkeit erfolgreich gewesen. Da sie es gewohnt war, mit Autorität zu führen und alle Entscheidungen selbst zu treffen, wollte sie über alles Kontrolle behalten und neigte zum Mikromanagement. Als sie auch in ihrer neuen Position versuchte, alles selbst zu entscheiden, hielt das Team zunächst still. Doch schon bald zweifelten zwei wichtige Teammitglieder ihre Kompetenz und Autorität an. Julia fühlte sich getroffen und konzentrierte sich umso mehr auf den Bereich, den sie am besten kannte: das Marketing der Produkteinführung. Doch ihr fortgesetztes Mikromanagement sorgte bald für Unmut unter den Marketingleuten im Team. Nach anderthalb Monaten war Julia wieder in ihrer alten Abteilung, und jemand anderes hatte die Teamleitung übernommen" (*Watkins* 2007: 29).

Dieses Beispiel zeigt, dass der Sprung von einer Position in die nächst höhere, hier von einer funktionellen Leitung zum abteilungsübergreifenden Projektmanagement, erheblich andere Qualifikationen erfordert. In ihrer ersten Position war Julia so erfolgreich, weil sie über ganz ausgezeichnete spezifische Kompetenzen im Marketing verfügte. Das damit verbundene Wissen konnte sie an Mitarbeiter der nachgeordneten Ebene weitergeben, ihnen zeigen, wie sie es besser als bisher machen könnten – und alle waren zufrieden. In der neuen Position war all dies nicht gefragt. Da sie sich hier aber zunehmend unsicher fühlte, versuchte sie, um wieder Sicherheit zu gewinnen, auf ihre bislang vertrauten Stärken zu bauen. Das aber führte dazu, dass sie immer mehr an Boden verlor.

Julia hatte es einfach versäumt, „sich selbst zu befördern" (*Watkins* 2007: 30). Das heißt, sie versuchte immer weiter, Kompetenzen zu mobilisieren, die sie auf der vorhergehenden Hierarchiestufe zu einer Ausnahmeerscheinung gemacht hatten, mit denen sie aber in der neuen Position nur unangenehm auffiel. Ihre Mitarbeiter in dem Projekt fanden es wahrscheinlich zunehmend kränkend, dass sie so viele Aufgaben selbst übernahm und nicht an sie delegierte.

In diesem Beispiel zeigt sich ein Phänomen, das uns bei vielen Führungskräften nach ihrem Karrieresprung begegnet. Im Prinzip müssen sie einen neuen Beruf erlernen, nämlich den des Managers, und sich vom alten verabschieden. So muss sich der Schulleiter, der früher als Lehrer in seinen Klassen brillierte, jetzt primär mit der Steuerung seiner Schule befassen. Seine zwei oder drei Unterrichtsstunden spielen in seinem Zeitbudget nur eine marginale Rolle. Und auch der Ingenieur, der früher als „unser Spitzenfachmann" in einer internationalen Holding glänzte, muss sich, wenn er zum Geschäftsführer aufsteigt, von seiner „Ingenieurskunst" verabschieden und nun andere, eben jüngere Kollegen glänzen lassen. Er selbst hat aber dafür Sorge zu tragen, dass alle anderen eine möglichst qualifizierte Arbeit leisten (*Kemmann & Hemmerling* 2007).

Hier wird schon deutlich, dass die neue Führungskraft trotz aller Freude über die neue Position einen Verzicht zu leisten hat. Dieser wird von den meisten von ihnen zuerst gar nicht richtig wahrgenommen, eher verleugnet oder heruntergespielt. Wird dieser Rollenwechsel nicht vollzogen, scheitert die neue Führungskraft in ihrer neuen Position.

Als Coach erhalte ich gar nicht selten von übergeordneten Instanzen den Auftrag, eine Führungskraft mit dem Ziel zu coachen, dass sie ihre neue Position „richtig" ausfüllt und sich von der alten „richtig" verabschiedet. Erschwert wird dieser Rollenwechsel vom „Selber machen zum Delegieren" durch mehrere Bedingungen:

- In vielen Expertenorganisationen finden wir den „Kaminaufstieg", d.h. die Übernahme einer Führungsposition in genau der Abteilung, in der man bislang Mitarbeiter war. Das wird gar nicht selten praktiziert, weil man das erworbene Wissen der Mitarbeiter in der Organisation und sogar in der Abteilung halten will. Dann steigt etwa der ehemalige Monteur zum Abteilungsleiter auf und hat seine bisherigen Kollegen zu führen. Nachdem er den Zeitdruck und auch alle anderen Komplikationen der Arbeit kennt, scheut er sich aber meistens, neu eingehende Aufgaben an seine früheren Kollegen, nun an seine Mitarbeiter, zu delegieren. „Ich weiß doch, wie viel die zu tun haben", meint er und übernimmt viel zu viele Aufgaben selbst. Diese „Delegationshemmung" finden wir auch bei Schulleitern, die in ihrem früheren Kollegium aufgestiegen sind. Wenn ein Kollege krank wird, springen sie lieber schnell selbst ein, als den Unterricht an andere zu vergeben, weil sie ja wissen, dass „alle furchtbar viel zu tun haben". Dann bleibt aber natürlich vieles auf ihrem Schreibtisch liegen, bis sich die Schulaufsicht beschwert.
- Ein anderes Faktum, das allerdings oft eher den Stellenwert einer Ausrede hat, sind spezifische Kundenwünsche. So möchte etwa eine Firma in Taiwan bei einer Krise, z.B. dem Stillstand einer Maschine, „ganz unbedingt" den Herrn Schulze vor Ort sehen. Selbst wenn dieser inzwischen schon zwei Hierarchie-Ebenen über „seinem" Monteur angesiedelt ist, der den Auftrag zumindest in fachlicher Hinsicht ebenso gut erledigen könnte, setzt sich Herr Schulze schnell in ein Flugzeug, um den langjährigen Kunden zu bedienen. Aber natürlich auch, um endlich einmal wieder das tun zu können, was er über Jahre so richtig gut konnte und womit er auch richtig viel Anerkennung bekommen hatte. Das aber sagt er natürlich nicht laut.

Bei aller Kritik an der mangelnden Delegationsfähigkeit und -lust ist nämlich zu bedenken, dass Herr Schulze nach seiner Beförderung einen neuen Beruf ausüben muss, eben den des Managers. Den aber hat er gar nicht erlernt, was ihn in der neuen Position natürlich unsicher macht. Und um sicherer zu werden, beschäftigt er sich dann lieber wie Julia im obigen Beispiel mit Aufgaben, die eigentlich seine Mitarbeiter erledigen müssten. Was ist also zu tun und wie kann der Coach helfen? Jetzt geht es zunächst darum, die Führungskraft zu unterstützen, „sich selbst zu befördern" und Blockaden gegenüber neuen Funktionen zu überwinden (*Watkins* 2007).

(1) Sich selbst befördern

Die Führungskraft muss lernen, den alten Job loszulassen und den neuen „richtig" zu übernehmen. Sie muss dabei auch Disziplin aufbringen, damit sie das Alte zunehmend lassen kann, um für das Neue frei zu werden. Dabei ist Coaching auf mehrfache Weise unterstützend:

- Der Coach regt die Führungskraft an, *zwei Funktionsdiagramme* anzufertigen, eines für die alte und eines für die neue Position. In einem ersten Schritt werden gemeinsam zwei Listen erstellt, eine Funktionsliste für die alte Position und eine für die neue.
- Nun werden die Funktionen beider Positionen in eine Rangreihe gebracht nach ihrer zeitlichen Ausdehnung. Dabei sollte die neue Führungskraft auch immer wieder ihre Stellenbeschreibung, sofern eine vorliegt, heranziehen.
- Zum Abschluss malt die Führungskraft zwei Kreise mit einem Punkt in der Mitte. Dann malt sie für die eine wie für die andere Position Tortenstücke, die in ihrer Größe jeweils den zeitlichen Umfang einer Funktion angeben.
- Die fertigen Funktionsdiagramme, die vielleicht sogar farbig sind, werden abschließend noch einmal gemeinsam besprochen und dem Klienten mitgegeben, damit er das Diagramm für die neue Position vielleicht sogar an eine Wand in seinem Büro oder in seiner Wohnung hängen kann. Mit diesem Funktionsdiagramm befördert sich der Klient bewusst und geradezu ritualisiert selbst.

Eine Selbstbeförderung kann übrigens in einem kleinen Kreis der Familie oder mit Freunden bei einem guten Essen oder einem kleinen Umtrunk gefeiert werden.

Eine andere Form der Selbstbeförderung ist, die eigenen Stärken und Schwächen so ehrlich wie möglich aufzulisten. Der Coach sollte mit dem Klienten zunächst ermitteln, aufgrund welcher Merkmale er von seinen neuen Vorgesetzten für die neue Position gekürt wurde.

Hierbei bietet sich eine *Arbeit mit dem leeren Stuhl* an (*Schreyögg* 2004 b: 205). Dazu wird der Klient gebeten, sich seinen Vorgesetzten auf einem leeren Stuhl vorzustellen. Wenn der Vorgesetzte mit seinem Alter, seinem äußeren Erscheinungsbild, seinem familiären Hintergrund usw. kurz skizziert ist, wird der Klient gebeten, sich auf den Stuhl des Chefs zu setzen und nun aus dessen Augen seinen Mitarbeiter anzusehen und zu bewerten. „An Herrn oder Frau XY gefällt mir ...“. Der Klient sollte nun mindestens fünf Eigenschaften oder Fähigkeiten aus dem Mund seines Chefs benennen.

Danach wechselt der Klient wieder auf seinen eigenen Stuhl. Nun besprechen Coach und Klient, was das soeben Formulierte für den Klienten in seiner neuen Position bedeutet. Daran anschließend erfolgt die gleiche Prozedur, nun aber mit den Schwächen des Klienten.

Danach sollte die Führungskraft beurteilen, ob sie sich vom Chef richtig gesehen fühlt, und sie sollte ihre Einschätzung von sich selbst anschließen. Dabei ist es zentral wichtig, dass Coach und Klient untersuchen, ob die Stärken, die der Klient und sein Chef formuliert haben, für die neue Position tatsächlich günstig sind. Dafür wird die Führungskraft animiert, sich selbst so ehrlich wie möglich Rechenschaft abzulegen, ob sie vorstellungsmäßig noch an Stärken klebt, die für die alte Position wichtig waren, für die neue aber vielleicht eher hinderlich sind.

(2) Blockaden gegenüber dem Neuen überwinden

Da mit der Übernahme einer neuen Führungsposition meistens auch die Übernahme von neuen Funktionen, neuen Handlungsstrategien und oft sogar die Übernahme eines ganz neuen Berufs einhergeht, ist es fast selbstverständlich, dass neue Führungskräfte auch Blockaden gegenüber all dem Neuen, das auf sie zukommt, entwickeln.

Da sie jetzt mit neuen Herausforderungen konfrontiert sind, stellen sich schnell *Versagensängste* ein, die in irgendeiner Weise aufgefangen oder kompensiert werden müssen. Denkbar ungünstig ist es, wenn die Führungskraft so wie Julia „regrediert“ und ihre Ängste durch Handlungsweisen der vorhergehenden Position zu mildern sucht. Dann sollte der Coach auch gegen den Widerstand der Führungskraft immer wieder insistieren, dass sie sich jetzt mit neuen Aufgaben zu befassen hat und sich nicht mit dem Bewährten tröstet.

Viele Führungskräfte erleben in einer neuen Position auch eine erhöhte *Einsamkeit*. „Kaminaufsteiger“ stellen oft schon nach kürzester Zeit fest, dass ihnen die früheren Kollegen jetzt vollkommen anders begegnen, dass hinter ihrem Rücken getuschelt wird, dass bei ihrem Erscheinen in der Teeküche plötzlich alle still werden usw. Das führt vielfach zu erheblichen Irritationen beim Positionsinhaber, sodass er sich seinen früheren Kollegen gegenüber als „guter Kumpel" geradezu anzubiedern sucht. In anderen Fällen entwickelt sich bei den Mitarbeitern eine starke Dynamik, die neue Führungskraft nicht aus ihrer „Teambadewanne" zu entlassen, sie auch weiterhin als „einen von uns" zu begreifen. In all diesen Fällen sollte der Coach möglichst umgehend Unterstützung geben, dass die neue Führungskraft ihre Bedürfnisse nach Zugehörigkeit anderweitig befriedigen kann. Nun ist der Coach zwar schon eine „Kompensationsperson" zur Überwindung der neu erlebten Einsamkeit, das reicht aber im Allgemeinen nicht aus für eine gute psychische Balance. In der Beratung sollte die Führungskraft möglichst früh darauf aufmerksam gemacht werden, dass sie jetzt neue emotionale Unterstützungssysteme innerhalb und außerhalb des Berufs anbahnt. Wie im Weiteren noch ausführlicher erläutert, ist es jetzt in der beruflichen Sphäre wichtig, sich mit Kollegen auf der neuen hierarchischen Ebene bekannt zu machen, sie um Unterstützung zu bitten, sich bei ihnen Rat zu holen usw. Auch das fällt übrigens besonders Kaminaufsteigern gar nicht leicht, denn so wie sie vielleicht ihren eigenen Vorgesetzten als Respektsperson gesehen haben, erschienen ihnen dessen Kollegen auch als „die Großen".

Ich erinnere mich an eine weibliche Führungskraft bei einem Energieversorger, einem primär technischen und deshalb auch männlichen Milieu. Nach ihrem Kaminaufstieg, auf den sie zunächst sehr stolz war, drohte sie, die privat allein lebte, regelrecht zu „vertrocknen", wie sie sagte. Meetings mit ihren neuen Kollegen versuchte sie im ersten halben Jahr möglichst zu vermeiden. „Ob die mich überhaupt akzeptieren, was soll ich denn da?" Erst nach einer eingehenden Rekonstruktion, wer bei diesen Meetings zu erwarten sei, um welche Themen es dort wahrscheinlich geht, und vor allem, was sie selbst beitragen, aber auch gewinnen könnte, fasste sie zunächst sehr beklommen den Entschluss, erstmalig an einem Meeting teilzunehmen. Danach war sie regelrecht befreit, „die waren richtig nett zu mir", meinte sie, „die hatten sogar allerhand Tipps für mich". Daraufhin beschloss sie, regelmäßig teilzunehmen.

Es ist insgesamt ganz entscheidend, dass die neue Führungskraft Lernblockaden überwindet. Je nach ihrem bisherigen Karriereweg kann es sein, dass sie sich schon lange nichts mehr erarbeiten musste, dass sie schlicht das Lernen verlernt hat. Auf einer neuen Position muss man aber Vieles neu lernen. Hier kommt dem Coach eine wichtige Funktion zu, nämlich der Führungskraft das Lernen wieder schmackhaft zu machen und ihr beim Lernen zu helfen. Im Verlauf von Coachings, wenn sich ein Klient an einem Thema besonders „entzündet" hat, leihe ich oft Bücher aus oder empfehle Aufsätze aus dem Internet zu lesen usw.

Zu diesem ersten Themenkreis der Verabschiedung von bisherigen Positionen und Funktionen hat es sich bewährt, mit einer Führungskraft folgende *Checkliste* im Coaching durchzusprechen:

(1) Was hat die Führungskraft in ihrer bisherigen Karriere erfolgreich gemacht? Kann sie in ihrer neuen Position erfolgreich sein, wenn sie sich nur auf diese Stärken verlässt? Wenn nicht, welche neuen Fähigkeiten sollte sie jetzt ausbauen?
(2) Gibt es in der neuen Position Aufgaben, die für einen Erfolg entscheidend sind, die sie aber lieber vermeidet? Warum? Wie lassen sich die „Vermeidungen" ausgleichen?
(3) Was kann die Führungskraft tun, um den Sprung in die neue Position innerlich umfassend zu vollziehen? Welche Ressourcen lassen sich noch mobilisieren, welche wären erfolgreich?

14.2 Entwicklung eines Lernprogramms für die neue Position

Fallbeispiel: Die neue Führungskraft klebt an ungeprüften Vorannahmen

Als Thomas Loffer von seiner ersten Werksbesichtigung zurückkam, war er bestürzt. Zwar war das Werk in Hamm im ganzen Unternehmen als besonders schwieriger Fall bekannt, er hatte aber nicht geglaubt, dass die Probleme so zahlreich sein würden. Er wusste nicht, wo er anfangen sollte. Die Leitung der Fabrik in Hamm war Loffers erste wichtige Führungsposition, und es war klar, dass er die Situation in diesem Werk in den Griff bekommen würde.

Von seinem Rundgang war Loffer ein besonders schockierendes Bild aus dem Produktionsbereich C in Erinnerung geblieben. Dort hatten fünf ältere Frauen ihren Arbeitsbereich in eine Art Wohnzimmer verwandelt. Während überall sonst die Arbeitstische in ordentlicher Reihenfolge aufgestellt waren, bildeten sie hier einen Kreis. Am Boden lagen Teppiche, an den Wänden hingen Bilder, und in der Ecke standen ein Kühlschrank und ein dauernd laufendes Radiogerät. Loffer war unklar, wozu dieses Radio diente, da die Frauen sich unaufhörlich unterhielten und deshalb gar nichts hören konnten. Er war sich aber sicher, dass all dies von der Arbeit ablenkt und die Produktionsleistung mindert. Am Abend, nachdem die Arbeiterinnen die Fabrik verlassen hatten, beauftragte Loffer daher zwei Hausmeister, den Kühlschrank und das Radio wegzuschaffen, die Teppiche aufzurollen und die Bilder abzuhängen. Außerdem wurden die Arbeitstische in einer geraden Reihe aufgestellt.

In sicherer Erwartung, dass die Frauen voller Entrüstung in sein Büro stürzen würden, kam Thomas Loffer am nächsten Morgen in die Firma. Innerlich war er bereits auf eine Diskussion mit ihnen vorbereitet. Zu seiner Überraschung begaben sich die fünf Frauen jedoch ohne Kommentar an ihre Plätze und nahmen die Arbeit auf. Noch mehr überraschte Loffer aber drei Tage später die Tatsache, dass, seit er seine Maßnahmen ergriffen hatte, der Produktionsausstoß im Bereich C um 40 % zurückgegangen war.

Als Loffer dies feststellte, begab er sich unverzüglich in den Produktionsbereich, um die Ursache für den drastischen Produktionsrückgang zu ermitteln. Seine Beobachtungen ergaben jedoch, dass die fünf Frauen völlig effizient arbeiteten. Loffer kehrte in sein Büro zurück und holte nach, was er – wie ihm plötzlich klar wurde – längst hätte tun müssen: Er ließ sich die Leistungsverzeichnisse der fünf Frauen zur Durchsicht geben. Dabei machte er drei bemerkenswerte Feststellungen:

- Die Frauen arbeiteten bereits seit über 15 Jahren in diesem Produktionsbereich zusammen.
- Ihr Produktionsausstoß lag dauernd 40 bis 50 % über der von Fertigungsspezialisten für diese Tätigkeit ermittelten Normalleistung.
- Der unmittelbare Vorgesetzte wies mehrfach darauf hin, dass die Frauen alle sehr gewissenhafte und umsichtige Arbeiterinnen seien.

(Quelle: *Randolph & Blackburn* 1989: 507 f.)

Natürlich macht sich eine neue Führungskraft, die aufgrund von Vorannahmen so gravierende Fehlentscheidungen trifft wie Thomas Loffer, erst einmal lächerlich in ihrer neuen Position. Dann dauert es Monate, manchmal sogar Jahre, bis es ihr gelingt, ihr Image als „Rambo" oder „Tollpatsch" zu revidieren. Deshalb sollte der Coach jede neue Führungskraft darauf aufmerksam machen, dass sie nach Antritt ihrer neuen Position unbedingt erst einmal reflexiv handelt, sich also nicht sofort kopfüber in wildwüchsige Aktionen stürzt, sondern sich innerlich bereit erklärt zu lernen, sogar sehr viel Neues zu lernen. Das gilt besonders für Seiteneinsteiger, die in eine ihnen noch fremde Organisation eintreten. Manchen Lerninhalt, den ich im Folgenden darstelle, kann aber auch ein Quer- oder Kaminaufsteiger gut brauchen. Jede neue Führungskraft muss allerdings nicht nur viel Neues lernen, sie muss auch eine optimale Strategie dafür entwickeln, wann sie was am Besten lernt.

14.2.1 Generelle Lerninhalte

Der Coach sollte zusammen mit der neuen Führungskraft einen regelrechten Lehr-/Lernplan zusammenstellen, damit der Newcomer möglichst schnell orientiert ist und nicht gleich in die „fettigsten Fettnäpfchen“ tritt.

Welche Lerninhalte sind für die neue Führungskraft wichtig?

- Faktische Daten über die Organisation bzw. die zu führende Abteilung. Diese sind im Allgemeinen durch eine Akteneinsicht zu ermitteln. Dazu gehören wirtschaftliche Daten, die Struktur, der Output, die Umsätze, Art und Anzahl der Mitarbeiter, die Bedeutung von Suprasystemen (z.B. Heimaufsicht, Finanzbehörde) usw.
- Daneben gilt es, eine ganze Reihe von organisatorischen Phänomenen kennen zu lernen, die sich nur durch Deutung erschließen. Dabei kommt dem Coach als Dialogpartner eine besondere Bedeutung zu. In diesen Bereich gehören die Entwicklungsgeschichte der Organisation, ihr Entwicklungsprozess, ihre Organisationskultur mit ihren jeweiligen Subkulturen, ihre informelle Struktur und ihre Mikropolitik.

Der Coach wird besonders einen Seiteneinsteiger animieren, sich so umfassend wie möglich über die *Geschichte der Organisation*, in die er gerade eingetreten ist, zu informieren. Zu diesem Zweck bietet sich das Studium von Chroniken an, das Studium von Festvorträgen und sonstigen Unterlagen aus vergangenen Tagen. Eine andere wichtige Quelle stellen aber natürlich Erzählungen von Kollegen, Vorgesetzten und Mitarbeitern dar. So ist fast immer die Gründungsgeschichte einer Organisation bedeutsam. Wer hat das System mit welcher Idee ins Leben gerufen? Diese Ursprungsgeschichte enthält meistens Elemente, die bis in die Gegenwart hinein ragen. So berichtete ich im vorigen Kapitel von einer evangelischen Gemeinde, die von einem pietistischen Pfarrer gegründet worden war, dann von dessen Nachfolger in eine betont entgegengesetzte Richtung, nämlich in eine Suchtszenerie verwandelt wurde. Und der Pfarrer, der diesem nachfolgte, sah sich schon in den ersten Tagen und Wochen mit Alkoholikerritualen der Ehrenamtlichen konfrontiert, von denen er sich heftig abgestoßen fühlte. In vielen Behörden und Unternehmungen geht es aber auch um die Ermittlung von Fakten.

Fragen über die Vergangenheit einer Organisation lassen sich besonders gut mit Stellvertretern oder Vorgesetzten erörtern. Sie sind bis zu einem gewissen Grad auch zu systematisieren:

Fragen über die Vergangenheit einer Organisation

Leistungen, Output:
- Wie war die Leistung der Organisation oder organisatorischen Abteilung in der Vergangenheit?
- Wie wurden die Ziele entwickelt? Waren sie treffend oder zu ehrgeizig?
- Was waren die internen oder externen Maßstäbe?
- Wie wurde Leistung gemessen, was wurde besonders honoriert?
- Welche Konsequenzen gab es für den Fall, dass die Ziele nicht erreicht wurden?

Ursachen:
- Wenn die Leistung gut war, was waren die Ursachen? Inwieweit trugen Strategie, Struktur, technische Ausstattung, Kultur und Politik zum Erfolg bei?
- Wenn die Leistung schlecht war, woran lag es?

Korrekturstrategien:
- Welche Maßnahmen wurden ergriffen, um die Organisation oder die organisatorische Abteilung zu verändern?
- Wer hat die Organisation oder die organisatorische Abteilung maßgeblich geformt?

Fragen zur Gegenwart einer Organisation

Vision und Strategie:
- Welche Vision bzw. welche Strategie wird aktuell verfolgt?
- Steht diese Vision nur auf dem Papier, oder wird sie tatsächlich verfolgt?

Personen:
- Welche Personen erweisen sich als fähig, welche nicht?
- Wem ist zu vertrauen, wem nicht?
- Wer verfügt über welchen Einfluss und warum?

Konflikte, Komplikationen:
- Welche Schwierigkeiten, Probleme gab es in der Vergangenheit?
- Wie versuchte man sie zu bewältigen?

Fragen nach der Zukunft einer Organisation

Chancen und Risiken:

- In welchen Bereichen sind im kommenden Jahr die größten Herausforderungen zu erwarten? Was kann schon jetzt unternommen werden, um sie zu bewältigen?
- Wo liegen noch nicht ausgeschöpfte Potenziale? Wie lassen sich diese nutzen?

Hindernisse:

- Welche Hindernisse lassen sich erwarten? Welcher Art sind sie?
- Gibt es in bestimmten Bereichen besondere Ressourcen?
- Welche Potenziale sollten weiter entwickelt werden?

Der organisatorische Prozess mit Vergangenheit, Gegenwart und Zukunft sollte auch zu *Prozessmodellen* in Beziehung gesetzt werden. Wie im Kapitel „Organisation" ausführlich dargestellt (vgl. *Türk* 1989), werden in diesen Modellen drei bis fünf Phasen unterschieden. Anhand eines solchen Modells erhalten neue Führungskräfte Hinweise über die Auftrittswahrscheinlichkeit von Krisen und organisatorischen Konflikten. Auf diesem Hintergrund wird oft auch erst verständlich, warum sich zwei bekämpfende Kulturfraktionen feindlich gegenüberstehen. So handelt es sich beispielsweise am Ende der Pionierphase oft um Auseinandersetzungen zwischen den „alten Pionieren" als „Kulturbewahrern" und neu eingestellten Mitarbeitern als „Innovatoren". Aus diesem Grund ist es sinnvoll, dass Coach und Klient anhand spezifischer Merkmale zu ermitteln suchen, in welchem Stadium sich die Organisation befindet:

Phasenmodell für organisatorische Prozesse

(1) *Die Pionierphase:* Das heißt, das Gründungsstadium ist eng mit der Persönlichkeit des Pioniers verbunden. Dieser führt die Mitarbeiter sehr direkt und improvisierend. Beziehungen im Mitarbeitersystem, aber auch zu Kunden, Klienten usw. sind ebenfalls direkt und familiär. Typische Krisenerscheinungen am Ende der Pionierphase ergeben sich meistens durch Größenwachstum, Verbreiterung der Angebotspalette usw. Jetzt nimmt die Anonymität aller Beziehungen nach innen und nach außen zu. Der Gründer ist mit seinem bisherigen Führungsstil überfordert, sodass sich laufend Termin- und Koordinationsprobleme ergeben.

(2) *Die Differenzierungsphase:* Wegen der zunehmenden Pannen erfolgt nun eine formale Umgestaltung der Organisation. Entsprechend ihrer jeweiligen

Aufgabenkomplexität und Aufgabenvielfalt werden Aktivitäten und Beziehungen formal neu strukturiert. Aufgabenspezialisierung und -standardisierung sowie Hierarchisierung der Mitarbeiterschaft charakterisieren diese Phase. Das Ende der Differenzierungsphase kündigt sich an, wenn die Organisation in zunehmenden Regulativen zu ersticken droht, wenn horizontale und vertikale Kommunikationen nicht mehr spontan und reibungslos verlaufen, wenn sich Konflikte über formale Regelungen häufen und alle Einzelaktionen schlecht koordiniert sind.

(3) *Die Integrationsphase:* Diese Art von Krisen, die aus der Überstrukturierung eines organisatorischen Systems resultieren, erfordern konsequente Reorganisationsmaßnahmen, die im Idealfall eine Phase der Integration einleiten. Die Veränderungsstrategie sollte auf eine konsequente Beziehungspflege nach innen und nach außen ausgerichtet sein. Im Idealfall werden dann kollegiale Führungsstrukturen, neue differenziertere Formen der Öffentlichkeitsarbeit entwickelt usw.

Die Analyse des organisatorischen Entwicklungsprozesses hat eine besondere Bedeutung für den spezifischen organisatorischen Auftrag, den der Klient übernommen hat. So ist etwa bei einem Start-Up immer zu prüfen, ob sich die Organisation schon in krisenhaften Endstadien befindet. Und bei einer Organisation, die reorganisiert werden soll, handelt es sich häufig um eine Organisation in der Differenzierungsphase, die in Formalisierungen zu ersticken droht.

Der organisatorische Prozess steht auch immer in Beziehung zur *Organisationskultur*. Das heißt, je nach dem Entwicklungsstadium lassen sich unterschiedliche kulturelle Muster beobachten. Beim Eintritt eines Seiteneinsteigers in eine Organisation empfiehlt sich im Coaching immer eine Kulturanalyse. Sie ist aber auch empfehlenswert, wenn die Führungskraft als Quereinsteiger in einer neuen Abteilung tätig wird. Gerade in solchen Fällen überschätzen nämlich Führungskräfte meistens ihre Kulturkenntnis und erleben dann böse Überraschungen, wenn sie sich in den Augen ihrer neuen Mitarbeiter inadäquat verhalten. Eine Analyse der Organisationskultur ist auch immer wichtig, wenn die Führungskraft von einer Region in eine andere wechselt, etwa in ein anderes Bundesland. So spielt in Bayern immer mal wieder ein hintergründiger Humor eine Rolle, der für einen Hamburger schwer verständlich ist. Noch gravierender sind die Unterschiede bei einem Wechsel in eine andere Nation. Schon in Österreich gelten andere Regeln der Höflichkeit als in Deutschland. Selbst zwischen Personen, die in Westdeutschland aufgewachsen sind, und solchen, die den neuen Bundesländern entstammen, gibt es erhebliche Unterschiede in der Selbstpräsentation oder in der Prioritätensetzung zwischen Berufs- und Privatleben (*Schreyögg* 2002).

Das nachfolgende Raster für eine *Organisationskulturanalyse* folgt dem Konzept von *Edgar Schein* (1995), das im Abschnitt „Organisation" beschrieben wurde. Das Raster dient als Gesprächsleitfaden, bei dem der Coach den Klienten interviewt. Der Leitfaden lässt sich einsetzen, wenn der Klient nach etwa einem Monat schon einen relativ plastischen Eindruck von seinem neuen Arbeitsplatz hat.

Gesprächsleitfaden zur Organisationskulturanalyse

Welche sichtbaren Elemente sind festzustellen?

- Sprache (Jargon, Abkürzungen usw.)
- „Helden", Stars usw., Geschichten, Legenden, Firmenwitze
- Rituale, Feste, Bräuche
- Gebäude, Innenausstattung, Präsentation nach außen
- Umgangsformen, Kleidung, Statussymbole

Welche Normen und Standards lassen sich ermitteln?

- „Wir sind alle eine Familie"
- „Bei uns sind nur Höchstleistungen gefragt"
- „Bei uns ist das Menschliche der wichtigste Faktor" usw.

Welche anthropologischen Basisannahmen scheinen zu bestehen?

(1) Vorstellungen über die Beziehung zwischen Organisation und Umwelt: Hält man die Umwelt für bedrohlich, für herausfordernd, für bezwingbar, für wohlwollend?

(2) Vorstellungen über Wahrheit:

- Auf welcher Grundlage wird entschieden, ob etwas „wahr" oder „falsch" ist: Tradition, Autorität, Versuch und Irrtum, Kompromisse?
- Wie werden Kompromisse gefunden?

(3) Grundannahmen über die Zeit:

- Mit welchem Zeithorizont arbeitet man?
- Was wird im Allgemeinen als „spät" bezeichnet?

(4) Vorstellungen über die Natur des Menschen:

- Motivation: Sind Mitarbeiter engagiert oder Drückeberger?
- Entwicklung: Sind Mitarbeiter von Natur aus lernbegierig oder festgefahren?
- Kontrolle: Muss Kontrolle von oben oder von unten kommen oder ist eher Selbstkontrolle gefragt?

(5) Vorstellungen über menschliches Handeln:
- Grundeinstellung: Ist es wichtig aktiv zu sein oder abzuwarten, sich selbst zu fordern, sich anzupassen?
- Verständnis von Arbeit: Muss man am Arbeitsplatz schwitzen, viel unterwegs sein, viel lesen usw.?

(6) Vorstellungen über zwischenmenschliche Beziehungen:
- Grundthemen: Wettbewerb oder Kooperation?
- Konflikte: Gelten sie als unerwünscht oder als Chance für Veränderung?
- Autorität: Sind Gehorsam oder Sachkompetenz gefragt?
- Aufstieg: Erfolgt er nach Alter, Erfolg, Sympathie?
- Vorgesetzte: Definieren sie sich als Bewahrer, Innovateure usw.?
- Entscheidungen: Werden sie einsam oder in der Gruppe gefällt?
- Tabus: Über welche Themen darf nicht geredet werden?

Lassen sich abteilungs-, berufs- oder aufgabenspezifische Subkulturen erkennen? In welcher Beziehung stehen sie zueinander und in welcher Beziehung zur Kernkultur, d.h. zu der Subkultur, die von den Führungskräften als zentral betrachtet wird.

Wie schlagen branchenspezifische Muster auf die Organisationskultur durch?

Wie wirkt die Regionalkultur auf die Organisationskultur?

Wie schlägt sich die Nationalkultur in der Organisationskultur nieder?

Für diese Analyse sollten sich Coach und Klient eine ganze Sitzung von zwei Stunden Zeit nehmen und alle Befunde wieder zu dem spezifischen organisatorischen Auftrag, den der Klient erhalten hat, in Beziehung setzen. So sind beispielsweise bei einer Restrukturierung, die nach einer Fusion von zwei Organisationen oder zwei Abteilungen erfolgt, prinzipiell zwei Organisationskulturen zu beobachten. Diese kämpfen dann jeweils um Geltung. Gerade eine neue Führungskraft wird dann oft als Schiedsrichter von einem oder manchmal sogar von zwei Kulturprotagonisten bemüht. Im Coaching sind dann Strategien zu entwickeln, wie die beiden Kulturen besser als bisher integriert werden könnten.

Weitere wichtige Lernfelder für die neue Führungskraft sind die *informelle Struktur* eines Systems und seine Mikropolitik. Diese Phänomene haben ebenfalls eine besondere Bedeutung, denn sie sind maßgebend dafür, ob und wie die neue Führungskraft in dem neuen System Fuß fassen kann. Kaminaufsteiger meinen natürlich, die informelle Dynamik eines Systems genau zu kennen.

Umso überraschter sind manche von ihnen, wenn sie feststellen, dass sich durch ihre Positionsübernahme auch die informelle Dynamik ändert. Hierzu sollte der Coach der Führungskraft erläutern, dass informelle Muster immer zu den formalen in Beziehung stehen (*Luhmann* 1994). Wenn sie selbst vormals eine informelle Führungsposition innehatten, wird in diese jetzt ein ehemaliger Kollege vorstoßen.

Besondere Bedeutung hat auch Vorgängerin/Vorgänger für die informelle Dynamik. Wenn Vorgänger oder Vorgängerin sehr strikt geführt haben, bildete sich wahrscheinlich ein betont sozial-integrativer informeller Führer heraus. Wenn aber Vorgänger oder Vorgängerin lieber „everybody's darling" sein wollten, dann hat sich in der Regel ein informeller Strukturierer herausgeschält, der den „Laden zusammen gehalten" hat. Je nachdem, wie der Nachfolger führt, und natürlich auch je nachdem, wie seine Persönlichkeit ansonsten ist, verliert der vormalige informelle Führer seine Basis, und es wird sich ein neuer herausschälen. In wieder anderen Fällen versucht der informelle Führer der vorherigen Ära, seine Bastion zu verteidigen, und gerät mit der neuen Führungskraft in unproduktive Konkurrenzkämpfe.

Die *Mikropolitik* als System innerorganisatorischer Interessenkonflikte findet sich auch in jeder Organisation. Dabei geht es, wie im Kapitel 3 über „Organisation" beschrieben, um die Durchsetzung der jeweiligen Interessen. Zu diesem Zweck werden Koalitionen gebildet, es finden untergründige Aushandlungsprozesse statt. In deren Verlauf kommt es zu Parteibildungen, die oft auch feindlich eingefärbt sind. Für eine neue Führungskraft, besonders für den Seiteneinsteiger ist das Wissen, wer in einem System als „Drahtzieher für was" fungiert, ein unschätzbarer „Reviervorteil". Die mikropolitische Bedeutsamkeit einer Person richtet sich nämlich nicht unbedingt nach ihrer formalen Position, sondern nach anderen Aspekten, wie beliebt sie etwa ist oder wie effektiv es ihr gelingt, Komplexität in einem System zu reduzieren (*Crozier & Friedberg* 1978).

Diese beiden Aspekte, die informelle Struktur und die Mikropolitik, lassen sich, ähnlich wie die Organisationskultur, nur durch Deutung erschließen. Zur Ermittlung dieser beiden Aspekte muss die Führungskraft *Gespräche* führen, in denen sie vielfältige Informationen erhalten kann. Für diesen Zweck sollten die Gespräche im Coaching gut vorbereitet werden. Dabei ist zu raten, dass eher Einzelgespräche geführt werden. Wenn nämlich die Führungskraft den ersten Gesprächstermin mit allen ihren Mitarbeitern gleichzeitig wahrnimmt und sie etwa nach bestimmten Phänomenen in der Organisation befragt, läuft sie Gefahr, dass viele ihre Meinung gar nicht öffentlich kundtun. Natürlich kann eine neue Führungskraft mit einem kleinen Sektempfang für alle sich schon in den ersten Tagen ganz unverbindlich vorstellen, danach sollte sie aber gezielte Gespräche mit Einzelnen führen.

14.2.2 Entwicklung einer optimalen Lernstrategie

Alle diese Lerninhalte binden Coach und Klient idealerweise in einen *Zeitplan* ein, der für das Lernprogramm der neuen Führungskraft maßgeblich sein soll.

Vor dem ersten Arbeitstag

- Der Coach animiert die Führungskraft, sämtliche verfügbare Informationen über die Organisation zu recherchieren. Dabei geht es um ihre Geschichte, Zielsetzung, Struktur, Leistungsfähigkeit, Art und Qualifikation der Mitarbeiter.
- Die Führungskraft sollte vom Coach auch unterstützt werden, Außenstehende, die bereits mit der Organisation in Kontakt waren, zu befragen. So erfährt sie, wie ihre Firma, Behörde oder ihr soziales Dienstleistungssystem in der Öffentlichkeit gesehen wird.
- Die Führungskraft kann auch frühere Mitarbeiter der Organisation nach der Geschichte, der Kultur und der Politik befragen.
- Besonders wichtig sind (wenn möglich) Gespräche mit dem Vorgänger.
- Und natürlich Gespräche mit dem neuen Chef. Für ein erstes Gespräch mit diesem sollte der Coach den Klienten besonders gut vorbereiten. Dabei geht es besonders um dessen Erwartungen an die neue Führungskraft. Wichtig ist aber auch zu erfragen, welche Projekte in der Vergangenheit nicht erfolgreich waren, welche Konflikte sich als unlösbar erwiesen haben. Dann weiß die neue Führungskraft nämlich, dass sie sich an diese Dinge zunächst nicht wagen sollte (*Fischer* 1999).

Nach dem ersten Arbeitstag

- Jetzt analysieren Coach und Klient Struktur und Ablaufprozesse in der Organisation, außerdem ermitteln sie den Output des Systems.
- Die Führungskraft bereitet jetzt ihre Einzelgespräche vor, d.h. terminiert sie.
- Nun kann die Führungskraft auch in Erfahrung bringen, wie wichtige Schnittstellen zur Außenwelt die Organisation einschätzen und vor allem welche Probleme diese Personen sehen.
- Der Coach animiert jetzt auch die Führungskraft, in Erfahrung zu bringen, wie gut die Abstimmung von unten nach oben und von oben nach unten ist. Das gilt besonders für die Ziele der Organisation: Werden die Ziele des Topmanagements bis in untere Hierarchie-Ebenen hinein verfolgt? Ist die Vermittlung der Strategie gut oder schlecht?
- Jetzt gilt es, die Chancen und Risiken des Systems genauer zu untersuchen. Die Führungskraft sollte jetzt auch die Einschätzung an der Peripherie ermitteln und zu den Einschätzungen in der Zentrale in Beziehung setzen.

Dabei ergeben sich oft Diskrepanzen, die vom Topmanagement bislang unterschätzt wurden.

- Die Führungskraft sollte jetzt alle ihre bisher entwickelten Hypothesen überarbeiten und sich Fragen an ihren Vorgesetzten überlegen und notieren.
- Die neue Führungskraft diskutiert ihre bisherigen Erkenntnisse mit ihrem Chef.

Nach dem ersten Monat

- Der Coach regt die neue Führungskraft jetzt an, alle ihre Mitarbeiter zu einem Meeting einzuladen und ihnen Feedback zu geben. Das ist jetzt die erste Situation, in der die neue Führungskraft wahrscheinlich aneckt, d.h. Konflikte stimuliert (*De Dreu & van de Vliert* 1997). Für diese Sitzung sollte die Führungskraft besonders gut vorbereitet werden, denn nun besteht die Gefahr, dass sie Widerstand erzeugt. Idealerweise operiert sie freundlich moderierend. Unerfahrene Führungskräfte verhalten sich in solchen erstmaligen Feedback-Situationen, in denen sie auch Kritisches kommunizieren, oft zu ruppig, weil sie selbst ängstlich sind und deshalb zu stark unter Spannung stehen. Dann entwickelt sich schnell eine Kampf-Situation zwischen der Führungskraft und ihren Mitarbeitern, die sich bis zum Vorgesetzten-Mobbing auswachsen kann.
- Jetzt ist der erste Honeymoon vorbei, und die Führungskraft muss langsam anfangen, Kritik am Bestehenden zu üben. Anderenfalls zementiert sie einen inakzeptablen Status quo. Dabei sollte der Coach sie soweit als möglich stabilisieren. Jetzt muss sie nämlich alle Schnittstellen zur Außenwelt analysieren. Das bedeutet, die Klienten-, Kunden-, Lieferantenkontakte auf ihre Qualität hin zu überprüfen.
- Außerdem müssen die zentralen Abläufe auf ihre Qualität, Verlässlichkeit und Produktivität überprüft werden.
- Jetzt sollte der Coach die Führungskraft vorbereiten, sich mit wichtigen „Kulturprotagonisten“ zu treffen. Das sind Organisationsmitglieder mit langjähriger Zugehörigkeit, die eventuell auch in Stabsstellen wie der Personal- oder der Marketingabteilung tätig sind. Durch sie wird die Führungskraft viel über die Geschichte, Kultur und Politik der Organisation erfahren.
- Danach sollten Coach und Klient alle ihre bisherigen Hypothesen neu sichten und entsprechend revidieren.
- Daran anschließend könnte die Führungskraft mit ihrem Chef erneut über ihre Hypothesen und ihre Vorhaben sprechen.

15. Kapitel

Themenkreis II: Entwicklung einer optimalen Strategie und Planung früher Erfolge

Fallbeispiel: Die neue Führungskraft schätzt die organisatorische Situation falsch ein

Hubert Vogler, ein psychologischer Psychotherapeut, hatte schon zweimal ein System für stationäre Drogentherapie aufgebaut. Er war dabei jedes Mal aufgrund seiner kreativen und auch wegweisenden Konzepte äußerst erfolgreich. Er wurde deshalb von den Trägervertretern belobigt und von den Mitarbeitern sowie Klienten geradezu hofiert. Nach soviel dynamischer Aufbauarbeit, in deren Verlauf er sich viel zuwenig, wie er fand, seinem Familienleben widmen konnte, dürstete es ihn nach etwas mehr Ruhe und Stabilität. Deshalb bewarb er sich auf die Stelle des leitenden Psychologen in einer psychosomatischen Privatklinik. Aufgrund seiner langjährigen Erfahrung und seiner ausgezeichneten Zeugnisse wurde er auch sofort engagiert.

Nun begann er, in der Klinik, in die auch eine große Abteilung für Essstörungen und Medikamentenabhängigkeit integriert war, zu wirbeln. Er stellte fast sofort die gesamten Tages- und Wochenpläne der Mitarbeiter um, richtete zahlreiche Teamsitzungen mit hoher Frequenz ein, „damit der Laden hier richtig in Schwung kommt“, engagierte einen Sportpädagogen, der Fitnesstrainings und Boxen einführte usw. Besonders die Mitarbeiter, die schon zehn oder mehr Jahre in dieser Klinik tätig waren, fühlten sich düpiert. „Das passt doch überhaupt nicht in unseren Rahmen. Die vielen Lehrerinnen mit Burnout-Syndrom, die wir hier als Patientinnen betreuen, was sollen die denn mit Boxen? Der tut überhaupt so, als wenn wir in den vergangenen Jahren nur Unsinn gemacht haben.“

Nach einer Teamsitzung, in der er den Mitarbeitern und Mitarbeiterinnen vorwarf, dass sie viel zu viel in ihren Routinen versackt seien, beschloss eine Gruppe von ihnen, zum Chefarzt zu gehen, um sich über den neuen psychologischen Leiter zu beschweren. Dieser, ein älterer Psychiater, der die Klinik vor einigen Jahren von seiner Mutter übernommen hatte, bestellte Hubert Vogler sofort zu sich, denn er fürchtete angesichts von Konflikten in der Klinik um deren Reputation. Hubert, im festen Glauben, dass er „den Laden hier in Schwung bringen" solle, beklagte sich nun wortreich über die Trägheit der Mitarbeiter. Nachdem er Hubert kurz angehört hatte, meinte der Chefarzt in einem ganz ruhigen Ton: „Mir scheint, Sie haben noch nicht begriffen, wo sie gelandet sind. Hier passen Sie jedenfalls doch nicht so gut rein, wie ich ursprünglich dachte. Sie sind noch in der Probezeit, ich bitte Sie, die Klinik morgen zu verlassen." Hubert versuchte noch, diese oder jene Erklärung abzugeben, die Entscheidung des Chefarztes stand aber fest. Zum ersten Mal in seinem Berufsleben war Hubert gescheitert.

Was führte zu diesem Scheitern? Hubert hatte, was Führungskräften aus dem klinischen Bereich häufiger passiert, die organisatorische Situation der Klinik vollkommen falsch eingeschätzt, bzw. überhaupt nicht analysiert. Aufgrund seiner bisherigen Erfolge wählte er Strategien, die in keiner Weise zu der unternehmerischen Situation dieses Systems und seinem damit verbundenen Auftrag passten. Er hatte die Klinik wie ein Start-Up zu führen versucht, während es sich hier doch um ein bereits langjährig etabliertes System handelte, dessen Erfolg er stabilisieren und ausbauen sollte. Dementsprechend wurde er auch der Kultur des Systems in keiner Weise gerecht.

15.1 Entwicklung einer optimalen Strategie

Der Coach sollte mit einer neuen Führungskraft möglichst früh ermitteln, in welcher *unternehmerischen Situation* sich die Organisation befindet. Daraus ergibt sich nämlich der spezifische innerorganisatorische Auftrag, den die neue Führungskraft hat. Und daraus wiederum hat die neue Führungskraft zu wesentlichen Teilen eine optimale Strategie für die erste Zeit zu entwickeln. Diese muss aber in Beziehung gesetzt werden zu der Art, wie der Klient *rekrutiert* wurde, und zu den Besonderheiten, die sich durch die *Vorgängersituation* ergeben haben oder ergeben könnten.

15.1.1 Planung entsprechend der unternehmerischen Situation

Watkins differenziert vier organisatorische Grundsituationen mit ihren jeweiligen Anforderungen und Chancen für die neue Führungskraft: Start-Up, Turnaround, Restrukturierung und Stabilisierung eines Erfolges. Deren Chancen und Anforderungen sind im Folgenden aufgelistet (vgl. *Watkins* 2007: 71 ff.):

Vier Organisatorische Grundsituationen

Grundsituation	**Anforderungen**	**Chancen**
Start-Up (Pionierstadium)	• Die Führungskraft muss Strukturen usw. völlig neu aufbauen • Sie braucht ein schlagkräftiges und loyales Team • Meistens stehen nur begrenzte Ressourcen zur Verfügung	• Die Führungskraft kann von Anfang an alles selbst gestalten • Die Mitarbeiter sind noch nicht in Routinen erstickt
Turnaround (Sanierungsfall)	• Die Mitarbeiter sind demoralisiert, müssen neu motiviert werden • Wichtige Entscheidungen sind unter Zeitdruck zu fällen • Schmerzhafte Entscheidungen, vor allem im Personalbereich, sind zu treffen	• Alle sind sich einig, dass Veränderung nötig ist • Kooperationspartner von außen bieten oft Hilfe an • Kleine Erfolge haben oft große Wirkungen
Restrukturierung (Neuorganisation)	• Die Führungskraft muss oft tief verwurzelte Standards beseitigen • Sie muss viel Überzeugungsarbeit leisten, um Mitarbeiter für Veränderungen zu gewinnen • Team muss umstrukturiert und neue Strategien müssen implementiert werden	• Die Organisation verfügt noch über Potenziale • Die Mitarbeiter wollen den Erfolg
Stabilisierung eines Erfolgs	• Die Führungskraft muss anfangs defensiv agieren, um bisherigen Erfolg nicht zu gefährden • Sie steht hier immer im Schatten eines Vorgängers und soll dessen Team führen • Führungskraft muss Wege finden, den Erfolg auszubauen	• Meistens steht ein starkes Team zur Verfügung • Mitarbeiter sind gut motiviert, wollen Erfolg fortsetzen • Oft sind Nachfolger-Projekte in der Pipeline

Je nach der Grundsituation hat die Führungskraft eine je unterschiedliche Strategie zu wählen. Bei Start-Ups und Turnarounds muss der Coach die Führungskraft animieren, eher temporeich zu agieren und letztlich auch risikoreiche Entscheidungen zu treffen. Im Sanierungsfall sollte sie beispielsweise rasch die gesamte unternehmerische Situation (Märkte, Technologien, Produkte, Strategien usw.) analysieren, sofern das noch nicht durch eine Beratungsfirma geschehen ist. Daraufhin sind sofort die entscheidenden Schritte zur Sanierung einzuleiten, selbst wenn es noch keine Sicherheit über alle Parameter gibt. Das ist ohnedies eine Schwierigkeit bei Sanierungen, denn hier muss immer schnell entschieden werden, obwohl manches noch gar nicht bis ins Detail zu übersehen ist.

Während die Mitarbeiter bei Turnarounds die Notwendigkeit eines beherzten Handelns sofort verstehen, denn hier geht es ja um ihre Arbeitsplätze, müssen sie bei Restrukturierungen für Veränderungen erst „angewärmt" werden. Hier geht es nämlich um pro-aktive Korrekturen, die von den Mitarbeitern im Allgemeinen nicht als dringlich erlebt werden. Deshalb muss die Führungskraft viel Mühe darauf verwenden, die Mitarbeiter entsprechend zu motivieren.

Bei der Stabilisierung eines Erfolgs, wie in unserem Beispiel mit Hubert Vogler, sind wieder andere Qualifikationen gefragt. Hier muss die Führungskraft vergleichbar einem Gärtner das Bestehende hegen und pflegen, hier und da vielleicht ein bisschen „Unkraut zupfen", d.h. dysfunktionale Phänomene vorsichtig korrigieren, aber zunächst im Wesentlichen in der bislang bewährten Erfolgsstrategie weiterschwimmen. Hubert hätte also gut daran getan, sich in den ersten Wochen eher etwas defensiv und respektvoll gegenüber dem bisherigen Erfolg der Klinik in das Ensemble einzufügen, d.h. sich in Kultur und Struktur des Systems zu integrieren. Erst nach etwa zwei Monaten wäre es hier sinnvoll gewesen, Ideen für Innovationen wie etwa eine höhere Frequenz von Teamsitzungen ins Team zu tragen, sie zuerst ausführlich diskutieren zu lassen und dann langsam zu implementieren.

Insgesamt lässt sich sagen, dass der Coach die Führungskraft je nach der organisatorischen Situation und ihrem Auftrag zu einer mehr offensiven oder einer mehr defensiven Haltung ermuntern sollte. In einer Pionierorganisation muss jede Führungskraft relativ offensiv agieren, denn hier gilt es, Neues aufzubauen. Hier ist nichts zu verteidigen. Bei Restrukturierungen muss sie auch eher offensiv und aktiv agieren, um die Mitarbeiter für Neuentwicklungen zu gewinnen. Bei einem Sanierungsfall muss sie zwar auch beherzt handeln, gleichzeitig aber das, was es zu bewahren gilt, zu schützen suchen. Das heißt, in solchen Fällen ist auch eher defensiv zu erkunden, welche Kernkompetenzen der Organisation zu erhalten sind. Am defensivsten muss die Führungskraft allerdings bei der Stabilisierung eines Erfolgs agieren. Hier hat sie sich zunächst nur in Bestehendes „einzufädeln" und erst langsam ihren Platz zu besetzen.

Anhand dieser Anforderungen wird allerdings schon deutlich, dass eine Führungskraft je nach ihrer Persönlichkeit für die eine wie für die andere organisatorische Situation mit ihrem jeweiligen Auftrag mehr oder weniger gut geeignet ist. Führungskräfte, die wie Hubert Vogler als Pioniere sehr erfolgreich waren, versagen oft, wenn sie ein System zu weiterem Erfolg führen sollen. Hier ist dann der Coach gefordert, die Führungskraft auf die Wahl einer optimalen Strategie aufmerksam zu machen und ihr eventuell auch eine bisher noch nicht verfolgte Strategie schmackhaft zu machen – oder ihr zu empfehlen, die Position zu wechseln bzw. sie gar nicht erst anzutreten. Hier spielt auch das Alter und die private Situation der Führungskraft eine Rolle. Für junge Führungskräfte, die schon ein Start-Up erfolgreich gemanagt haben, ist es oft kaum vorstellbar, dass sie auch ein bereits erfolgreiches System durch „ruhige Fahrwasser" zu noch mehr Erfolg führen könnten. Vielfach erwärmen sie sich aber mit fortschreitendem Alter, wenn sie eine Familie gegründet haben, doch noch für eine solche Aufgabe.

Alle vier organisatorischen Situationen erfordern die Bereitschaft zu lernen. Der Fokus dessen, was gelernt werden muss, ist aber sehr unterschiedlich. Bei Start-Ups und Turnarounds muss sich das Lernprogramm sehr stark auf *technische* und *konzeptionelle Managementkompetenzen* beziehen, wie die Analyse von Märkten, von Produktprofilen, Technologien und Strategien. Hierfür sollte der Coach die Führungskraft animieren, sich einschlägiges Wissen aus entsprechenden Lehrbüchern anzueignen oder es aufzufrischen (*Schreyögg, G. & Koch* 2007). Dabei muss die neue Führungskraft jedenfalls möglichst schnell Weichen für die Fortentwicklung des Systems stellen. Wenn es aber um eine Restrukturierung geht oder um die Fortführung einer bereits erfolgreichen organisatorischen Situation, sind andere Kompetenzen gefragt. Hier liegt der Fokus auf *sozialen Managementkompetenzen.* Im Falle einer Restrukturierung muss nämlich die Führungskraft die Mitarbeiter animieren, Neuentwicklungen einstellungsmäßig mit zu tragen und mit zu vollziehen, was auch im Coaching sorgfältig zu thematisieren ist.

Coach und Klient müssen sich allerdings darüber im Klaren sein, dass es reine Start-Ups oder reine Stabilisierungen eines Erfolgs selten gibt. In Großunternehmen etwa werden häufig neue Projekte ins Leben gerufen, die dann als Pioniersituation zu betrachten sind, einige Abteilungen werden umstrukturiert, andere saniert usw. Wie sich eine Führungskraft in einer neuen Organisation am besten platziert, muss sich aber auch nach einigen anderen Aspekten richten.

15.1.2 Planung je nach der Rekrutierungsart

Für die Wahl der optimalen Strategie und dabei besonders für die Entwicklung der passenden sozialen Managementkompetenzen sind noch andere Parameter relevant, und dabei besonders die Art, in der die Führungskraft rekrutiert wurde. Zur Stabilisierung einer erfolgreichen Organisation werden vielfach Kaminaufsteiger bevorzugt. Sie sind ja mit Struktur und Kultur des Systems vertraut, sie kennen die besonderen Anforderungen der Position. Von ihnen ist am ehesten zu erwarten, dass sie das System in seinem Erfolg kontinuierlich weiterführen können. Im Coaching geht es hier aber regelmäßig um das Thema, wie sie sich ihren früheren Kollegen gegenüber jetzt als Vorgesetzte positionieren können. Hierfür sollte der Coach mit dem Klienten ein kleines Ritual vorbereiten, bei dem der neue Positionsinhaber – etwa im Rahmen eines kleinen Sektempfangs – seine vormaligen Kollegen jetzt als „neuer Chef" begrüßt. Idealerweise tritt bei diesem Event auch der nächst höhere Vorgesetzte in Erscheinung, um den neuen Positionsinhaber auch offiziell zu inthronisieren. Die ritualisierte Beförderung muss aber nun auch mit einer faktischen inneren Rollenübernahme einhergehen. Das heißt insbesondere, die neue Führungskraft muss sich immer wieder vor Augen führen, dass sie jetzt für die Realisierung der Organisationsziele zu sorgen hat, also auch legitimiert ist, restriktiv zu agieren. Dabei sollte der Coach die Führungskraft auf drei Aspekte besonders vorbereiten:

(1) dass sie jetzt nicht mehr Sach-, sondern eher Managementaufgaben hat,
(2) dass sie angemessen delegiert,
(3) dass sie im Konfliktfall einen Machteingriff starten muss.

Aufsteiger fühlen sich zunächst immer in ihrer neuen Rolle beklommen und deplatziert; deshalb greifen sie, um wieder Sicherheit zu gewinnen, zu Aktivitäten, die sie gut beherrschen. Besonders für den Konfliktfall, in dem ein Kritikgespräch geführt oder gar abgemahnt werden muss, sollte der Coach die Führungskraft gut vorbereiten. Gerade hierfür bietet sich ein kleines Rollentraining mit imaginativem Rollentausch an (*Schreyögg* 2004 b).

Kaminaufsteiger haben heute auch häufig Reorganisationen durchzuführen. Das fällt ihnen ebenfalls meistens schwer, denn sie müssen nun als Vorgesetzter ihre vormaligen Kollegen von neuen Handlungsstrategien überzeugen und ihnen gelegentlich sogar kündigen. In solchen organisatorischen Situationen bilden allerdings Unternehmensberater häufig einen Puffer zwischen Führungskraft und Mitarbeitern. So werden etwa bei der Deutschen Post oder bei der Deutschen Bahn vielfältige Reorganisationen im Sinne von Entbürokratisierung durchgeführt. Als neue Führungskräfte fungieren oft Aufsteiger, die dann die von einer Unternehmensberatungsfirma „verordnete" neue Struktur zu implementieren haben. Zur Unterstützung der Vorgesetzten findet hier auch neuerdings Coaching breitflächige Anwendung.

Seiteneinsteigern begegnen bei der Stabilisierung einer erfolgreichen Organisation wahrscheinlich die meisten Komplikationen. Das Beispiel von Hubert Vogler ist geradezu typisch für eine Haltung, die „Gutes will und Schlechtes macht". Hier muss der Coach die umfassendste Unterstützung geben, dass nämlich die Führungskraft zuerst einmal in reflexiver Weise Struktur und Kultur des Systems, alle seine Anforderungen und Prozesse kennen lernt und sich vor allem eine passende sozio-emotionale Hausmacht aufbaut. Denn erst auf der Basis dieser Hausmacht hat sie das ausreichende Commitment, um Veränderungen einzuleiten. Das gilt noch mehr für solche Seiteneinsteiger, die Reorganisationen durchzuführen haben. In diesen Fällen ist auch erst eine emotionale Basis zu den Mitarbeitern zu schaffen, damit sie bereit sind, Veränderungen zu realisieren. Das entscheidende Vehikel zur Entwicklung einer solchen Hausmacht sind Einzelgespräche. Diese sollte der Coach so sorgfältig wie möglich vorbereiten.

15.1.3 Planung der optimalen Strategie je nach der Vorgängersituation

Vorgänger spielen bei der Stabilisierung einer erfolgreichen Organisation, bei Restrukturierungen und bei Sanierungsfällen eine große Rolle. Start-Ups dagegen haben per definitionem keinen Vorgänger. Besonders bei der Stabilisierung einer erfolgreichen Organisation ist der Vorgänger virtuell immer präsent. Alle Aktionen, die der Nachfolger startet, werden an dem erfolgreichen Vorgänger gemessen. Jede Veränderung, die der Nachfolger initiiert, wird von den Mitarbeitern schnell als Kritik am Vorgänger begriffen. Hier sollte der Coach der neu ernannten Führungskraft dringend empfehlen, niemals über den Vorgänger kritisch zu reden, weil er sonst mit Sicherheit unproduktiven Konfliktstoff erzeugt. Bei Restrukturierungen und besonders bei Sanierungsfällen werden Vorgänger meistens unfreiwillig von ihrer Position entbunden. Die Mitarbeiter haben aber oft noch Bindungen an den Vorgänger. Besonders wenn er entlassen oder degradiert wurde, trauern sie dem Vorgänger nach, sodass starke Widerstände entstehen, wenn sich der Nachfolger in irgendeiner Weise negativ über den Vorgänger äußert.

15.1.4 Wie soll die optimale Strategie umgesetzt werden?

Gabarro (1987) hat ermittelt, dass erfolgreiche neue Führungskräfte Veränderungen in einer speziellen Weise, nämlich in Wellen vornehmen. So sollte der Coach dem Klienten auch empfehlen, seine *Veränderungsstrategie wellenförmig* zu *gestalten*:

Wellenförmige Veränderungsstrategie

- Nach einer *Phase der Eingewöhnung* von etwa 2 bis 4 Wochen
- kann er eine *erste Veränderungswelle* starten.
- Danach vertieft er das Wissen über die Organisation gezielt und verdichtet seine Beziehung zu den Mitarbeitern.
- Dann, nach 10 bis 12 Monaten, sollte die Führungskraft eine *zweite Welle* von Veränderungen starten, die jetzt allerdings tiefer greift und auch strukturelle Parameter umfasst.
- In einer *dritten Welle* der Veränderung werden nur noch kleine Korrekturen angebracht.

Diese Wellenstrategie hat etliche Vorteile gegenüber kontinuierlichen Veränderungen. Die Führungskraft kann jede Veränderungswelle mit dem Coach gut vor- und nachbereiten. Auf diese Weise können Veränderungen auch in Ruhe fundiert, Unterstützer gesucht und alle Veränderungen nachträglich evaluiert werden. Auf diese Weise kann man nicht nur ermitteln, welche Veränderungen erfolgreich sind und welche nicht, man kann auch feststellen, wie die Mitarbeiter insgesamt auf Veränderungen reagieren. Die Führungskraft kann im Idealfall mit der ersten Veränderungswelle frühe Erfolge verbuchen. Sie stärkt damit ihre Glaubwürdigkeit als neue Führungskraft in den Augen der Mitarbeiter. In der zweiten Welle können dagegen bei Bedarf fundamentalere Themen angegangen werden wie Korrekturen der Strategie oder der Struktur.

Dabei sollten Coach und Führungskraft genau sortieren, in welcher organisatorischen Situation das Wellenprogramm wann zu starten ist. Bei Start-Ups und Turnarounds sollte es früher aktiviert werden als bei Restrukturierungen oder gar bei der Fortführung einer erfolgreichen Organisation. Im Verlauf von Restrukturierungen sollte langsam vorgegangen werden, weil die Mitarbeiter ohnedies von den vielen Veränderungen erschöpft sind. Und bei der Fortführung einer erfolgreichen Strategie muss jede Korrektur „mit sanften Pfötchen“ vorbereitet und durchgeführt werden. Dabei hat der Coach den Klienten auch laufend in seiner Zielreflexion und Zielfindung zu unterstützen.

15.1.5 Welche Ziele soll die neue Führungskraft verfolgen?

Hierzu bietet sich eine *Übung* an – „*Meine Hinterlassenschaft*": Der Coach animiert die neue Führungskraft zu überlegen, was sie in der aktuellen Organisation einmal hinterlassen will. Anhand dieser Übung kann sie nämlich schon früh lernen, in ihrer neuen Position Prioritäten zu setzen. Das dient der Zielfindung. Dabei sollte sich die Führungskraft schon jetzt langfristig orientieren. Als Langfristziele kommen etwa in Frage eine zweistellige Umsatzsteigerung oder ein ganz erheblicher Qualitätszuwachs.

In manchen Fällen werden allerdings Ziele von der nächst höheren Hierarchie-Ebene vorgegeben. Dann ist es sinnvoll, dass die Führungskraft vom Coach vorbereitet wird, nicht etwa zu „bocken", sondern mit ihrem Chef Gespräche über diese Ziele zu führen, sie zu konkretisieren, zu operationalisieren und zu verdichten.

Wenn die Führungskraft ihre Ziele selbst entwickeln kann oder muss, sollte sie vom Coach unterstützt werden, diese Ziele sehr sorgsam zu sondieren: Es bietet sich zunächst an, sie aus den aktuell in der Organisation bestehenden Problemen abzuleiten. Dabei ist aber Vorsicht anzuraten, denn manche Komplikationen in Organisationen sind chronisch, und an ihnen haben sich vielleicht schon mehrere Führungskräfte die Zähne ausgebissen. Aus diesem Grund ist es wichtig, dass die Führungskraft animiert wird, vor jeder festlegenden Zielformulierung zu untersuchen, wie in der Vergangenheit mit diesem oder jenem Problem in der Organisation umgegangen worden ist. Gerade im Verlauf des ersten Jahres ist es nicht unbedingt ratsam, Schwierigkeiten anzugehen, die schon mehrere Vorgänger nicht bewältigen konnten. Bei der Entwicklung von Zielen sollte sich die Führungskraft auch nicht zu sehr festlegen, weil sie sonst ihre Bewegungsfreiheit unangemessen einschränkt.

Neben generellen Zielen für die Organisation ist es auch wichtig, Ziele für die Mitarbeiter zu entwickeln. Während es in den ersten 30 Tagen für die Führungskraft darum geht, sich kennen lernen zu lassen und sich in den Augen der Mitarbeiter als glaubwürdig zu erweisen, wird sie in den nachfolgenden 30 Tagen beginnen, die Mitarbeiter zu fordern. Das heißt, Veränderungsziele für sie zu entwickeln bzw. ihre eigenen zu diskutieren. Schon in den ersten Wochen sollte der Coach mit der Führungskraft für sämtliche Mitarbeiter eine grobe Einschätzung vornehmen, wer von ihnen wie zu fördern ist.

Manchmal ist es allerdings noch wichtiger, kollektive Phänomene, die verändert werden müssen, zu ermitteln. So zeigt sich vielleicht in einer Abteilung ein eklatantes Groupthink (*Janis* 1972), dass nämlich alle Mitarbeiter den Anspruch haben, immer das Gleiche zu denken und zu fühlen. Das wiederum führt zu „Reformstau" bzw. zu „Pfadabhängigkeit". Der Coach wird die Führungskraft nach einiger Zeit anregen, solche Phänomene zu beseitigen, indem er etwa bei Teamsitzungen Konflikte „stimuliert".

Konfliktstimulierung durch einen Advocatus Diaboli

Dies kann durch eine spezifische gruppale Anlage bei Meetings erfolgen, nämlich durch die Etablierung eines „*Advocatus Diaboli*". Diese Rolle, die dann von jedem Teammitglied einmal übernommen werden muss, besteht darin, dass eine Person im Sinne eines Rollenspiels notorisch eine gegenteilige Meinung zu der Mehrheit vertritt. Auf diese Weise lässt sich zuerst spielerisch, bald immer ernsthafter eine größere Meinungsvielfalt in einer Gruppe erzeugen.

Zur Analyse einer Teamsituation bietet es sich an, eine Reihe von Merkmalen zu untersuchen: Wie steht es mit der Disziplin, mit Innovationen, mit der Zusammenarbeit und mit der Verantwortung für interne wie externe Vorgänge? Je nachdem, wie die Führungskraft diese Aspekte beurteilt, sollte sie vom Coach unterstützt werden, sie nachzujustieren.

15.2 Die Planung früher Erfolge durch Gespräche

Einzelgespräche spielen nach der Übernahme einer neuen Position eine große Rolle, denn durch sie lassen sich besonders gut frühe Erfolge sichern. Sie werden idealerweise mit Mitarbeitern, mit Kollegen und mit dem Vorgesetzten geführt.

15.2.1 Gespräche mit Mitarbeitern

Einzelgespräche eröffnen vor allem für Seiteneinsteiger die Möglichkeit, dass sich jeder Mitarbeiter dem neuen Chef gegenüber gesondert präsentieren kann, aber auch er sich seinen neuen Mitarbeitern. Selbstverständlich hat auch dieses Vorgehen gewisse Nachteile, denn die Kollegen, die zuletzt an der Reihe sind, werden diejenigen, die vor ihnen dran waren, befragen, wie es denn mit dem neuen Chef so war, was er gesagt und gefragt hat. Für diese Gespräche sollte sich die Führungskraft sorgfältig vorbereiten, vor dem Treffen mit jedem einzelnen Mitarbeiter dessen Personalakte, Lebenslauf, Beurteilungen usw. studieren. Der Coach sollte mit dem Klienten ein kleines Drehbuch für die Einzelgespräche im Hinblick auf die Form und den Inhalt festlegen (vgl. *Watkins* 2007).

Empfehlungen für Einzelgespräche mit Mitarbeitern

Zur *äußeren Form* ist zu sagen, dass die Führungskraft die Mitarbeiter der Reihe nach in ihr Arbeitszimmer einlädt. Dabei sollte sie sich nicht hinter ihrem Schreibtisch verschanzen, sondern mit ihren Gesprächspartnern auf Stühlen oder Sesseln in einer Gesprächsecke so angeordnet sitzen, dass sich die Blicke von Führungskraft und Mitarbeiter kreuzen können. Bei der Reihenfolge der Mitarbeiter sollte sich die Führungskraft streng nach der Hierarchie richten, sich also von den Ranghöchsten zu den Rangniedrigsten vorarbeiten und Betriebs- bzw. Personalräte, Gleichstellungs-, Qualitäts-, Sicherheitsbeauftragte usw. nicht vergessen. Der *Gesprächsablauf* ist möglichst mit jedem Mitarbeiter gleich, aber doch lebendig zu gestalten:

- Die Führungskraft steigt zunächst mit einigen Sätzen zu ihrer eigenen Person und ihren Vorstellungen über ihre neue Position ein.
- Dann stellt sie einige Fragen zum sozialen Hintergrund des Mitarbeiters, seiner Familie und seinen Interessen.
- Sodann geht die Führungskraft zu einer festen Liste von Interviewfragen über.

Dabei stellt sie möglichst allen einige *grundlegende Fragen*, die sie natürlich je nach dem Organisationstyp, nach der Hierarchie-Ebene, nach der spezifischen Aufgabe, für die sie eingestellt ist, und nach dem Gesprächsverlauf variiert. Der Vorteil einer solchen „milden" Standardisierung besteht darin, dass die Führungskraft beim Vergleich der Antworten Aussagen darüber erhält, wer von ihren Mitarbeitern besonders offen ist und wer keine klaren Statements von sich gibt. Diese grundlegenden Fragen sind:

- Was ist die größte Herausforderung, vor der die Organisation in der nächsten Zeit steht?
- Warum handelt es sich gerade um diese Herausforderung?
- Was sind viel versprechende, aber noch nicht ausgeschöpfte Möglichkeiten?
- Was sollte getan werden, um diese Potenziale auszuschöpfen?
- Wenn der Mitarbeiter eine Führungsposition innehätte, was würde er tun?

Im Verlauf dieser Einzelgespräche kann sich auch der Chef jedem Einzelnen vorstellen, ihn speziell kennen lernen, gezielt auf ihn eingehen und dadurch eine erste Basis für seine sozio-emotionale Hausmacht schaffen. Auch auf diesen Aspekt sollte der Coach die Führungskraft vorbereiten. Die Mitarbeiter wird nämlich brennend interessieren, was für ein Mensch diese neue Chefin oder dieser neue Chef ist. Deshalb sollte die Führungskraft auf folgende *Fragen der Mitarbeiter* vorbereitet werden (vgl. *Fischer* 1999).

Mögliche Fragen der Mitarbeiter

- Wie lange wird die neue Führungskraft aller Voraussicht nach in der Organisation oder Abteilung bleiben? Lohnt sich das Einlassen auf sie überhaupt?
- Welche Ansprüche hat die neue Führungskraft an die Mitarbeiter? Wird sie engmaschig führen oder eher großzügig verfahren?
- Welchen privaten Hintergrund hat sie, was tut sie in ihrer Freizeit?
- Wie kam sie auf ihre Position? Welchen Karriereweg ist sie gegangen? Was hat sie bisher gemacht?
- Was hat sie vor, was will sie in der Organisation oder in der organisatorischen Einheit verändern?

Führungskräfte, die erstmalig eine Führungsposition übernehmen, müssen vom Coach für diese Gespräche auch methodisch gut vorbereitet werden.

Methodische Empfehlungen für die Einzelgespräche

- Die Führungskraft sollte prinzipiell Fragen vermeiden, die nur mit „Ja“ oder nur mit „Nein“ zu beantworten sind. Sie sollte sich schon vorher Fragen überlegen, zu deren Beantwortung die Mitarbeiter viel selbst sprechen können/müssen.
- Die Führungskraft wird auf ihre Fragen an die Mitarbeiter zunächst nur passiv zuhören. Wenn sie den Eindruck hat, dass sich der Mitarbeiter für eine Frage besonders engagiert, kann sie beginnen, „aktiv zuzuhören“, d.h. sie kann das Gehörte zusammenfassen und sich so vergewissern, ob sie ihren Gesprächspartner auch richtig verstanden hat. Das wirkt auf diesen immer als aufmerksame Zuwendung.
- Die Führungskraft muss sich innerlich prinzipiell auf Koalitionsangebote seitens der Mitarbeiter einstellen. Besonders wenn sich in einer Organisation zwei Parteien gebildet haben, die sich bekämpfen, wird sie von der einen wie der anderen Partei fast sofort als Koalitionspartner umworben. Statements über negatives Verhalten von Kollegen sollte sie nur mit „Aha“ beantworten und keinesfalls Partei ergreifen durch irgendwelche zustimmenden oder ablehnenden Äußerungen.

Im Verlauf dieser Gespräche wird die Führungskraft in direkter und in indirekter Weise Einiges über das Team, die informelle Dynamik und die politischen Prozesse erfahren. Dabei geht es nicht nur um inhaltliche Aussagen, sondern auch um die Art, wie ihr dies und das berichtet wird. Es ist sinnvoll, dass sich die Führungskraft jeweils nach Beendigung der Gespräche für sich selbst einige Notizen macht und dann bedeutsame Aspekte mit dem Coach bespricht.

Wenn die Führungskraft die Gespräche in der Zusammenschau mit dem Coach ausgewertet hat, ist es sinnvoll alle Mitarbeiter zusammen einzuladen und ihnen die ersten Eindrücke zu beschreiben. Ergänzend lassen sich im weiteren Verlauf auch einige weitere initiale Methoden nutzen:

Ergänzende Einstiegsmethoden nach den Erstgesprächen

(1) *Standardisierte Befragungen* zum Betriebsklima und zur Mitarbeiterzufriedenheit. Auf diese Weise erfährt die Führungskraft viel über die Kultur und Moral der Organisation oder der Abteilung. Solche Befragungen lassen sich regelmäßig durchführen und dann vergleichen. Wesentlich ist dabei allerdings, dass die Ergebnisse den Mitarbeitern hinterher zugänglich gemacht werden.
(2) *Fokusgruppen.* Die Führungskraft bittet Mitarbeiter einer Abteilung oder einer Funktionsgruppe zum Gespräch. Solche Maßnahmen dienen immer der Vertiefung von Themen, die bestimmte Gruppen betreffen. Anlässlich solcher Treffen kann die Führungskraft auch sehen, wie bestimmte Teams oder Gruppen miteinander kommunizieren bzw. zusammenarbeiten.
(3) *Analyse wichtiger Entscheidungen in der Vergangenheit.* Für hochrangige Manager, die viele strategische Entscheidungen zu treffen haben, ist diese Methode besonders sinnvoll. Führungskraft und Coach analysieren, wie und von wem eine Fehlentscheidung in der Vergangenheit getroffen wurde. Auf diese Weise lassen sich vor allem Phänomene von Pfadabhängigkeit ermitteln.
(4) *Prozessanalyse.* Hierbei untersuchen Coach und Klient, welche Handlungsmuster von welchen Personen in einer Organisation von einer Kundenanfrage bis zu deren Befriedigung üblich sind. Diese Maßnahme ist vor allem für Mittelmanager sinnvoll, denn sie zeigt, welche Prozessphänomene in der Organisation wie sinnvoll sind oder eben nicht.
(5) *Gemeinsame Besichtigung der Organisation.* Bei solchen Events ergibt sich regelmäßig ein informeller bereichsübergreifender Kontakt zwischen der Führungskraft und ihren Mitarbeitern. Auf diese Weise kann sie sich halbinformell kennen lernen lassen, aber auch Mitarbeiter in ihrem realen beruflichen Umfeld treffen.

Watkins (2007) macht darauf aufmerksam, dass Führungskräfte prinzipiell eine hohe Bedeutung für die Organisationskultur haben und dass sich besonders die ersten Begegnungen mit einer neuen Führungskraft oft zu Mythen verdichten. Um eine positive Mythologie zu entwickeln, empfiehlt er einer neuen Führungskraft, folgende Grundregeln für die Kommunikation mit den Mitarbeitern zu beachten:

Grundregeln für die Kommunikation mit den Mitarbeitern

- „*Seien Sie anspruchsvoll, aber lassen Sie sich zufrieden stellen.* Gute Führungskräfte verpflichten ihre Mitarbeiter auf realistische Ziele und überprüfen deren Einhaltung. Wenn sie jedoch nie zufrieden sind, demotivieren Sie Ihre Leute.
- *Seien Sie zugänglich, aber nicht kumpelhaft.* Zugänglich zu sein, bedeutet nicht, jedem jederzeit zur Verfügung zu stehen. Seien Sie offen, aber auf eine Art und Weise, mit der Sie Ihre Autorität wahren.
- *Seien Sie entschieden, aber nicht rechthaberisch.* Neue Führungskräfte müssen klar machen, dass sie in der Lage sind, das Ruder zu übernehmen, ohne zu schnell Entscheidungen zu treffen, die sie noch nicht überblicken können. Zu Beginn Ihrer Übergangsphase sollten Sie Entschiedenheit demonstrieren, aber mit wichtigen Entscheidungen warten, bis Sie genug wissen, um sie treffen zu können.
- *Seien Sie fokussiert, aber flexibel.* Vermeiden Sie es, andere abzuschrecken, indem Sie sich als unflexibel erweisen und andere Lösungsvorschläge von vornherein verwerfen. Gute Führungskräfte stellen ihre Autorität her, indem sie sich auf ein Thema fokussieren, aber Vorschläge und Meinungen einholen.
- *Werden Sie aktiv, aber verursachen Sie keinen Aufruhr.* Es ist eine Gratwanderung zwischen der Entwicklung einer starken positiven Dynamik und der Überforderung Ihres Teams oder Ihrer Einheit. Packen Sie Dinge an, aber vermeiden Sie es, Ihre Leute zum Burnout zu treiben.
- *Seien Sie bereit, unangenehme Entscheidungen zu treffen, aber bleiben Sie menschlich.* Möglicherweise sind Sie gezwungen, früh unangenehme Entscheidungen zu treffen und schwache Mitarbeiter im Team auszutauschen. Gute Führungskräfte tun, was getan werden muss, doch sie bleiben fair und respektieren die Würde ihrer Mitarbeiter.“ (*Watkins* 2007: 91 f.)

15.2.2 Gespräche mit Kollegen

Gespräche mit Kollegen sind wichtig, weil die Führungskraft auf diesem Weg die meisten Informationen über informelle Phänomene in der Organisation erhält. Der Coach sollte die Führungskraft animieren, an möglichst allen Treffen auf gleicher hierarchischer Ebene teilzunehmen. Das ist je nachdem, wie sie rekrutiert wurde, wichtig für ihre eigene Platzierung, aber auch im Hinblick auf die Vorgängersituation.

Kaminaufsteiger sind meistens zunächst etwas ängstlich, jetzt mit den Personen, die früher auf der Ebene ihrer Vorgesetzten waren, auf Augenhöhe zu diskutieren. Für ihren Rollenwechsel ist dies aber von besonderer Bedeutung. In der Interaktion mit ihren neuen Kollegen können sie sich nämlich orientieren und mehr Verhaltenssicherheit erwerben. Für Seiteneinsteiger erhalten Kollegentreffen eine enorme Bedeutung, denn dabei können sie besonders viel über die Organisation, über die jeweiligen Besonderheiten des Systems und vor allem über ihre Vorgesetzten erfahren. Bei solchen Gelegenheiten erhalten sie auch oft ungefragt Informationen über ihre Vorgänger.

Der Coach sollte aber die Führungskraft darauf vorbereiten, dass sie es hier mit einer Gruppendynamik zu tun hat, die sich in einem je unterschiedlichen Stadium befindet und die je nach der organisatorischen Situation und der Organisationskultur mit mehr oder weniger Konkurrenz beladen ist. Der *Gruppenprozess*, auch einer Arbeitsgruppe von Hierarchiegleichen, lässt sich in vier Phasen differenzieren (*Tuckmann* 1965): „*Forming, storming, norming, performing*".

Phasen des Gruppenprozesses

(1) Die *Formierungsphase* ist die Phase des Kennenlernens. Die Gruppenmitglieder prüfen einander auf Gemeinsamkeiten und Unterschiede, auf Sympathie und Antipathie. Die Unsicherheit ist groß. Eine erste Orientierung darüber, was möglich ist und was nicht, beginnt sich zu entwickeln.
(2) In der *Sturmphase* treten die Mitglieder aus ihrer Reserve, stellen Unterschiede heraus, melden Dominanzansprüche an und suchen nach Koalitionspartnern. Dieses Stadium führt oft zur Spaltung der Gruppe in zwei Lager.
(3) Wenn sich die informellen Positionen zu festigen beginnen, tritt die Gruppe in die *Normierungsphase* ein. Harmonie und Streben nach Konformität treten in den Vordergrund. Es besteht weitgehend Einigkeit, wer welche informelle Rolle innehat und welche Erwartungen dabei zu erfüllen sind.
(4) In der *Reifephase* konzentriert sich die Gruppe schließlich auf der Basis ihrer formalen und informellen Rollen auf gemeinsame Ziele. Die Interaktionen laufen routinemäßig ab nach den zwischenzeitlich eingeschliffenen Mustern.

Wenn die Situation im Kollegenkreis sehr harmonisch ist, könnte das ein Indikator dafür sein, dass die Gruppe schon lange zusammen, also bereits in die Reifephase eingetreten ist. Es kann aber auch ein Indikator für eine organisationskulturell bedingte Konfliktängstlichkeit sein, was beispielsweise in Familienbetrieben gar nicht selten ist. Wenn die neue Führungskraft den Kollegenkreis dagegen sehr kontrovers erlebt, kann dies ein Zeichen sein für die gruppale Sturmphase oder auch ein Zeichen für eine turbulente Mikropolitik in dieser Abteilung oder sogar in der gesamten Organisation.

Der Coach sollte jedenfalls mit seinem Klienten schon nach dem ersten Kollegenmeeting ausführlich rekonstruieren, wie wer was kommuniziert hat. Daraus lassen sich sehr wichtige Hinweise ableiten, wer von den neuen Kollegen in welchem Sinne hilfreich ist oder in Zukunft sein könnte. Die neue Führungskraft sollte sich aber auf jeden Fall hüten, sofort in eine Koalition mit einem Flügel einzutreten.

15.2.3 Gespräche mit dem Vorgesetzten

Ganz besonders wichtig sind aber Gespräche mit dem Vorgesetzten. Diese sollte der Coach mit dem Klienten besonders sorgfältig vorbereiten.

Fallbeispiel: Die neue Führungskraft lernt ihren Chef richtig zu „nutzen"

Vor einigen Jahren schickte mir ein CEO einen seiner hochrangigen Manager ins Coaching: Seine Kommunikationsfähigkeit sei zu schwach, er produziere laufend Konflikte, der Mann solle sich „besser abschleifen". Nach einer ausführlichen Rekonstruktion stellte sich heraus, dass dieser Mitarbeiter, ein Mathematiker mit jahrelanger Erfahrung für Internetbelange in anderen Firmen, in der neuen Firma, der er erst seit einem Jahr angehörte, das Intranet homogenisieren sollte. Im Verlauf der letzten 20 Jahre hatte, was in vielen Firmen üblich ist, jede Abteilung ihr eigenes System entwickelt. Und alle diese Systeme waren natürlich in keiner Weise untereinander kompatibel, weil jeder (schon aus Prestigegründen) auf sein eigenes System „schwor". Trotz der Anweisungen des CEO, die Systeme zu homogenisieren, die an alle Abteilungen erging, begegneten dem Mathematiker bei seinen Versuchen, mit den jeweils Zuständigen ins Gespräch zu kommen, turbulente Widerstände, die sich teils offen, teils verdeckt äußerten.

Im Verlauf aller seiner Anstrengungen für ein neues Internetsystem zu werben, hatten sich aber nun die Mitarbeiter seiner Abteilung hinter seinem Rücken gegen ihn verbündet. Besonders einer, der sich auch auf seine Stelle beworben hatte, intrigierte heftig gegen ihn. Er sei zu wenig ansprechbar für seine Mitarbeiter, sie fühlten sich gegenüber anderen Abteilungen im Nachteil, weil er zu selten Teamsitzungen abhielt usw. Sie beschwerten sich dann zu dritt bei dem Personalchef über ihn. Dieser berichtete daraufhin dem CEO, dass der Mathematiker zu „kommunikationsschwach" sei – und der CEO veranlasste das Coaching. Die Rekonstruktion ergab außerdem, dass der Mathematiker zwar eigens vom CEO ausgewählt worden war, mit ihm aber seit dieser Zeit kein Vier-Augen-Gespräch mehr geführt hatte. „Ja, was soll ich denn noch alles machen, mit wem soll ich denn noch alles quatschen?", empörte er sich.

Jetzt zählten wir die „Baustellen", die der Klient aktuell zu bewältigen hatte: Da bestand zum einen das Problem mit seinen Mitarbeitern, die sich vernachlässigt fühlten. Das konnte er, nach sorgfältiger Vorbereitung im Coaching, durch einige Meetings mit der gesamten Mannschaft und vor allem durch Einzelgespräche mit den Hauptakteuren in den Griff bekommen. Da bestand andererseits das Problem, dass er fachlich mit der Homogenisierung des Intranet nicht vorwärts kam. Und als dritte „Baustelle" fühlte sich anscheinend auch der CEO „abgehängt". „Das ist doch eigentlich albern", meinte der Klient. „Der braucht mich doch nur zu Gesprächen einzuladen." Ich warf spaßeshalber ein: „Der Löwe kommt nicht zur Maus, die muss schon selber zum Löwen kommen."

Als Fazit bereiteten wir jetzt Gespräche mit dem CEO vor. Ziele waren dabei, dass sich der Mathematiker noch einmal sehr dynamisch des Einverständnisses des CEOs für seine Aktivitäten vergewissern sollte, damit dieser mit noch mehr Nachdruck als bisher von allen Abteilungsleitern ein Entgegenkommen für die Homogenisierung einfordern sollte. Und dazu schien der CEO auf einer zwischenmenschlichen Ebene wohl nur dann bereit zu sein, wenn der Mathematiker zu ihm einen engeren Kontakt aufrechterhielt. Und genau das tat er dann in den kommenden Wochen. „Ich berichte jetzt engmaschig", meinte er. „Das gefällt ihm. Bei den großen Meetings spricht er jetzt tatsächlich immer wieder das Thema an, dass die Homogenisierung vorwärts kommen muss. Ich erlebe von seiner Seite viel mehr Interesse an Einzelheiten meiner Arbeit. Und von den Abteilungsleitern erlebe ich weitaus weniger Widerstand." Das heißt, er konnte jetzt seine Funktion überhaupt erst richtig wahrnehmen, seit er einen sehr engen Kontakt zum CEO aufgebaut hatte und auch offensiv pflegte.

Viele Führungskräfte meinen, Gespräche mit ihren Vorgesetzten seien gar nicht nötig, sie wüssten schon, was zu tun wäre. Oder sie denken: „Wenn die da oben etwas wollen, sollen sie eben Bescheid sagen." Das heißt, sie verlegen sich aufs Reagieren und handeln nicht pro-aktiv. Selbst initiierte *Gespräche mit dem Vorgesetzten* sind aber gerade in der Anfangszeit von zentraler Bedeutung. Der

Coach sollte die neu ernannte Führungskraft unterstützen und ermutigen, von Anfang an laufend Gespräche mit ihrem Vorgesetzten zu planen. Dabei ist allerdings zu bedenken, dass die Bedeutung solcher Gespräche mit der Hierarchie-Ebene abnimmt. Anders gesagt, je höher eine Führungskraft angesiedelt ist, desto autonomer kann sie selbstverständlich agieren. Das heißt umgekehrt, je niedriger die Führungskraft in der Hierarchie steht, desto wichtiger sind Gespräche mit dem Vorgesetzten, vor allem selbst initiierte Gespräche. Ein Mittelmanager etwa muss sich für die Erledigung vieler Aufgaben von seinem Vorgesetzten geradezu „Autorität leihen".

Je nachdem auch, welchen Auftrag eine Führungskraft in einer Firma übernommen hat, benötigt sie mehr oder weniger die Unterstützung ihres Vorgesetzten. Wie obiges Beispiel zeigt, ist selbst eine hochrangige Führungskraft der zweiten Hierarchie-Ebene bei Restrukturierungen dringend auf einen Vorgesetzten angewiesen. Wenn sie den Erfolg eines Systems stabilisieren soll, braucht sie aber auch den Vorgesetzten, um Fehler zu vermeiden und alle relevanten Vorgänge kennen zu lernen. Auch wenn sie eine neue Abteilung ins Leben rufen soll, benötigt sie vom Chef die entsprechenden Ressourcen. Und im Falle einer Sanierung kann der Vorgesetzte von größter Bedeutung sein, um der Führungskraft den Rücken zu stärken, falls sie unpopuläre Entscheidungen treffen muss.

Für Gespräche mit dem Vorgesetzten muss der Coach zunächst klar machen, was eine neue Führungskraft in der Interaktion mit dem Chef vermeiden sollte.

Gespräche mit dem Vorgesetzten – zu vermeidende Aspekte

- Die Führungskraft sollte möglichst nicht schlecht reden über das, was sie vorgefunden hat. Das wird den Vorgesetzten nur verärgern, denn die Missstände lagen ja bisher auch in seinem Einflussbereich.
- Der Vorgesetzte sollte keinesfalls mit Problemen zugeschüttet werden. Als Faustregel für die Gespräche gilt: Erst nach zwei positiven Themen ist ein Problem zu behandeln.
- Die Führungskraft sollte nicht versuchen, ihren Chef zu verändern. Nichtsdestoweniger kann sie versuchen, ihn zu beeinflussen, sollte dabei aber, wie ich noch darlegen werde, einige Besonderheiten berücksichtigen.

Watkins (2007) empfiehlt, am Anfang fünf verschiedene *Typen von Gesprächen* mit dem Vorgesetzten zu planen und vorzubereiten:

(1) Analyse der unternehmerischen Situation

Ein möglichst frühes Gespräch sollte sich mit *der Analyse der unternehmerischen Situation* der Organisation befassen. Dabei kann die Führungskraft in Erfahrung bringen, wie ihr neuer Chef die aktuelle Lage beurteilt. Meint er, dass restrukturiert werden soll oder dass die derzeitige Situation stabilisiert werden muss usw.? Bei solchen Gesprächen kann die Führungskraft auch erfahren, wie sich das System bis heute entwickelt hat und welche Herausforderungen nach Meinung des Vorgesetzten jetzt anstehen. Außerdem kann die Führungskraft durch Gespräche über ihre eigene Sicht der unternehmerischen Situation diese mit den Perspektiven des Vorgesetzten abgleichen. Je nach der unternehmerischen Situation benötigt die Führungskraft auch seitens des Vorgesetzten eine unterschiedliche Rollendefinition: Bei einem Start-Up fungiert er als Ressourcenbeschaffer. Bei einer Sanierung benötigt die Führungskraft Unterstützung für ihre Konzepte der Neuorganisation und Unterstützung für die Umsetzung. Auch bei einer Restrukturierung und bei Fortführung einer erfolgreichen Organisation benötigt die Führungskraft vom Vorgesetzten kontinuierliche Unterstützung sowie Feedback für entsprechende Korrekturen.

(2) Erwartungen

Ein weiteres Gespräch sollte sich mit den *Erwartungen* befassen, die der Vorgesetzte an die neue Führungskraft hat, diese aber auch an den Vorgesetzten (*Fischer* 1999). Hier ist von zentraler Bedeutung, dass die Führungskraft in Erfahrung bringt, was der Vorgesetzte kurz-, mittel- und langfristig von ihr erwartet. Was wird als Erfolg, was als „gute" Leistung gewertet? Die eigenen Erwartungen sollte die Führungskraft allerdings der aktuellen Situation des Systems anpassen. Dabei ist zentral, dass die Führungskraft in Erfahrung bringt, was ihrem Chef besonders wichtig ist, welchen Zielen er Priorität beimisst. Im Zuge des Abgleichs von Erwartungen sollte die Führungskraft auch in Erfahrung zu bringen versuchen, was für ihren Chef Tabuthemen sind oder was nicht verändert werden darf. Dabei kann es sich um Produkte oder Prozesse handeln. Manchmal sind auch bestimmte Personen „heilig gesprochen", d.h. deren Verhalten oder Arbeitsstil darf nicht kritisiert werden. Um solche Phänomene zu ermitteln, sollte die Führungskraft neben inhaltlichen Äußerungen auch sehr sorgfältig auf Mimik und Gestik des Chefs achten. Die Führungskraft ist übrigens auch vom Coach dafür zu briefen, dass sie möglichst keine Versprechungen abgibt. Denn wenn diese nicht zu halten sind, bereitet sie dem Vorsetzten nur unnötige Enttäuschungen.

(3) Der gewünschte Arbeitsstil

Der vom *Chef gewünschte Arbeitsstil* sollte in einem weiteren Gespräch verhandelt werden. Im Prinzip geht es darum, dass die Führungskraft herausfindet, wie ihr Chef kommunizieren will, ob er das direkte Gespräch oder Telefonate, E-Mails oder Voice-Mails bevorzugt. Hier geht es auch darum, wie häufig und zu welchen Themen oder Entscheidungen der Vorgesetzte eine Kommunikation wünscht. Dabei kann die Führungskraft auch ermitteln, wie sich ihre eigene Arbeitsweise von der ihres Chefs unterscheidet. Das bedeutet, die Führungskraft muss den Arbeitsstil ihres Vorgesetzten kennen lernen. Profitiert der Vorgesetzte von Diskussionen mit Experten oder studiert er lieber ausführliche Berichte „im stillen Kämmerchen"? Möchte der Chef engmaschig über die Aufgabenerledigung der Führungskraft informiert werden oder reichen ihm Berichte in großen Abständen? Manche dieser Informationen wird die Führungskraft nur herausfinden, wenn sie das Verhalten ihres Chefs gegenüber ihren Kollegen beobachtet, oder aus Berichten ihrer Kollegen. Der Coach sollte mit der Führungskraft immer wieder thematisieren, wie sie sich mit ihrem eigenen Arbeitsstil auf ihren Chef einstellen kann. Natürlich ist sie auf Dauer zur Anpassung gezwungen, jede derartige Beziehung enthält aber Spielräume, die von der Führungskraft in der einen oder anderen Weise zu nutzen sind. Wenn sich hierbei allerdings Konflikte abzeichnen, sollte der Coach die Führungskraft darauf vorbereiten, diese möglichst schnell mit ihrem Vorgesetzten anzusprechen und zu bereinigen.

(4) Ressourcen

Gespräche über *Ressourcen* fallen kontinuierlich an. Wenn die Führungskraft für ein Start-Up engagiert ist, muss sie besonders oft über finanzielle und personelle Ressourcen verhandeln. Hier geht es aber auch darum, was die Führungskraft insgesamt braucht, um erfolgreich arbeiten zu können. Bei Sanierungsfällen benötigt sie prinzipiell die Rückendeckung vom Vorgesetzten, um auch harte Entscheidungen treffen zu können. Und bei Restrukturierungen muss sich die Führungskraft, wie das obige Beispiel zeigt, sogar „Autorität leihen" von ihrem Vorgesetzten, um die oft ungeliebten Veränderungen durchzusetzen. Aber auch bei der Stabilisierung des Erfolgs einer Organisation benötigt die Führungskraft laufend Unterstützung für zumindest kleine Korrekturen, damit die Organisation nicht unnötig erstarrt. Für ihre Ressourcenverhandlungen mit dem

Vorgesetzten sollte sich die Führungskraft allerdings besonders gut vorbereiten und wenn nötig, sich auch mit Zahlen „munitionieren". Der Erfolg der Verhandlungen über Ressourcen hängt in hohem Maße davon ab, wie gut die Führungskraft die Interessen des Vorgesetzten „bedient". Deshalb ist es gerade vor solchen Verhandlungen wichtig, dass der Coach die Führungskraft animiert, die Vorlieben und Abneigungen des Vorgesetzten im Hinblick auf diese oder jene Projekte herauszufinden.

(5) Weitere berufliche Entwicklung

Und wenn die Führungskraft zu ihrem Vorgesetzten schon eine vertrauensvolle Beziehung aufbauen konnte, sollte der Coach mit der Führungskraft Gespräche vorbereiten über ihre weitere *berufliche Entwicklung* in der Organisation. Gibt es vielleicht besondere Aufgaben oder besondere Projekte, die von der Führungskraft übernommen werden sollten? Welche Fortbildungsmaßnahmen wären sinnvoll? Es hat sich bewährt, wenn neue Führungskräfte immer wieder von ihren Vorgesetzten Feedback erbitten, d.h. ihre Stärken und Schwächen beurteilen lassen.

In vielen Organisationen bestehen heute *Doppelspitzen*, wo eine Führungskraft wie etwa in Matrixorganisationen zwei formal gleichgestellte Vorgesetzte hat. In solchen Fällen sollten Coach und Klient herauszufinden suchen, welcher Vorgesetzte zu welchen Themen besonders relevant ist, an wen sich die neue Führungskraft mit welcher Fragestellung sinnvollerweise wendet. Eine derartige Situation bedarf einer besonders sorgfältigen Gesprächsvorbereitung, denn hier besteht immer die Gefahr, dass die neue Führungskraft in unproduktiven Interaktionskonflikten bzw. Triangulationen zerrieben wird (*Schreyögg* 2005 a).

Führungskräfte finden oft auch Situationen vor, wo von ihnen wie selbstverständlich erwartet wird, dass sie ihre Vorgesetzten „führen". So müssen Geschäftsführer von Vereinen und Verbänden regelmäßig ihre ehrenamtlichen Vorgesetzten auf unterschiedliche Weise beeinflussen, dass diese überhaupt ihres Amtes walten können (*Schreyögg* 2002). Und bei der Beeinflussung des Chefs, nämlich bei der *„Führung von unten"* (*Wunderer* 1999), sind drei Aspekte von zentraler Bedeutung, die auch empirisch umfassend untersucht wurden:

Aspekte einer „Führung von unten"

(1) In Gespräche mit dem Vorgesetzten sollte eine Führungskraft *niemals unvorbereitet* eintreten. Das heißt, sie muss sich inhaltlich möglichst perfekt vorbereiten.
(2) Von großer Bedeutung ist auch ein *„social-emotional factor"*, d.h. der emotionale Bezug, den der Vorgesetzte gegenüber dem Mitarbeiter fühlt, und umgekehrt, wie der Vorgesetzte das Verhältnis des Mitarbeiters zu ihm wahrnimmt. Das bedeutet, dass sich ein Vorgesetzter nur dann beeinflussen lässt, wenn er den Eindruck hat, dass der Mitarbeiter ihn als Menschen erfasst und akzeptiert.
(3) Als dritten Faktor hat die empirische Forschung *„coalition"* herausgestellt. Dabei handelt es sich um die Frage, ob die Person, die ihren Chef beeinflussen will, denkt oder sogar weiß, dass auch andere auf ihrer hierarchischen Ebene ihre Meinung teilen.

Bei der Vorbereitung konkreter Gespräche im Sinne der *„Führung von unten"* gehe ich folgendermaßen vor:

Vorbereitung der Gespräche mit dem Vorgesetzten

- In einem ersten Schritt bitte ich die Führungskraft das, was sie ihrem Chef inhaltlich vermitteln möchte, möglichst präzise zu planen, am besten zu Hause auf einem Blatt zu notieren und gut zu strukturieren bzw. zu gliedern. In einer nachfolgenden Stunde soll die Führungskraft dies kurz vortragen und darauf im Rollentausch mit ihrem Chef erkunden, ob das Anliegen ankam. Wenn das nicht der Fall ist, wird im imaginativen Rollenspiel eine bessere Alternative gesucht.
- Zur Ermittlung des *„social-emotional-factors"* soll die Führungskraft ihren Vorgesetzten auf einem leeren Stuhl, den ich ihr gegenüber aufstelle, imaginieren. Sie soll den imaginierten Chef möglichst detailgenau beschreiben und dann berichten, wie sie dem Chef gegenüber fühlt, welche emotionalen Bereitschaften der Chef in ihr aktiviert.
- Wenn der Klient unangenehme Gefühle oder vielleicht nur Ambivalenzen dem Chef gegenüber berichtet, greife ich diese Gefühle als Indikatoren für eine zumindest subtile Dissonanz auf, die der weiteren Bearbeitung bedarf.
- Jetzt bitte ich den Klienten nachzuspüren, was sein Unbehagen auslöst, ob es eine Erfahrung mit dem Chef selbst war oder ob ihn der Chef an eine andere Autorität erinnert. Häufig aktivieren nämlich Vorgesetzte Übertragun-

gen auf den Vater, auf einen älteren Bruder, einen strengen Onkel oder auf eine andere früher erlebte Autorität.

- Wenn es sich um eine solche „Verwechslung" (*Richter* 1969) etwa mit einem strengen Onkel handelt, stelle ich neben den ersten Stuhl einen zweiten und bitte nun, darauf den Onkel zu imaginieren.
- Dann bitte ich den Klienten zu überlegen und vor allem gefühlsmäßig nachzuspüren, worin sich die beiden auf den leeren Stühlen gleichen, und worin sie sich unterscheiden. Das bezeichne ich als „Entwechslung".
- Der Effekt dieser Übung besteht häufig darin, dass der Klient seine projektiven Überlagerungen erkennt und seinen Vorgesetzten jetzt noch einmal neu wahrnimmt, ihm weniger ambivalent begegnen kann, woraufhin meistens auf geheimnisvolle Weise auch der Vorgesetzte entspannter agiert und sich vom Mitarbeiter etwas sagen lässt.
- Als weiteren Schritt ermuntere ich den Klienten zu überlegen, welche seiner Kollegen auf gleicher hierarchischer Ebene welche Haltung dem Vorgesetzten gegenüber haben.
- Dabei bitte ich den Klienten, auf einem leeren Stuhl einen Rollentausch vorzunehmen mit einem Kollegen, der mit dem Chef besonders gut kooperieren kann, und danach mit einem, der besonders schlecht zu ihm steht.
- Jetzt lasse ich die Führungskraft aus der Distanz sich und die anderen ansehen und erfassen, was im System geschieht, wenn sie jetzt gut mit dem Vorgesetzten kommunizieren und kooperieren kann.

Auf diese Weise habe ich gerade neu ernannten Führungskräften schon häufig Unterstützung geben können, wie sie ihre Vorgesetzten in ihrem Sinne beeinflussen können.

Manche Führungskräfte neigen allerdings dazu, Gespräche mit dem Vorgesetzten zu vermeiden aus Sorge, dass sie sich unangemessen anbiedern müssen. Dieses äußerst wichtige Thema bearbeite ich in der Weise, dass ich mit der Führungskraft so lange das oben beschriebene imaginative Rollenspiel durchführe, bis der Klient eine für ihn akzeptable Form gefunden zu haben glaubt. Der Maßstab für die Führungskraft sollte sein: „Bleibe ich mir treu, kann ich in den Spiegel schauen und mich akzeptieren?" Bei der Vorbereitung solcher Gesprächssequenzen geht es prinzipiell darum, dass die Führungskraft aus ihrem gesamten Handlungsrepertoire die Muster aktiviert, die ihr für die aktuellen Gespräche mit dem Vorgesetzten angemessen erscheinen. Es kann also nicht darum gehen, sich in irgendeiner Weise zu verbiegen oder anzubiedern.

16. Kapitel

Themenkreis III: Aufbau der „richtigen“ Organisationsarchitektur und des „richtigen“ Teams

Eine wesentliche Aufgabe einer neuen Führungskraft besteht im Aufbau der „richtigen“ Organisationsarchitektur und des „richtigen“ Teams. Der Coach sollte deshalb Unterstützung geben, dass die organisatorischen Rahmenbedingungen und die personelle Zusammensetzung die Realisierung der Organisationsziele überhaupt möglich machen. Das ist oft eine besonders schwierige Aufgabe für neu Ernannte, bei der sie sich gerne unterstützen lassen.

Für diesen Themenbereich sind *formale Konstituenten der Organisation* und der jeweilige *Organisationstyp* von besonderer Bedeutung. Führungskräfte auf unteren Hierarchie-Ebenen können selten auf die Organisationsarchitektur einen umfassenden Einfluss nehmen. Es ist auch keineswegs immer möglich, dass sie „ihr“ Team zusammenstellen oder es ihren Vorstellungen entsprechend verändern können. Das gilt ebenso für den Organisationstyp der Behörden und in vielen Fällen auch für soziale Dienstleistungssysteme. Diese Unveränderbarkeit finden wir vor allem in Milieus, wo Verbeamtungen üblich sind und in denen dann fixe Stellenpläne die Gestaltungsmöglichkeiten der jeweiligen Führungskraft erheblich einschränken. Hier muss sich die neue Führungskraft meistens in eine vorhandene Organisationsarchitektur und Personalsituation integrieren. In vielen solchen Milieus wird ihr aber neuerdings eingeräumt, dass sie an der Personalauswahl ihrer Abteilung beteiligt ist oder wenigstens vorher konsultiert wird. So ist es in manchen Schulaufsichtsbehörden schon üblich, dass Schulleiter an der Auswahl von Lehrkräften beteiligt werden. Für eine neu ernannte Führungskraft ist es in solchen Kontexten aber immerhin tröstlich, dass sie sich mit jedem neuen Mitarbeiter, der schon von ihr ausgesucht wurde, „ihr“ Team aufbauen kann.

Trotz solcher Einschränkungen sollte der Coach die neue Führungskraft ermuntern, die Organisationsarchitektur zu analysieren und ihr Team ausführlich in Augenschein zu nehmen. Viele Führungskräfte neigen nämlich dazu, Konflikte zu personalisieren bzw. zu individualisieren. Sie verdächtigen dann einzelne Personen, ihre Aufgaben zu vernachlässigen, streitssüchtig zu sein oder andere unangenehme Eigenschaften aufzuweisen. Dabei entgeht ihnen, dass die Konflikte strukturell verursacht sind, z.B. durch unzureichende Kompetenzabgrenzungen, durch unpassende Anreizsysteme oder vielleicht sogar durch eine generell ungenügende Strukturierung. Dann kann sie immerhin die Konflikte mit den Beteiligten kompetenter angehen. Im Übrigen hat eine neue Führungskraft auch in stark formalisierten Situationen meistens die Möglichkeit, die „richtige" Frau und den „richtigen" Mann mit einer „passenden" Aufgabe zu betrauen.

Konflikte, die primär durch die Organisationsarchitektur verursacht sind, finden wir heute auch in vielen Unternehmen, die sich ausschließlich auf Projektarbeit berufen oder in denen eine organisatorische Matrix etabliert wurde. In vielen anderen Fällen aber hat sich beispielsweise eine Organisation aufgrund ihres Erfolgs vergrößert, weshalb dann eine ursprünglich sinnvolle Struktur nicht mehr passend ist.

16.1 Aufbau der „richtigen" Organisationsarchitektur

Fallbeispiel: Eine neue Führungskraft möchte die Organisationsarchitektur verändern

Michael Watkins (2007: 124 f.) berichtet dazu folgende Situation: „Hannah Jaffay, eine ehemalige Personalberaterin, übernahm die Position des Vice President (Stellvertreters) in der Personalabteilung eines großen Finanzdienstleisters. Im Unternehmen waren die internen Konflikte derart ausgeufert, dass einige der Topmanager kaum noch miteinander sprachen. Hannahs Aufgabe bestand darin, den Präsidenten bei personellen Veränderungen zu unterstützen und die Situation wieder zum Besseren zu wenden.

Hannah stellte bald fest, dass auch die Struktur und das Anreizsystem des Unternehmens einer gründlichen Überholung bedurften. Der Finanzdienstleister war in den Vorjahren heftig gewachsen, und die Führung hatte neue Produkte in getrennten Abteilungen angesiedelt. Nach einigen Verschiebungen im Markt gab es für verschiedene Produkte plötzlich gemeinsame Zielgruppen und Kunden, doch die Abteilungen hatten keinerlei Anreiz, miteinander zu kooperieren. Im Gegenteil, es entbrannte ein heftiger interner Konkurrenzkampf um Kunden, und das Ergebnis waren verwirrte und unzufriedene Verbraucher. Hannah war überzeugt, dass das Unternehmen eine gründliche Umstrukturierung nötig hatte, und legte dem Firmenpräsidenten ihre Ansichten dar. Der blieb jedoch bei seiner Auffassung, die Leute seien das Problem. Die Organisationsstruktur habe in der Vergangenheit gute Dienste geleistet, erklärte er Hannah, und wenn die richtigen Leute auf den richtigen Positionen säßen, dann würde sie auch weiter funktionieren.

Doch Hannah blieb hartnäckig. Sie machte ihn auf Situationen aufmerksam, in denen schlecht koordinierte Leistungsanreize für unnötige Reibungen sorgten. Sie sammelte Daten darüber, wie sich andere Unternehmen aufgestellt hatten, um mit denselben Aufgaben umzugehen. Es dauerte eine Weile, doch schließlich hatte Hannah ihren Vorgesetzten überzeugt, dass das Unternehmen nicht nur personelle, sondern auch strukturelle Veränderungen nötig hatte.

In den kommenden Monaten verlagerte der Dienstleister den Fokus der Marketing- und Verkaufsabteilungen von den Produkten auf die Kunden und legte operative Abteilungen zusammen, um alle Produkte gleichermaßen zu betreuen. Außerdem tauschte der Präsident den Leiter der Verkaufsabteilung aus. Die Restrukturierung war ein voller Erfolg. Nach nur einem Jahr funktionierte der Finanzdienstleister wieder reibungslos, die Kunden waren wieder zufrieden, und der Umsatz stieg um 15 Prozent."

Selbst wenn es nicht in der Verfügungsgewalt einer Führungskraft steht, umfassende Reorganisationen einzuleiten, sollte sie wachsam sein im Hinblick auf strukturelle Phänomene. Wenn sie dysfunktionale Erscheinungen beobachtet, ist es wahrscheinlich sinnvoll, diese mit ihrem Vorgesetzten zu besprechen, ihn jedenfalls auf problematische Phänomene aufmerksam zu machen. Der Coach unterstützt dann die Führungskraft, den gesamten Aufbau einer Organisation zu analysieren und ihrer Position entsprechende Korrekturen zu planen und durchzuführen. In einem ersten Schritt sollte die Strategie untersucht werden, danach die Struktur, daran anschließend die Ablaufprozesse und schließlich die organisatorischen Kompetenzen.

(1) Die Strategie

Reflexionen über die *Strategie* eines Systems sind von großer Bedeutung, weil strategische Parameter den grundlegenden Orientierungsrahmen für alle Entscheidungen darstellen, die in der Organisation getroffen werden. Die Strategie basiert auf der strategischen Planung, d.h. hierbei handelt es sich um eine zentrale Managementfunktion, die einer Organisation überhaupt erst ihre eigentliche „Kontur" verleiht. Nun wird die strategische Planung nicht etwa alle paar Jahre oder anlässlich von Krisen vorgenommen. Heute versteht man strategische Planung als einen kontinuierlichen Prozess, um ein System grundsätzlich lebensfähig zu erhalten (*Schreyögg, G. & Koch* 2007).

Die Strategie legt die Präferenzen der Organisation fest. Bei ihrer strategischen Analyse fragen Coach und Klient nach Kunden, Kapital, Qualifikationen und Verpflichtungen. Im Hinblick auf die Kunden ist relevant, wer überhaupt bedient werden soll: Auf welche Zielgruppe richten sich die Aktivitäten, welche Märkte sollen abgedeckt werden, welche nicht? In Bezug auf das Kapital ist zu überlegen: Welche finanziellen Ressourcen sind vorhanden, welche sind bei einer Korrektur von Zielen notwendig? Die Qualifikationen eines Systems sind die Basis, auf der sich Ziele realisieren lassen. Wenn etwa ein neuer Heimleiter in ein Altenheim eintritt, ist natürlich von Belang, über welche Qualifikationen die Mitarbeiter bisher verfügen und welche personellen Möglichkeiten aufgestockt werden müssten, um eine zahlungskräftigere Klientel als Kunden zu gewinnen. Darüber hinaus ist zu untersuchen, welche Verpflichtungen etwa aus Bankkrediten bestehen, welche neu einzugehen sind oder welche man ablösen könnte.

Wenn wesentliche strategische Parameter ermittelt sind, geht es daran, sie zu bewerten. Passen etwa strategische Überlegungen im Hinblick auf eine anspruchsvolle Klientel überhaupt mit den geringen finanziellen Ressourcen zusammen? Oder wenn die Führungskraft den Eindruck hat, dass die bisherige Strategie nicht mit der Qualifikation der Mitarbeiter kompatibel ist, sollte sie anregen, dass entweder die Strategie überdacht wird oder eventuell die Mitarbeiter nachqualifiziert werden müssen. Besonders beim Coaching von neuen Führungskräften aus sozialen Dienstleistungssystemen sind solche strategischen Überlegungen von großer Bedeutung, denn aus der Motivation, „Gutes für Menschen zu tun“, werden oft die faktischen finanziellen Parameter außer Acht gelassen.

(2) Die Struktur

Nach der Strategie sollten sich Coach und Klient mit der *Struktur* der Organisation befassen. Die organisatorische Struktur als „durch Regeln geschaffene Ordnung eines Sozialsystems“ (*Schreyögg, G. & Koch* 2007: 289) definiert mit ihren Variablen wie Arbeitsteiligkeit und Hierarchisierung, in welchen Einheiten Mitarbeiter zusammenarbeiten, wer welche Entscheidungsbefugnisse hat und welche Informationswege üblich bzw. möglich sind. Diese Struktur definiert auch die Leistungsmessung sowie die Anreizsysteme.

Da im Prinzip die Struktur der Strategie folgen sollte, ist hier zu prüfen, inwieweit z.B. eine bestimmte Größe von Arbeitsgruppen überhaupt geeignet ist, Ziele zu erreichen, die vielleicht nur in kleinen Teams zu realisieren sind. Beurteilt werden muss auch, ob die Entscheidungsstruktur ein effektives Arbeiten erlaubt oder ob vielleicht zu viele Hierarchieebenen bei einer Entscheidung mitzubestimmen haben, sodass Entscheidungen womöglich verschleppt werden. Es sollte auch geprüft werden, ob die Entscheidungsbefugnisse genügend voneinander abgegrenzt sind, damit es nicht wie im obigen Beispiel zu einem Kompetenzgerangel kommt. Sodann ist zu sichten, wie die Leistung der Mitarbeiter gemessen wird oder gemessen werden sollte, in welchem Turnus, mit welchen Messinstrumenten usw. Und schließlich ist zu sichten, welche Anreizsysteme wie sinnvoll versus unsinnig bislang platziert wurden.

(3) Die organisatorischen Abläufe

Wenn Strategie und Struktur untersucht sind, geht es an eine Analyse der *organisatorischen Abläufe*. Dabei ist zu bedenken, dass sehr detaillierte Prozessvorgaben, d.h. Standardisierungen der Arbeitsausführung, ausgesprochen innovationshemmend wirken. Das ist übrigens heute das Problem mancher Qualitätssysteme im sozialen Dienstleistungsbereich, dass sie zu viele und zu enge Vorgaben für einzelne Mitarbeiter vorsehen. Das sind dann dysfunktionale Erscheinungen, die nur dazu führen, dass sich die Mitarbeiter auf Dauer überhaupt nicht mehr an den Qualitätsvorgaben orientieren, sondern lieber „ihren alten Stiefel weitermachen". Ideal ist, wenn sich alle organisatorischen Prozesse an der Zufriedenheit von Kunden, Klienten usw. orientieren und keinen Selbstzweck verfolgen. Hier ist zu prüfen, wie produktiv, pünktlich, verlässlich und qualifiziert die Leistungen erbracht werden.

Zur Beurteilung der organisatorischen Abläufe kann der Coach die Führungskraft animieren, Personen, die mit den jeweiligen Prozessen vertraut sind, zu bitten, diesen Prozess von Anfang bis Ende zu skizzieren. Bei solchen Diskussionen, insbesondere wenn sie in einem Team stattfinden, stellen sich schnell Schnittstellenprobleme, etwa Verzögerungen beim Einholen von zusätzlichen Materialien usw. heraus. Wenn eine der neuen Führungskraft unterstellte Arbeitsgruppe ein Prozessschema erstellt, wird auf diese Weise auch noch ein kollektives Lernen befördert. Dann kann gleich in der Gruppe erarbeitet werden, wie sich der Prozess verbessern lässt.

Bei der Korrektur solcher Prozesse ist allerdings immer Vorsicht geraten, denn auf diese Weise werden oft lange eingeübte Muster mit allen denkbaren Vorlieben „in Unordnung" gebracht. Oder was ich kürzlich bei einer Firma erlebt habe, der langjährige Vorgesetzte reagiert auf die Korrekturvorschläge einer neuen Führungskraft eher ärgerlich, weil er den Eindruck hat, dass jetzt auch sein bisheriger eigener Beitrag kritisch überprüft werden soll.

(4) Die organisatorischen Kompetenzen

Und schließlich geht es um eine Auseinandersetzung mit den *organisatorischen Kompetenzen.* In der traditionellen betriebswirtschaftlichen Literatur hatte man im Anschluss an *Katz & Kahn* (1978) Kompetenzen ausschließlich unter individuellen Gesichtspunkten betrachtet. „Soziale Kompetenzen" etwa versuchte man dann über Kommunikationstrainings oder individuelles Coaching zu verbessern (vgl. *Lenbet* 2004). Heute etablieren etliche Großunternehmen ein Kompetenzmanagement, das die Aufgabe hat, Mitarbeiterkompetenzen zu beschreiben, transparent zu machen und in einer Verbindung von persönlichen Zielen der Mitarbeiter und den Unternehmenszielen sicher zu stellen. Dieses Kompetenzmanagement dient dann als Kernaufgabe wissensorientierter Unternehmensführung und geht damit erheblich über das traditionelle Verständnis von individuellen Kompetenzen hinaus.

In neueren Publikationen (z.B. *Kliesch-Eberl* 2007) scheinen deshalb organisatorische Kompetenzen zunehmend als kollektive Phänomene auf, die als Bestandteil der Organisationskultur nur schwer zu verändern sind. In etwas banalisierter Weise ist das am Coming-Home-Problem zu demonstrieren, das jeder Kommunikationstrainer kennt: Eine Führungskraft lernt in einem Seminar „gepflegte" Formen der Gesprächsführung. In ihre Firma zurückgekehrt, erntet sie aber bei der erstmaligen Anwendung der neuen Muster nur Lachen. Das bedeutet, welche Kompetenzen in einem System angewandt werden bzw. angewandt werden können, ist hochgradig wertbeladen. Wie *Schein* (1995) darstellt, bilden sich in jeder Organisation im Verlauf ihrer Geschichte Normen und Standards heraus, die auch für die Entwicklung von Kompetenzen maßgeblich sind. So lässt sich z.B. zeigen, dass die Firma BMW trotz ihrer weltweiten Erfolge über keine ausreichenden Kompetenzen verfügte, die es ihr ermöglichten, die Firma Rover in England flott zu kriegen. Hinter vorgehaltener Hand wird immer wieder mal berichtet, dass die perfektionistisch orientierten bayerischen Ingenieure keine passenden Kompetenzen hatten, um sich mit den dort üblicherweise nur angelernten Arbeitskräften und dann auch noch in englischer Sprache zu verständigen, zumal die bayerischen Ingenieure diese – zumindest in der Aussprache – meistens nicht perfekt beherrschten.

Wie kann nun eine neue Führungskraft die Kompetenzen ihrer Organisation oder organisatorischen Abteilung überhaupt analysieren? Genau genommen ist sie, wenn sie Seiteneinsteiger ist, dafür sogar prädestiniert. Denn Mitglieder der Organisation, die ihr schon lange angehören, haben kaum den nötigen Abstand, die organisatorischen Kompetenzen als Bestandteil der Organisationskultur erfassen zu können. Hier bietet es sich an, dass der Coach zusammen mit der Führungskraft eine kleine Landkarte der organisatorischen Kompetenzen anfertigt. Diese basiert auf zwei Fragen und setzt Kenntnisse über die bisherige Entwicklung der Organisation voraus: (1) Welche Aufgaben wurden in der Vergangenheit im System erfolgreich bewältigt, (2) welche Pannen, welche Einbrüche oder Fehltritte gab es bei welchen Gelegenheiten? Daraus lassen sich wesentliche Kompetenzen und „Minus-Kompetenzen" ableiten.

Zur Verbesserung organisatorischer Kompetenzen schlägt *Martina Kliesch-Eberl* (2007) vor, in der Organisation zu unterschiedlichsten Belangen eine Meta-Kommunikation über die Aufgabenerfüllung mit ihren jeweiligen dahinter liegenden Kompetenzen zu führen. Die Autorin gibt aber zu bedenken, dass Veränderungen der organisatorischen Kompetenzen sowie auch Veränderungen der Organisationskultur nur schwer zu realisieren sind, weil sie geradezu in „Glaubenssystemen", d.h. in kollektiven emotionalen Mustern verankert sind, die oft schon lange bestehen.

16.2 Aufbau des „richtigen" Teams

Fallbeispiel: Eine neue Führungskraft korrigiert die Teamsituation

Hartmut Murbach, Betriebswirt mit dem Spezialgebiet Controlling, übernahm als neue Führungskraft die Verwaltungsabteilung eines Klinikverbundes von einem privaten Träger. Schon in den ersten Tagen fiel ihm auf, dass mehrere Mitarbeiterinnen und Mitarbeiter mindestens fünfmal am Tag zum Rauchen in den anliegenden Garten gingen. Da die Verwaltungsabteilung im fünften Stock lag, die beiden Aufzüge durch Besucher usw. stark überlastet waren, ergaben sich durch die Wege vom Büro in den Garten und zurück erhebliche Fehlzeiten. Was Hartmut Murbach besonders ärgerte, war die Beobachtung, dass niemals eine Person allein in den Garten zum Rauchen ging, nein, derjenige, der rauchen wollte, klopfte regelmäßig im Nebenzimmer an, ob jemand mit zum Rauchen geht. Beim Rauchen schien es auch ausgesprochen gesellig zuzugehen, denn die Raucher kamen meistens erst nach einer viertel bis halben Stunde zurück an ihren Arbeitsplatz.

Auf diese Situation befragt, erklärte ihm eine Mitarbeiterin: „Das haben wir immer schon so gemacht. Ihr Vorgänger ist meistens mitgegangen zum Rauchen." Sein Vorgänger hatte sich in den vorgezogenen Ruhestand verabschiedet. Murbach hatte vom Geschäftsführer des Klinikverbundes den Wink erhalten, dass man mit seiner Arbeit nur mäßig zufrieden war, er aber aufgrund einer chronischen Erkrankung nur schwer zu kündigen war. Besonders ärgerte sich Hartmut Murbach über die Hauptbuchhalterin. Jedesmal wenn er von ihr Zahlenmaterial für das Controlling abholen wollte, hatte sie Ausreden, dass sie aus diesem oder jenem Grund nicht fertig geworden war. Und was ihn noch mehr ärgerte, wenn sie dann die Unterlagen brachte, waren alle Papiere in einem schrecklichen Zustand. Manchmal hatten sie sogar Fett- oder Kaffeeflecken. Sie gehörte nicht zu den Rauchern, hatte aber in ihrem Zimmer eine ziemliche Unordnung, wie er fand. „Und auf deren Schreibtisch sieht es aus wie nach einer Flucht. Alles liegt durcheinander und Stapel am Boden."

Murbach sah sich nun die Personalakten seines Teams an und stellte fest, dass fast die Hälfte der Mitarbeiter schon 10 Jahre und länger in der Abteilung tätig waren. Die Kliniken hatten vor ihrer Privatisierung, vor genau 10 Jahren, zu verschiedenen Kommunen gehört. Die Verwaltungsmitarbeiter waren zum großen Teil vom neuen Eigentümer übernommen worden, weil sie in die klinischen Abrechnungssysteme gut eingearbeitet waren, weil sie als Team gut harmonierten und weil sie auch alle Langfristverträge hatten. Ihre Kündigung wäre den neuen Eigentümer ziemlich teuer gekommen. Noch zwei andere Mitarbeiter fielen Hartmut Murbach unangenehm auf: Der eine war ein Jurist, der für Personalbelange zuständig war, der andere ein Soziologe, der die Statistiken des Klinikverbundes zu verantworten hatte. Der Jurist schien ständig auf Dienstreisen zu sein, denn Murbach bekam von seiner Sekretärin laufend Dienstreiseanträge des Juristen zur Unterschrift vorgelegt. Und der Soziologe „verplempert seine Zeit," wie Murbach fand, „überwiegend mit der Zubereitung von Kaffee und Speisen in der Kaffeeküche".

Nach zwei Monaten begann sich Hartmut Murbach ernstlich Sorgen zu machen, weil die Buchhalterin selten ihre Daten pünktlich lieferte, der Jurist zu oft unterwegs war und die Raucher samt dem Soziologen ihre Zeit verplemperten. Er fing an, die Leistung der Mitarbeiter genauer zu kontrollieren und jetzt Notizen anzufertigen über die Versäumnisse der Buchhalterin, über die Fehlzeiten der Raucher, über die Leistung des Soziologen und über die Reisetätigkeit des Juristen. Wenn er Teamsitzungen abhielt, begegnete ihm aber jeweils eine ausgesprochen freundliche und kooperative Stimmung. Murbach plante jetzt einige Kritikgespräche: Der Buchhalterin wollte er ernstlich ins Gewissen reden, dass sie pünktlich liefern sollte usw. So wollte er mit jedem, dessen Verhalten er kritisch beurteilte, genau dies ansprechen. Auch die Raucher bat er dann eindringlich, ihre Rauchzeiten zu begrenzen. Er sprach freundlich, wertschätzend und eindringlich. Bei den meisten sah er Erfolge, die Buchhalterin hatte immer wieder mal „Durchhänger", und der Jurist war nach wie vor mit viel zuviel Reisen, wie Murbach fand, beschäftigt.

Besonders unzufrieden war er auf Dauer mit dem Soziologen. Dieser verschleppte immer wieder die Erhebungen im Hinblick auf die Verweildauer der Patienten und auf den Pflegeaufwand bei einzelnen Krankheitsbildern usw., die er für den Klinikverbund zu machen hatte. Als wieder einmal eine Untersuchung nicht termingerecht einging und von der Geschäftsführung mehrfach angemahnt werden musste, sah Murbach keine andere Möglichkeit, als ihn abzumahnen. Das aber löste bei dem Team helles Entsetzen aus. „Das hat es hier noch nie gegeben", entrüstete sich die Buchhalterin in einer Teamsitzung. Murbach konnte sich gerade noch beherrschen, dass er nicht laut wurde. Nach einigen Atemzügen erläuterte er in aller Klarheit nun vor dem gesamten Team, dass jedes Teammitglied seinen Beitrag zum Erhalt des Klinikverbundes zu leisten habe und dass er, Murbach, der Geschäftsführung dafür einstehe. Er stellte kurz dar, dass heute jede Klinik in Gefahr sei, zum Sanierungsfall zu werden und dass sie alle aufgerufen seien, daran zu arbeiten, dass es hier nicht so weit komme. In den nachfolgenden Monaten erinnerte er die Mitarbeiter immer wieder daran, dass sie alle gemeinsam für den Erhalt ihrer Arbeitsplätze ein angemessenes Tempo und eine gute Präzision erbringen müssten. Im Verlauf eines Jahres gelang es ihm tatsächlich, die Missstände weitgehend abzustellen.

Das Beispiel zeigt, dass gerade eine neue Führungskraft einen anspruchsvollen Balanceakt zu leisten hat zwischen der Stabilisierung des Bestehenden und der Kritik an genau diesem Bestehenden. Das ist aber in vielen Fällen eher geduldig zu verfolgen. Hier geraten neue Führungskräfte oft in Panik nach dem Motto: „O Gott, auf was habe ich mich da bloß eingelassen", oder sie reagieren verzagt: „Das schaffe ich nie, die Leute in Schwung zu bringen." Gerade jetzt ist der Coach von großer Bedeutung, weil er nämlich eine exzentrische Position verkörpert, die von der neu ernannten Führungskraft schwer einzunehmen ist. Sie möchte ja unbedingt, dass der Neuanfang mit „ihrem" Team gelingt. Hier bieten sich im Coaching folgende Themen zur Bearbeitung an: (1) Typische Fehler gegenüber dem Team, (2) Analyse der einzelnen Teammitglieder, (3) Vorbereitung auf „Schlechte-Nachrichten-Gespräche" und (4) Analyse der Gruppendynamik des Teams

(1) Typische Fehler

Neue Führungskräfte machen mit ihren Teams oft folgende typische Fehler:

Typische Fehler

- Sie warten zu lange, bis sie ihren Mitarbeitern ihre Kritik vortragen. Führungskräfte, die ihre erste Führungsposition einnehmen, sind oft ängstlich, dass die Mitarbeiter nach Kritikgesprächen demotiviert sind. Die Mitarbeiter meinen dann aber, dass der neue Chef mit ihnen zufrieden ist.

- Besonders Vorgesetzte im sozialen Dienstleistungsbereich neigen dazu, Mitarbeiter zu lange in Sicherheit zu wiegen, dass ihre Arbeit gut und richtig sei. Ihnen liegt oft in erster Linie ein freundliches Klima am Herzen, das sie durch Kritik nicht schwächen wollen.
- Wir finden aber auch umgekehrte Probleme: Wenn nämlich neue Führungskräfte Mitarbeiter untragbar finden, bitten sie diese sehr schnell zu gehen, ohne dafür zu sorgen, dass deren Funktion von einem anderen Mitarbeiter übernommen werden kann.
- Spontane Aktionen sind hier insgesamt nicht ratsam. Ohne die Rahmenbedingungen der Organisation, die unternehmerische Situation usw. analysiert zu haben, ist der Umbau eines Teams nicht sinnvoll.
- Wenn eine neue Führungskraft tatsächlich etwa als Nachfolger eines Pensionärs sehr strikt in ihrem Team „aufzuräumen" versucht, kann es ihr passieren, dass die besten Leute von sich aus kündigen. Und das kommt einem Desaster gleich, wenn nämlich die neue Führungskraft etwa eine erfolgreiche Organisation zu weiterem Erfolg führen soll. Gerade dann braucht sie ja ein schlagkräftiges Team.
- Viele neue Führungskräfte neigen im Bemühen, ein „gutes" Team zu schaffen, dazu, viel zu frühe und viel zu intensive sozio-emotionale Aktivitäten zu starten. Das ist etwa in vielen Alkoholikerkliniken oder in Kliniken für psychosomatische Erkrankungen an der Tagesordnung. Ehe die neue Führungskraft überhaupt noch alle ihre Mitarbeiter ausreichend kennen lernen konnte, wird ein Supervisor bestellt, der das gesamte Team zur emotionalisierten Selbsterfahrung „verleitet". Nach solchen Sequenzen fällt es der Führungskraft zunehmend schwerer, formale Kritikgespräche zu führen.
- Manche neue Führungskraft neigt auch dazu, ihren Teammitgliedern vom grünen Tisch aus neue Funktionen zu geben, ohne mit den Betreffenden ausführlich über ihr Vorhaben gesprochen zu haben.
- Außerdem ist zu bedenken, dass viele personelle Maßnahmen nicht ohne die Vorgesetzten, die Personalabteilung und vor allem nicht ohne Betriebs- oder Personalrat zu realisieren sind.

(2) Analyse des Teams

Selbst wenn die neue Führungskraft mit ihrem Team ganz wunderbar zufrieden ist, sollte der Coach sie anregen, die Teammitglieder genauer zu betrachten. Eine solche Analyse fördert nämlich den professionellen Abstand, den die Führungskraft vor allem als „Aufsteiger" braucht. Eine derartige Analyse ist aber auch für einen Seiteneinsteiger nützlich. Hierzu sollte der Coach die Führungskraft anleiten, sich nach jedem Gespräch, nach jeder Teamsitzung usw. zu den einzelnen Personen Notizen zu machen. Dabei sind selbst spontane „erste Eindrücke“ wertvoll, denn selbst wenn sie sich auf Dauer als falsch erweisen sollten, lernt die Führungskraft, in Zukunft vorsichtiger zu urteilen. Zur *Analyse der Mitarbeiter* bieten sich folgende *Kriterien* an:

Kriterien für die Analyse der Mitarbeiter

(1) Über welche *Kompetenzen* verfügt die Person? Sind es eher faktische, fachliche Kompetenzen, liegen sie mehr im sozialen Bereich oder handelt es sich um Kompetenzen konzeptioneller Art?
(2) Wie steht es mit dem *Urteilsvermögen*? Neigt der Mitarbeiter eher zu scharfen oder eher zu verschwommenen Urteilen?
(3) Wie *energetisch* wirkt der Mitarbeiter? Wirkt er vielleicht zu routiniert oder sogar schon ausgebrannt?
(4) Kann der Mitarbeiter *Prioritäten setzen*, oder hat er Mühe, Wichtiges von Unwichtigem zu unterscheiden?
(5) Wie steht es mit der *Beziehungsfähigkeit* des Mitarbeiters? Welche Beziehungen sind im Team zu beobachten und welche gegenüber der neuen Führungskraft?
(6) Wie *vertrauenswürdig* wirkt der Mitarbeiter? Ist zu erwarten, dass er seine Versprechungen einlösen wird, oder wirkt er etwas „windig“?

Für die Gewichtung dieser Kriterien ist allerdings von Bedeutung, ob die Mitarbeiter im Team arbeiten müssen oder nicht. Wenn sie im Team arbeiten sollen, sind beispielsweise soziale Kompetenzen enorm wichtig. Wenn sie dagegen eine Arbeit im „stillen Kämmerchen“ nur für sich zu tun haben, spielen fachliche Kompetenzen die entscheidende Rolle. Von Bedeutung ist auch die unternehmerische Situation, mit der die neue Führungskraft konfrontiert ist. Im Sanierungsfall etwa müssen die Mitarbeiter von Anfang an maximale Leistung bringen. Bei der Stabilisierung eines Erfolgs ist es aber durchaus möglich, ein oder zwei Mitarbeiter, die etwas schwächer wirken, „mitzuschleifen“.

(3) Das Schlechte-Nachrichten-Gespräch

Was ist aber nun zu tun, wenn die neue Führungskraft den Endruck hat, dass eine Mitarbeiterin oder ein Mitarbeiter nicht tragbar ist, wenn sie abgemahnt oder gar gekündigt werden muss? In solchen Fällen ist besonders eine Führungskraft, die bislang noch keine Führungserfahrung hat, vom Coach gut vorzubereiten. Dann muss sie ein „Schlechte-Nachrichten-Gespräch“ (*Weber* 2005) führen. Von einem derartigen Gespräch ist immer dann zu sprechen, wenn ein Ereignis mit einer negativen Konsequenz (z.B. Abmahnung) vorliegt, die betreffende Person noch nichts von der negativen Konsequenz weiß und die Entscheidung seitens des Vorgesetzten schon feststeht. Für ein Schlechte-Nachrichten-Gespräch bietet *Peter Weber* (2005) folgenden Leitfaden an:

Leitfaden für ein Schlechte-Nachrichten-Gespräch

(1) In einem ersten Schritt begrüßt der Vorgesetzte den Mitarbeiter per Handschlag, bittet ihn Platz zu nehmen. Dann spricht er die schlechte Nachricht in etwa drei bis fünf Minuten zügig aus. Hierbei ist wichtig, dass der Empfänger die Nachricht aufnimmt, ohne mit ihr einverstanden zu sein, denn das ist in der Regel nicht zu erwarten. Je heikler die Thematik für den Angesprochenen ist, desto direkter sollte der Einstieg erfolgen. Mehr als drei oder vier einleitende Sätze sollte der Vorgesetzte nicht von sich geben. Ungünstig ist, wenn er aus eigener Hemmung heraus zu viel und zu lange redet. Auf einen kurzen Kernsatz sollten nur einige Erläuterungen folgen. Der Zuhörer kann in dieser Schockphase nur zuhören. Details sind in diesem Moment für ihn ohnedies nicht zu verarbeiten.

(2) In der zweiten Phase spricht primär der Empfänger der schlechten Nachricht. Jetzt hat der Vorgesetzte zunächst im Sinne professioneller Gesprächsführung nur (aktiv) zuzuhören. In Gestik und Mimik spiegelt er, dass er sein Gegenüber verstanden hat, oder zeigt dies mit wenigen Worten. Wenn der Betroffene schimpft oder brüllt, hört der Vorgesetzte ernsthaft zu und sagt vielleicht: „Das ist für Sie jetzt sicher eine schwierige Sache." Er sollte sich auf keinen Fall rechtfertigen. Sein Gegenüber wird nichts gelten lassen. Auch Sätze wie: „Jede Krise ist eine Chance" oder Ähnliches sind jetzt unpassend. Der Vorgesetzte sollte ruhig zulassen, dass der Mitarbeiter „Dampf ablässt". Auch Weinen ist in solchen Situationen mit Ruhe und Gelassenheit hinzunehmen. Nur wenn der Mitarbeiter tätlich wird, sollte der Vorgesetzte das Gespräch abbrechen oder vertagen. Es ist das Ziel dieser Phase, dass der Mitarbeiter seine Gefühle ausagieren kann.

(3) Wenn die zweite Phase ausreichend Gelegenheit zur Abfuhr bot, ist in der dritten Phase im Idealfall ein Gespräch möglich, bei dem sich beide gegenseitig zuhören. Der Mitarbeiter ist nun vielleicht für eine Lösung bereit. Diese muss allerdings noch nicht „festgezurrt" werden. Die Enttäuschung ist noch zu frisch. Hier besteht die Gefahr, dass Vorgesetzte aus Mitgefühl „Trostpflaster" oder noch wenig durchdachte Lösungen offerieren. In diesem Stadium ist meistens auch zu klären, wer wem (also den Kollegen) die schlechte Nachricht weiter erzählt oder auch nicht. Wenn der Betroffene

noch nichts sagen kann, weist ihn der Vorgesetzte vielleicht auf eine Unterstützungsmöglichkeit etwa durch den Betriebsrat oder den Hausjuristen hin.

(4) In der vierten Phase (etwa drei bis fünfzehn Minuten) offeriert der Vorgesetzte Vorschläge, und der Mitarbeiter antwortet. Das Spezifikum dieser Phase ist, dass sich der Vorgesetzte überzeugt, dass der Mitarbeiter langsam aus seiner Schockstarre, aus seiner ersten Krisenhaftigkeit wieder an innerer Struktur gewinnt. Und der Vorgesetzte hilft ihm dabei mit Fragen wie: „Was werden Sie als Nächstes tun?“, „Wo können Sie sich noch Rat suchen?“ oder „Wem werden Sie als erstem über unser Gespräch berichten?“ Bei der Beantwortung der Fragen gewinnt der Betreffende wieder an Orientierung, und der Vorgesetzte kann sich überzeugen, dass die Orientierung gelingt. In manchen Fällen kann der Vorgesetzte auch weitere Maßnahmen vorschlagen wie: „Sollen wir ihre Frau anrufen, dass Sie sie abholt?“ Wenn der Mitarbeiter sehr außer sich gerät, sollte der Vorgesetzte einen Arzt oder andere Helfer holen. Er kann erst dann die Verantwortung abgeben, wenn er den Mitarbeiter in sicherer Obhut weiß.

(4) Analyse der Gruppendynamik des Teams

Für eine neue Führungskraft ist die Gruppendynamik, d.h. die informelle Struktur ihres Teams von zentraler Bedeutung. Im Gegensatz zur traditionellen Gruppendynamik, die meistens an jugendlichen Freizeitgruppen untersucht wurde, haben wir es bei Gruppen in Organisationen mit einer Sonderform der Gruppendynamik zu tun. Denn hier besteht ein ganz unmittelbarer Einfluss der Organisation auf die Gruppe (*Steinmann & Schreyögg, G.* 2005):

Besonderheiten der Gruppendynamik in Organisationen

- Die Organisation bestimmt durch ihre formalen Muster alle Entscheidungsprozesse der Gruppe.
- Sie bestimmt den Aufgabencharakter, ob Einzel- oder Teamleistung gefragt ist.
- Durch die Abläufe diktiert sie die Folgebeziehungen und damit die spezifischen Interaktionen.
- Durch die Technologie (Lautstärke, Großraumbüro usw.) bestimmt sie die Möglichkeiten der Kommunikation.
- Sie steuert durch Anreizsysteme, Belohnung und Bestrafung alle Gruppenrelationen mit.
- Sie bestimmt durch das Personalmanagement die Zusammensetzung der Gruppe.

Nichtsdestoweniger entwickelt sich im Laufe der Zeit eine Gruppendynamik, die für eine neu ernannte Führungskraft von zentraler Bedeutung ist. So empfiehlt sich auch im Coaching eine systematische Analyse dieser Gruppendynamik:

Analyse der Gruppendynamik

(1) In einem ersten Schritt sollte die Führungskraft zu ermitteln versuchen, welche Normen und Standards in ihrem Team von besonderer Bedeutung sind. Sie stellen auch Bestandteile der Abteilungskultur dar. Was gilt in dem Team als akzeptabel, was gilt als nicht akzeptabel? Die Führungskraft sollte möglichst fünf Normen und Standards ermitteln, die in ihrem Team eine Rolle spielen.
(2) Daran anschließend sollte sie die interne Sozialstruktur untersuchen. Welche Statussymbole spielen bei wem eine Rolle, für was bekommt eine Person Anerkennung oder Ablehnung, wie wird Anerkennung oder Ablehnung ausgedrückt? Welche Personenmerkmale sind für den Status relevant, Alter, Firmenzugehörigkeit, Einkommen usw.?
(3) In einem dritten Schritt geht es um die informelle Führungsstruktur. Wer ist in welcher Weise informeller Führer? Handelt es sich mehr um einen socialemotional Leader oder um einen Fachexperten, oder sind beide Rollen besetzt? Welche Teammitglieder werden von den anderen selten oder nie angesprochen, welche sind also „Mauerblümchen“? Welche Teammitglieder werden offen oder verdeckt negativ attribuiert? Dann besteht die Gefahr von Mobbing.

Besonders die Ermittlung dieser Aspekte ist für eine neue Führungskraft von zentraler Bedeutung. Nach ihrem Eintritt in ein Team entwickelt sich nämlich regelmäßig eine neue informelle Führungsstruktur. Wie in vorhergehenden Kapiteln angesprochen, formiert sich die informelle Führungsstruktur jeweils in Relation zu der formalen Situation (*Luhmann* 1994). Der Coach sollte die neue Führungskraft anregen, die jeweiligen informellen Führer in ihre Handlungsstrategien einzubauen und nicht etwa mit ihnen zu konkurrieren. Wenn sich in ihrem Team ein sozialer Führer herausgeschält hat, sollte sie ihn als Krisen- und Konfliktmanager fördern. Wenn sich ein deutlicher Task-Leader entwickelt hat, sollte sie diesen zur Unterstützung von fachlichen Belangen oder zur besseren Strukturierung nutzen.

(5) Die Etablierung neuer Teamrituale

Es ist immer wieder erstaunlich, dass neue Führungskräfte ohne nachzudenken an überkommenen Arbeitsformen festhalten. Dabei ist gerade der Neubeginn mit einem Team ein ganz ausgezeichneter Zeitpunkt, neue Rituale einzuführen, wie z.B. wöchentliche oder tägliche Meetings, gelegentliche Arbeitsessen, Geburtstags- oder Weihnachtsfeiern. Gesellige Events schlägt der neue Chef allerdings erst dann vor, wenn er mit Bestimmtheit weiß, dass er mit allen Teammitgliedern in Zukunft zusammenarbeiten möchte.

Turnusmäßige Meetings sollte die Führungskraft gleich zu Anfang starten. Dabei ist allerdings zu überlegen, wer an welchen Treffen teilnehmen soll und wer nicht. Manchmal gerät das „Teamen" zu einem unhinterfragbaren Mythos, und bestimmte Personen langweilen sich nur. So sollte der Coach mit der Führungskraft gut überlegen, wer genau an welchen Meetings teilnehmen soll. Und es sollte für jedes Meeting eine Agenda geben. Diese kann jeweils von einem Teammitglied zusammen mit dem Sekretariat vorbereitet werden.

(6) Wie werden Entscheidungen getroffen?

Es sollte auch überlegt werden, welche Entscheidungen bei welchen Treffen anfallen. Die Führungskraft sollte sich dabei mit Fragen befassen, an welcher Art von Entscheidungen sie die Mitarbeiter beteiligen möchte und an welchen nicht. Wenn sie eine Entscheidung ins Team gibt und dieses bildet zwei Parteien, die sich nicht einigen können und unproduktiv agieren, ist es oft besser, dass die Führungskraft die Entscheidung wieder an sich zieht mit dem Hinweis: „Ehe es über diese Frage zu einem unproduktiven Streit kommt, der womöglich eskaliert, entscheide lieber ich."

Wenn die Führungskraft ihr Team für ein Vorhaben besonders motivieren will, ist es sinnvoll, sie diskutiert eine Fragestellung lange und in einer Weise, dass sich alle für die Sache erwärmen können. Wenn die Führungskraft ihre Position allerdings erst noch festigen will, ist es sinnvoll, dass sie sich erst von ihrem Team beraten lässt und dann selbst entscheidet. Das könnte der Coach z.B. einem Kaminaufsteiger raten, um seinen Rollenwechsel zu markieren.

Der Coach sollte die Führungskraft auch darauf aufmerksam machen, dass sie den Mitarbeitern schon vor einer Entscheidungssituation ankündigt, ob sie sich von den Mitarbeitern in Diskussionen nur beraten lässt und dann selbst entscheidet, oder ob sie eine Fragestellung ins Team bringt, um eine Konsensentscheidung herbeizuführen. Eine Führungskraft, die eine solche Differenzierung vornimmt und sie auch noch ankündigt, stößt bei den Mitarbeitern regelmäßig auf Respekt. „Das ist transparent und fair", meinen sie dann anerkennend. Dabei ist allerdings zu bedenken, dass unerfahrene Mitarbeiter oft noch zu viele Hemmungen haben, klare Entscheidungen zu treffen. Dann ist es sinnvoller, die Führungskraft lässt sich erst nur beraten und entscheidet dann selbst. Mit reifen Mitarbeitern dagegen ist es sinnvoll, wenn auch zeitaufwändiger, dass die Führungskraft einen ausführlichen Reflexionsprozess in Gang setzt. Vor allem in Situationen, in denen die neue Führungskraft ein erfolgreiches System zu weiterem Erfolg führen soll, ist dieses Vorgehen sehr nützlich, denn auf diese Weise können die Mitarbeiter die Führungskraft gleich mit ihren Dialogmöglichkeiten kennen lernen, und umgekehrt lernt auch die Führungskraft auf diese Weise die Teammitglieder gut kennen. Bei Sanierungsfällen und bei Start-Ups ist es meistens sinnvoller, wenn die Führungskraft sich erst von ihren Mitarbeitern beraten lässt und dann selbst entscheidet.

(7) Wie soll das endgültige Team der neuen Führungskraft aussehen?

Schließlich sollte der Coach mit der neuen Führungskraft auch erarbeiten, wie sie sich „ihr" Team wünscht. *Watkins* (2007: 168) hat dafür eine „Checkliste" vorgelegt, die ich hier in veränderter Form präsentiere:

Checkliste für den Aufbau eines schlagkräftigen Teams

(1) Nach welchen Kriterien beurteilt die Führungskraft die Leistung einzelner Teammitglieder?
(2) Welche personellen Veränderungen würde sie gerne vornehmen, wenn sie könnte? Welche sind dringend, welche können noch warten? Welche Alternativen und sonstigen Optionen könnte die Führungskraft schaffen?
(3) Welche Prozesse möchte die Führungskraft installieren, um wichtige Veränderungen durchzuführen? Wie könnte dies gelingen, ohne die einzelnen zu kränken?
(4) Wer könnte die Führungskraft für personelle Umstrukturierungen unterstützen? Sind das Vorgesetzte, Personen aus Stabsabteilungen oder Kollegen?
(5) Sollte die Führungskraft die bestehenden Anreizsysteme korrigieren? Haben die Mitarbeiter genügend Anreize zusammenzuarbeiten? Haben sie auch genügend Anreize für eine produktive Konkurrenz?
(6) Wie soll das Team idealerweise arbeiten? Welche Rollen sollen die Mitarbeiter übernehmen? Sollte das Team verschlankt oder erweitert werden?
(7) Welche Form des Entscheidens bevorzugt die Führungskraft? Möchte sie vor jeder Entscheidung die Mitarbeiter konsultieren und dann selbst entscheiden, oder möchte sie primär Konsensentscheidungen herbeiführen?

Bei Reflexionen über ihr neues Team sollte sich die Führungskraft auch immer gut überlegen, ob ihre Sekretärin (sofern sie überhaupt noch eine hat) für sie passend ist. Im IT-Zeitalter haben sich die Funktionen von Sekretärinnen verschoben. Ihre Bedeutung als „tüchtige Schreibkraft" oder „Stenotypistin" haben sie in den meisten Kontexten eingebüßt. Dafür sind sie heute im Allgemeinen die Managerin von Chefin oder Chef. Sie führen den Terminkalender, helfen bei der Zeiteinteilung, organisieren Dienstreisen, erinnern an Termine, Geburtstage usw. Zwischen Führungskraft und Sekretärin muss die Chemie stimmen, weshalb vor allem Kaminaufsteiger oftmals ihre Sekretärin mitnehmen. Dann steigt die Sekretärin mit auf. Aber auch viele Seiteneinsteiger legen Wert darauf, ihre Sekretärin mitzubringen. Sollte die Führungskraft kein Vertrauen zu der Sekretärin haben oder aus anderen Gründen mit ihr unzufrieden sein, ist dringend zu raten, dass hier eine personelle Veränderung vorgenommen wird.

Selbst wenn die Führungskraft in einer Organisation tätig ist, in der personelle Veränderungen nur unter Mühe oder vielleicht gar nicht möglich sind, sollte sie sich über ihre eigene Sichtweise Rechenschaft ablegen. Denn erst dann ist es möglich, dass sie nach guten Kompensationsmöglichkeiten des Bestehenden sucht.

17. Kapitel

Themenkreis IV: Aufbau des passenden Netzwerks und Work-Life-Balance

Wie mehrfach betont, ist die formale Designierung für eine Führungsposition noch keine Erfolgsgarantie. Manche Autoren behaupten sogar, dass für den Erfolg in einer Führungsposition letztlich die nicht-formalen Phänomene von größerer Bedeutung sind (z.B. *Neuberge*r 1994). Mit Sicherheit lässt sich sagen, dass der Aufbau eines guten Netzwerks innerhalb der Organisation wie auch außerhalb ihrer Grenzen einen wesentlichen Erfolgsfaktor darstellt. Um aber nun nicht von ihrem eigenen Erfolg oder ganz allgemein von ihrem Beruf aufgefressen zu werden, benötigt jede Führungskraft, und natürlich besonders jede neue Führungskraft, auf Dauer auch eine angemessene Balance zwischen Berufs- und Privatwelt. Auch diese Themen sollte der Coach mit der neu ernannten Führungskraft verhandeln.

17.1 Aufbau eines passenden Netzwerks

Vor allem Frauen neigen vielfach zu der Annahme, dass sie automatisch erfolgreich werden, wenn sie über umfassende Kompetenzen verfügen. Die Realität belehrt sie aber meistens eines Besseren, dass nämlich das Ansammeln von Qualifikationen keineswegs eine Erfolgsgarantie darstellt (*Edding* 2001). Im Berufsleben geht es viel häufiger darum, zur richtigen Zeit am richtigen Ort zu sein, Verbindungen zu Menschen zu knüpfen, die über Einfluss verfügen und durch ihre Verbindungen wieder neue Verbindungen entstehen lassen. Etwas sehr volkstümlich formuliert, lässt sich sagen, eine Karriere definiert sich durch die drei S: Sein, Schein, Schwein.

Wie *Keith Ferrazzi* (2007), ein äußerst erfolgreicher amerikanischer Geschäftsmann und Marketingspezialist, in seinem Buch „Geh nie alleine essen“, beschreibt, sollte man sich nie zu gut sein, interessante Menschen anzusprechen, sie zu den unterschiedlichsten Belangen um Rat zu fragen und sie für sich zu interessieren. Dieser Autor, der aus einfachsten Verhältnissen kommend eine ganz erstaunliche Karriere aufgebaut hat, plädiert dafür, Menschen anlässlich unterschiedlichster Events maximal unbefangen anzusprechen. „Wenn Sie Leute nach etwas fragen oder um etwas bitten, kann selten mehr passieren, als dass sie eine abschlägige Antwort erhalten", ist seine Botschaft. Viele Menschen entwickeln gegen solches Verhalten narzisstische Hemmungen. Um nämlich jede Art von Abfuhr zu vermeiden, bleiben sie lieber isoliert nach dem Motto: „Lieber elegant und einsam". Der Coach wird die neue Führungskraft dagegen ermutigen, sich in einer ihr adäquaten Weise möglichst systematisch ein passendes Netzwerk aufzubauen.

Dabei sei allerdings bemerkt, dass es sich hierbei oft weniger um dialogisches als um strategisches Verhalten (*Habermas* 1996) handelt. Das bedeutet, hier besteht die Gefahr, Gesprächspartner für die eigenen Interessen zu benutzen. Unter ethischen Gesichtspunkten ist das durchaus problematisch und sollte seitens des Coachs so ehrlich wie möglich thematisiert und problematisiert werden. In beruflichen Zusammenhängen ranken sich aber gerade um das Networking unauflösbare Antinomien: Eine neue Führungskraft braucht dringend ein unterstützendes Netzwerk, bei dessen Aufbau sie den einen oder anderen Interaktionspartner tatsächlich utilitarisiert. Bei Erstkontakten kann es sich eine neue Führungskraft meistens auch nicht erlauben, ihre Vor- und Abneigungen gegenüber Personen authentisch zum Ausdruck zu bringen. Um erfolgreich zu sein, ist sie gezwungen, ihre Emotionen im Rahmen der Konventionen gut zu regulieren. Im Coaching äußern dann gerade neu ernannte Führungskräfte immer wieder die Befürchtung, sich verbiegen zu müssen. In solchen Fällen ist es wichtig, dass Coach und Führungskraft unterschiedlichste Verhaltensmuster der Führungskraft untersuchen, im Rollenspiel erproben, dann diejenigen auswählen und trainieren, bei denen sich die Führungskraft angemessen authentisch fühlt.

(1)Analyse der vorhandenen und wünschenswerten Einflussnetzwerke

Beim Networking sollten Coach und Führungskraft zunächst die im Verlauf der ersten Monate entstandenen Netzwerke untersuchen. Dabei geht es keineswegs nur um Personen in vertikaler Richtung, also um Vorgesetzte und unterstellte Mitarbeiter. Es geht auch um Personen auf gleicher Hierarchie-Ebene, also um Kollegen aus der Linie, aber auch um Kollegen aus Stäben. So ist es für eine Führungskraft aus dem Produktionsbereich sehr lohnend, wenn sie Mitarbeiter aus der Personalabteilung kennen lernt, denn für die zukünftige Personalauswahl hat sie dann den „kurzen Draht".

Für diese Analyse bietet es sich an, dass die Führungskraft eine Liste anfertigt von den Personen, die sie schon in und außerhalb der Organisation kennen gelernt hat. Sie kann diese Liste auch graphisch aufbereiten, indem sie durch Farben und Verbindungslinien ihre Sympathie- und Antipathiebeziehungen kenntlich macht. Dabei ist es auch nützlich, wenn sie herausarbeitet, wer mit ihr rivalisiert oder wer ihr aus irgendeinem Grund Fehler nachweisen möchte. Dazu sollte sie noch weitere Aspekte der jeweiligen Person vermerken,

- welchen formalen und informellen Status sie im System hat,
- über welchen Zugang sie zu offiziellen und vielleicht auch zu inoffiziellen Informationen verfügt,
- ob sie Entscheidungsbefugnis über wichtige Ressourcen hat,
- über welche Potenziale die Person noch verfügt.

Bei dieser Analyse geht es in erster Linie darum festzustellen, wer ist Unterstützer im System, wer ist Gegenspieler und wer hält sich neutral. Dabei gelten als Unterstützer diejenigen, von denen die Führungskraft annimmt, dass sie ihre Visionen teilen. Dementsprechend sind Gegenspieler Personen, die entgegengesetzte Ziele – aus welchen Gründen auch immer – verfolgen.

(2) Wie lässt sich ein Netzwerk erweitern?

In manchen Firmen gibt es heute *Mentorensysteme*, d.h. eine ältere Führungskraft unterstützt einen Newcomer, die „Geheimnisse" der Organisation kennen zu lernen. Diese Mentoren sind oft souveräne ältere Damen und Herren, die über ein gutes Netzwerk verfügen. Der Coach sollte die Führungskraft animieren, dass sie dieses Netzwerk auch für sich nutzt. In manchen Fällen eignen sich diese Mentoren auch als Modell für die Art, wie in dieser speziellen Organisation Netzwerke anzubahnen sind. Unter Anleitung des Coachs wird die Führungskraft die Handlungsmuster des Mentors analysieren und dann für sich erarbeiten, welche sie davon übernehmen möchte.

Michael Watkins (2007: 171) empfiehlt der neuen Führungskraft, auch ihren Vorgesetzten einzuspannen. Sie sollte ihn bitten, eine Liste von zehn wichtigen Personen außerhalb der unmittelbaren Arbeitsgruppe anzufertigen und den Newcomer dann diesen Personen vorzustellen. Neben solchen formalen Wegen schlägt *Keith Ferrazzi* (2007) vor, jedes Meeting innerhalb der Firma, aber auch außerhalb zu nutzen, um sich selbst mit neuen Menschen bekannt zu machen. Seine Idee ist, dass die Führungskraft bereits vor Beginn der Veranstaltung die Teilnehmerliste studiert und dann gezielt entscheidet, wen sie kennen lernen möchte. Dabei ist es allerdings wichtig, dass die Führungskraft die „richtigen“ Worte findet, um ihr Gegenüber für sich zu interessieren. Das wiederum ist eine Aufgabe, die im Coaching gut geübt werden kann. Im Verlauf von imaginativen Rollenspielen lässt sich nämlich erkunden, welche Weise der Interaktion für welche Person und welche Gelegenheit die passendste ist. Dabei ist es natürlich wichtig, dass die Führungskraft Themen anspricht, die für ihr Gegenüber voraussichtlich interessant sind.

Eine andere wichtige Botschaft sollte der Coach der Führungskraft auf den Weg geben: Chefsekretärinnen sind eine ganz wesentliche Instanz für die Entwicklung von Netzwerken. Schon mit der eigenen Sekretärin sollte sich eine Führungskraft richtig gut verstehen, denn sie stellt das Tor für alle ihre Kontakte in der Organisation dar. Es versteht sich von selbst, dass sie zu Weihnachten und an ihrem Geburtstag angemessene Geschenke erhalten muss. Aber auch zwischendurch fördert ein Blumenstrauß die Beziehung zum Chef oder zur Chefin. Die Sekretärin ist übrigens die einzige Person, zu der die neue Führungskraft eine vertrauensvolle Beziehung bzw. eine Koalition „gegen Gott und die Welt“ aufbauen kann. Wie in einem der vorigen Abschnitte angesprochen, ist es sehr wichtig, dass die Sekretärin für die Führungskraft vertrauenswürdig ist. Im anderen Fall sollte sie möglichst bald gegen eine Mitarbeiterin, die sich die Führungskraft selbst aussucht, ausgetauscht werden. Da Sekretärinnen meistens auch für potenzielle Interaktionspartner Vertrauenspersonen sind, lohnt es sich immer, ihnen besonders höflich und wertschätzend zu begegnen. Denn sie stellen jeweils das Tor zu wichtigen Menschen dar, mit denen die neue Führungskraft kommunizieren möchte. Das heißt, um mit einem wichtigen Menschen ins Gespräch zu kommen, muss man sich zuerst mit seiner Sekretärin gut stellen.

(3) Wie lassen sich Verbündete finden?

Für jede neu ernannte Führungskraft – und besonders für den Seiteneinsteiger – stellt sich die Frage, wie er oder sie die Mikropolitik einer Organisation für sich nutzen kann. Dies bedeutet konkret, wie die Führungskraft Verbündete für ihre Ideen und Interessen finden kann. Der Coach sollte die Führungskraft zunächst anregen, alle ihre relevanten Kontaktpartner innerhalb der Organisation in gewissen Abständen zu kontaktieren und über ihre Vorhaben in geeigneter Form zu informieren.

Auf einen wesentlichen Punkt machen Akquise-Experten wie *Bernecker et al.* (2006), aber auch *Ferrazzi* (2007) aufmerksam: Networking ist zunächst Geben. Der Coach sollte also mit der Führungskraft erarbeiten, was sie den Personen, die sie für sich gewinnen möchte, zu bieten hat bzw. was sie ihnen bieten möchte. Hier geht es primär um eine Haltung, dass nämlich die Führungskraft anderen ihre Unterstützung für unterschiedliche Fragestellungen anbietet, dass sie zwei Menschen miteinander in Kontakt bringt, dass sie ihnen Informationen zukommen lässt usw. *Bernecker et al.* (2006: 95) präsentieren sogar einen Networking-Knigge, der DOs und DON'Ts enthält:

Ein Networking-Knigge

„Die DOs

- Seien Sie neugierig. Erzählen Sie nicht nur von und über sich selber. Nichts ist schlimmer, als ihren Gesprächspartner mit Informationen über die eigene Person zu überhäufen, ihm im Gegenzug aber keine einzige Frage zu stellen. Neugierde ist ein wichtiger Faktor beim Networking.
- Hören Sie zu, wenn man sich mit Ihnen unterhält. Aktives Zuhören vermeidet peinliche Situationen.
- Seien Sie pünktlich zu Beginn der Veranstaltung anwesend.
- Reden Sie Ihre Gesprächspartner mit Namen an.
- Sparen Sie nicht mit Ihren Visitenkarten – selektives (nicht wildwüchsiges) Verteilen zeigt, dass es Ihnen mal wieder auf den richtigen Gesprächspartner ankommt.
- Reden Sie nicht nur über das Business!

Die DON'Ts

- Halten Sie sich nicht für die wichtigste Person in einem Netzwerk.
- Breiten Sie nicht gleich Ihre gesamte Leistungspalette und Ihre Erfolge vor Ihren Gesprächspartnern aus. Angeberei ist nicht willkommen.
- Tratschen Sie nicht über andere Kontakte und plaudern Sie keine Informationen aus. Wer weiß, in welchem Verhältnis Ihr Gesprächspartner zu diesem Kontakt steht.
- Drängen Sie sich niemandem auf.
- Halten Sie Versprechen ein."

Und *Ferrazzi* (2007: 176) listet auf, welche Rollen eine Führungskraft beim Networking nicht einnehmen sollte:

Zu vermeidende Rollen beim Networking

- Ein *Mauerblümchen*, das sich einen Sitzplatz in der hintersten Ecke sucht.
- Ein *Rockzipfler*, der sich vollkommen abhängig macht von der ersten Person, die er auf einer Party kennen lernt, von der er nicht mehr weg kommt.
- Ein *Prominentenjäger,* der seine Zeit und Energie nur darin investiert, möglichst viele sehr bekannte Leute kennen zu lernen. Zum Schluss hat er aber im besten Fall nur eine Visitenkarte in den Händen und hört nie mehr etwas von dem Promi.
- Der *Schmeichler mit dem schnellen Blick.* Das ist ein Kontaktpartner, der sich auf niemanden wirklich einlässt und nur von Händedruck zu Händedruck eilt.
- Der *Kartenverteiler/Kartensammler.* Der Autor meint, dass die Bedeutung von Visitenkarten meistens überbewertet wird. Viel wichtiger ist es, sich im Gespräch wirklich auf jemanden einzulassen.

(4) Kontaktpartner außerhalb der Organisation

Professionelle Networker wie *Keith Ferrazzi* gehen davon aus, dass Karrieren primär auf der Basis von persönlichen Kontakten entstehen. Das ist besonders wichtig für Führungskräfte, die im Vertrieb tätig sind, im Marketing oder auch in Wohltätigkeitorganisationen „Man muss sich kennen lernen lassen", lautet hier die Devise. Die Frage ist dabei natürlich, von wem? *Ferrazzi* (2007: 180) gibt hier die Empfehlung, „*Super-Connectors*" zu kontaktieren, das heißt, Personen, die qua Beruf Netzwerke begleiten oder knüpfen. Dies sind seiner Meinung nach:

Super-Connectors

- *Restaurantbesitzer,* die in ihrem Lokal verschiedene Leute einander vorstellen.
- *Headhunter,* Personalvermittler. Das sind professionelle „Kuppler". Sie müssen Beziehungen herstellen zwischen Firmen und einzelnen Führungskräften. Selbst für einen Newcomer kann es hilfreich sein, wenn er Kontakte zu Headhuntern aufbaut, weil er auf diese Weise jeweils seinen Marktwert erfahren kann.
- *Lobbyisten.* Das sind im Allgemeinen gut informierte und überzeugende Fachleute. Ihre Bekanntschaft kann nützlich sein, weil sie zu vielen Fragestellungen entsprechende Kontaktpersonen kennen.

- *Fundraiser.* Sie werben Gelder für unterschiedliche Projekte ein. Sie arbeiten häufig ehrenamtlich oder für wenig Geld, sind aber meistens sehr beliebt, sonst wären sie ja nicht erfolgreich. Durch sie kann die neue Führungskraft auch vielfältige Kontakte anbahnen.
- *Öffentlichkeitsarbeiter.* PR-Leute sind permanent damit beschäftigt, Medienvertreter zu kontaktieren. Wenn eine Führungskraft ihre Bekanntschaft macht, kann sie oft Kontakte zur Presse oder zu Politikern anbahnen.
- *Politiker* müssen grundsätzlich gute Networker sein, sonst wären sie nicht in ihren Positionen. Besonders junge Politiker, die sich innerhalb ihrer Partei noch bewähren müssen, sind oft sehr interessiert am Kontakt mit Firmenvertretern und können ihnen deshalb interessante Kontakte vermitteln.
- *Journalisten* gehören einer Berufsgruppe an, deren Einfluss heute immer umfassender wird. Der Kontakt zu ihnen besteht im *Bargaining*: Sie machen eine Firma durch eine Publikation bekannt, und dann haben sie etwas in ihrem Medium aus eben dieser Firma mitzuteilen.

Der Coach sollte die Führungskraft animieren, diese oder andere „Super-Connectors“ ausfindig zu machen und sie bei entsprechenden Gelegenheiten kennen zu lernen, um sich auch im organisatorischen Umfeld möglichst gut zu verankern.

17.2 Entwicklung von Work-Life-Balance

Fallbeispiel: Eine neue Führungskraft erlebt in allen Lebensbereichen Stress

Peter Kohler trat kurz nach dem Sommersemester seine erste Professur für Political Science in den Niederlanden an. Seine Frau, eine Physiotherapeutin, und seine beiden Töchter im Alter von sechs und neun Jahren wollten noch einige Zeit in Frankfurt bleiben, bis Peter ein passendes Haus und vor allem passende Schulen für die Mädchen gefunden hätte. Seitens der Universitätsleitung war ihm zugesagt worden, dass man ihm behilflich sein könnte bei der Stellensuche für seine Frau. Peter nahm seine Arbeit mit viel Schwung auf, hatte er doch schon im Vorfeld mit seinen neuen Kollegen allerlei Konferenzen und Kolloquien besucht und zum Teil sogar mit ihnen zusammen ausgerichtet.

In der neuen Wirkungsstätte angekommen, begegneten ihm aber etliche Kollegen doch etwas reserviert. Außerdem strich ihm die Universitätsleitung ursprünglich zugesagte Mitarbeiterstellen. So erhielt er nur zwei akademische und zwei studentische Mitarbeiter, obwohl ihm je einer mehr zugesagt worden war. „Das müssen Sie verstehen. Wir sind eine private Hochschule, deren Mittel immer knapp sind. Und jetzt wurden uns erwartete Gelder von einem Sponsor doch nicht bewilligt", erklärte ihm der Dekan. Seine neuen Mitarbeiter konnte er sich auch nicht aussuchen, sondern musste sie von seinem Vorgänger übernehmen. Dieser hatte aber erheblich andere Vorstellungen über empirische Forschung, über die Abfassung von Diplomarbeiten, Dissertationen usw. Peter musste deshalb seinen Mitarbeitern bald eröffnen, dass ihre bisherigen Bemühungen für ihn eher irrelevant seien. Alles das war für Peter ausgesprochen enttäuschend.

Von einem seiner Kollegen wurde er bei sich zu Hause zu einem Abendessen eingeladen. Bei dieser Gelegenheit erfuhr er so nebenbei, dass für seine Position eigentlich der Habilitand eines anderen Politologie-Professors vorgesehen war. Aufgrund von internen Feindschaften, die sich anscheinend schon über etliche Jahre hinzogen, hatte aber ein Soziologe, der in der Fakultät vermutlich als graue Eminenz fungierte, dessen Berufung vereitelt. In den Augen einiger Kollegen stand nun Peter, der von diesen „Machenschaften" nicht das Geringste geahnt hatte, als „herzloser Karrierist" da. Zumal als Ausländer fühlte er sich bemüßigt, möglichst schnell klar zu legen, dass er dem jungen Kollegen in keiner Weise etwas hatte wegnehmen wollen.

Als er an diesem Abend in sein Einzimmer-Appartement zurückkehrte, fühlte er sich richtig mies und konnte kaum schlafen. Da es sehr spät geworden war, konnte er seine Frau auch nicht mehr anrufen, um ihr zu erzählen, wie unangenehm er die Abendveranstaltung empfunden hatte. Als er am nächsten Morgen seine Frau erreichte, überrollte ihn diese am Telefon mit der Tatsache, dass sich die ältere Tochter beim Sport in der Schule den Arm gebrochen hatte, dass sie Mühe hatte, die Kleine von der Schule abzuholen, dass sie sich als „allein erziehende Mutter" überhaupt zu stark belastet fühle. Da sie schon beim Schimpfen war, fügte sie hinzu: „Du mit Deiner Karriere! Deinetwegen müssen wir umziehen, die Kinder die Schule wechseln, eine neue Sprache lernen und was noch so alles", schimpfte sie.

Peter verschlug es fast die Sprache. In dem Moment, in dem er sich von seiner Frau stärken lassen wollte, überfiel sie ihn mit ihrem eigenen Elend. Er versuchte noch zu sagen; „Ja, aber wir haben doch alles gemeinsam entschieden!" Seine Frau hörte ihn aber gar nicht mehr an und schimpfte nur weiter. Nach diesem Telefonat stützte er sich auf seine Ellenbogen und hielt seinen Kopf. Er sah sich um in seinem schäbigen Appartement, in dem er auch noch ständig fror, und brummelte vor sich hin: „Vielleicht habe ich die Übernahme der Stelle wirklich zu schnell zugesagt, vielleicht hätte ich mich vorher besser informieren sollen, was an dieser Fakultät so alles los ist, vielleicht hätte ich mir eine passablere Wohnung suchen sollen, vielleicht ..."

Natürlich muss jede neu ernannte Führungskraft in den ersten Monaten damit rechnen, auf unterschiedliche Weise verunsichert zu werden. Und natürlich steht in dieser Zeit immer die Arbeit im Vordergrund. So werden selbstverständlich die Familie, Hobbys und sonstige Interessenbereiche verblassen. Meistens ist es aber möglich, dass die Führungskraft nach etwa einem halben Jahr innehält, um zu sortieren, wie sie sich in ihrer Arbeit besser stabilisieren kann und wofür sie außerhalb der Arbeit in Zukunft wieder mehr Zeit und Energie verwenden will.

(1) Stabilisierung in der Arbeit

Der Coach sollte die Führungskraft zunächst animieren, ihre aktuelle Situation im Beruf zu analysieren. Hierfür kann der Coach einen Fragebogen von *Michael Watkins* (2007: 187) verwenden, den er seine Klienten auszufüllen bittet:

Ein Fragebogen zur Arbeitssituation

	trifft überhaupt nicht zu	trifft nicht zu	weder/ noch	trifft zu	trifft voll zu
Ich bin sehr beschäftigt, finde aber keine Zeit für die wichtigsten Dinge, die ich eigentlich erledigen sollte.	1	2	3	4	5
Auf Bitten anderer (Chef, Mitarbeiter) übernehme ich Dinge, die ich eigentlich nicht tun sollte.	1	2	3	4	5
Ich bin frustriert, weil ich die Dinge nicht so erledigen kann, wie ich das möchte.	1	2	3	4	5
Ich fühle mich im Unternehmen isoliert.	1	2	3	4	5
Mein Urteilsvermögen lässt mich zur Zeit im Stich.	1	2	3	4	5
Ich vermeide unangenehme Entscheidungen in wichtigen Fragen (z.B. Personalfragen).	1	2	3	4	5
Ich finde weniger Energie für meine Arbeit als sonst.	1	2	3	4	5

Wenn der Klient auf mehr als 25 Punkte kommt oder wenn er eine der Aussagen mit 5 ankreuzt, sollte ihn der Coach anregen, seine Arbeitssituation neu zu justieren. Dann ist der Klient in einen Teufelskreis geraten, den er so schnell wie möglich durchbrechen sollte. Zu diesem Zweck kann der Coach folgende Anregungen geben:

Anregungen zur Arbeitsgestaltung

- Die Führungskraft sollte genau untersuchen, wie viele Projekte, Change-Prozesse usw. sie schon angestoßen hat. Dabei macht der Coach darauf aufmerksam, dass *zuviel Veränderung* ihn und seine Mitarbeiter schnell mental überfordern wird. Besser wäre es, sich auf einige wesentliche Dinge zu konzentrieren.
- Die Führungskraft sollte sich auch *sorgfältig abgrenzen.* So ist es zwar gerade am Anfang wichtig, sich als hilfsbereit zu erweisen, doch zuviel des Guten führt schnell zur Überforderung. So sollte der Coach mit dem Klienten üben, wie er sich bei dieser oder jener Gelegenheit besser abgrenzen kann.
- In der Anfangszeit agieren Führungskräfte oft auch *zu unflexibel.* Deshalb ist es sinnvoll, dass der Coach mit der Führungskraft bisher gefällte Entscheidungen, mit denen sie nachträglich doch nicht so ganz glücklich ist, noch einmal genau untersucht. Dann ist es vielfach besser, dass die Führungskraft nach eingehender Überlegung diese oder jene Entscheidung revidiert, als an ihr festzukleben.
- Noch häufiger tritt der umgekehrte Fall ein, dass nämlich die Führungskraft *Entscheidungen verschleppt.* Gerade am Anfang sind oft unpopuläre Entscheidungen zu treffen. Dies vermeiden besonders Seiteneinsteiger, weil sie in Anbetracht der Tatsache, dass ihre sozio-emotionale Hausmacht noch schwach ist, massiven Widerstand befürchten. In solchen Fällen sollte der Coach mit der Führungskraft sorgfältig erkunden, welche Risiken mit einer unpopulären Entscheidung verbunden sind, ob es sich lohnt, zu diesem oder jenem Punkt einen Konflikt zu stimulieren, sodann sollte im Rollenspiel geübt werden, wie dies geschehen könnte.

Vieles wird der Führungskraft leichter gelingen, wenn sie gleich zu Anfang erste Erfolge verbuchen kann. Gleichzeitig ist jetzt ihre Selbstdisziplin sehr wichtig, denn auf diese Weise wird sie auch zu einem akzeptablen Modell für die Mitarbeiter. Die Anfangszeit ist auf jeden Fall sehr anstrengend. Der Coach sollte immer wieder erfragen, ob der Klient noch „Eustress" als belebende Aktivierung erlebt oder ob er schon „Disstress“ im Sinne erschöpfender Belastung empfindet. In diesem Stadium sind unterstützende Netzwerke in der Arbeit, aber auch in der Privatwelt besonders wichtig. Die Führungskraft muss jetzt animiert werden, auch diese besonders sorgsam zu erhalten und zu pflegen.

(2) Das Leben außerhalb der Arbeit

Das Thema „Work-Life-Balance“ wird heute zunehmend breit diskutiert, denn Arbeit droht derzeit die Lebenswelt vieler Menschen übermäßig stark zu überschwemmen. Deshalb werden jetzt in vielen Medien neue Gewichtungen zwischen Arbeit und anderen Lebensbereichen propagiert. Dabei geht es zunächst um eine Balance zwischen Arbeit und Freizeit mit entsprechenden Hobbies, Interessen usw. sowie zwischen Arbeit und Familienleben.

„Balance ist allerdings kein statischer Zustand, sondern ein andauernder Prozess“ (*Schmidt-Lellek* 2007: 32), der immer wieder in Gefahr ist und immer wieder neu justiert werden muss. Gerade neu ernannte Führungskräfte geraten meistens vorübergehend in eine Schieflage zu Gunsten der Arbeit. Dann ist es in einem ersten Schritt wichtig, dass der Coach eine Bestandsaufnahme anregt, auf welche Lebensbereiche der Klient aktuell seine Zeit und Energie verwendet und wie er seine Zeit und Energie idealerweise verwenden will.

Zu diesem Zweck bietet sich das Tool „*Fünf Säulen der Identität*“ an, das *Petzold* (2003) ursprünglich für die therapeutische Arbeit konzipiert hat:

Fünf Säulen der Identität

Der Klient wird hierbei gebeten, für folgende fünf Bereiche:

(1) Arbeit und Leistung
(2) Leiblichkeit (Sport, Sexualität, Wellnessaktivitäten usw.)
(3) Soziales Netz (Familie, Freunde, Verwandte),
(4) Materielle Sicherheit (ökonomisches Kapital wie Geld oder Immobilien)
(5) Werte (Ethik, Religion, Politik)

je eine Säule auf ein großes Blatt Papier zu malen, die widerspiegelt, wie er derzeit seine Zeit und Energie auf den jeweiligen Bereich verteilt. Daran anschließend wird der Klienten gebeten, eine weitere Säulenreihe zu malen, die aber seine ideale Verteilung wiedergibt. Coach und Klient werden sich dann mit dem Vergleich der beiden Säulenreihen befassen. Idealerweise kann der Coach dann den Klienten animieren, seine Zeit und Energie neu zu justieren.

Dabei ist allerdings zu beachten, dass Sport heute einen zentralen Stellenwert in der Freizeitgestaltung einnimmt und bei vielen Menschen geradezu „Religionscharakter" hat (*Opaschowski* 2004: 221). Das morgendliche Jogging und die systematische Vorbereitung auf den nächsten Marathon-Lauf in New York haben gerade bei jungen Führungskräften Hochkonjunktur. Solche Aktivitäten, die Nähe zum Hochleistungssport aufweisen, werden allerdings meistens mit einer ähnlich erschöpfenden Haltung betrieben wie die „Hochleistung im Beruf". Entspannung spielt hier nur eine marginale Rolle. Bei vielen sportlichen Aktivitäten handelt es sich ohnedies vielfach eher um Maßnahmen zum Erhalt maximaler Arbeitskraft als um Freude an der Bewegung usw.

Zum Thema „Work-Life-Balance" ist es oft auch sinnvoll, wenn der Coach den Klienten zu einer generellen Erweiterung seiner Perspektiven von Tätigsein anregt. Als Modell dafür bieten sich die „vier Dimensionen gelingender menschlicher Praxis" des Philosophen *Martin Seel* (1999) an. *Schmidt-Lellek* (2007: 32 ff.) hat aus diesem Modell einen Katalog von Fragen für das Coaching formuliert, mit denen der Klient seine eigenen Lebensvollzüge reflektieren und überprüfen kann:

Vier Dimensionen des Tätigseins

(1) Der Bereich *Arbeit* als ein Typ von Tätigsein ist der Führungskraft natürlich zur Genüge vertraut. Hierzu kann sie aber ermuntert werden, folgende Fragen zu beantworten, die ihr wahrscheinlich neue Perspektiven eröffnen:

- Inwieweit passt meine berufliche Arbeit zu meinen Interessen?
- Inwieweit fühle ich mich mit meiner Berufsrolle identisch?
- Inwieweit erlebe ich meine Arbeit als sinnvoll?
- Welche Anerkennung erhalte ich für meine berufliche Arbeit?
- Inwieweit bin ich in meiner Arbeit selbstbestimmt?

(2) Als „*Interaktion*" bezeichnet *Seel* den Bereich der menschlichen Begegnung unter Subjekten, der sich nicht nur auf kurze Sequenzen von Rede und Gegenrede bezieht, sondern ein wirkliches Einlassen auf den anderen beinhaltet. Das kann nicht nur im Freizeitbereich mit Freunden und Familienmitgliedern geschehen, sondern auch im beruflichen Kontext. Auch hierzu kann der Klient einige Fragen beantworten:

- Welche Freunde habe ich und welche Bedeutung haben sie für mich?
- Wie stabil und dauerhaft sind meine Beziehungen zu anderen (in Familie, Freundeskreis, Beruf)?

- Welche Aktivitäten unternehme ich, um mit anderen Menschen in Kontakt zu kommen?
- In wieweit kann ich mich anderen gegenüber öffnen und die Offenheit anderer beantworten?
- Inwieweit kann ich Gespräche, Diskussionen usw. mit anderen genießen und als Bereicherung erleben?
- Wie viel Zeit verbringe ich im Kontakt mit anderen Menschen?

(3) „*Spiel*" ist ein Bereich, der sich jenseits von Effektivität bewegt und seinen Zweck nur in sich selbst trägt. Hier sind Kinder ideale Modelle, die sich mit vollkommener Selbstvergessenheit einem Spiel hingeben. Gerade Führungskräfte, die Kinder haben, können im Spiel mit ihren Kindern diesen Zustand erleben und auskosten. Als Fragen hierzu nennt *Schmidt-Lellek* (2007):

- Welche Freiräume gibt es in meinem Alltag für spielerische Aktivitäten?
- Welche Formen des Spielens haben für mich Vorrang (allein, Gesellschaftsspiele usw.)?
- In welchen Formen habe ich in früheren Zeiten am ehesten einen erfüllten Augenblick erlebt?
- Welche Bedeutung haben für mich künstlerische Aktivitäten aktiver oder passiver Art?
- Inwieweit können spielerische Zugänge zur Wirklichkeit und erfüllte Augenblicke auch in den anderen Tätigkeitsdimensionen erfahrbar werden?

(4) Die vierte Form des Tätigseins, *Betrachtung, Kontemplation* oder *Meditation,* bedarf keines personalen Gegenübers. Hierbei geht es beispielsweise um die Versenkung in ein Kunstwerk, einen Roman, eine philosophische Betrachtung oder um einen konstruktiven Zustand innerer Awareness, bei dem die Person einfach nur im „Hier und Jetzt" in sich hineinspürt. Auch solche Erfahrungen können durch folgende Fragen neu aktualisiert werden:

- Welche Freiräume gibt es in meinem beruflichen Alltag für kontemplative Erfahrungen?
- Welche Formen der Betrachtung oder Versenkung sind mir zugänglich oder haben für mich Vorrang (in der Natur, gegenüber Kunstwerken, dem Hören von Musik, in religiösen Betrachtungen, philosophischen Gedanken usw.)?
- In welchen Formen habe ich früher kontemplative Erfahrungen machen können, und wie ist es heute damit bestellt?
- Inwieweit können kontemplative Zugänge auch in den anderen Tätigkeitsdimensionen erfahrbar werden oder auf sie einwirken?

Neben solchen, eher selbstbezogenen Themen sollte der Coach bei Antritt einer neuen Führungsposition auch für sehr manifeste soziale Aufgabenstellungen Unterstützung geben.

Besonders Familienvätern erwächst jetzt neben ihrer Arbeit noch die Sorge um die Familie. Das ist besonders aufwändig, wenn der Positionswechsel mit einem Ortswechsel verbunden ist. Die Übergangsphase von einem Ort zum anderen stellt für jedes Familienmitglied eine Krise dar. Die Kinder und die Partner (meistens die Partnerin) müssen nun ihr vertrautes soziales Umfeld verlassen und sich auf viele neue Interaktionspartner einstellen. Aus diesem Grund ist es wichtig, dass der Coach die Führungskraft ermutigt, alle nur erdenklichen Unterstützungsmöglichkeiten für diese Situation zu mobilisieren. Eine übermäßige Labilisierung der Familie würde nämlich auch die Führungskraft unmäßig belasten. Gerade jetzt hat sie nämlich den intimen Rahmen der Familie bitter nötig. Für den Umzug der neuen Führungskraft mit der Familie in eine andere Region gibt *Watkins* (2007: 197 f.) eine Reihe von Empfehlungen:

Empfehlungen für den Umzug der Führungskraft mit der Familie

- Die Führungskraft sollte schon im Vorfeld unterstützende Netzwerke für die Familie erkunden. Das sind Ärzte, Nachhilfelehrer, Haushälterin oder Putzfrau usw. Idealerweise erstellt die Führungskraft eine Liste mit allen relevanten Unterstützern.
- Wichtig ist jetzt auch eine Unterstützung für den Partner bzw. die Partnerin, um einen neuen Arbeitsplatz zu finden. Im Rahmen der Debatte um Dual Carreer-Couples (*Solga & Wimbauer* 2005) bieten heute manche Firmen auch schon entsprechende Hilfe an.
- Wichtig ist auch das richtige Timing für den Umzug der Familie. Für die Kinder ist ein Umzug innerhalb des Schuljahres schwerer als in den großen Ferien. Deshalb ist es besser, bis zu diesem Zeitpunkt zu warten. Das aber bedeutet für die Partnerin, dass sie vorübergehend allein erziehend ist, was eine entsprechende Unterstützung notwendig macht.
- Gerade jetzt ist der Erhalt der Familienkultur zentral wichtig. Wenn also Großeltern oder Tanten und Onkel bislang eine größere Rolle gespielt haben, sollten sie dies in der Übergangsphase erst recht tun.
- Wenn die Führungskraft sogar in ein anderes Land engagiert wurde, ist der Umzug für die Familie besonders gravierend. In solchen Fällen ist es äußerst wichtig, dass Helfer für die Akkulturation der Familie engagiert werden.

- Viele Firmen bieten heute Umzugsdienste an. Diese sollte die Führungskraft möglichst rechtzeitig anfordern, denn der Übergang wird nur gelingen, wenn die Führungskraft ihn ebenso solide plant wie ihre beruflichen Aktivitäten.

Gerade in solchen Lebensstadien wie der Übernahme einer neuen Führungsposition stellen sich Fragen nach dem persönlichen Glück noch einmal ganz neu. Auch hierzu kann Coaching im Sinne von Life-Coaching (*Buer & Schmidt-Lellek* 2008) einen Beitrag leisten.

Literatur

Apel, K.-O. (1984): Weshalb benötigt der Mensch Ethik? In: Apel, K.-O., Böhler, D., Rebel, K. (Hg.), Praktische Philosophie/Ethik. Studientexte 1, Funkkolleg. Weinheim, Basel: Beltz.
Argyris, C. (1975): Das Individuum und die Organisation: Einige Probleme gegenseitiger Anpassung. In: Türk, K. (Hg.), Organisationstheorie. Wiesbaden: Westdeutscher Verlag.

Bäcker, R., Lentge, C. (2004): Anforderungen an Bewerber für Top-Positionen. *Organisationsberatung, Supervision, Coaching* 11 (1), 5-13.
Bales, R.F. (1950): Interaction Process Analysis: A Method of Small Groups. Cambridge, Mass.: Addison Wesley.
Bauer, B. (1998): Zum Gesprächsverhalten von Frauen (und Männern). *Organisationsberatung, Supervision, Coaching* 5 (1), 47-61.
Beck, U. (1986): Risikogesellschaft. Auf dem Weg in eine andere Moderne. Frankfurt/M.: Suhrkamp.
Belzer, V. (Hg.) (1995): Sinn in Organisationen? Oder, warum brauchen Organisationen Leitbilder. München, Mering: Hampp.
Bensel, N. (1997): Shareholder-Value – wertorientierte Unternehmensführung in der Praxis (Interview). *Forum Wirtschaftsethik* 2, 8-11.
Berger, P., Luckmann, T. (1969): Die gesellschaftliche Konstruktion der Wirklichkeit. Frankfurt/M.: Fischer.
Berger, H., Wilhelm, F. (2003): „Zwischen allen Stühlen und überall dabei". Gruppencoaching für Stellvertreter/innen in der Schulleitung von Grund-, Haupt- und Förderschulen. In: Schreyögg, A., Lehmeier, H. (Hg.), Personalentwicklung in der Schule. Bonn: Deutscher Psychologen Verlag.
Berglas, S. (2002): Dangers of Executive Coaching. *Harvard Business Review* 6, 87-92.
Bernecker, M., Gierke, C., Hahn, T. (2006): Akquise für Trainer, Berater, Coaches (2. Aufl.). Offenbach: Gabal Trainer Praxis.
Bieker, U., Hirsch, H. (2007): Vom Übergeben und Übernehmen. Zwei Beispiele aus Familienunternehmen. *Organisationsberatung, Supervision, Coaching* 14 (4), 376-392.
Blake, R.R., Mouton, J.S. (1978): The New Managerial Grid. Houston.
Böning, U. (2002): Der Siegeszug eines Personalentwicklungsinstruments. Eine 10-Jahres-Bilanz. In: Rauen, C. (Hg.), Handbuch Coaching (2. Aufl.). Göttingen: Hogrefe.
–, Fritschle, B. (2005): Coaching fürs Business. Was Coaches, Personaler und Manager über Coaching wissen müssen. Bonn: managerSeminare.
Bourdieu, P. (1973): Die feinen Unterschiede. Frankfurt/M.: Suhrkamp.
– (1997): Die männliche Herrschaft. In: Dölling, I., Krais, B. (Hg.), Ein alltägliches Spiel, Geschlechterkonstruktion in der sozialen Praxis. Gender-Studies. Frankfurt/M.: Suhrkamp.

Bosetzki, H., Heinrich, P. (1994): Mensch und Organisation. Aspekte bürokratischer Sozialisation (5. Aufl.). Köln: Kohlhammer.
Brody, R. (1993): Effectively Managing Human Service Organizations. Newbury Park, London, New Delhi: Sage Publications.
Budäus, D.(1998): Von der bürokratischen Steuerung zum New Public Management: Eine Einführung. In: Budäus, D., Conrad, P., Schreyögg, G. (Hg.), New Public Management. Managementforschung 8. Berlin: De Gruyter, 1-11.
Buer, F. (2005): Coaching, Supervision und die vielen anderen Formate. Ein Plädoyer für ein friedliches Zusammenspiel. *Organisationsberatung, Supervision, Coaching* 12 (3), 278-297.
–, Schmidt-Lellek, C. (2008): Life-Coaching. Über Sinn, Glück und Verantwortung in der Arbeit. Göttingen: Vandenhoek & Ruprecht.
Burns, J.M. (1978): Leadership. New York.
Busse, R., Schreyögg, J., Gericke, C. (Hg.) (2006): Management im Gesundheitswesen. Heidelberg: Springer.

Calder, B. (1977): An attribution theory of leadership. In: Staw, B.B., Salancik, J.R. (Eds.), Directions in Organizational Behavior. Chicago, 179-204.
Cassens, M. (2003): Work-Life-Balance. Wie Sie Berufs- und Privatleben in Einklang bringen. München: Beck, dtv.
Clement, U., Clement, U. (2006): Interkulturelles Coaching. In: Götz, K. (Hg.), Interkulturelles Lernen / interkulturelles Training (6. Aufl.). München, Mering: Hampp.
Connell, R.W. (2000): Der gemachte Mann. Konstruktion und Krise von Männlichkeit (2. Aufl.). Opladen: Leske & Budrich.
Corsten, H., Will, T. (Hg.) (1993): Lean Production. Schlanke Produktionsstrukturen als Erfolgsfaktor. Stuttgart u.a.: Kohlhammer.
Crozier, M., Friedberg, E. (1978): Die Zwänge kollektiven Handelns. Über Macht und Organisation. Frankfurt/M.: Athenäum.

DBVC (2007): Leitlinien und Empfehlungen für die Entwicklung von Coaching als Profession. Kompendium. Osnabrück: DBVC-Publikation.
Deal, T.E., Kennedy, A.A. (1982): Corporate Cultures. The Rites and Rituals of Corporate Life. Reading, Mass.
Dehner, U. (2004): Coaching als Führungsinstrument. Frankfurt/M., New York: Campus.
–, Dehner, R. (2001): Als Chef akzeptiert. Konfliktlösungen für neue Führungskräfte. Frankfurt/M., New York: Campus.
Demangeat, I., Molz, M. (2003): Kulturunterschiede Deutschland/Frankreich. In: Thomas, A., Kammhuber, S., Schroll-Machl, S. (Hg.), Handbuch Interkulturelle Kommunikation und Kooperation, Bd. 2: Länder, Kulturen und interkulturelle Berufstätigkeit. Göttingen: Vandenhoeck & Ruprecht.
Deutschmann, C. (2002): Postindustrielle Industriesoziologie. Weinheim, München: Beltz/PVU.

Edding, C. (2001): Einflussreicher werden. Ein Zwischenbericht aus der Coaching-Werkstatt. *Organisationsberatung, Supervision, Coaching* 8 (2), 121-135.
– (2005): Beheimatungsprozesse begleiten. *Organisationsberatung, Supervision, Coaching* 12 (1), 21-31.
Eickelpasch, R., Rademacher, C. (2004): Identität. Bielefeld: transcript Verlag.
Erdogan, B., Liden, R.C. (2002): Social exchanges in the workplace. A review of revent development and future directions in leader-member exchange theory. In: Neider, L.L., Schriesheim, C.A. (Hg.), Leadership. Greenwich.
Erikson, E.H. (1950): Childhood and Society. New York: Norton; dt.: Kindheit und Gesellschaft. Stuttgart: Klett-Cotta, 1957.
Etzioni, A. (1961): A Comparative Analysis of Complex Organizations. In: Etzioni, A. (Hg.), Complex Organizations. Glencoe.
– (1968): Dual Leadership in Complex Organizations. *ASR*, 688-698.

Feldman, D.C., Lankau, M.J. (2005): Executive Coaching: A Review and Agenda for Future Research. *Journal of Management* 31 (6), 829-848.
Fengler, J. (1992): Helfen macht müde. München: Pfeiffer.
Ferrazzi, K. (2007): Geh nie alleine essen! Kulmbach: Börsenmedien AG.
Fiedler, F.E. (1967): A Theory of Leadership Effectiveness. New York.
– (1979): The contingency model and the dynamics of the leadership process. In: Berkowitz, L. (Ed.), Advances in Experimental Social Psychology, Bd. 11. New York, S. 59-112.
Fischer, P. (1999): Neu auf dem Chefsessel. Erfolgreich durch die ersten 100 Tage (5. Aufl.) Landsberg: Verlag moderne industrie.
Ford, R.C., Randolph, W.A. (1992): Cross-functional structures: A review and integration of matrix organizations and project management. *Journal of Management* 19, 267-294.
Franzke, E. (1977): Der Mensch und sein Gestaltungserleben. Psychotherapeutische Nutzung kreativer Arbeitsweisen. Bern u.a.: Huber.
French, J.R.P., Raven, B. (1959): The Basis of Social Power. In: Cartwhright, D. (Hg.), Studies in Social Power. Ann Arbour.
Frese, E. (2000): Grundlagen der Organisation. Wiesbaden: Gabler.

Gabarro, J.J. (1987): The Dynamics of Taking Change. Boston: Harvard Business School Press.
Gardner, W.L., Avolio, B.J. (1998): The charismatic relationship: A dramatical perspective. *Academy of Management Review* 23 (1), 32-58.
Gehrmann, G., Müller, K.D.(1993): Management in sozialen Organisationen. Handbuch für die Praxis Sozialer Arbeit. Berlin, Bonn, Regensburg: Walhalla.
Geissler, B, Oechsle, M. (1994): Lebensplanung als Konstruktion: Biographische Dilemmata und Lebenslauf-Entwürfe junger Frauen. In: Beck, U., Beck-Gernsheim, E. (Hg.), Riskante Freiheiten. Frankfurt/M.: Suhrkamp.
Glasl, F. (1994): Konfliktmanagement (4. Aufl.). Landsberg: Verlag moderne industrie.

Giddens, A. (1988): Die Konstitution der Gesellschaft. Grundzüge einer Theorie der Strukturierung. Frankfurt/M., New York: Campus.

Goldfuß, J.W. (2006): Endlich Chef. Was nun? Was Sie in der neuen Position wissen müssen (2. Aufl.). Frankfurt/M., New York: Campus.

Graen, G. (1976): Role making processes within complex organizations. In: Dunnette, M.D. (Hg.), Handbook of Industrial and Organizational Psychology. Chicago.

–, Scandura, T.A. (1997): Toward a psychology of dyadic organizing. In: Staw, B.M., Cummings, L.L. (Hg.), Research in Organizational Behavior, Bd. 9, 175-208.

–, Uhl-Bien, M. (1995): Relationship-based approach leadership: Development of leader-member-exchange. LMX theory of leadership over 25 years: Applying a multi-level multi-domain perspective. *Leadership Quarterly* 6, 219-247.

Gregor-Rauschtenberger, B., Hansel, J. (1993): Innovative Projektführung. Erfolgreiches Führungshandeln durch Supervision und Coaching. Berlin u.a.: Springer.

Gross, P: (1985): Bastelmentalität: Ein postmoderner Schwebezustand. In: Schmid, T. (Hg.), Das pfeifende Schwein. Berlin: Wagenbach.

Grün, J., Dorando, M. (1993): Coaching mit Meistern. *Personalführung* 27 (6), 930-936.

Gutenberg, E. (1983): Grundlagen der Betriebswirtschaftslehre, Bd. 1: Die Produktion (24. Aufl.). Berlin u.a.: Springer.

Haas, B. (2005): Der Patriarch, die Familie, die Firma und der Konflikt. Eine Falldarstellung. In: Simon, F. (Hg.), Die Familie des Familienunternehmens. Ein System zwischen Gefühl und Geschäft. Heidelberg: Carl Auer.

Habermas, J. (1981): Theorie kommunikativen Handelns, Bd. 1. Frankfurt/M.: Suhrkamp.

– (1996): Die Einbeziehung des anderen. Studien zur politischen Theorie. Frankfurt/M.: Suhrkamp.

Hasenfeld, Y. (Ed.) (1992): Human Services as Complex Organizations. London u.a.: Sage.

Hauser, A., Neubarth, R., Obermair, W. (Hg.) (1997): Management-Praxis. Handbuch soziale Dienstleistungen. Neuwied, Berlin: Luchterhand.

Herzog, W. (1984): Modell und Theorie in der Psychologie. Göttingen u.a.: Hogrefe.

Hatzer, B., Layes, G. (2003): Interkulturelle Handlungskompetenz. In: Thomas, A., Kinast, E.-U., Schroll-Machl, S. (Hg.), Handbuch Interkulturelle Kommunikation und Kooperation. Bd. 1: Grundlagen und Praxisfelder. Göttingen: Vandenhoeck & Ruprecht.

Haußer, K. (1997): Identitätsentwicklung – vom Phasenuniversalismus zur Erfahrungsverarbeitung. In: Keupp, H., Höfer, R. (Hg.), Identitätsarbeit heute. Frankfurt/M.: Suhrkamp.

Heimannsberg, B., Schmidt-Lellek, C.J. (Hg.) (2000): Interkulturelle Beratung und Mediation. Konzepte, Erfahrungen, Perespektiven. Bergisch Gladbach: Edition Humanistische Psychologie.

Hofstede, G. (1997): Culture and Organization – Software of the Mind. London u.a.: Sage.

–, Hofstede J.G. (2006): Lokales Denken, globales Handeln. Interkulturelle Zusammenarbeit und globales Management. München: Beck, dtv.
Hogg , M.A., Terry, D.J. (2000): Social identity and self-categorization process in organizational contexts. *Academy of Management Review* 25, 121-140.
Hyde, P., Thomas, A.B. (2003): When a leader dies. *Human Relations* 56 (8), 1005-1024.

Irle, M. (1980): Führungsverhalten in organisierten Gruppen. In: Meyer, A., Herwig, B. (Hg.), Handbuch der Psychologie, Bd. 9 (2. Aufl.). Göttingen: Hogrefe.
Janis, I.L. (1972): Victims of Groupthink. Miflin.
Joschke, H.K. (1980): Darstellungstechniken. In: Grochla, E. (Hg.), Handwörterbuch der Organisation (2. Aufl). Stuttgart: Poeschel.

Kamlah, W., Lorenzen, P. (1996): Logische Propädeutik. Vorschule des vernünftigen Redens (3. Aufl., Orig. 1968). Göttingen: Metzlar.
Katz, D., Kahn, R.L. (1978): The social psychology of organizations (2. Aufl.). New York.
Keddi, B., Pfeil, P., Strehmel, P., Wittmann, S. (1999): Lebensthemen junger Frauen. Die andere Vielfalt weiblicher Lebensentwürfe. Eine Längsschnittuntersuchung in Bayern und Sachsen. Opladen: Leske & Budrich.
Kemmann, B., Hemmerling, P. (2007): Vom Ingenieur zur Führungskraft. So meistern Sie den Karrieresprung. Heidelberg u.a.: Hüthig.
Kernberg, O. (1988): Innere Welt und äußere Realität. München, Wien: Verlag internationale Psychoanalyse.
Kets de Vries, M. (1996): Family Business. Human Dilemmas in Family Firms. Boston.
Keupp, H. (1997): Diskursarena Identität: Lernprozesse in der Identitätsforschung. In: Keupp, H., Höfer, R. (Hg.), Identitätsarbeit heute. Klassische und aktuelle Perspektiven der Identitätsforschung. Frankfurt/M.: Suhrkamp.
–, Höfer, R. (1997): Identitätsarbeit heute. Klassische und aktuelle Perspektiven der Identitätsforschung. Frankfurt/M.: Suhrkamp.
Kimmle, A. (2004): Mentoring und Coaching in Unternehmen – Abgrenzung der Inhalte. *Organisationsberatung, Supervision, Coaching* 11 (3), 233-239.
Kliesch-Eberl, M. (2007): Die Dynamiken organisationaler Kompetenzen zwischen Paradoxie und „Crowding-Out“: Anknüpfungspunkte für eine Flexibilisierung Organisationaler Kompetenzen. In: Schreyögg, A., Schmidt-Lellek, C. (Hg.), Konzepte des Coaching. Wiesbaden: VS Verlag für Sozialwissenschaften.
Koch, J., Lührmann, T. (2001): Die Identitätstheorie der Führung. *Organisationsberatung, Supervision, Coaching* 8 (4), 301-315.
Kohlberg, L. (1981): Die Psychologie der Moralentwicklung. Frankfurt/M.: Suhrkamp.
Kolodej, C. (1999): Mobbing. Psychoterror am Arbeitsplatz und seine Bewältigung. Wien: Wiener Universitätsverlag.
König, E., Volmer, G. (1993): Systemische Organisationsberatung. Grundlagen und Methoden. Weinheim: Deutscher Studienverlag.
Krappmann, L. (1969): Soziologische Dimensionen der Identität. Strukturelle Bedingungen für die Teilnahme an Interaktionsprozessen. Stuttgart: Klett-Cotta.

– (1997): Die Identitätsproblematik nach Erikson aus einer interaktionistischen Sicht. In: Keupp, H., Höfer, R. (Hg.), Identitätsarbeit heute. Frankfurt/M.: Suhrkamp.
Kumar, B.N., Osterloh, M., Schreyögg, G. (Hg.) (1999): Unternehmensethik und die Transformation des Wettbewerbs. Stuttgart: Schäffer-Poeschel.

Lash, S., Urry, J.I. (1987): The End of Organized Capitalism. Madison: University Press.
Lehner, E. (1999): Arbeit, das Lebenselixier von Männern! Männliche Existenz im Spannungsfeld von Familie und Beruf. *Organisationsberatung, Supervision, Coaching* 6 (2), 101-117.
Lenbet, A. (2004): Kompetenzbegriff und Kompetenzentwicklung. *Organisationsberatung, Supervision, Coaching* 11 (3), 221-233.
Leymann, H: (1996): Mobbing (3. Aufl.). Reinbek: Rowohlt.
Lewin, K. (1963): Feldtheorie in der Sozialwissenschaft. Bern, Stuttgart: Huber.
–, Lippitt, R., White, R. (1939): Patterns of aggressive behaviors in experimentally created "social climates". *Journal of Social Psychology* 10, 271-299.
Lievegoed, R. (1974): Organisationen im Wandel. Bern, Stuttgart: Haupt.
Likert, R. (1961): New Patterns of Management. New York.
Liang, Y., Kammhuber, S. (2003): Kulturunterschiede Deutschland/China. In: Thomas, A., Kammhuber, S., Schroll-Machl, S. (Hg.), Handbuch Interkulturelle Kommunikation und Kooperation, Bd. 2: Länder, Kulturen und interkulturelle Berufstätigkeit. Göttingen: Vandenhoeck & Ruprecht.
Löhr, A. (2004): Unternehmensethik. In: Schreyögg, G., v. Werder, A. (Hg.), Handwörterbuch Unternehmensführung und Organisation (4. Aufl.): Köln: Schäffer-Poeschel.
Looss, W. (2002): Unter vier Augen. Coaching für Manager (3. Aufl.). Landsberg: Verlag moderne Industrie; Neuaufl. Bergisch Gladbach: EHP, 2006.
Luhmann, N. (1962): Der neue Chef. Verwaltungsarchiv. *Zeitschrift für Verwaltungslehre, Verwaltungsrecht und Verwaltungspolitik* 53 (1), 10-24.
– (1982): Liebe als Passion. Zur Codierung von Intimität. Frankfurt/M.: Suhrkamp.
– (1994): Funktionen und Folgen formaler Organisationen (4. Aufl., Orig. 1964). Berlin u.a.: Springer.
Lührmann, T. (2004): Zur sozialen Konstruktion von Führung. *Organisationsberatung, Supervision, Coaching* 11 (1), 79-95.
– (2006): Führung, Interaktion und Identität. Die neuere Identitätstheorie als Beitrag zur Fundierung einer Interaktionstheorie der Führung. Wiesbaden: Gabler.

Maak, T., Ulrich, P. (2007): Integre Unternehmensführung. Ethisches Orientierungswissen für die Wirtschaftspraxis. Stuttgart: Schäffer-Poeschel.
Mann, R.D. (1959): A review of the relationships between personality and leadership and popularity. *Psychological Bulletin* 56, 241-270.
March, J.G., Simon, H.A. (1958): Organizations. New York, London.
Mayntz, R. (1963): Soziologie der Organisation. Reinbek: Rowohlt.
Mead, G.H. (1973, Orig. 1934): Geist, Identität und Gesellschaft. Frankfurt/M.: Suhrkamp.
Meier, A. (2005): Einstiege und Anfänge. Empfehlungen für Manager. Interview mit Armin Meier, CEO der Kuoni Reisen Holding AG. *Organisationsentwicklung* 24 (3), 4-16.

Meindl, J.R., Ehrlich, S.B. (1987): The romance of leadership and the evaluation of organizational performance. *Academy of Management Journal* 30, 90-109.
Merton, R.K. (1968): Sozialstruktur und Anomie. In: Sack, F., König, R. (Hg.), Kriminalsoziologie. Frankfurt/M.: Suhrkamp.
Meschkutat, B., Stackelbeck, M., Langenhoff, G. (2004): Der Mobbing-Report. Repräsentativstudie für die Bundesrepublik Deutschland (5. Aufl.). Dortmund: Schriftenreihe der Bundesanstalt für Arbeitsschutz und Arbeitsmedizin.
Miner, J.B. (1982): The uncertain future of the leadership concept: Revisions and clarifications. *Journal of Applied Behavioral Science* 18, 293-307.
Mintzberg, H. (1975): The manager`s Job: Folklore and Fact. *Harvard Business Review* 53, 49-69.
– (1991): Mintzberg über Management, Führung und Organisation. Mythos und Realität. Wiesbaden: Gabler.
– (1992): Die Mintzberg-Struktur. Organisation effektiver gestalten. Landsberg: Verlag moderne industrie.
Minuchin, S., Rossman, L., Baker, L. (1983): Psychosomatische Krankheiten in der Familie (2. Aufl.). Stuttgart: Klett-Cotta.
Mollbach, A. (2006): Top-Management-Coaching in mittleren Unternehmen. *Organisationsberatung, Supervision, Coaching* 13 (2), 139-153.
– (2007): Funktionsorientiertes Coaching von Unternehmensführern mittlerer Unternehmen. Anforderungen an den Coach. In: Schreyögg, A., Schmidt-Lellek, C. (Hg.), Konzepte des Coaching. Wiesbaden: VS Verlag für Sozialwissenschaften.

Naisbitt, J. (1990): Megatrends. Wien, New York: Wiener Verlag.
Neuberger, O. (1994): Mikropolitik. Stuttgart: Enke.
– (1995): Führen und Geführt werden. Stuttgart: Enke.
– (2000): Das 360- Grad-Feedback. München, Mering: Hampp.
– (2002): Führen und Führen lassen. Stuttgart: Lucius & Lucius.
Neumann, U., Schneider, M. (2005): Coaching Survey 2005. ISL Sozialforschung. Evolution Management.
Novy, I., Schroll-Machl, S. (2003): Kulturunterschiede Deutschland/Tschechien. In: Thomas, A., Kamhuber, S., Schroll-Machl, S. (Hg.), Handbuch Interkulturelle Kommunikation und Kooperation, Bd. 2. Länder, Kulturen und interkulturelle Berufstätigkeit. Göttingen: Vandenhoeck & Ruprecht.

Oberg, K. (1960): Cultural Schock: Adjustment in New Cultural Environments. *Practical Anthropology* 7, 177-182.
Oechsler, W.A., Vaanholt, S. (1998): Human Resource Management – Auswirkungen des New Public Management auf ein zeitgemäßes Personalmanagement in der öffentlichen Verwaltung. In: Budäus, D., Conrad, P., Schreyögg, G. (Hg.), New Public Management. Managementforschung 8. Berlin: De Gruyter.
Opaschowski, H.W. (2004): Deutschland 2020. Wie wir morgen leben – Prognosen der Wissenschaft. Wiesbaden: VS Verlag für Sozialwissenschaften.

Ott, M. (2006): Alles verstanden – nichts begriffen? „Global Players“ zwischen Kultur und Konflikt. In: Götz, K. (Hg.), Interkulturelles Lernen, interkulturelles Training (6. Aufl.). München, Mering: Hampp.

Parsons, T. (1960): The Analysis of Formal Organizations. Glencoe.
Paschen, K.(1987): Duale Führung. In: Kieser, A., Reber, G., Wunderer, R. (Hg.), Handwörterbuch der Führung. Stuttgart: Poeschel.
Perrewe, P.I. (Ed.) (1991): Handbook on Jobstress. Madeira: Select Press.
Peters, T. (1993): Jenseits der Hierarchien, Liberation Management. Düsseldorf: Econ.
Peters, T.J., Waterman, R.H. (1984): Auf der Suche nach Spitzenleistungen (6.Aufl). Landsberg: Verlag moderne industrie.
Petzold, H. (2003): Integrative Therapie (2. Aufl.). Paderborn: Junfermann.
Pfau-Effinger, B. (2000): Kultur und Frauenerwerbstätigkeit in Europa. Theorie und Empirie im internationalen Vergleich. Opladen: Leske & Budrich.
Pumberger, K. (2000): Kommunikation im Kontext von zwei Kulturen – ein ständiger Drahtseilakt. Zur Beratung von Führungskräften in tschechischen Industrieunternehmen. In: Heimannsberg, B., Schmidt-Lellek, C.J. (Hg.), Interkulturelle Beratung und Mediation. Bergisch Gladbach: Edition Humanistische Psychologie, 183-216.

Quinn, R.E., Cameron, K. (1983): Organizational life cycles and shifting criteria of effectiveness: some preliminary evidence. *Management Science* 29 (1), 33-51.

Randolph, W.A., Blackburn, R.S. (1989): Managing Organizational Behavior. Homewood/Ill.
Rauen, C. (1999): Coaching. Göttingen u.a.: Hogrefe.
– (Hg.) (2004): Coaching-Tools. Erfolgreiche Coaches präsentieren 60 Interventionstechniken aus ihrer Coaching-Praxis. Bonn: managerSeminare.
– (Hg.) (2007): Coaching-Tools II. Erfolgreiche Coaches präsentieren Interventionstechniken aus ihrer Coaching-Praxis. Bonn: managerSeminare.
Raven, B.H., Kruglansky, A.W. (1970): Conflict and power. In: Swingle, P. (Hg.), The Structure of Conflict. New York.
Reich, W. (1976, Orig. 1933): Charakteranalyse. Frankfurt/M.: Fischer.
Reinecker, H. (1996): Bestrafung. In: Linden, M., Hautzinger, M. (Hg.), Verhaltenstherapie (3. Aufl.). Berlin u.a.: Springer.
Richter, H.-E. (1969): Eltern, Kind, Neurose. Reinbek: Rowohlt.
Roethlisberger, F.J., Dickson, E.J. (1939): Management and the Worker. An account of a research program conducted by the Western Electric Company, Hawthorne Works, Chicago (16. Aufl.). Cambridge, Mass.
Rost, H. (2004): Work-Life-Balance. Neue Aufgaben für eine zukunftsorientierte Personalpolitik. Opladen: Barbara Budrich.
Rüsen, T.A., v. Schlippe, A. (2007): Krisen in Familienunternehmen und Unternehmerfamilien. *Organisationsberatung, Supervision, Coaching* 14 (4), 309-331.

Schedler, K., Proeller, I. (2000): New Public Management. Bern, Stuttgart, Wien: Haupt, UTB.
Schein, E. (1995): Organisationskultur. Frankfurt/M., New York: Campus.
– (2003): Prozessberatung für die Organisation der Zukunft. Der Aufbau einer helfenden Beziehung (2. Aufl.). Köln: Edition Humanistische Psychologie.
Schettgen, P. (1991): Führungspsychologie im Wandel: Neue Ansätze in der Organisations-, Interaktions- und Attributionsforschung. Wiesbaden.
Schichterich, W. (2004): Supervision in der Automobilindustrie. *Organisationsberatung, Supervision, Coaching* 11 (3), 253-267.
Schlippe, A.v., Nischak, A., El Hachimi, M. (2008): Familienunternehmen verstehen. Gründer, Gesellschafter und Generationen. Göttingen: Vandenhoeck & Ruprecht.
Schmidt-Lellek, C.J. (2000): Dialog mit dem Fremden. Das Dialog-Modell als Grundlage interkultureller Beratung. In: Heimannsberg, B., Schmidt-Lellek, C.J. (Hg.), Interkulturelle Beratung und Mediation. Bergisch-Gladbach: Edition Humanistische Psychologie, 25-42.
– (2004): Charisma, Macht und Narzissmus. Zur Diagnostik einer ambivalenten Führungseigenschaft. *Organisationsberatung, Supervision, Coaching* 11 (1), 27-40.
– (2006): Ressourcen der helfenden Beziehung. Modelle dialogischer Praxis und ihre Deformationen. Bergisch Gladbach: Edition Humanistische Psychologie.
– (2007): Ein heuristisches Modell zur Work-Life-Balance: Vier Dimensionen des Tätigseins. *Organisationsberatung, Supervision, Coaching* 14 (1), 29-41.
– (2007 a): Coaching als Profession und die Professionalität des Coachs. In: Schreyögg, A., Schmidt-Lellek, C.J. (Hg.), Konzepte des Coaching. Wiesbaden: VS Verlag für Sozialwissenschaften, 221-232.
Schreyögg, A. (1995): Organisationskulturen von Human Service Organizations. *Organisationsberatung, Supervision, Coaching* 2 (1), 15-35.
– (1996): Organisationskultur und Supervision. In: Pühl, H. (Hg.), Supervision in Institutionen. Frankfurt/M.: Fischer.
– (2002): Konfliktcoaching. Anleitung für den Coach. Frankfurt/M., New York: Campus.
– (2003): Coaching. Eine Einführung für Praxis und Ausbildung (6. Aufl.). Frankfurt/M., New York: Campus.
– (2004 a): Supervision. Ein integratives Modell. Lehrbuch zu Theorie und Praxis (4. Aufl.). Wiesbaden: VS Verlag für Sozialwissenschaften.
– (2004 b): Imaginativer Rollentausch. In: Rauen, C. (Hg.), Coaching-Tools. Erfolgreiche Coaches präsentieren 60 Interventionstechniken aus ihrer Coaching-Praxis. Bonn: managerSeminare.
– (2004 c): Die Bedeutung von Familienkonstellationen im Coaching. *Organisationsberatung, Supervision, Coaching* 11 (1), 53-65.
– (2005 a): Coaching von Doppelspitzen. Anleitung für den Coach. Frankfurt/M., New York: Campus.
– (2005 b): Coaching und Work-Life-Balance. *Organisationsberatung, Supervision, Coaching* 12 (4), 309-321.

– (2006 a): „Was, als Schulleiter wissen Sie das nicht?“ Mobbing der eigenen Person erkennen und bewältigen. In: Buchen, H., Horster, L., Rolff, G. (Hg.), Schulleitung und Schulentwicklung. Berlin: Raabe.
– (2006 b): Die Zukunft des Coachings. In: Lippmann, E. (Hg.), Coaching. Angewandte Psychologie für die Beratungspraxis. Heidelberg: Springer.
–, Lehmeier, H. (Hg.) (2003): Personalentwicklung in der Schule. Bonn: Deutscher Psychologen Verlag.
Schreyögg, G. (1999): Noch einmal: Zur Trenung von Eigentum und Verfügungsgewalt. In: Kumar, B.N., Osterloh, M., Schreyögg, G. (Hg.), Unternehmensethik und die Transformation des Wettbewerbs. Stuttgart: Schäffer-Pöschel.
– (2003): Organisation (4. Aufl.). Wiesbaden: Gabler.
–, Sydow, J., Koch, J. (2003): Organisatorische Pfade. Von der Pfadabhängigkeit zur Pfadkreation? In: Schreyögg, G., Sydow, J. (Hg.), Managementforschung 13, Strategische Prozesse und Pfade. Wiesbaden: Gabler.
–, v. Werder, A. (Hg) (2004): Handwörterbuch Unternehmensführung und Organisation (4. Aufl.). Stuttgart: Schäffer-Poeschel.
–, Lührmann, J. (2006): Führungsidentität: Zu neueren Entwicklungen in Führungskonstellationen und der Führungsforschung. *Zeitschrift Führung und Organisation* 1, 11-16.
–, Koch, J. (2007): Grundlagen des Managements. Basiswissen für Studium und Praxis. Wiesbaden: Gabler.
Schwass, J. (1997): Fallstricke für Familienunternehmen oder gibt es in Familienunternehmen genügend Unternehmergeist? *Organisationsentwicklung* 16 (2), 36-42.
Sennett, R. (1998): Der flexible Mensch. Die Kultur des neuen Kapitalismus. Berlin: Siedler.
Simon, F.B. (Hg.) (2005): Die Familie des Familienunternehmens. Ein System zwischen Gefühl und Geschäft (2. Aufl.). Heidelberg: Carl Auer.
– (2005): Das Dilemma des Nachfolgers. Konflikte zwischen traditionellen und modernen Familienformen. In: Simon, F.B. (Hg.), Die Familie des Familienunternehmens. Ein System zwischen Gefühl und Geschäft (2. Aufl.). Heidelberg: Carl Auer.
–, Wimmer, R., Groth, T. (2005): Mehr-Generationen-Familienunternehmen. Erfolgsgeheimnisse von Oetker, Merck, Haniel usw. Heidelberg: Carl Auer.
Slate, E., Schroll-Machl, S. (2003): Nordamerika. In: Thomas, A., Kammhuber, S., Schroll-Machl, S. (Hg.), Handbuch Interkulturelle Kommunikation und Kooperation, Bd. 2. Länder, Kulturen und interkulturelle Berufstätigkeit. Göttingen: Vandenhoeck & Ruprecht.
Solga, H., Wimbauer, C. (Hg.) (2005): „Wenn zwei das Gleiche tun …“ Ideal und Realität sozialer (Un-) Gleichheit in Dual Carreer Couples. Opladen: Barbara Budrich.
Staehle, W. (1999): Management (8. Aufl.). München: Vahle.
Steingart, G. (2006): Weltkrieg um Wohlstand. Wie Macht und Reichtum neu verteilt werden. München, Zürich: Piper.
Steinmann, H., Löhr, A. (1994): Grundlagen der Unternehmensethik (2. Aufl.). Stuttgart: Poeschel.
–, Schreyögg, G. (2005): Management (6. Aufl.). Wiesbaden: Gabler.

Steyrer, J. (1995): Charisma in Organisationen. Frankfurt/M., New York: Campus.
Stockert, A.M. (2005): Organisatorische Restrukturierung und Sanierungsmanagement – betriebswirtschaftliche und psychologische Auswirkungen. In: Gross, W. (Hg.), Karriere(n) 2010. Bonn: Deutscher Psychologen Verlag.
Stogdil, R.M. (1974): Handbook of Leadership. New York.
Strauss, F., Höfer, R. (1997): Entwicklungslinien alltäglicher Identitätsarbeit. In: Keupp, H., Höfer, R. (Hg.), Identitätsarbeit heute. Frankfurt/M.: Suhrkamp.

Thomas, A. (2003): Kultur und Kulturstandards. In: Thomas, A., Kinast, E.-U., Schroll-Machl, S. (Hg.), Handbuch Interkulturelle Kommunikation und Kooperation, Bd. 1. Göttingen: Vandenhoek & Ruprecht.
–, Kammhuber, S., Schroll-Machl, S. (Hg.) (2003): Handbuch Interkulturelle Kommunikation und Kooperation, Bd. 2. Göttingen: Vandenhoeck & Ruprecht.
Toman, W. (1968): Motivation, Persönlichkeit, Umwelt. Göttingen: Hogrefe.
Töpfer, A. (Hg.) (2003): Six Sigma. Konzeption und Erfolgsbeispiele. Berlin u.a.: Springer.
Trebesch, C. (Hg.) (2000): Organisationsentwicklung. Stuttgart: Klett-Cotta.
Tuckmann, B.W. (1965): Developmental sequence in small groups. *Psychological Bulletin* 63, 384-399.
Türk, K. (1981): Personalführung und soziale Kontrolle. Stuttgart: Enke.
– (1984): Personalführung – soziologisch betrachtet. *Harvard Manager* 3, 63-71.
– (1989): Neuere Entwicklungen der Organisationsforschung. Stuttgart: Enke.

Ulrich, P. (1993): Transformation der ökonomischen Vernunft. Bern, Stuttgart, Wien: Huber.
– (1997): Integrative Wirtschaftsethik. Grundlagen einer lebensdienlichen Ökonomie. Bern, Stuttgart, Wien: Huber.
– (1999): Was ist „gute" Unternehmensführung? Zur normativen Dimension der Shareholder-Stakeholder-Debatte. In: Kumar, B.N., Osterloh, M., Schreyögg, G. (Hg.), Unternehmensethik und die Transformation des Wettbewerbs, Shareholder-Value, Globalisierung, Hyperwettbewerb. Stuttgart: Schäffer-Pöschel.

Vroom, V., Yetton, P. (1973): Leadership and decision-making process. Pittsburgh.

Wallner, I. (2004): Gruppencoaching für Führungskräfte. *Organisationsberatung, Supervision, Coaching* 11 (3), 275-283.
Walter, W. (2007): Emotionaler Dip: Neue Führungskräfte brauchen länger als sechs Monate Begleitung. *Wirtschaftspsychologie aktuell* 1, 43-45.
Watkins, M. (2007): Die entscheidenden 90 Tage. So meistern Sie jede neue Managementaufgabe. Frankfurt/M.: Campus.
Weber, M. (2005, Orig. 1921): Wirtschaft und Gesellschaft. Frankfurt/M.: Zweitausendeins.
Weber, P. (2005): Das Schlechte-Nachrichten-Gespräch. Angemessene Kommunikation angesichts von Aussichtslosigkeit. *Organisationsberatung, Supervision, Coaching* 12 (1), 31-41.

Westerwelle, G. (2004): Interne Supervision und Coaching in der öffentlichen Verwaltung. *Organisationsberatung, Supervision, Coaching* 11 (3), 267-275.
Wimmer, R., Domayer, E., Oswald, G., Vater, G. (2005): Familienunternehmen – Auslaufmodell oder Erfolgstyp (2. Aufl.). Wiesbaden: Gabler.
Wollf, U. (2005): Strategiecoaching. In: Rauen, C. (Hg.), Handbuch Coaching (3. Aufl.). Göttingen u.a.: Hogrefe.
Womack, J.P., Jones, D.T., Ross, D. (1992): Die zweite Revolution in der Autoindustrie. Konsequenzen aus der weltweiten Studie aus dem Massachusetts Institute of Technology (3. Aufl.). Frankfurt/M., New York: Campus.
Wunderer, R. (1999): Führung des Chefs. In: v. Rosenstiel, L., Regnet, E., Domsch, M. (Hg.), Führung von Mitarbeitern. Handbuch für erfolgreiches Personalmanagement (3. Aufl.). Stuttgart: Poeschel.

Stichwortverzeichnis

Printed in Poland
by Amazon Fulfillment
Poland Sp. z o.o., Wrocław